Hitlers krigare

Guido Knopp

Hitlers krigare

I samarbete med Christian Deick, Friederike Dreykluft, Rudolf Gültner, Henry Köhler, Jörg Müllner

Faktainsamling: Christine Kisler, Silke Schläfer, Heike Rossel

Översättning: Ulf Irheden

HISTORISKA MEDIA

HISTORISKA MEDIA
BANTORGET 3, 222 29 LUND

INFO@HISTORISKAMEDIA.SE
HISTORISKAMEDIA.SE

ORIGINALETS TITEL: *Hitlers Krieger* (förf. Guido Knopp)
ÖVERSÄTTNING: Ulf Irheden
OMSLAG: Det Schønbergske Forlag A/S
FAKTAGRANSKNING AV SVENSKA UTGÅVAN: Thomas Roth
FORM: Design för Livet
TRYCK: Books on Demand GmbH

ISBN: 978-91-7789-774-3

Innehåll

Kommentar till den svenska upplagan

LEDNINGEN AV DEN TYSKA krigsmakten, *Wehrmacht*, under andra världskriget var mycket betecknande för Hitlers princip att söndra och härska. Något verkligt centralt ledningsorgan fanns knappast, vilket naturligtvis var till nackdel för den tyska krigföringen. Ansvaret var uppdelat mellan krigsmaktens överkommando, *Oberkommando der Wehrmacht* (OKW), och de tre försvarsgrensledningarna. Dessa var *Oberkommando des Heeres* (OKH) för armén, *Oberkommando der Marine* (OKM) för flottan och *Oberkommando der Luftwaffe* (OKL) för flygvapnet. Försvarsgrensledningarna, som bildats 1936, bestod vardera av en försvarsgrenschef, t.ex. arméchefen, samt en generalstab under ledning av en stabschef. OKW härstammade egentligen från en kanslifunktion inom det gamla krigsministeriet som avskaffades av Hitler 1938 samtidigt som försvarsministern von Blomberg tvingades ta avsked. OKW, där även underrättelsetjänsten *Abwehr* ingick, var egentligen endast den kanal som Hitler i egenskap av krigsmaktens överbefälhavare använde för sin ordergivning till trupperna. OKW:s chef Keitel hade alltså inte någon fristående ställning. Inom OKW fanns också en ganska liten stridsledningsstab, *Wehrmachtsführungsstab,* under ledning av generalöverste Jodl.

Under krigets första år var det i princip OKH som utövade den direkta stridsledningen av armén, även om en tillfällig stab lydande under OKW bildades för anfallet mot Norge och Danmark i april 1940. Vid fälttåget mot Sovjetunionen ändrades förhållandena så att OKH fick ansvaret för striderna på östfronten, medan OKW ledde verksamheten på de övriga krigsskådeplatserna. Läget komplicerades ytterligare när Hitler avskedade arméchefen Brauchitsch hösten 1941 och gjorde sig själv till arméchef. Den direkta ledningen av östfronten kom då att utövas av arméstabschefen Halder och dennes efterträdare. För striderna på Balkan, i Medelhavet och i väster utnämndes särskilda överbefälhavare men på östfronten bibehölls kraftsplittringen med tre eller flera armégruppchefer under hela kriget.

Till skillnad från de flesta andra länder ingick såväl de tunga luftvärnsförbanden som fallskärmsjägarförbanden i *Luftwaffe*, som dessutom satte upp sammanlagt 20 divisioner för markstrid. Om man därtill lägger den resurssplittring som SS-divisionerna utgjorde, kommer man snabbt fram till slutsatsen att de tyska krigsinsatserna knappast leddes på ett rationellt sätt.

År 1939 bestod den tyska armén, *das Heer*, av 2 800 000 man, vilket växte till som mest 7 500 000 man. *Wehrmachts* totala styrka var som mest 10 300 000. Av dessa stupade eller sårades 4 000 000 medan de civila förlusterna var 3 000 000 tyskar. Detta skall jämföras med den sovjetiska krigsmakten, vilken som mest uppgick till 13 550 000 soldater. Sammanlagt omkom minst 20 miljoner ryssar, både soldater och civila, under kriget.

Den tyska armén var indelad i divisioner om inledningsvis cirka 17 000 man av alla truppslag vardera. Tre eller flera divisioner bildade en armékår, två eller flera armékårer bildade en armé och flera arméer bildade en armégrupp. 1944 bestod hela armén och *Waffen-SS* av sammanlagt 309 divisioner nu med en nominell styrka om cirka 13 000 man vardera. 157 av divisionerna befann sig på östfronten, vilket visar att det var Sovjetunionen som utgjorde den absolut viktigaste fienden.

När man tänker på de tyska trupperna under kriget, och särskilt förhållandena på östfronten, är det viktigt att komma ihåg att pansardivisioner och motoriserade divisioner aldrig uppgick till mer än cirka 30 sammanlagt. Huvuddelen av alla förband var fortfarande beroende av hästar som dragdjur för artilleriet och för underhållstransporter. Det beräknas ha funnits omkring 2 500 000 hästar i *Wehrmacht* under kriget, något som inte helt stämmer med den populära bilden av de tyska pansarkolonnerna på väg mot Moskva.

Thomas Roth, militärhistoriker och forskare vid Armémuseum

Förord

"JAG TRODDE PÅ HITLER och misstog mig." Den senkomna ånger som Hitlers fältmarskalk Wilhelm Keitel gav uttryck för vid Nürnbergrättegången efter andra världskriget förblev ett undantag i uppgörelsen med nazismens militära företrädare.

De flesta av de höga officerare som bistod Adolf Hitler i hans anfallskrig hänvisade till sin militära lydnadsplikt och förnekade sin personliga skuld. I ett Efterkrigstyskland där man hellre förträngde det förflutna än ställde ytterligare frågor om det, spred de myten om en fläckfri tysk krigsmakt (*Wehrmacht*), som varken hade del i eller kände till regimens massmord.

Redan i början av Hitlers våldsvälde vände många ledande militärer bort blicken inför nazisternas växande terror. *Wehrmachts* högsta officerare kom att bli ett pålitligt verktyg när kriget började. I glädjeruset efter de första segrarna hyste många officerare förhoppningar om ära, befordran och belöning. Få av dem var redo att acceptera general Ludwig Becks manande ord att deras militära lydnad kunde "nå en gräns, där deras vetskap, samvete och ansvar hindrade dem från att utföra en order". Än färre var modiga nog att göra aktivt motstånd mot den egna kriminella statsledningen. Officerskårens medlemmar var rädda om sin karriär. De flesta drog sig tillbaka till sitt eget arbetsområde och till den traditionella militära lydnaden. "Den man som gör sin plikt tvingas slutligen göra sin plikt även inför djävulen", löd pastor Dietrich Bonhoeffers profetia. Den skulle besannas med all önskvärd tydlighet för den militära eliten i det nazistiska Tyskland.

Trots nazismens oerhörda brott var det bara en liten krets officerare som förhöll sig reserverade till den nazistiska ideologin. Ingen tjänstgörande fältmarskalk stödde de män som stod bakom attentatet den 20 juli 1944. Till exempel avböjde fältmarskalk Erich von Manstein de sammansvurnas försök att värva hans stöd med orden: "Preussiska fältmarskalkar begår inte myteri." Det var en ödesdiger tvekan, eftersom det vid denna tid bara var de högsta officerarna som hade möjlighet att störta Hitlers diktatur inifrån. Ur moralisk synpunkt bestod den enda utvägen av "högförräderi".

Några av dem som general Beck hade syftat på i sina varnande ord om ansvar tvingades avlägga räkenskap efter kriget. General Beck stod däremot fast vid sin övertygelse och fick därför plikta med sitt liv. Detta visar för övrigt att man inte kan skära alla över en kam, varken när det gäller officerarna eller *Wehrmacht*.

Erwin Rommel, Wilhelm Keitel, Erich von Manstein, Friedrich Paulus, Ernst Udet och Wilhelm Canaris – dessa män representerar olika typer av karriärer i konflikt mellan lydnad och plikt, mellan förträngning och protest. Det är sex män som sinsemellan inte kunde vara mer olika. Urvalet är inte helt representativt för Hitlers generaler (för övrigt var en av dem amiral), men det är sex belysande levnadslopp som tillsammans kan bidra till att besvara frågan hur utvecklingen kunde gå så långt. Vad fick dessa officerare att ställa sin begåvning i en blodtörstig krigsherres tjänst? Hur mycket kände de till om regimens förbrytelser och i vilken mån var de delaktiga i dem? Var gick gränsen för deras lydnad?

"Hitler hade förtroende för mig och det räckte", sade *Erwin Rommel* vid ett tillfälle. Den nazistiska propagandan förvandlade honom till en myt som kom att leva längre än det "Tredje rike" han tjänade. Legenden om "ökenräven", den geniale fältherren under ökenkriget i Afrika, fängslar människor än idag, både i de nationer som tillhörde vinnarna och de som tillhörde förlorarna i andra världskriget. När han var på höjden av sin framgång sades ryktet om honom ersätta hela divisioner. Hitler tackade Rommel genom befordran; Rommel blev *Wehrmachts* yngste fältmarskalk. Som officer hade han nått sitt mål; som soldat inleddes nu hans misslyckande. Hädanefter återstod bara nederlag.

Men till skillnad från de flesta officerare i den tyska armén hade Erwin Rommel modet att tala öppet med Hitler om bristerna i dennes ledarskap. Den 15 juli 1944 krävde han att Hitler skulle överlämna det högsta befälet över *Wehrmacht*. De sammansvurna männen bakom attentatet den 20 juli kände till Rommels kritiska inställning och planerade att utse honom till ny högste befälhavare för *Wehrmacht* efter ett lyckat attentat. De invigde dock inte sin favoritkandidat i planerna, eftersom Rommel aldrig skulle ha givit sitt samtycke till ett tyrannmord. Ända fram till attentatet hyste han den vanvettiga förhoppningen att han skulle kunna övertala Hitler till en separatfred med de västallierade. Flera försök från motståndsmännen att komma till tals med Rommel misslyckades på grund av den samvetskonflikt han aldrig löste, mellan å ena sidan den soldated han hade svurit och det trogna pliktuppfyllandet och å andra sidan insikten om verkligheten på slagfältet.

Trots detta hörde Rommel till de misstänkta vid utrensningarna efter attentatet. Den som drog i trådarna bakom kulissen var hans gamle ärkefiende Martin Bormann. "Hitlers favoritgeneral" Rommel var sedan länge en nagel i ögat på Bormann. Den 14 oktober 1944 skickade Hitler två generaler till sin tidigare gunstling. De gav honom två alternativ: självmord, följt av en statsbegravning, eller en rättegång där även hans familj skulle tvingas inställa sig. Rommel valde "självmord".

Denne ärlige soldat fick aldrig vetskap om hela vidden av det folkmord som ägde rum. Han representerade militära egenskaper i deras mest utpräglade form. Som han själv såg det tjänade han fosterlandet, men i själva verket stod han i en förbrytares tjänst. Likt många andra tyskar hade Erwin Rommel alltför länge låtit sig luras av propagandalögnerna som förklarade att Hitlers mål var identiska med Tysklands intressen. Att slutligen inse att detta var ett självbedrägeri var början till en klarsynthet som i Rommels fall inte fullbordades. "Mindre viktiga egenskaper som lydnad, disciplin och tapperhet är underbara", säger hans son Manfred Rommel idag, "så länge de står i humanismens och sanningens tjänst, som är de främsta dygderna." Så var dock inte fallet, och i detta ligger Erwin Rommels tragik.

Fallet *Wilhelm Keitel* är annorlunda. Keitel var själva prototypen för Hitlers tjänstvillige soldat. Hans lydnad kände inga gränser. "När en order hade utfärdats handlade jag på det sätt som jag uppfattade vara i enlighet med plikten. Jag lät mig inte vilseledas av de möjliga konsekvenserna, som ju inte alltid gick att förutse", förklarade Keitel efter kriget. Den inställsamma hållningen gentemot Hitler renderade honom öknamnet "Lakeitel". Likt en beskyddande hönsmamma höll han dem som var svaga i tron och som hade kunnat opponera sig mot Hitler borta från diktatorn.

Men fältmarskalk Keitel var mer än en ordensprydd marionett. Redan på 1930-talet hade han en central roll i den hemliga upprustningen av *Reichswehr* (*Wehrmachts* föregångare), som gjorde Hitlers anfallskrig möjligt. Som chef för *Wehrmachts* överkommando var han en nyckelfigur i soldaternas inblandning i regimens blodbesudlade våldshandlingar. De terrororder han undertecknade – särskilt de som utfärdades inför fälttåget mot Sovjetunionen – banade väg för otaliga krigsförbrytelser. Den beryktade "kommissarieordern" (som rättfärdigade att tillfångatagna politiska kommissarier ur Röda armén avrättades utan rättegång, *ö.a.*) bar Keitels namnteckning, liksom befallningen att över 10 000 reguljära soldater skulle ställas till SD:s (säkerhetstjänstens) förfogande som "förstärkning" vid utförandet av massmorden. Han accepterade att över tre miljoner sovjetiska krigsfångar dog som en följd av svält och epidemier med kommentaren att det handlade om "en ideologisk motsättning". Under krigets sista veckor gav Keitel trupperna i uppdrag att utan vidare procedurer avrätta desertörer. Detta kom att kosta tusentals, mestadels unga, människor livet. Att det var just Keitel som tvingades underteckna "Tredje rikets" villkorslösa kapitulation i Berlin har vissa iakttagare uppfattat som en historiens ironi. Och ännu vid det tillfället upprätthöll han, försedd med marskalksstav och monokel, attityden hos en preussisk officer som levde enbart för att fullgöra sin plikt.

Men med sin tjänstvillighet och med sin gränslösa lydnad var Keitel inte enbart en produkt av systemet. Att han och många andra övervann sina samvetsbetänkligheter till förmån för det villkorslösa uppfyllandet av Hitlers vilja var den viktigaste förutsättningen för att systemet skulle fungera friktionsfritt.

Den ånger Keitel visade inför domarna i Nürnberg och bekännelsen att han hade "trott och misstagit sig" kom för sent och verkade i ljuset av de oerhörda brotten lika naiv som cynisk. Hans sista önskan, att få avrättas som en soldat inför en exekutionspluton, avvisades av domstolen. Wilhelm Keitel hängdes den 16 oktober 1946.

Erich von Manstein överlevde kriget. Hitler betraktade honom som "den mest briljante" av sina generaler; de allierade betraktade honom som sin "farligaste motståndare". Hans liv var typiskt för de flesta av de preussiska och konservativa officerare som behöll en kritisk distans till nazismen. Trots detta visade sig dessa generaler vara villiga verktyg i Hitlers skoningslösa krig. Erich von Manstein upprättade operationsplanen för fälttåget mot Frankrike 1940 och lade därmed grunden för sitt rykte som "militärt geni". Ledande generaler hade opponerat sig mot Mansteins djärvt upplagda plan. Enbart Hitler hade insisterat på den "kniptångsoperation", som ledde till den största militära triumfen i hans karriär: segern över Frankrike. Efter överfallet på Sovjetunionen erövrade Manstein med den 11. armén Krim och Sevastopol, Stalins starkaste fästning. Manstein – som under tiden hade befordrats till fältmarskalk – lyckades dock inte bryta upp den sovjetiska ringen kring 6. armén i Stalingrad.

Han begärde Hitlers tillstånd för 6. armén att bryta sig ut, men Hitler vägrade. Därmed beseglades ödet för de över 250 000 soldaterna i Stalingradgrytan. Efter Stalingrad hoppades Manstein på ett militärt remi, vilket för Hitler var otänkbart. Efter stora meningsskiljaktigheter om hur kriget skulle föras på östfronten, avsatte Hitler Manstein från posten som chef för armégrupp Syd. Det fanns inte längre något behov av en strateg.

Det försök som männen bakom attentatet den 20 juli gjorde för att vinna Manstein för sin sak, besvarade Manstein med orden: "Preussiska fältmarskalkar begår inte myteri." Med sina djupa rötter i en preussisk militär tradition kände sig Manstein bunden intill slutet av den trohetsed han hade avlagt. Han sade emot Hitler i militära frågor, men tyrannmord förblev otänkbart för honom. Manstein såg alltid sig själv som en "opolitisk soldat" som gjorde det han var bäst på, nämligen att föra krig, och han förmådde inte genomskåda Hitlers kriminella avsikter. Efter krigets slut hävdade Manstein att han "på grund av härkomst och uppfostran inte hade varit förberedd på den utmaning som Hitlers diktatur innebar". Manstein dömdes 1949 av en brittisk militärdomstol i Hamburg till 18 års fängelse. Han behövde emellertid bara sitta av en del av sitt straff. I maj 1953, efter att både Winston Churchill och fältmarskalk Bernard Montgomery hade engagerat sig i hans sak, släpptes Manstein av hälsoskäl. Han ställde sig till förfogande vid uppbyggandet av den västtyska försvarsmakten, *Bundeswehr*, där han blev en lika välkommen som sakkunnig rådgivare.

Manstein var en skicklig strateg men han tänkte inte i politiska termer. Han genomskådade inte Hitlers karaktär och verkliga avsikter. Manstein ställde sin begåvning i en förbrytares tjänst i tron att han därmed tjänade sitt fosterland. I detta ligger Mansteins skuld i Tysklands undergång, vilken han som fältherre trodde att han kunde undvika. Däremot var han en genial strateg, varken mer eller mindre.

Detsamma gällde också för *Friedrich Paulus*. Hans namn är oupplösligt förbundet med det katastrofala nederlaget i Stalingrad 1943. Som chef för 6. armén hade han vid inneslutningen av staden vid Volga inte en chans mot Röda arméns övermakt. Dag för dag blev ransonerna för den innestängda armén allt mindre, dag för dag växte avståndet till den tyska fronten. Trots detta lyckades de utmattade förbanden binda upp sammanlagt åtta sovjetiska arméer och ett flygförband i flera veckor. Detta möjliggjorde den tyska armégrupp A:s återtåg från Kaukasus, där den hade varit verksam.

Men situationen för de över 250 000 tyska soldaterna i Stalingrad var bortom all räddning. Alla försök att få Hitler att godkänna en utbrytning ur Stalingradgrytan i västlig riktning misslyckades. Diktatorn var fast besluten att hellre offra 6. armén än att frivilligt lämna ifrån sig Stalingrad, den stad som bar hans främste motståndares namn. Via radio sände han ett cyniskt tack till de inneslutna för deras "bidrag till västerlandets räddning". Paulus visste att hans utnämning till fältmarskalk, som skedde strax före slutet i den inneslutna staden, var en förtäckt order om att begå självmord. Denna uppmaning från sin krigsherre åtlydde han emellertid inte: Paulus gick i sovjetisk fångenskap. Först i nederlagets stund vägrade han alltså lyda order och delade sina soldaters öde. Som förste tyske fältmarskalk i krigshistorien togs han till fånga den 31 januari 1943.

Händelserna i Stalingrad har behandlats i en mängd böcker och filmer. Däremot är Friedrich Paulus liv före och efter Stalingrad till stor del okänt. Paulus utarbetade anfallsplanerna mot Sovjetunionen, "operation Barbarossa". Som ledande representant för den sovjetstödda "Nationalkommittén Fritt Tyskland" uppmanade han efter nederlaget vid Stalingrad sina forna kamrater att desertera. Vid Nürnbergrättegången vittnade han mot sina tidigare överordnade. Trots det förblev han i krigsfångenskap i Sovjetunionen till och med 1953, som Stalins främsta krigstrofé. Hans beslut att slå sig ner i Östtyskland gav de båda tyska staterna nytt bränsle i propagandakriget. På så sätt kom Paulus, som alltid hade sett sig som en opolitisk officer, att för andra gången i sitt liv och mot sin vilja utnyttjas av propagandan. Det blev för mycket för honom. Fyra år efter frigivningen avled Friedrich Paulus i Dresden den 1 februari 1957, på den 14:e årsdagen av nederlaget i Stalingrad.

Detta nederlag fick dock inte *Ernst Udet* uppleva. Om sig själv sade han: "För flygandets skull måste man ibland också gå i förbund med djävulen. Men det gäller att se till att djävulen inte äter upp en." Som förebild för romanfiguren Harras i Carl Zuckmayers roman *Des Teufels General* ("Djävulens general") kom Udets öde att förbli levande i Efterkrigstyskland. Men författarens konstnärliga frihet gör att bilden av den riktige Udet inte är rättvis. Hans rykte som framgångsrik jaktpilot under första världskriget och som filmstjärna i flygfilmer var välkommen propaganda för regimen under uppbyggnaden av *Luftwaffe*. Hermann Göring befordrade honom från pilotstolen till skrivbordet och tjänsten som *Generalluftzeugmeister*, där han bidrog till att samordna landets upprustning inför Hitlers aggressionsplaner. Det tyska flygvapnets framgångar under

”blixtkriget” mot Storbritannien fick även Udet att tro att de tyska jakt- och bombplanen var omöjliga att besegra. Udet var fel man på fel plats i Görings luftfartsministerium. Den gudabenådade piloten visade sig vara en medioker byråkrat. ”Hitler ansåg med all rätt att Udet var en av Tysklands främsta piloter, med orätt att han var en av de bästa flygplansteknikerna”, sade hans konkurrent, fältmarskalk Erhard Milch. Udet blev överansträngd på grund av sitt ständigt växande arbetsområde, hårt prövad av konflikter med medarbetare och överordnade och utmattad av uppgifter som var omöjliga att utföra. Han tvingades ensam fatta beslut som skulle visa sig ödesdigra.

Charmören och kvinnojägaren Ernst Udet sågs oftare på Berlins barer än på sitt kontor. Vid bjudningar och partimottagningar befann han sig alltid i mittpunkten och var känd för sina många kvinnohistorier och upptåg under rusets inflytande. Berlins societet älskade den talangfulle karikatyrtecknaren och originelle underhållaren. Udet njöt av sin popularitet i fulla drag.

Luftwaffes stora nederlag mot brittiska *Royal Air Force* gjorde slut på illusionen om de tyska piloternas oövervinnelighet. Dessutom avslöjades katastrofala planeringsmissar. *Luftwaffes* chef, Hermann Göring, utsåg Udet till syndabock och lät honom gå. Den 17 november 1941 begick Ernst Udet självmord. På sin sovrumsvägg hade han skrivit ner förbittrade anklagelser mot sin chef Göring i luftfartsministeriet. ”Järnhårde, du har förrått mig.” Regimen hemlighöll självmordet och lät meddela att Udet hade störtat under en testflygning. En pompös statsbegravning iscensattes. Hermann Göring tillkännagav med hycklande darr på rösten att han hade förlorat sin bäste vän.

Ernst Udet var ingen motståndsman som Zuckmayers romanfigur Harras. Han begick inte självmord efter att ha insett regimens kriminella karaktär. Hans kritiska inställning yttrade sig i dåliga vitsar och nötta fraser om regimen på officersmässen. Udets långvariga alkohol- och drogmissbruk hade gjort honom till ett lätt offer för hans intrigerande medtävlare. Av den nazistiska propagandans strålande flygarhjälte återstod till slut bara en glänsande yta och ett tomt skal.

Även om Ernst Udet såg i vilken riktning utvecklingen bar hän så visade han det inte på minsta sätt för sin omgivning. Kanske dolde han sitt tvivel bakom den glade festprissens mask. På så vis dolde han i varje fall sitt privata och yrkesmässiga misslyckande, ända tills han kroppsligt och själsligt var så nergången att han inte såg någon annan utväg än att genom ett teatraliskt självmord lämna den scen han själv hade valt.

Wilhelm Canaris fick inte tillfälle att begå självmord. Istället avrättades han av den regim som han hade tjänat. Hans spionorganisation ansågs vara Hitlers "mirakelvapen" vid underrättelsetjänsternas osynliga frontlinje. Som följd av Canaris kontakter med Hitlers motståndare och avrättningen av honom i ett koncentrationsläger blev han en myt för det militära motståndet: Chefen för den militära underrättelsetjänsten (*Abwehr*) var en mästare på maskering och dubbelspel. Hans spioner banade diskret och effektivt väg för Hitlers anfallskrig, medan Canaris själv verkade för att avsätta Hitler. Medan han uppmanade sina medarbetare till ett nära samarbete med *Gestapo* såg Canaris till att politiskt förföljda regimmotståndare kunde fly till utlandet under täckmanteln att det handlade om agentverksamhet.

I synnerhet hans av hatkärlek präglade relation med den beryktade chefen för SD, säkerhetstjänsten, Reinhard Heydrich, symboliserade amiral Canaris riskfyllda spel. Medan agenter från underrättelseorganisationen *Abwehr* och deras rivaler i den SS-dominerade underrättelse- och säkerhetsmyndigheten *Reichssicherheitshauptamt* bakom kulisserna förde en strid på kniven, upprätthöll de båda cheferna under många år en privat "vänskap" under gemensamma ridturer och musiksoaréer i familjekretsen.

Hur undfallande måste man vara inför Hitler för att kunna förbli hans motståndare? Canaris bar som högste chef för *Geheime Feldpolizei* ("Hemliga fältpolisen") ansvar för denna organisations delaktighet i förbrytelser bakom fronten i öster. Samtidigt var han ett slags skyddsängel för motståndsmännen i kretsen kring Hans Oster och Hans von Dohnanyi och understödde på ett avgörande sätt deras upprorsplaner.

Luckor i spionnätet ledde till att den redan då misstänkliggjorde Canaris hamnade i onåd och tilldelades en underordnad tjänst. Efter attentatet mot Hitler den 20 juli 1944 arresterades han och fördes slutligen till koncentrationslägret Flossenbürg. Bara några få dagar före krigsslutet 1945 mördades Wilhelm Canaris av en avdelning SS-soldater.

Inte förrän mot slutet av sitt liv erkände Canaris i förhör att han sympatiserade med motståndsrörelsen. Sedan han utsetts till chef för underrättelsetjänsten hade han undvikit att ta ställning i frågan om motståndet mot Hitler. Nu gjorde han det och bidrog därmed till sin egen, inre befrielse. Han hade försökt stå på god fot med alla samtidigt och följden blev att han slets mellan lydnad och moral och mellan patriotism och humanism. Canaris maldes ned när han försökte tjäna både det goda och det onda på samma gång. Utan hans insats hade många människor gått under, men som en följd av hans order dog alltför många. Vilka alternativ hade han? Ett större hjältemod, som till exempel hans vän Hans Oster hade visat, skulle ha inneburit en snabbare död. Wilhelm Canaris stannade på sin post, även till priset av att kröka rygg inför omoraliska beslut. Han, liksom många andra konservativa, betraktade detta som en patriotisk plikt och inte som ett stöd åt Hitler. Detta förblev deras misstag in i det sista.

Jag riktar ett tack till alla som varit delaktiga i arbetet med denna bok: författarna Christian Deick, Friederike Dreykluft, Rudolf Gültner, Henry Köhler och Jörg Müllner, faktagranskarna Silke Schläfer, Christine Kisler, Heike Rossel; de vetenskapliga rådgivarna Ralf Georg Reuth, Winfried Meyer, Sönke Neitzel, Torsten Dietrich och Armand von Ishoven. Framför allt vill jag tacka min lektör Johannes Jacob, vars lyhördhet och skicklighet möjliggjort denna bok.

Idolen:

Erwin Rommel

Spill svett – men inget blod.

Mod är att övervinna rädslan.

Den tyska armén är den nya tyska världsåskådningens svärd.

Der Führer vet exakt vad som är det rätta för oss.

Hitler har förtroende för mig och det räcker.

Denne sjuklige lögnare har nu blivit fullständigt galen. Han riktar sin sadism mot männen bakom 20 juli-attentatet och vi har ännu inte sett slutet.

Kriget är så gott som förlorat!

Den döde Hitler är farligare än den levande.

Jag bär ingen skuld. Jag deltog inte i några brott. Jag tjänade bara mitt fosterland i hela mitt liv.

Erwin Rommel

Rommel, Rommel, Rommel! Finns det överhuvudtaget något som räknas förutom att besegra honom?

Winston Churchill

Tyskland har fostrat flera modiga och skickliga generaler. Rommel var av annat virke. Han höjde sig över de andra.

Sir Claude Auchinleck, chef för de brittiska styrkorna i Mellersta Östern

Med förtroende för sin ledare och för dem av honom ledda tysk-italienska trupperna följer det tyska folket den hjältemodiga försvarsstriden i Italien.

Adolf Hitler

Jag anser Rommel vara en mycket fåfäng människa, som förtjust låter sig fotograferas från morgon till kväll. Det är väl känt att sådana fåfänga människor aldrig är de skickligaste, eftersom en riktigt duglig människa inte har något behov av att ständigt stå framför kameran.

Martin Bormann, Hitlers sekreterare

Min far var egentligen en mycket varmhjärtad människa, men han dolde det under en barsk yta. Han led uppriktigt när människor som han kände stupade eller sårades.

Manfred Rommel, son till Erwin Rommel

När jag blickar tillbaka framstår Rommel som en av de mest arroganta officerare jag någonsin träffat. Det märktes framför allt i hans förhållande till sina underordnade.

Baldur von Schirach, ”riksungdomsledare” i Tredje riket

Rommel är en ”vargunge”, ingen räv.

Gerd von Rundstedt, chef för de tyska styrkorna på västfronten

Min man är den störste optimisten. Ser han ett ljus någonstans, rör han sig i riktning mot det. Även om han inte ser något ljus men ändå fattar ett beslut, då är det beslutet likväl riktigt.

Lucie Rommel, hustru till Erwin Rommel

Den som kom under inflytande av hans personlighet blev soldat. Trots stora ansträngningar hade han en av allt att döma outtömlig kraft och optimism, en förmåga att sätta sig in i fiendens sätt att tänka och dennes troliga reaktion. Hans planer var mycket överraskande, intuitiva, spontana och det gick inte att utan vidare genomskåda vad de gick ut på.

Theodor Werner, ordonnansofficer hos Rommel

Rommels karaktärsfel gör honom till en synnerligen osympatisk person. Ingen vill dock råka i konflikt med honom på grund av hans brutala metoder och hans stöd på högsta ort.

Franz Halder, arméledningens generalstabschef

Det är möjligt att Rommel inte var någon stor strateg. Men han var utan tvivel den man som var mest lämpad i hela den tyska armén att föra ökenkrig.

General Fritz Bayerlein

Det råder inget tvivel om att Rommel hade stora förväntningar på Hitler och sedan såg hur dessa förväntningar sveks. För mig råder det inte heller något tvivel om att Hitler hade stora förväntningar på Rommel och att även han å sin sida upplevde att dessa förväntningar sveks.

Meinhard Glanz, general i tyska Afrikakåren

Rommel är svår att ha att göra med eftersom han sällan är beredd att underordna sig. I Afrika var han mycket självständig.

Wilhelm Keitel, försvarsstabschef

Rommels motstånd mot Hitlers tyranni, som kostade honom livet, betraktar jag som mycket hedervärt.

Winston Churchill

Hitler ville inte att Rommels anseende skulle minska hos det tyska folket och gav honom därför chansen att ta livet av sig med hjälp av en giftampull, som han hade fått av en av de båda generalerna under bilfärden. Inom tre sekunder efter att han tagit tabletten var han död. Om han hade vägrat att ta gift skulle han omedelbart ha arresterats och ställts inför "folkdomstolen" i Berlin. Min far föredrog att begå självmord.

Manfred Rommel

Jag vill än en gång understryka att min man inte deltog i förberedelserna eller utförandet av attentatet den 20 juli. Som soldat var det uteslutet för honom att delta i ett attentat. Under hela sin karriär var han alltid soldat och aldrig politiker.

Lucie Rommel

ATMOSFÄREN I PROPAGANDAMINISTERIET i Berlin motsvarade inte den sedvanliga bilden av nazistisk pompa och ståt. Istället för vit marmor fanns det bara en vitmålad vägg utan några av "Tredje rikets" symboler. Inga fanor, inga facklor, inga ljusspel; bara en strålkastare som återgav övernaturligt stora skuggor av huvudrollsinnehavarna.

Mannen i strålkastarljuset såg ut som själva sinnebilden av en tysk soldat: blond och blåögd i linje med tidens ideal, med markerade ansiktsdrag, som om Hitlers egen skulptör, Arno Breker, hade mejslat fram dem i sten. Men det var inte på grund av detta som han var den mest avbildade generalen inom *Wehrmacht*. Den segerrike härföraren, som nu inför kamerorna skulle spela ut hela sin utstrålning, passade som hand i handske i Goebbels propaganda. Han hade varit officer vid fronten under första världskriget och var en av få tyska arméchefer som hade dekorerats med det kejserliga Tysklands högsta militära orden, *Pour le mérite*, en framfusig soldat som gjorde det omöjliga möjligt. Här stod nu den man som Adolf Hitler hade prisat som "en av Tysklands bästa generaler" och sade vad den nazistiska ledningen så gärna ville höra. Han talade om en "seger mot en övermäktigt stor fiende", som trots "uppdragets stora svårigheter hade uppfyllts". "Det avgörande är att man vill segra", löd hans motto – och i det avseendet överträffades han inte av någon.

Propagandaminister Joseph Goebbels hade valt ut honom för ett helt nytt projekt. Det gällde att för eftervärlden bevara den tyska krigsmaktens framgångar, som under arméns högste chef Adolf Hitler hade lett till att tyska arméer behärskade hela den europeiska kontinenten, från Nordkap till Nordafrika och från Atlanten till Volga. "Führerns" megafon, propagandaminister Joseph Goebbels, hade beställt en serie filmporträtt av de mest framgångsrika tyska militärerna. Avsikten var att Hitlers hjältar skulle berätta om de nazistiska krigarnas framgångar för folket. Den man, med vilken filminspelningarna inleddes, sent på våren 1943, verkade vara särskilt väl lämpad för uppdraget: Erwin Rommel, segraren vid Tobruk, hjälten från Afrika, "Ökenräven". Ingen officer åtnjöt vid denna tidpunkt ett så högt anseende som Rommel. Hitler hade gynnat sin favoritgeneral och ville nu sola sig i glansen av hans framgångar. I biografernas filmjournaler, *die Wochenschau*, hade Goebbels propagandaapparat upphöjt Rommel till idol. Nu utnyttjade nazisterna sin hjälte och hjälten lät sig utnyttjas. Rommel var politiskt naiv. För honom innebar politik att tjäna fosterlandet. Och eftersom ledaren för detta fosterland hette Hitler, var *Führer, Volk und Vaterland* ("Ledare, folk och fosterland") för Rommel en och samma sak.

Detta scenario speglar tydligt också det dilemma som privatpersonen och fältmarskalken Erwin Rommel befann sig i. Trots sin vana att stå inför kameran gav han ett osäkert intryck och talade som en scenskoleelev, som visserligen behärskade sin text men inte hade någon aning om vad hans lärare förväntade sig av honom. Han såg ut att söka bekräftelse genom att med undrande ögonkast fråga sin mentor bakom kameran: var det bra så? Här talade en general, som var övertygad om det militärt riktiga i sin verksamhet och som inte ställde sig några frågor om vilka följder hans segrar fick. Om han hade fått frågan om han hade tjänat sitt land hade han godtroget svarat: "Ja, jag har tjänat och jag tjänar fortfarande." I vems tjänst denne övertygade soldat stod nämndes inte. I slutordet till sin bok *Infanterie greift an* ("Infanteriet anfaller") skrev Rommel: "I väst, öst och syd vilar de döda tyska infanteristerna, som vandrade den långa vägen av sann pliktuppfyllelse inför folk och fosterland intill det bittra slutet. De manar ständigt oss överlevande och kommande släkter att inte stå dem efter när det gäller att uppoffra sig för Tyskland." Pliktmedvetenhet och offervilja, tapperhet och patriotism – efter dessa begrepp formade han sin karriär. Dessa ord är nyckeln till en förståelse av hans handlande, ord som kan förklara en framstående tysk soldats uppgång och fall.

Den pojke som kom till världen den 15 november 1891 i Heidenheim an der Brenz, som son till skolläraren och rektorn Erwin Rommel, var inte förutbestämd att göra karriär som yrkesofficer. I släkten fanns knappast några militärer. Den ståndshögfärd som präglade officerskåren var ingen gynnsam utgångspunkt för en militär karriär, i synnerhet inte när man som Rommel härstammade från det bildade borgerskapet i den sydtyska provinsen Schwaben. Hans fysiska förutsättningar gjorde honom inte heller särskilt lämpad för den militära banan. Som barn var den unge Erwin liten och blek. Hans prestationer i läroverket motsvarade genomsnittet. Han hade visat en särskild begåvning för matematik medan han knappast alls var intresserad av de humanistiska ämnena. Han ville bli flygplansingenjör och arbeta vid Zeppelinfabriken vid Bodensjön. Men fadern tänkte sig en annan karriär för sin äldste son: han skulle bli officer. Erwin lydde. Men såväl artilleriet som ingenjörtrupperna avvisade den spenslige unge mannen. Med ett lika stort mått av lydnad som envishet lät Erwin Rommel värva sig en tredje gång – och lyckades slutligen. Den 19 juli 1910 inträdde han som officersaspirant vid 24. infanteriregementet *König Wilhelm I*, som tillhörde armén i Baden-Württemberg. Under sin tid vid den kungliga kadettskolan i Danzig år 1911 lärde han känna rektorsdottern Lucie-Maria Mollin, och fem år senare gifte de sig.

Att jag har utnämnts till "fältmarskalk" är som en dröm ... Hjärtliga hälsningar och kyssar till dig och Manfred från er fältmarskalk.

Erwin Rommel i brev till hustrun Lucie, 23 juni 1942

"En schwabisk tjockskalle..." Generalfältmarskalk Erwin Rommel 1942/43.

"Han skall bli officer..." Erwin Rommels föräldrar.

... sparsam, pålitlig och duktig i gymnastik.

Faderns bedömning av sonen i skrivelse till armén i Württemberg 1910

Ingen i vår familj var medlem av NSDAP, det nationalsocialistiska partiet.

Manfred Rommel

Min far talade med sydtysk dialekt men bemödade sig om att tala högtyska. När han var hemma eller när han var uppretad, vilket förekom ofta, talade han åter på dialekt. Oftast ansträngde han sig dock för att tala högtyska.

Manfred Rommel

Hans militära bana började lovande. I januari 1912 befordrades han till fänrik och återvände till sitt hemregemente i Weingarten, där han utbildade rekryter. Under en kortare tid avdelades han till 49. fältartilleriregementet i Ulm. När första världskriget bröt ut smittades även Rommel av den allmänna entusiasmen. "Äntligen har det skett", skrev han till sin blivande hustru. Den unge officeren fick sitt elddop vid fronten i Belgien och norra Frankrike. Redan i september 1914 tilldelades han Järnkorset av andra klassen. Strax därefter, i januari 1915, fick han som förste soldat i sin division Järnkorset av första klassen och befordrades till löjtnant. Som 25-årig kompanichef vid bergsjägarbataljonen i Baden-Württemberg tilldelades han för första gången ledningsuppgifter. Den kejserliga armén sände den äregirige kompanichefen till Balkan. I Frankrike hade Rommel upplevt ställningskriget. Vid den rumänska fronten fick han sina första erfarenheter av det rörliga kriget i strider mot ryssarna. Vid Isonzofronten i Italien deltog han 1917 i slaget om Monte Matajur, en befästning som ansågs ointaglig. Den unge officerens talang visade sig allt tydligare. Han hade lätt att motivera sina soldater och kunde på ett lysande sätt anpassa sig efter de rådande omständigheterna.

För första gången skötte Rommel krigföringen på det sätt som han fann bäst. När situationen så krävde brydde han sig inte om de order som ursprungligen hade utfärdats, utan gjorde istället det han bedömde att situationen krävde. Framgången skulle ge honom rätt. Vid stormningen av Monte Kuk tilldelades Rommel dock inte den utmärkelse han hade förtjänat. På grund av ett felaktigt meddelande fick istället löjtnant Ferdinand Schörner (som under andra världskriget utsågs till fältmarskalk) denna orden. I slutet av december 1917 erhöll Rommel likväl den eftertraktade utmärkelsen *Pour le mérite* för stormningen av Monte Matajur. Rommel var medveten om det unika med det kejserliga Tysklands främsta militära orden: "Det var en för dåtiden oerhörd utmärkelse för en bataljon", skrev han senare.

Själv uppfattade han hedersbetygelsen som helt och hållet berättigad, men överdriven blygsamhet var inte heller Rommels starka sida. "Redan som ung man visste jag hur man ledde en armé", förklarade han flera årtionden senare för sin son Manfred. Den ärelystne officeren var nära att spricka av självmedvetenhet – och han hade goda skäl till det. Redan under striderna på första världskrigets olika frontavsnitt hade Rommel visat prov på vad som senare skulle komma att bli hans kännetecken: envishet, krigslist, ärelystnad, initiativförmåga och ignorerande av högre befäls order. I januari 1918 kommenderades Rommel från fronttjänsten för att tjänstgöra i 64. armékårens stab. Strax före första världskrigets slut, i oktober 1918, befordrades han till kapten.

Det kejserliga Tysklands kapitulation i november 1918 ställde Erwin Rommel och alla andra soldater som återvänt från kriget inför samma frågor. De tidigare auktoriteterna var borta. Kejsaren hade abdikerat och de tidigare ledande samhällsklasserna var utblottade. Tysklands enhet hotades såväl inifrån, av separatistiska rörelser, som utifrån, av segrarmakternas politik. Som de flesta andra tyskar ville Rommel efter nederlaget först och främst att Versaillesfredens bojor skulle slitas, "oavsett av vem". Med den gamla ordningen hade även lugnet och ordningen i landet försvunnit. Revolution och kaos rådde. Svält och köld hotade människors liv; människor, som dittills knappast hade brytt sig om storpolitiken.

Men Erwin Rommel hade turen på sin sida även i fortsättningen. Yrkesofficeren tillhörde den grupp på knappa 100 000 man som segermakterna tillät den nya tyska republiken att ställa upp som krigsmakt. Den unge kapten Rommel, som vid frontinsatserna hade gjort sig ett namn som "expert på närstrid", fann alltså sin plats i Weimarrepublikens drastiskt reducerade armé. 1921 blev han kompanichef vid 13. infanteriregementet i Stuttgart/Ludwigsburg. Under de följande åren kom hans karriär dock att stagnera. Under åtta år tvingades han, antingen han ville det eller inte, att leva efter en gammal infanterisanning: att gräva ner sig och bli liggande. Därefter inleddes den period, då experten på rörlig krigföring tvingades bevisa sin talang för ämnet även utanför slagfältet. I oktober 1929 utsågs han till lärare vid infanteriskolan i Dresden. Denna utbildningsanstalt hade flyttats från München, eftersom de unga avgångseleverna i november 1923 alltför tydligt hade visat sitt aktiva stöd för Adolf Hitler. Vid den så kallade Ölkällarkuppen i München hade Adolf Hitler försökt ta makten i landet.

Erwin Rommel intresserade sig inte för de politiska idéer som torgfördes av en österrikisk korpral. Han kände sig som en soldat och inte som politiker. Följaktligen funderade han över det förlorade kriget och ställde sig frågor om det militära nederlaget. Han drog slutsatsen att armén i den gamla organisationsformen och under adelsklassens ledarskap inte var förberedd för de krav som det moderna kriget ställde. Vid utbildningen i militär strategi och taktik kryddade han sin undervisning med berättelser om sina personliga krigsupplevelser och arbetade på en bok där han förde fram sina tankar om en tidsenlig krigföring. Han hade tillräckligt med tid för att kunna ägna sig åt författande, eftersom hans militära karriär hade stannat av.

Redan under första världskriget överträdde Rommel vid upprepade tillfällen de gränser som den militära traditionen hade dragit upp. Han hade visserligen blivit kompanichef och utmärkt sig i strid, men så snart viktigare uppgifter skulle utföras eller officerare med längre tjänstetid fanns till hands tvingades han stå tillbaka. Utmärkta prestationer enbart var inte tillräckligt i den kejserliga armén; härkomst och antal tjänsteår ansågs viktigare.

Även i Weimarrepubliken kände sig Rommel åsidosatt. Trots flera försök beviljades han inte tillträde till utbildningen vid generalstaben. De oftast adliga officerarna var inte särskilt entusiastiska över att få framgångsrika uppkomlingar som konkurrenter. Och i familjen Rommels anor fanns det ingen anfader som hade utmärkt sig på slagfältet.

Å andra sidan insåg Rommels överordnade fullt ut vad han kunde prestera. De intygade att han var ”en man av kristallklar karaktär, osjälvisk, enkel och måttfull, omtyckt av kamraterna, högt respekterad av sina underordnade”. Chefen för infanteriskolan, sedermera generalfältmarskalken List, lovprisade Rommel som en ”förträfflig soldat”. Trots detta befordrades yrkessoldaten Rommel under två årtionden bara från fänrik till major. Den storartade karriär han hade drömt om hade än så länge förvägrats honom. Antagligen skulle han inte heller i framtiden ha haft möjlighet att förverkliga sina drömmar, om inte dramatiska förändringar hade ägt rum i Tyskland.

I oktober 1933 började Rommel sin nya tjänst som chef för tredje bataljonen vid 17. infanteriregementet i Goslar. Det var ett förband med ett glansfullt förflutet, som hade kämpat bland annat mot Napoleon vid Waterloo. På sin nya post stiftade Rommel för första gången bekantskap med den man som några månader tidigare hade tillträtt som Tysklands *Führer und Reichskanzler*. I september 1934 besökte Hitler den nazistiska bondeorganisationens möte i Goslar. Som seden var utgjordes Hitlers personliga liv- och hedersvakt av ett SS-förband. Rommel protesterade och krävde att hans soldater skulle få utgöra hedersvakt. Om man inte tilltrodde hans folk att skydda *der Führer* skulle han låta dem marschera iväg. Rommel fick som han ville. När Hitler inspekterade de uppställda förbanden stod Rommels soldater framför SS-förbanden. Vid inspektionen marscherade Rommel som andre man några meter bakom Hitler. Men förbindelserna mellan de två männen skulle snart bli tätare än så.

Den opolitiske soldaten Rommel var aldrig medlem i NSDAP, det nationalsocialistiska arbetarpartiet, eller någon av partiets underorganisationer. Under de första åren av nazisternas maktinnehav, då Hitler befäste sin maktställning och fortfarande tvingades ta hänsyn till den militära hierarkin, var Rommels inställning övervägande positiv. Likt många andra välkomnade han att den nya regimen uppskattade militära dygder som lydnad, disciplin och ordning. Hur kunde en patriot opponera sig mot Hitlers envist upprepade krav på att Tysklands internationella bannlysning måste få ett slut? Vilka invändningar kunde en yrkessoldat som Rommel ha mot att armén skulle moderniseras och förstärkas? När den nye rikskanslern Adolf Hitler vid en ceremoni i Garnisonskyrkan i Potsdam visade rikspresidenten Paul von Hindenburg, segraren i slaget vid Tannenberg år 1914, och den preussiska traditionen sin aktning – hur skulle då Rommel kunna tro att Hitler inte menade allvar? Vid den tidpunkt då Hitler bestämde sig för att ta parti för den reguljära armén *Wehrmacht* och göra upp med nazistpartiets egna väpnade styrkor, SA (*Sturmabteilung*), vid den så kallade Röhmkuppen år 1934, verkar den nye rikskanslern och Rommel ha funnit att de hade gemensamma mål, som det nu gällde att förverkliga.

Hur många anade eller visste vid denna tidpunkt att Hitlers hela politiska iscensättning var medvetet vilseledande? Även Rommel hörde till dem som inte såg verkligheten. Han trodde på Hitlers storstilade löften och genomskådade inte att de enbart var inledningen till ett helt annat spel. Ett spel där det var meningen att Rommel själv skulle få en alldeles särskild roll.

Bara två år efter sin befordran till major utsågs den äregirige officeren i september 1935 till överstelöjtnant och chef för den nya infanteriskolan i Potsdam. Vid krigsministeriet trodde man sig i Rommel ha funnit den idealiske mannen för att förbättra *Wehrmachts* förhållande till den nazistiska ungdomsorganisationen *Hitlerjugends* ledning. Rommels uppdrag fick dock ett mindre lyckat slut. Hans barska militärjargong och ständiga uppmaningar till tukt och uthållighet gick snart Hitlerjugends ledare, "skönanden" Baldur von Schirach, på nerverna. Rommel hade större framgång som skribent. År 1937 publicerades hans bok *Infanterie greift an*, som baserades på de föredrag som han hade hållit vid infanteriskolan i Dresden. Boken blev en stor succé och såldes i nästan en halv miljon exemplar under de följande åren. Den mest namnkunnige läsaren var Adolf Hitler. Nikolaus von Below, Hitlers adjutant vid *Luftwaffe* och en av Rommels tidigare elever i Dresden, hade gjort Hitler uppmärksam på boken. Den påminde honom om den "lyckligaste" tiden i hans liv, löd Hitlers utlåtande. Boken skildrade på många sätt Hitlers egna erfarenheter av första världskriget.

Två år senare befordrades Rommel än en gång. I början av oktober 1938 nådde den nyutnämnde översten för första gången Hitlers närmaste kretsar, om än till en början endast för en kortare tid: Rommel utsågs till chef för Hitlers eskortbataljon. Under denna tjänstgöring upplevde han entusiasmen hos den tyska minoriteten i tjeckiska Sudetlandet, som med jubel hälsade inkräktaren Hitler som en Messias och gjorde hans inmarsch till ett enda stort triumftåg. Även Rommel imponerades alltmer av Hitler. Han utstrålar en "magnetisk, kanske hypnotisk kraft", skrev Rommel beundrande till sin hustru. Med liknande lovord fortsatte han sin skildring av den tyske diktatorn: "Gud eller försynen har kallat honom att leda det tyska folket mot ljuset", prisade Rommel den man, som hädanefter skulle avgöra även hans öde.

Adolf Hitler och Erwin Rommel hyste ömsesidig respekt för varandra. När det gällde att tillsätta tjänsten som chef för den nya krigsskolan i Wiener Neustadt, kom Hitler att tänka på författaren till *Infanterie greift an*. Förberedelserna för det framtida kriget innebar att det för Hitler hade stor betydelse att de nya officerarna inskolades i de moderna tankegångarna om flexibel och rörlig krigföring. I november 1938 utnämnde han Rommel till chef för krigsskolan i Wiener Neustadt. Med sedvanlig iver och ärelystnad tog sig Rommel an Hitlers uppdrag att skapa Europas modernaste krigsskola. Hans arbete avbröts när Hitler kallade honom till särskilda uppdrag. Så ville till exempel *der Führer* inte vara utan Rommel när han tågade in i Prag i mars 1939 efter att resten av Tjeckoslovakien redan hade erövrats. Än en gång skulle Rommel sörja för Hitlers personliga skydd. På inrådan av Rommel for Hitler utan sitt stora följe direkt till det tjeckiska regeringssätet på slottet i Prag. Om avståndet mellan Hitler och Rommel i Goslar fortfarande hade varit några meter visade de tyska filmjournalerna nu bilder av Rommel vid Hitlers sida, på väg upp mot slottet i Prag.

Rommels avgörande språng i karriären kom emellertid i samband med anfallet mot Polen i september 1939. Vid krigsutbrottet utsågs Rommel till kommendant för Hitlers högkvarter och han befordrades i efterhand till generalmajor. "Jag har fått veta, att jag enbart har *der Führer* att tacka för min senaste befordran. Du kan föreställa dig min glädje över detta. Att få hans uppskattning för mina göranden och låtanden är det högsta jag kan önska mig", skrev Rommel till sin hustru.

På sin nya post befann sig Rommel i Hitlers omedelbara närhet. Han tilläts närvara vid lägeskonferenser och – höjden av ynnest – till och med yttra sig. Hos Hitler beundrade han att "han genast förstod de viktigaste

”Ni är för snabb, alltför snabb för oss ...” Rommel vid fronten i Frankrike 1940.

Där Rommel är, är fronten.

Soldatordspråk

När Rommel stötte fram genom Bretagne med sin 7. pansardivision var det för dessa äldre män, som hade upplevt skyttegravskriget i Frankrike, ett närmast otroligt sätt att föra krig på. Och alla visste att Hitler hade infört denna nya krigföring.

Winrich Behr, tyska Afrikakåren

Ni kan vara stolt över vad ni har uppnått.

Hitler till Rommel, 20 december 1940

Efter segrarna på västfronten 1940 började Rommel att tvivla på den nationalsocialistiska regimens ideologi och krigföring. Han kom att stärkas i sitt tvivel av flera bittra upplevelser.

Hans Speidel, general

punkterna och ur dem drog de rätta slutsatserna". Den opolitiske Rommel trollbands alltmer av diktatorn. Han trodde faktiskt att Hitler i allt vad han gjorde ständigt hade Tysklands bästa för ögonen. I augusti 1940 skrev Rommel i sin dagbok: "Hur hade det sett ut om vi inte hade haft vår *Führer*. Jag vet inte om det finns någon annan tysk man som så genialt och i lika hög grad behärskar det militäras konst och det politiska ledarskapet."

Rommel hade blivit Hitlers trogne krigare – för alltid, verkade det som. Även sin personliga korrespondens avslutade han ofta med orden *Heil Hitler!* I den flitige brevskrivaren Rommels brev till sin hustru kommer hans växande beundran för diktatorn till uttryck: "Är ofta tillsammans med *der Führer*. Detta förtroende är för mig en större glädje än en generalstitel. Hitler kommer säkert att fatta de rätta besluten. Führern vet exakt vad som är bäst för oss." För Rommel var Hitlers uppskattning allt annat än oviktig. Han verkade längta efter ytterligare ynnestbevis och återgav med stolthet varje vänligt ord som Hitler sagt honom i breven till hustrun. "Igår fick jag sitta bredvid honom", skrev han. Varje uppmärksamhet som den vördade Hitler visade Rommel noterades ("han är ytterst vänlig mot mig"), och minsta ynnest noterades stolt ("av och till fick jag även yttra några ord").

Men fullblodssoldaten Rommel ville i längden inte syssla med skrivbordsarbete. Han bad att få en tjänst vid fronten. Arméns personalavdelning besvarade Rommels begäran om att få befäl över en pansardivision med den skeptiska frågan om infanteriofficeren Rommel över huvud taget var förtrogen med pansarkrigföring. Uppenbarligen förmådde inte Rommel skingra deras tvivel. Antagligen var det Hitler personligen som lade ett ord i Rommels favör. I februari 1940 gavs Rommel befälet över den 7. pansardivisionen, som var stationerad i Rhenlandet. När Rommel tog avsked av Hitler i dennes högkvarter fick den nye pansargeneralen ett exemplar av *Mein Kampf* med en personlig dedikation från Hitler: "Till herr general Rommel som minne."

För truppchefen Erwin Rommel inleddes andra världskriget den 10 maj 1940 i Eifel, väster om floden Rhen. Till en början förde han befäl över ett pansarförband. Det hade organiserats i linje med Heinz Guderians teser och skulle nu bilda den 4. arméns spjutspets under fälttåget i väst. "Pansarkrigets fader", som Guderian kallades, instämde i Rommels åsikter om den moderna krigföringen. "Snabbt" och "rörligt" var nyckelorden. Guderian hade i sitt verk *Achtung, Panzer!* beskrivit ungefär samma sak som Rommel i sin bok om infanterikrigföring.

Att få befäl över den 7. pansardivisionen var helt i Rommels smak. Här var ett förband med vilket han i praktiken kunde omsätta sina tankar om krigföring: snabba och överraskande framstötar, med ett stort mått av personligt ansvar som gav spelrum för truppchefen. Tiden fram till den första insatsen räckte precis för att han skulle hinna bekanta sig med förbandet.

Till skillnad från vad som var vanligt för chefer för större förband ledde Rommel inte sina mannar enbart vid kartbordet i det bakre området. Han stod själv i främsta linjen, gjorde sig personligen en föreställning om slagets möjligheter och nödvändigheter – och fattade de rätta besluten. "Stram stridsledning" hade möjliggjort den överraskande snabba övergången av floden Maas, skrev Rommel. En förutsättning för detta hade varit att han själv på ort och ställe hade informerat sig om läget och personligen hade kunnat ge sina regementschefer lämpliga order. Rommel som anfallets spjutspets – det var den bana som den uppåtstigande stjärnan på den militära ledningens himmel beskrev. För sina militära framgångar under de första fem dagarnas framryckning tilldelades Rommel två utmärkelser. Sex dagar efter att anfallet hade inletts hade hans pansardivision skurit rakt igenom Belgien och befann sig på fransk mark.

Rommels trupp blev snabbt känd som "spökdivisionen". En fransk general karakteriserade senare skälen till Rommels framgångar för den unge divisionschefen med följande ord: "Ni är för snabb, alltför snabb för oss!" Djärvhet och raffinerat bluffspel, en intuitiv uppfattning av situationen, taktiskt sinnelag, nya kommunikationsmöjligheter (som senare skulle komma att införas i hela armén) och ett perfekt utnyttjande av det moderna pansarvapnet – allt detta garanterade Rommels triumfatoriska seger. Men givetvis uppstod det kritiska situationer vid denna form av krigföring, som så starkt präglades av snabb frammarsch. Rommel gjorde inte halt som han ursprungligen hade planerat, utan ledde själv framstöten i främsta ledet. Säkrandet av den egna flanken och täckningen av de framåtrusande förtrupperna hade hittills utgjort fundament i den militära taktiken. Rommel använde sig dock av en ny offensiv strategi. Om fienden hade haft tid att anfalla de långsträckta tyska försvarslinjerna, så hade Rommel inte heller kunnat leda sina förband på det sätt som innebar att ett motanfall omgående upptäcktes och avvärjdes. Om motståndaren hade haft tid och kraft för en offensiv hade följderna kunnat bli ödesdigra för Rommels förband eftersom förbindelsen mellan chefen och hans divisionsstab inte alltid fungerade.

Under loppet av en knapp vecka hade Rommels pansarfordon korsat floden Maas och trängt närmare 300 kilometer in på fientligt territorium. De tyska förlusterna var små, och man hade samtidigt tagit flera tusen franska krigsfångar. Även det allvarliga läge som uppstod då starka brittiska förband bröt igenom de tyska flankerna bemästrade Rommels mannar med bravur. Sedan engelsmännen den 26 maj hade tvingats dra tillbaka sin expeditionsstyrka erhöll Rommel på Hitlers personliga order Riddarkorset av Järnkorset. I hemlandet upphöjdes generalen till en firad hjälte. En biofilm som till en del spelades in i efterhand, *Der Sieg im Westen* ("Seger i väster"), gjorde Rommel till filmstjärna i Tyskland. En myt som skulle leva länge var född.

All uppskattning hade dock även en baksida. Som Hitlers gunstling åtnjöt Erwin Rommel inte något större anseende hos landets militära elit. Under den framgångsrika framstöten hade Rommel egenmäktigt brutit mot reglementet upprepade gånger då han ansåg det motiverat. Trots alla framgångar var detta inte populärt hos hans överordnade. Hur mycket hans mannar än uppskattade honom så mötte han motstånd mot sitt tillvägagångssätt. En officer vid hans divisionsstab, major Heidkämper, skrev ner de invändningar som framfördes mot den framgångsrike chefens ledarstil. Rommels anseende hos *Wehrmachts* högsta ledning var omdiskuterat. General Hoth bekräftade att Rommel visserligen hade "slagit in på nya vägar i ledningen av pansardivisioner", medan generalstabens chef, Halder, å sin sida ansåg Rommel vara "en general som hade blivit galen", eftersom han vid upprepade tillfällen hade åsidosatt sina överordnades order.

Men ingenting ger sådan framgång som framgången själv. Hitler uppskattade det övertag som Rommel hade gett honom. Följaktligen satte Hitler värde på honom. Diktatorn visste att Rommels insats hade varit en bidragande orsak till att Frankrike hade besegrats. Och Rommel visste å sin sida vem han hade att tacka för att han hade fått visa sin militära skicklighet.

Som härförare var Rommel en stjärna på uppåtgående. Hitler skrev till honom att han kunde känna sig stolt över vad han hade uppnått. Men Rommels största seger låg fortfarande framför honom.

I september 1940 hade den italienske diktatorn Benito Mussolini gett order om ett anfall mot Egypten. Han ville inte vara sämre än tyskarna, som nyss hade tillfogat ärkefienden Frankrike ett förnyat nederlag. Men den italienska offensiven kom snart av sig då den konfronterades med de brittiska försvarslinjerna. Vid sina motanfall förlorade italienarna åtta divisioner. I början av sitt italienska äventyr hade Mussolini skrutit med att han ville föra detta krig "inte tillsammans med Tyskland, inte för

Tyskland, utan för Italien vid Tysklands sida". Redan några veckor efter det misslyckade italienska anfallet stod Mussolinis fascistiska kolonialrike inför sin upplösning. Nu tvingades han fogligt be den tyske alliansbrodern om hjälp för att undvika ett avgörande nederlag.

Hitler utlovade bistånd, inte som en gest av solidaritet utan helt och hållet av egenintresse. Stödet åt de italienska förbanden i Nordafrika skulle förhindra den hotande kapitulationen och de följder den skulle kunna föra med sig. Vidare kunde åtgärden binda fientliga trupper i området och framför allt störa de brittiska försörjningslederna i Medelhavsområdet. Detta strategiskt viktiga beslut, som gavs täcknamnet "Solros", fattades vid en hemlig konferens den 3 februari 1941. Därför var det heller inte förvånande att Hitler inte gav uppdraget åt någon buskablyg general, utan åt "den djärvaste pansargeneralen som den tyska armén äger". Erwin Rommel skulle befria Mussolinis trupper ur den knipa de själva hade försatt sig i. OKH (*Oberkommando des Heeres*, arméledningen) hade ursprungligen valt ut andra generaler för uppgiften. Först skulle Erich von Manstein, den andlige fadern till den stridsplan med vilken Frankrike hade besegrats, leda operationen. Därefter föreslogs general Freiherr von Funck. Men Hitler bestämde sig för Erwin Rommel, en man som under Weimarrepublikens tid inte ens hade fått generalstabsutbildning. Rommel befordrades nu till generallöjtnant och Hitler invigde honom personligen i hans nya uppgift.

Rommel såg det som sin plikt att så snabbt som möjligt bevisa för Hitler att hans utnämning var ett riktigt beslut. När han den 12 februari för första gången satte sin fot på afrikansk jord gav en skenmanöver honom genast respekt. I Tripoli lät han nämligen de få pansarfordon han hade fört med sig åka runt kvarteret flera gånger. Därmed gav han de imponerade åskådarna intrycket av en styrka som han inte hade. "General Bluff", som Rommel kallades, var framgångsrik. En agent lät omgående meddela London att över 1 000 tyska pansarfordon hade landsatts i Afrika. Detta var det första exemplet på den infallsrikedom som den fantasifulle härföraren Rommel ägde. Även i framtiden skulle han iscensätta flera liknande illusionsnummer. Till exempel förstod Rommel att utnyttja den heta ökensandens dallrande värme för att ge åskådare i fjärran intrycket av en framryckande, mäktig pansararmé. Ofta bestod dessa arméer enbart av hopsnickrade treställningar som hade monterats på lavettvagnar. På nära håll kunde dessa "pansarfordon" i bästa fall skrämma små barn, men på långt håll imponerade de på motståndaren.

Men den framgång som Rommel nådde i och med den första offensiven mot slutet av mars 1941 kan inte enbart förklaras av detta illusionsmakeri. Den militära situationen för de italienska förbanden i Nordafrika var katastrofal. Engelsmännen gav inte mycket för deras stridsmoral: "Sand i förgasaren är ett mycket större problem än italienarna", löd ett vida spritt talesätt. Omkring 150 000 italienska soldater hade tagits till fånga; de tyskallierades underhållsförråd hade råkat i motståndarnas händer och soldaternas stridsanda verkade vara bruten. Tobruk, El Agheila och hela Cyrenaika hade erövrats av engelsmännen, som nu hotade hela nordvästra Libyen.

Den lägesrapport som Rommel inledningsvis författade gav inte någon större anledning till optimism. De italienska förbanden, pansardivisionen Ariete och den motoriserade Trentodivisionen, var inte fullt utrustade. Ändå var de kvantitativt mycket större än de tyska styrkorna eftersom den tyska Afrikakåren befann sig i ett uppbyggnadsskede. Kårens chef, Rommel, fanns visserligen vid fronten, men för tillfället bestod hans styrka enbart av delar av den 4. lätta divisionen, ledd av general Streich. Det 5. pansarregementet, som tillhörde denna division, hade endast cirka 120 pansarfordon. Tyskarna var fortfarande inte rustade för en insats i ökenmiljö. Man led lika stor brist på sandfilter till förgasarna – vilka kunde utgöra skillnaden mellan liv och död under ökenkriget – som på breda däck som inte fastnade i sanden. Inte heller soldaterna var förberedda för ökenkrig. De hade inte vant sig vid klimatet och deras utrustning motsvarade inte vad som krävdes för en insats i öknen. Många soldater hade en felaktig uppfattning om det krig som väntade dem där. Det gällde även deras chef. När Rommel fick reda på att han skulle placeras i Afrika skrev han till sin hustru att han i det heta ökenklimatet nu äntligen skulle få tillfälle att göra något åt sin reumatism. Han visste inte att nätterna i öknen kunde bli mycket kalla.

Den 19 februari 1941 gavs Rommels armékår officiellt det namn under vilket den skulle komma att nå stora framgångar: Tyska Afrikakåren. Men det skulle dröja ända till maj månad innan den 15. pansardivisionen hade landsatts i Afrika. Denna division skulle ladda upp Rommels förband till reglementerad styrka. Axelmakternas försörjningslinjer till havs och i luften var ständigt hotade av de brittiska flyg- och sjöstridsstyrkorna som var stationerade på Malta. Ledningsansvaret var också en oklar fråga. Formellt förblev Rommel underordnad det italienska överkommandot. Detta trots att han under Afrikafälttåget gjorde karriär och avancerade från befälhavare över Tyska afrikakåren till chef för en pansargrupp, därefter till chef för en pansararmé och slutligen till chef för en armégrupp. Rommel måste inte enbart få tillstånd till operationerna av italienska *Comando Supremo* utan även av den tyska armédledningen.

Denna rådde Rommel till försiktighet och begärde före det stora anfallet mot Cyrenaika att få se den plan som han tänkte använda sig av för operationen. OKW (*Oberkommando der Wehrmacht*) och därmed även den högste befälhavaren, Hitler, lät proklamera: "General Rommel uppmanas att inte ta några risker och i synnerhet att inte utsätta sina flanker för någon fara vid framryckningen mot Benghazi."

Från och med den 24 mars 1941 lät Rommel testa motståndarens styrka via mindre framstötar. Som en följd av detta kunde hans trupper mot slutet av mars driva bort engelsmännen från deras förpost El Agheila. En vecka senare, den 31 mars, inledde Rommels styrkor sin första stora offensiv. Deras mål var att återerövra Cyrenaika. Överraskningseffekten i kombination med Rommels strategiska skicklighet gjorde det möjligt att besegra de överlägsna brittiska styrkorna, som av en lycklig tillfällighet höll på att omorganiseras. Den nye brittiske befälhavaren i Cyrenaika, general Neame, visste lika litet om ökenkrig som sin tyske motståndare. Det brittiska överkommandot under ledning av general Wavell befann sig långt från slagfältet vid den stilla floden Nilen. Till skillnad från sin brittiske motpart hade Rommel under de föregående veckorna skapat sig en exakt bild av läget och av vad som krävdes för ett anfall. I ett flygplan av typen *Fieseler-Storch* hade han personligen inspekterat terrängen. Rommel hade då sett att britterna inte på långa vägar hade avslutat utbyggnaden av sina ställningar och dessutom noterat de enorma avstånden som det gällde att övervinna vid ett anfall. Trots varningar, och till och med ett uttryckligt förbud från OKW att rycka fram via Agedabia, riskerade Rommel den fortsatta frammarschen då han ansåg att situationen var gynnsam. El Agheila, Agedabia, Benghazi, Derna, Mechili – så löd raden av ortnamn under den första framstöten i riktning mot Egypten. Inom loppet av tio dagar hade Rommel nästan trängt tillbaka de brittiska linjerna ända till den egyptiska gränsen. Vad den brittiske högste befälhavaren Wavells trupper under två månader hade lagt under sig, återerövrade Rommel med sin Afrikakår på knappt två veckor mot en stor övermakt. På biografernas journalfilmer sågs en tysk soldat stryka över orden "Wavell's Way" på vägskyltarna och istället skriva dit "Rommels Weg". Detta var ett tydligt tecken på att Nordafrika nu behärskades av en annan armé. Framgången med Operation Solros var enorm och gav upphov till en legend som levde vidare av sig själv.

Efter sina framgångar som befälhavare i Frankrike och Afrika sågs nu Rommel som en general som förstod sig på att sporra sina soldater. Redan vid fronten under första världskriget hade Rommel visat att han kunde leda och motivera soldater. Hans män visste snart att han inte krävde något av dem som han inte själv var beredd att utföra. "Han var inte någon mästrande besserwissertyp som alltid visste hur saker och ting bäst skulle utföras", beskrev soldaten Meinhard Glanz senare Rommels nya stil. Han fortsatte: "Att leda en trupp innebär att bekymra sig om sina soldater och ta del av deras öden. Det gjorde Rommel, och tillsammans med sina soldater nådde han framgång." I detta låg grunden till ökenkrigets framgång. Svett som man gemensamt utgjutit förenar och i Nordafrikas öken var denna paroll långt ifrån en tom floskel: "Rommel var som en far för oss till den grad att äldre afrikaner än idag betraktar oss som förenade i en osynlig gemenskap. Den växte fram ur de gemensamma upplevelserna på slagfälten i Nordafrika." Med dessa ord och inte utan en viss högtidlighet skildras myten Rommel av en av Afrikakårens gamla soldater.

Rommel undvek inte farofyllda insatser och riskerade också sitt eget liv: "Där Rommel finns är fronten", löd ett populärt talesätt. Och fronten fanns överallt. Så dök Rommel också upp överallt och drev sina trupper framåt. Han var inte en general som höll sig i det säkra bakre området och fattade beslut över kartbordet. Han krävde aldrig det omöjliga av soldaterna vid fronten eftersom han inte hade personlig kännedom om förhållandena. Den före detta soldaten Karl Zimmermann minns än idag general Rommels särskilda sätt: "Han var inte en general som stod i det bakre frontområdet och utfärdade sina order därifrån. Han var längst framme, stod sida vid sida med den vanlige soldaten." Gerd Schmückle (som efter kriget blev general i NATO) beskrev den stora aktning som särskilt motorcykelordonnanser åtnjöt hos Rommel, som visste att uppskatta deras insatser. Rommel var en populär chef, men han drev också sina soldater till gränsen av vad de förmådde prestera. När han under ett anfall såg ett motoriserat förband göra halt, dök han upp i ett flygplan ovanför de rastande soldaterna och kastade ner ett flygblad: "Om ni inte åker vidare omedelbart kommer jag ner till er! Rommel." Anekdoten spreds bland hans mannar. Den som ler åt den bör också betänka det faktum att Rommel krävde mycket av sina soldater (liksom av sig själv) och ständigt lika oförtröttligt drev sina mannar framåt, vilket innebar att han i praktiken omsatte de ideal som hans högste chef, Adolf Hitler, tillskrev den tyska ungdomen. I ett tal hade Hitler karakteriserat den som "hård som Kruppstål, seg som läder och snabb som vinthundar".

I efterhand kan många av Rommels insatser tyckas vara resultatet av en genial strategi. I själva verket var det en följd av flera lyckliga sammanträffanden som inte hade kunnat förutses. Rommel var mindre en genial strateg som drog upp finslipade planer än en gudabenådad taktiker, som insåg när det rätta ögonblicket var inne och visste att utnyttja det. ”Ingen plan överlever den första kontakten med fienden”, löd hans valspråk. Han inriktade sig på improvisation, på att snabbt försöka uppfatta situationen och framför allt på att reagera snabbt. Den framgångsrike arméngeneralen medgav ibland att han när det gällde Afrika emellanåt knappt hade haft en aning om var hans förband exakt befann sig. Ökenkrig innebar även att de stridande förbanden ibland kilade in sig i varandra så att det inte gick att utröna var frontlinjen egentligen löpte. Det hände mer än en gång att Rommel var nära att hamna mitt bland fientliga förband eftersom sandstormar skymde sikten och man förlorade orienteringen. Generalstabschefen Franz Halder gjorde en missnöjd notering om den illa omtyckte uppkomlingen Rommel i sin dagbok: ”Han är inte på något sätt vuxen sin uppgift som chef. Hela dagen rusar han runt bland sina trupper som är utspridda över ett stort område. Han ger order om rekognosceringsuppdrag och splittrar sina förband. Ingen har någon överblick över var trupperna befinner sig och vilken deras stridsstyrka är.”

Under Operation Solros hade Rommel i alla fall turen på sin sida, vilket den modige behöver. Av framgången drevs han framåt mot nästa anfallsmål: Tobruk. När de båda offensiverna mot den strategiskt viktiga hamnstaden misslyckades den 14 och 30 april 1941, uppstod för första gången stora problem. Rommels otur höll i sig då den tyska generalstaben den 27 april skickade general Friedrich Paulus till Afrika som observatör. Visserligen beskrev han senare Erwin Rommel som en ”energisk truppchef”, men han upplevde också hur Rommel, trots italienarnas betänkligheter på grund av alltför utsträckta underhållslinjer, ändå rastlöst drev sina soldater framåt. En ”spelare” som piskade sina illa förberedda trupper framåt – det var inget smickrande omdöme den tyska militärledningen gav om Rommel. Missnöjt skrev generalstabschef Franz Halder den 6 juli 1941 i sin dagbok: ”De personliga relationerna är ansträngda på grund av general Rommels egenheter och hans sjukliga ärelystnad. Hans karaktärsfel innebär att han gör ett särskilt otrevligt intryck, men ingen vill råka i konflikt med honom på grund av hans stöd på högre ort.”

Hitler förblev däremot sin utkorade favoritgeneral trogen, och Rommel motsvarade de förhoppningar man hade på honom. När engelsmännen efter den misslyckade tyska våroffensiven inledde sitt motanfall, Operation Stridsyxa, bestod Rommel och hans trupper eldprovet i pansarslaget vid Sollum. Med omkring 200 pansarfordon hade engelsmännen och deras allierade förband begett sig av i riktning mot den egyptisk-libyska gränsen för att återerövra det som tagits av tyskarna. Anfallet inleddes under morgontimmarna den 15 juni. Efter tre dagar av förbittrade strider tvingades engelsmännen dra sig tillbaka. Trots stor materiell överlägsenhet och flygunderstöd från *Royal Air Force*, som behärskade luftrummet ovan slagfältet, lyckades Rommels lilla armé slå tillbaka anfallet. Engelsmännen förlorade hälften av sina pansarfordon, medan de tyska förlusterna bara uppgick till en bråkdel. De psykologiska effekterna var enorma. Framgångarna försatte Hitler i "den allra muntraste stämning". Han gratulerade sin framgångsrike general, överhopade honom med ynnestbevis och ännu en befordran. Rommels motståndare i generalstaben kokade av ilska. General Erwin Rommel hade nu befordrats till general av pansartrupperna och förde befäl över en styrka som bestod av tio tyska och italienska divisioner.

Den stora beundran som Hitler vid denna tidpunkt hyste för Rommel rubbades inte ens då Rommels trupper tvingades dra sig tillbaka efter att den nye brittiske befälhavaren sir Claude Auchinleck den 18 november inlett motoffensiven Operation Korståg. Mellan Hitler och officerarna i Rommels stab rådde en ovanlig överensstämmelse när det gällde betygsättningen av Rommel: "Truppchefen måste utmärkas av hårdhet, hängivenhet gentemot sitt manskap, instinktiv känsla för bedömning av terrängen och fienden, reaktionssnabbhet och temperament. Alla dessa egenskaper förkroppsligar general Rommel på ett märkligt vis", står det att läsa i de anteckningar som fördes av Afrikakårens generalstabschef, Fritz Bayerlein. Ett omdöme i samma anda formulerade Hitler i en personlig nyårshälsning som avsändes från hans avlägsna högkvarter i Ostpreussen, *Wolfsschanze* ("varglyan"): "Jag vet att jag även under det nya året kan förlita mig på min pansarkår."

Och han kunde verkligen lita på Rommel. 1942 var det år då Rommels styrka vann sina största segrar – och led sina största nederlag. Först triumfen: "Fästningen Tobruk har kapitulerat. Alla enheter samlas och förbereder sig för den fortsatta frammarschen", löd det radiomeddelande som Rommel den 21 juni lät sända till samtliga enheter i Afrikakåren. Än en gång hade Rommel lett anfallet i spetsen för sina förband: "Vid ett fientligt anfall av snabba pansarfordon leder befälhavaren personligen motanfallet, varvid de fientliga pansarfordonen retirerar", står det i det protokoll som Rommels stab förde. Anfallet bestod återigen av en lyckad blandning av bluffspel, taktisk skicklighet, stridsstyrka, snabbhet och mod. Med en krigslist gav Rommel motståndaren intrycket att hans trupper stod i begrepp att anfalla i riktning mot Alexandria. Samtidigt fällde samtliga *Luftwaffes* tillgängliga plan sina bomber över Tobruks befästningsanläggningar – och därefter kom pansarfordonen. Tyskarna lyckades driva in en kil i de brittiska styrkorna, ledda av general Ritchies, och slå sig igenom försvaret kring befästningen. Över 30 000 brittiska soldater togs tillfånga.

Rommels militära karriär hade nu nått sin höjdpunkt. Efter att han nyss befordrats till *Wehrmachts* yngste generalöverste utnämnde Hitler honom nu till generalfältmarskalk och tilldelade honom Svärden till Riddarkorset. Rommel sägs ha reagerat med följande ord på nyheten att Hitler skulle skicka honom hans marskalksstav: "Det hade varit bättre om han hade skickat mig en division." I andra versioner av händelsen betonas emellertid den närmast barnsliga glädje som Rommel visade då han meddelades sin befordran – hans femte inom loppet av tre år. Den nye generalfältmarskalken var tillräckligt fåfäng för att bli stolt över utmärkelserna. Det första brev han skrev hem efter sin befordran undertecknade han inte med sitt namn, utan med orden: "Er fältmarskalk."

"Framåt till seger för *der Führer*, folket och riket" – med denna sedvanliga slogan besvarade Rommel Hitlers lyckönskningstelegram. Detta "framåt" var inte på något sätt bara en floskel. Rommel utnyttjade det rätta ögonblicket för att en gång för alla slå de demoraliserade britterna och deras hjälptrupper och rycka fram mot den strategiskt viktiga Suezkanalen. Men Rommels tankar rörde sig redan än längre österut. Wilfried Armbruster, Rommels tolk i Afrika, kommenterade detta med följande ord: "Hade vi fortsatt vår frammarsch, hade vi kunnat ta oss ända till Palestina". Fortfarande gällde "den stora planen" som gick ut på att armégrupp Syd skulle ta sig över Kaukasus och via Iran och Syrien förena sig med Rommels pansarfordon någonstans i Mellersta Östern. Några av soldaterna visste redan exakt var. I refrängen till en populär visa ändrade man under 1942 texten till att man inte skulle återses "därhemma" utan "vid järnvägsstationen i Jerusalem".

Den italienske diktatorn Mussolini och hans generalstab, men även det tyska överkommandot, ville till en början inte veta av sådana storslagna planer. De föredrog att man genomförde den sedan länge planerade ockupationen av Malta, för att på längre sikt säkra underhållslinjerna kring Medelhavet. Hitler, som hade kallat Tobruks fall "ett ödets ingrepp åt det tyska folket", rådde trots detta den 23 juni 1942 axeltruppernas formelle krigsherre i Nordafrika, Mussolini, att förfölja den brittiska 8. armén "till varenda soldats sista andetag". Detta grundade han på: "Krigslyckans gudinna sveper förbi varje fältherre endast en gång. Den som inte fångar henne i det ögonblicket, lyckas för det mesta inte hinna ifatt henne igen." Rommel lyckades heller inte fånga henne. Det förhastade beslutet som fattats i segeryran, om att fortsätta offensiven i riktning mot Egypten, kom att straffa sig. Redan efter några veckor skulle Rommels frammarsch med de få pansarfordon som ännu var funktionsdugliga fastna i ett ökennäste kallat El-Alamein vid den trånga passagen mellan Kattarasänkan och Medelhavet.

Joseph Goebbels propagandaapparat arbetade under dessa dagar på högvarv. Extrasändningarna i radio följde slag i slag. "Rommels härliga seger" eller "Rommels knytnäve tar andan ur England" löd rubrikerna i den likriktade pressen. Rommels framgångar skulle återge befolkningen i Tyskland vissheten om seger från krigets början, som sedan dess hade gått förlorad på slagfälten i öster. Redan under vintern 1941–42 hade hans frammarsch i den heta öknen avlett intresset från den iskalla katastrofen på östfronten. Detta trots att krigsskådeplatsen i Nordafrika var av mindre betydelse och endast tre tyska divisioner slogs där, medan över 150 divisioner ur *Wehrmacht* kämpade mot Röda armén i östra Europa. Efter segern vid Tobruk hade Goebbels låtit flyga in en av Rommels krigskorrespondenter till Berlin så att denne personligen kunde skapa sig en bild av läget och av de propagandistiska möjligheter som segern i Nordafrika erbjöd. "Ett segervisst handslag" löd rubriken i *Hamburger Illustrierte* den 10 oktober 1942. Omslagsbilden visade hur *der Führer* räckte sin medaljprydde marskalk handen. Under det tredje krigsåret visade filmjournalerna de tyska biobesökarna en strålande hjälte: Rommel i elegant och välsittande uniform, Rommel, engelsmännens betvingare, Rommel, den store fältherren som med vidlyftiga gester ledde sina segerrika divisioner. Filmbilderna lade inte någon vikt vid den historiska sanningen. Inför Goebbels kamera dirigerade Rommel förband som inte ens existerade i verkligheten. Hederstiteln "spökdivisionen", som motståndarna hade gett hans 7. pansardivision under fälttåget i Frankrike, fick en ny innebörd ute i öknen.

Propagandaminister Joseph Goebbels såg de möjligheter som Rommels seger gav den nazistiska propagandan. Fosterlandet hade behov av hjältar och det krigströtta tyska folket hade behov av generaler som segrade. För denna roll var Rommel förutbestämd, och han åtog sig den mer än gärna. Goebbels insåg följande: "Ingen annan officer var så övertygad om propagandans viktiga roll för att vinna kriget som Rommel." Detta var alls ingen självklarhet bland de tyska generalerna som både på eget initiativ och inte minst på order av Hitler undvek offentlighetens ljus och all kontakt med den regeringsstyrda pressen. Heinz Guderian, vilken som strateg inte stod vare sig Rommel eller Manstein efter, skrev i trotsig förväntan på en seger i Ryssland till sin hustru: "Jag vill inte under några omständigheter att min person förknippas med propaganda à la Rommel." Den nyutnämnde fältmarskalken Rommel hade i det avseendet inga betänkligheter. Han var helt enkelt en modern general.

Redan under fälttåget i Frankrike hade två medarbetare vid propagandaministeriet, Karl Hanke och Karl Holz, sökt direkt kontakt med divisionschefen Rommel. Hans militära framgångar skapade ett slags folklore. Till exempel försågs sångaren Hans Albers populära schlager *Auf der Reeperbahn nachts um halb eins* med en ny text som handlade om Rommels fälttåg istället för om nöjeskvarteren i Hamburg. Rommels anfall förvandlades till en schlager och redan 1940 var hans segrar en succé.

Kanslirådet Alfred-Ingemar Berndt vid propagandaministeriet utsågs till Rommels ordonnansofficer i Afrika och skötte kontakten mellan "Ökenräven" och propagandaminister Goebbels. Rommels popularitet ökade än mer efter hans segrar. Upphöjningen till hjältestatus gled delvis över i rena smaklösheter. Ett målat vykortsporträtt visade en beslutsam Rommel med tydligt stiliserade ansiktsdrag. Propagandan målade upp en idealbild av en tysk general. Man anpassade fakta efter vad som passade bilden av en tysk härförare. Till exempel hävdades det felaktigt i en artikel i veckotidningen *Das Reich* 1941 att Rommel kom från arbetarklassen. Det var inte det enda felet i artikeln: Rommel hade efter första världskriget varken lämnat armén eller studerat vid universitetet i Tübingen. Att Rommel som SA-ledare skulle ha fått en redogörelse för den nazistiska ideologins innebörd av Hitler personligen var också ett rent fantasifoster. Så framställde sagoberättaren Goebbels bilden av den exemplariske tyske generalen. Ändå var Rommel aldrig ens medlem av SA och han var varken före eller efter år 1933 medlem i det nazistiska partiet.

Rommel var lika nöjd med att framställas som "ökenkrigets herre" som han var förargad över att den nazistiska propagandamaskinen lade beslag på hans person. I Berlin togs ingen notis om hans klagomål. Av allt att döma fann han sig i att propagandan dessutom hävdade att han talade flytande arabiska. Detta skulle förklara varför tyskarna var så omtyckta av araberna. Det påstods att arabfolken betraktade britterna som hatade ockupanter medan de hälsade Rommels trupper som befriare. Ändå bestod Rommels arabiska språkkunskaper av högst ett femtiotal ord – men vad brydde sig Goebbels om sanningen? Han målade hellre upp en närmast romantisk bild av Rommels Afrikakår. Men eftersom insektsplågan och sandstormarna resulterade i otrevliga bilder av törstiga, smutsiga och hungrande soldater uppfann man ökenkriget på nytt. På propagandans bilder av kriget syntes infanterister som med glatt humör och gott om proviant rastade i ökensanden och stekte ägg på motorhuven. Här fanns idylliska scener från oaser med åsnor, dadelträd och lekande beduinbarn. Kriget som en barnlek; inte ett ord om slitet, problemen med uteblivet underhåll, lidandet eller döden.

Inte ens motståndarna kunde undgå att fascineras av den man som hade besegrat deras trupper. Efter segern i Tobruk stod de allierade inför ett militärt och psykologiskt problem. Enligt en opinionsundersökning var Erwin Rommel den mest kände tysken i USA efter Adolf Hitler. De allierade bidrog till mytbildningen kring Rommel. I det brittiska parlamentet framställde Churchill den tyske generalen som en man med geniala egenskaper. Soldaterna i den brittiska 8. armén beundrade Rommel eftersom han besegrade dem. Och omvänt frågade de sig när de skulle slå hans trupper. För de allierade var det ett problem att själva namnet Rommel hade blivit ett viktigt vapen i den psykologiska krigföringen. Douglas Walter, soldat i 8. armén, beskrev den effekt namnet Rommel hade (även de allierade kallade honom vördnadsfullt ”Ökenräven”): ”Våra högsta befäl underströk alltid: Det går att besegra honom. Men vi trodde dem inte.”

För att bekämpa modlösheten i de egna leden tvingades de brittiska cheferna vidta motåtgärder. När till och med de egna soldaterna beundrade motståndarens egenskaper fick det åtminstone inte gå till överdrift. En order som utfärdades av de brittiska styrkornas högste chef, general Claude Auchinleck, till de egna trupperna hade därför följande lydelse: ”Det finns uppenbarligen en risk att vår vän Rommel görs till ett slags trollkarl eller ett skräckinjagande spöke av våra trupper, som talar mycket om honom. Det är ytterst viktigt att vi inte ständigt talar om ’Rommel’ när vi avser fienden i Libyen. Denna angelägenhet är ur psykologisk synpunkt av högsta vikt.” Men ingenstans uttrycktes det tydligare en beundran för motståndarens insatser och framgångar än i det tillägg som Auchinleck gjorde till sin order: ”Jag är inte avundsjuk på Rommel.”

Auchinleck skulle inte få några fler tillfällen att personligen plocka bort den hjältegloria som omgav hans tyske motståndare. Rommel hade slitit ut även den andre, misslyckade brittiske befälhavaren. Den tredje chefen för de brittiska trupperna i Nordafrika blev general Bernard Montgomery. Han gav sin 8. armé i uppdrag att driva tillbaka tyskarna från El-Alamein, beläget cirka 80 kilometer väster om Alexandria och Nildeltat. Förutsättningarna var gynnsamma, trots alla tyska framgångar hittills. Med hänsyn till den allierade överlägsenheten såväl i luften som på marken, förmådde Rommels soldater inte göra mycket motstånd när den tredje brittiska offensiven mot den tyska Afrikakåren inleddes

"Den mest kände tysken efter Hitler..." Erwin Rommel till höger vid en tillställning till förmån för "vinterhjälpen" på idrottsarenan Sportpalast i Berlin 1942. I mitten Wilhelm Keitel och till vänster Arthur Görlitzer.

Rommels segrar leder också till stora propagandaframgångar. Vi behöver fler sådana generaler.

Joseph Goebbels i sin dagbok, 27 juni 1941

Jag anser Rommel vara en av de bästa militära cheferna i hela armén. *Der Führer* avser också att utnämna honom till arméchef efter kriget, vilket han förtjänar mer än någon annan.

Joseph Goebbels i sin dagbok, 30 september 1942

Fältmarskalk Keitel tyckte aldrig om min far. Däremot kom han ganska väl överens med Guderian och Jodl.

Manfred Rommel

den 23 oktober 1942. Rommel befann sig inte hos sina trupper, utan vistades av hälsoskäl i Tyskland. Men inte ens en chef av hans format hade haft mycket att sätta emot de överlägsna brittiska trupperna – förutom sitt legendariska rykte. Men vad var väl myten om oövervinnelighet mot de mer än 1 100 pansarfordon som Montgomery kastade in i striden? De tysk-italienska trupperna kunde inte ens uppbåda hälften så många. Axelmakternas ställningar kördes helt enkelt över. *You can't stop a steam roller with a Volkswagen* ("Det går inte att stoppa en ångvält med en Volkswagen"), förklarade soldaten Douglas Walter i en återblick på den allierade överlägsenheten och med en anspelning på "general Bluffs" tidigare framgångar. Inget annat återstod än ett ordnat återtåg. Och Rommel, som nu återvänt till den afrikanska krigsskådeplatsen, bad om Hitlers tillstånd för detta.

Den 3 november fick Rommel ett svarstelegram som kom att rubba hans dittills nära nog obegränsade tilltro till "alla tiders störste fältherre"(som en del officerare sinsemellan ironiskt kallade Hitler): "I det läge ni befinner er kan det inte finnas någon annan lösning än att hålla ut, att inte vika undan det minsta och kasta in varje vapen och varje soldat i striden. Ni kan inte visa er trupp någon annan väg än den som leder antingen till segern eller till döden."

Detta var en order om uthållighet som var typisk för Hitler. Med halsstarrighet och utan hänsyn till oundvikliga strategiska nödvändigheter ställde han de stridande trupperna inför omöjliga uppgifter. Rommel lät motvilligt men lydigt stoppa det återtåg som redan inletts "eftersom jag själv alltid hade krävt fullständig lydnad och följaktligen även underordnat min egen person denna princip", skrev han.

Men snart insåg Rommel vilka följder hans lydnad fick och beslöt sig då för att handla på eget initiativ. Mot sin högste chefs uttryckliga order gav Rommel order om återtåg för att rädda vad som räddas kunde. En dag senare gav Hitler ändå sitt tillstånd till det begärda återtåget till ställningarna vid Fuka. Genom Montgomerys övermakt trängdes resten av Afrikakåren tillbaka till ett område strax bortom Benghazi. Slaget vid El-Alamein var förlorat. Situationen skulle förvärras ytterligare när brittiska och amerikanska trupper den 7 och 8 november 1942 landsteg i nordvästra Afrika, bakom Rommels förband. Axelmakterna stod nu inför vad varje armé betraktade som en mardröm, nämligen ett tvåfrontskrig. De allierade styrkorna var vida överlägsna tyskarna och deras allierade. Medan de allierades leveranser av underhåll fungerade friktionsfritt led Rommel av svåra försörjningsproblem. Styrkeförhållandet förändrade sig hela tiden allt mer och allt snabbare till tyskarnas nackdel. Från och med nu återstod inte ens för Rommel något annat än att förhala ett nederlag – att förhindra det kunde han inte längre. Hans pansararmé tvingades dra sig tillbaka.

Den 26 november beslöt sig Rommel för en förtvivlad räddningsaktion. Han ville personligen lägga fram sin sak inför Hitler och förklara för honom att det på grund av de bristfälliga leveranserna av underhåll, den allierade överlägsenheten i luften och Montgomerys och Eisenhowers arméers strupgrepp bara fanns en utväg. Denna bestod i ett återtåg ur Afrika och säkrandet av material och räddandet av stridsdugliga förband inför striderna i Europa. Rommel dök oanmäld upp hos Hitler i "varglyan" i Ostpreussen: "Situationen i Afrika kräver att jag personligen gör en föredragning och lägger fram mina tankar om den fortsatta lägesutvecklingen för er." Rommel talade klarspråk. När han hade talat färdigt fick han uppleva hur diktatorn förlorade självbehärskningen. Rommel fick göra samma erfarenhet som många andra höga officerare före honom redan hade gjort och som så många andra skulle få göra efter honom. Hitler skällde ut sin favoritgeneral inför samtliga närvarande och skrek: "Det finns ingen väg tillbaka. Enda möjligheten är att göra halt. Ge upp Afrika? Det är omöjligt!" Sedan visade han den bestörte fältmarskalken på dörren. Vad som därefter följde förefaller visserligen groteskt, men påminner om andras erfarenheter av Hitler. Sonen Manfred Rommel återger sin fars skildring: "Hitler kastade ut min far men sprang sedan efter honom och ropade tillbaka honom. Därpå frågade han min far: 'Hur många gevär har ni?' Min far svarade: 'Vi har inte räknat dem'. Detta gjorde Hitler så irriterad att han överöste Rommel med allvarliga anklagelser tills denne slutligen fick nog: '*Mein Führer*, det bästa vore om ni själv åkte till Afrika och visade hur man försvarar sig mot brittiska pansarfordon med gevär." Man kan visserligen förebrå Rommel den beundran för Hitler som han fortfarande hyste. Men man kan dock inte bortse ifrån att han även nu stod för sina åsikter. Det var alls inte någon självklarhet hos *Wehrmachts* generaler.

Denna händelse ses av flera av Rommels levnadstecknare som startpunkten för hans förändrade inställning till Hitler. Diktatorns lynnighet och brist på insikt var inte några egenskaper som passade den ansvarsfulle statsman som Rommel ville se som Tysklands ledare. "De ser inte faran och de vill inte se den", sade han resignerat till sin hustru. Men Rommel var soldat och principer som order och lydnad hörde till hans natur. Följaktligen lydde han Hitler, även mot sin egen övertygelse.

Ett oundvikligt successivt återtåg inleddes nu. Under ytterligare två månaders tid uppbådade armégruppen i Afrika motstånd, trots att deras berömde chef inte var på plats. Hitler hade visserligen gett sin tillåtelse till återtåget, men "historiens störste fältherre" stördes i allt högre grad av sin tidigare favoritgenerals "omvägar". Den 9 mars 1943 kallades Rommel hem från Tunisien. Det har spekulerats mycket om orsaken till hemkallandet. Rommel hade på grund av sjukdom redan tvingats till sjukpermission och befann sig inte vid fronten under det avgörande brittiska anfallet. Var han så försvagad att han inte klarade av att leda kampen? Var hemkallandet ett straff för misslyckandet eller en reaktion på Rommels invändningar? Eller ville Hitler tvärtom att Rommel, som dittills hade varit hans favoritgeneral, skulle skonas från den förödmjukelse som en kapitulation innebar? Eller var Hitler rädd för att han skulle förlora ännu en fältmarskalk till fienden – bara några veckor tidigare hade ju fältmarskalk Paulus kapitulerat i Stalingrad och hamnat i rysk fångenskap.

Men även om Rommel inte såg läget i Nordafrika i samma rosafärgade skimmer som Hitler och även om "Ökenräven" inte förmådde avvärja det hotande nederlaget, så åtnjöt Rommel fortfarande Hitlers gunst. Med en försening på två månader tillkännagavs att Rommel hade tilldelats briljanterna till Riddarkorset. Rommels namn hölls utanför det bittra slutet på striderna i Afrika. Hans legendariska rykte skulle inte fläckas av nederlag och hans segerrika utstrålning skulle skyddas. Myten kring den store idolen hade alltför stort propagandavärde för hemmafronten. "Eftersom det skulle vara till skada för hans goda namn" om han stannade i Afrika, kallades Rommel hem före frontens slutgiltiga sammanbrott. Den 12 och 13 maj 1943 tvingades Rommels efterträdare kapitulera. Kriget i öknen var över.

Som en obesegrad hjälte turnerade fältmarskalk Rommel runt i Tyskland. Det var en roll som den energiske truppchefen inte var särskilt intresserad av: "En fältmarskalk som tvingas tillbringa kriget hemma är inget annat än en fånge", yttrade han djupt deprimerad till sin hustru. Men den lidelsefulle soldaten var inte bara en fånge på hemmafronten: han lät sig dessutom ledas runt och visas upp som en cirkusbjörn.

Inte ens armégrupp Afrikas (som var den tidigare Afrikakårens sista namn) nederlag ändrade något i hyllningarna av den hemkallade fältmarskalken. På Goebbels initiativ inleddes ytterligare en propagandakampanj med Rommel i huvudrollen. Avsikten var att framställa honom som jämbördig med tyska historiska militära gestalter som Moltke, Hindenburg, Blücher och Gneisenau, vilket kan tyckas berättigat. Men samtidigt upphöjdes Rommel till en övermänniska; framställningen av honom blev groteskt överdriven och därmed skrattretande. Han prisades som ”en komet i en lysande omloppsbana” och som ”uppfylld av helig nitälskan” och hans person blev en myt. Till och med nederlagen försökte Alfred-Ingemar Berndt omvandla till segrar. ”27 månaders kamp i Afrika”, löd titeln på ett radioföredrag där Berndt glorifierade Rommels hjältemodiga strid mot en överlägsen fiende. Och Rommel spelade den roll han hade tilldelats.

På våren 1943 ställde han sig framför propagandaministeriets kameror och skildrade sina upplevelser under ökenkriget. Han uttalade sin respekt för ”den tyske soldatens” insatser som malde ner motståndaren med ”blixtliknande framstötar” och rastlöst rusade fram mot den slutgiltiga segern. Soldaterna lät inte naturkrafterna utgöra något hinder, oavsett om de utgjordes av sandstormar eller insektsplåga, för att sist och slutgiltigt ”trycka ner engelsmännen i sanden”. Han talade om hettan, om umbärandena och den torftiga förplägnaden och påminde vid flera tillfällen om de allierades materiella överlägsenhet. Slutsatsen blev dock det den nazistiska ledningen ville höra: ”Den tyske soldaten har uthärdat provet under denna svåra tid.” Det förekom naturligtvis oupphörliga anfall från den starke motståndaren, och naturligtvis var det ”hårda veckor, som förde oss till ruinens brant”. Men även när allt såg som mörkast ut, var slutet lyckligt: ”Trots detta har den tyske soldaten bestått det svåra prov dessa dagar innebar.” Vad var han egentligen, ökenräven Rommel: glödande patriot, naiv propagandist eller hjälplös marionett?

Berömmande lovsånger till Hitlers ära återfinns i stor mängd i Erwin Rommels korrespondens. Vid sidan av en allt större dyrkan av den tyske diktatorn är hans verklighetsuppfattning ett hån i ljuset av vad som faktiskt skedde: ”Befolkningen andas antagligen ut när vi nu har kommit och befriat dem”, skrev han efter den tyska inmarschen i Warszawa 1939. Men Rommel var faktiskt inte den entusiastiske och blinde Hitlerdyrkare som han ger sken av i sina brev. Vid en källkritisk granskning av breven bör man ta hänsyn till några saker. ”Tredje riket” var ett storebrorssamhälle och dess invånare måste alltid räkna med att det som yttrades vidarebefordrades till *Gestapo* eller till andra statliga organ. Någon brevhemlighet existerade inte och många brev öppnades av censuren. Om Rommel hade kritiserat Hitler i sina brev hade han utsatt sig själv och sin familj för fara. Varje kritisk formulering innebar ett risktagande, såväl för avsändaren som för mottagaren.

Om man tillmäter Rommels brev ett högt bevisvärde bör man även lägga märke till hur sällan Rommel skriver om politik i breven till hustrun. Detta berodde inte på den store strategens ointresse för ämnet utan snarare på hans naivitet. När Rommel inte sympatiserade med regering-

"Stram stridsledning..." Generalmajor Rommel vid en överläggning med Hitler, vintern 1939/40.

Jag fick klart för mig att Adolf Hitler inte ville inse det faktiska läget och känslomässigt värjde sig mot vad hans förstånd sade honom.

Erwin Rommel

När min far besökte Hitler medan kriget i Afrika pågick visste berömmet inga gränser. Hitler var mycket imponerad av hans framgångar. På så vis lärde min far känna Hitler från hans trevliga sida och trodde också att han hade ett visst inflytande.

Manfred Rommel

Ni kan inte leda era trupper annat än till segern eller till döden.

Adolf Hitler

ens beslut gjorde han inte Hitler ansvarig utan männen i hans omgivning: "Tyvärr är *der Führer* omgiven av ett gäng skurkar. Men de flesta av dessa råbarkade sällar är en rest från äldre tider, från rörelsens tidigaste år av kamp." Rommel verkade hoppas att problemet skulle lösas med tiden.

Rommel var utan tvivel inte antisemit. Hans son Manfred berättar hur han, i ungdomligt oförstånd, strax efter Hitlers makttillträde frågade sin far, som då var bataljonschef i Goslar, om bataljonsläkaren hade en "judisk" näsa. Sonen fick en faderlig men tydlig utskällning. Judar fanns i Rommels bekantskapskrets. Ingen har heller anklagat Rommel för antijudiska yttranden, vilket andra officerare bevisligen fällt. Men inte heller Rommel kunde undvika den indoktrinering som regimen använde sig av för att inpränta ett nazistiskt judehat i samhället som helhet. Han bevittnade Kristallnattens våldsamheter i november 1938, då den bruna mobben härjade även i Wiener Neustadt.

Att en självständigt tänkande människa som Rommel skulle ha sympatiserat med den nazistiska propagandans teorier om en judisk världssammansvärjning är inte troligt. En episod från år 1943 är karakteristisk för den naivitet som Rommel uppvisade gentemot den nazistiska ideologin. Vid ett av Hitlers bordssamtal påpekade Rommel med eftertryck att Tysklands politik mot landets judar hade försämrat landets anseende utomlands. Hans förslag för att förbättra Tysklands rykte var detta: "Vi skulle få ett bättre anseende internationellt om en jude utsågs till *Gauleiter*"(nazistisk länsledare). Hitler reagerade mycket negativt på förslaget: "Rommel, ni har inte förstått någonting av vad jag vill åstadkomma." Efter att Rommel hade lämnat rummet var Hitlers förvåning fortfarande stor: "Har han inte förstått att det är judarna som är orsaken till detta krig?" Det hade Rommel faktiskt inte.

Var Rommel så blåögd att han inte ville se vad som hände med de tyska judarna? Rommel kunde, likt många andra tyskar, inte föreställa sig hur långt nazisterna var beredda att gå. För illdåden vid östfronten, som Rommel hörde rykten om, lade han inte skulden på Hitler utan på dennes närmaste omgivning. Denne geniale strateg var politiskt naiv. Det medger hans son, den före detta borgmästaren i Stuttgart, Manfred Rommel: "Det stämmer att min far från och med 1938 var fascinerad av Hitler. Sanningen insåg han först förhållandevis sent." Då var det alldeles för sent, även för Rommels egen del.

"Fiende, vän eller broder, son av Tyskland, Italien eller England – ridderligt var deras sätt, mänsklighet ett påbud." Än idag förmedlar texten på monumentet åt de stupade tyska soldaterna i slaget vid El-Alamein ett högstämt budskap. Ridderligt – denna beteckning återkommer i många skildringar av ökenkriget. De soldater som en gång stred mot varandra i öknen är än idag eniga i sin syn på kriget: ”Det var ett mycket rättvist krig, ett oklanderligt krig”, minns Heinz Blumacher, som stred på tysk sida. En av hans motståndare från den tiden, Charles Squire, soldat i brittiska 8. armén, bekräftar: ”Vi stred enligt krigets regler. Civilbefolkningen, kvinnor och barn, drogs inte in i kriget på grund av striderna.” I många skildringar av kriget påminns läsaren om ett medeltida tornerspel. Som till exempel då en engelsk soldat berättar om en skärmytsling som inträffade då tre tyska och lika många brittiska pansarvagnar överraskande stötte på varandra under ett rekognosceringsuppdrag. Med eldrören sänkta likt riddarlansar stormade de mot varandra: ”Under intensiv eldgivning rände de tre brittiska fordonen fram mot tyskarna och passerade dem. Såväl britter som tyskar intog därpå sina ursprungliga positioner. Ingen hade träffats och ingen hade lidit några förluster.” Man skildes åt med ett sportsligt ”oavgjort” och återvände till det egna lägret.

Krieg ohne Hass (”Krig utan hat”) – så löd titeln på en bok som Rommels änka, Lucie Rommel, och hans stabschef, Fritz Bayerlein, publicerade efter kriget. Det är ett faktum att inga SS-förband eller *Einsatzgruppen* ur SD utförde några rensningsaktioner bakom fronten i Libyen. Till skillnad från Operation Barbarossa beordrades inte soldaterna i Nordafrika att bryta mot krigets lagar. I Afrika förekom inga massavrättningar eller massakrer.

”I öknen strävade man inte efter att erövra något eller att plundra – man ville kämpa”, skrev den engelske historikern Moorehead. ”Det var ett rent och klart krig. Ett krig i en öken där det inte fanns någon civilbefolkning och där inga politiska överväganden förekom. Det var ett soldaternas krig.” Ett ”soldaternas krig” styrs av lagar. En av dem löd: tillfångatagna motståndare ska behandlas humant. Men det var på order från det tyska överkommandot som *Wehrmacht* slutgiltigt bröt mot krigets lagar och ställde sig utanför den internationella gemenskapen. Soldater som tillhörde fiendens förtrupper skulle inte behandlas som krigsfångar när de tillfångatogs bakom tyskarnas egen front. Istället skulle de omedelbart avrättas som brottslingar, löd ordern, som givetvis gällde även för ökenkriget. Även Rommel fick denna order från Berlin. Hur han hanterade den berättade hans stabschef, general Westphal: ”Vi brände ordern på ort och ställe.” I Nordafrika gällde krigets gamla lagar.

Historikern Moorehead har samlat vittnesmål från brittiska soldater som befriades ur tyska fångläger. De tecknar en närmast paradisisk bild av ökenkriget. Samtliga vittnar om en oklanderlig behandling av tyskarna. De sårade brittiska soldaterna fick samma proviantransoner som tys-

"...ovillkorlig lydnad krävdes oupphörligen." Hitler gratulerar Rommel vid tilldelandet av hans briljanter till Riddarkorset med eklöv och svärd, mars 1943.

Efter sin överläggning med Rommel tilldelade Hitler spontant honom briljanterna till Riddarkorset. Rommel har verkligen gjort sig förtjänt av detta. Han är inte bara en utmärkt truppchef utan även en tapper man, som via sitt personliga mod har visat sig värdig denna höga utmärkelse.

Joseph Goebbels i sin dagbok, 12 mars 1943

Jag har aldrig ansett Rommel vara det militära geni han har utmålats som.

Martin Bormann, Hitlers sekreterare

Vilken styrka han utstrålar! Med tilltro och tillförsikt stöds han av sitt folk.

Rommel om Hitler, 1943

karna, tillräckligt med mat och till och med cigaretter och öl. Tyskarnas uppträdande under kriget i Afrika var så uppseendeväckande att den amerikanske generalen Eisenhower i sina memoarer gav uttryck för bristande förståelse för det brittisk-tyska umgänget. Eisenhower vägrade efter segern att träffa "nazigeneraler". För britterna var detta inget problem. Efter slaget vid El-Alamein bjöd fältmarskalk Montgomery in den tillfångatagne ställföreträdande chefen för Afrikakåren, general Ritter von Thoma, till en måltid. Generalöverste Hans-Jürgen von Arnim, Rommels efterträdare som armégruppchef, konstaterade: "Under fälttåget i Nordafrika var det brukligt att behandla en tillfångatagen motståndare som en gentleman. Så hade Rommel behandlat de engelska generalerna efter framstöten vid Mechili. De brittiska generalerna behandlade de tillfångatagna tyska generalerna på samma sätt."

Var ökenkriget i själva verket bara en uppgörelse mellan gentlemän? En ädel kraftmätning, där den segrande skakade hand med den som förlorade? *Good sports, my old fellow?* Det bör utfärdas en varning för alltför nostalgiska skildringar av ökenkriget, som ofta författats i efterhand. Även om det förekom mycket få krigsförbrytelser i öknen så var drabbningen ingen söndagsutflykt. När Wilhelm Keitel under Nürnbergrättegången i förklenande ordalag talade om "Rommels skyttekår" så var detta en nedvärdering av Rommel, men däremot inte av ökenkriget. Även om general Cramer, den siste chefen för Afrikakåren, tog farväl av krigsskådeplatsen med det naiva utropet "leve safarin!", så var slagen vid Tobruk och E-Alamein långt ifrån en äventyrsresa.

Ökenkrig – det innebar dramatiska temperaturskillnader, dagar med brännande sol och uttorkande hetta och nätter med svår kyla. Ökenkrig – det innebar stormar som hindrade all sikt, sand som trängde in i alla porer och gjorde andningen till en plåga. Det innebar svärmar av flugor som sökte sig till soldaternas öppna sår. Brittiska, tyska, australiensiska och italienska soldater slogs inte enbart mot varandra utan också mot en gemensam fiende: öknen. Även i ökenkriget dog soldater en meningslös död. Även här innebar kriget framför allt smuts, blod och död.

Kriget i Nordafrika var över. Fältmarskalk Rommel deltog nu, utan sina soldater, i propagandakriget på hemmafronten. Detta trots att han hade haft flera möjligheter att återvända till fronten, eftersom det militära läget på samtliga frontavsnitt under sommaren 1943 var mycket ansträngt. Offensiven på östfronten hade än en gång stannat av. Alliansen mellan axelmakterna Tyskland och Italien hade brutits och därmed hade en ny front öppnats i söder. De allierade trupperna förberedde sig inför sitt anfall mot *Festung Europa*. Den 15 juli 1943 erhöll Rommel åter en egen militär uppgift. Han utnämndes till chef för armégrupp B, och under hans befäl inledde de tyska trupperna sina förberedelser inför "Situation Axel", som aktiverades sedan den italienske alliansbrodern fallit bort. Efter tillkännagivandet av Italiens kapitulation ockuperade Rommels förband den 8 september norra Italien, medan fältmarskalk Albert Kesselring i landets södra del försökte hejda de allierades framryckning.

Rommels insats i Italien blev en kortlivad affär, och han kom därefter att tjänstgöra vid fronten i väst. Den 30 oktober föreslog Alfred Jodl, chef för arméstabens ledningsstab, att Rommel skulle anförtros försvarsstriderna i väster och förhindra den fruktade invasionen. Rommel hade nästan inga vänner i arméstaben. Arméstabschefen Wilhelm Keitel skrev den 5 november till chefen för fronten i väst, fältmarskalk Gerd von Rundstedt: "Det är svårt att ha med Rommel att göra eftersom han inte gärna underordnar sig. I Afrika var han ju mycket självständig. Men jag tror att ni är den ende man inför vilken till och med Rommel måste böja sig". Detta skulle dock senare visa sig vara ett felaktigt antagande. Även Hitler tvekade inför att anförtro den motspänstige fältmarskalken operativa ledningsuppgifter. Så innebar instruktionerna till *Sonderauftrag West* ("Särskilt uppdrag Väst"), som Rommel erhöll den 5 november 1943, till en början enbart inspektion av försvarsåtgärderna och utarbetande av förslag till anfallsoperationer mot en landsatt fiende. Än en gång visade sig det kaos som rådde i Tredje rikets ledning. Tills vidare förblev Rommel i sin nya funktion direkt underställd Hitler. Hans egentlige överordnade, fältmarskalk von Rundstedt, informerades inte om Rommels uppdrag eller om hans särskilda tjänsteförhållanden. Rommel hade inte rätt att fatta de beslut han ansåg nödvändiga för att bekämpa fienden i händelse av en allierad landstigning. Han fick nöja sig med ett vagt löfte om att han skulle få operativt ansvar vid en eventuell invasion.

Rommel tog sig an uppgiften med sedvanlig iver. Full av viljestyrka skrev han den 18 december till sin hustru: "Nu vill jag ägna all kraft åt min nya uppgift och se till att den löses framgångsrikt." I detta brev, liksom i många följande, yttrade han sig åter med optimism: "Jag har en god förhoppning om att vi ska klara av det."

Utgångsläget verkade faktiskt göra denna optimism berättigad. På papperet fanns det 1,3 miljoner soldater i väst till förfogande för en försvarsstrid. Armégrupp B omfattade omkring 24 infanteridivisioner och 5 pansardivisioner, och cirka 330 000 man stod under Rommels befäl. Men dessa trupper var till största delen inga nyuppsatta förband, utan trupper som hade nötts ut på östfronten och som hade sänts till Atlantkusten för att återhämta sig. I jämförelse med vad som utspelade sig på östfronten var västfronten rena paradiset för soldaterna. Inför sina män visade sig Rommel full av tillförsikt: ”Med tanke på våra starka försvarsanläggningar och på den exemplariska stridsmoralen hos våra trupper samt de nya vapnen och stridsmedlen som vi förfogar över kan vi se fram emot de kommande händelserna med full förtröstan.”

Bland sina närmaste medarbetare var dock Rommel mycket mer skeptisk. Realisten Rommel hade gjort en klarsynt uppskattning av läget och insett att det inte fanns någon anledning till optimism. Redan då han tillträdde sin tjänst hade han förklarat för sin stab: ”Vår egen försörjning av underhåll är obetydlig och det finns inte heller hopp om någon förbättring.” Flygminister Göring hade utlovat ytterligare 1 000 jaktplan om en invasion skulle äga rum. Men både Rommel och andra arméchefer hade redan dåliga erfarenheter av Görings skrävlande löften och satte ingen tilltro till dem. Under de avgörande dagarna stod totalt cirka 500 insatsberedda flygplan till förfogande och den i norra Frankrike stationerade 3. luftflottan omfattade 70 jaktplan och 90 bombplan. Stora delar av marktrupperna var inte motoriserade och otillräckligt beväpnade. Om fienden lyckades få fotfäste längs strandlinjen skulle det bli svårt att driva ut honom i havet igen. Detta hade Rommel insett och han drog slutsatsen: ”Försvaret kan bara ske vid kusten.” Det vapenslag han föredrog var minor: ”Jag vill ha minor mot människor, mot pansarfordon, mot fallskärmsjägare; jag vill ha minor mot fartyg och landstigningsbåtar.” Den nazistiska propagandan talade högljutt om ett kommande ”mirakelvapen”, men Rommel hade redan sitt i form av minor. Med hjälp av dessa skulle han förhindra en allierad landstigning i Västeuropa. I Afrika hade Rommel upplevt hur hans brittiska motståndare med hjälp av minor under lång tid uppehöll honom under anfallen mot Tobruk. Uppskattningsvis hade britterna grävt ner omkring en miljon minor vid Tobruk. Man hade redan placerat ut 1,7 miljon minor i Frankrike, men på ett område som var väsentligt mycket större än slagfältet vid Tobruk.

Rommel ville så snabbt som möjligt utvidga befästningarna längs kustlinjen, eftersom de inte var tillräckligt utbyggda. Här visade sig åter Rommels fantasi, organisationstalang och envishet i form av upprättandet av undervattenshinder för pansarfordon, taggtrådshinder, kustartilleri med tunga kanoner och framför allt så kallad Rommelsparris. Det sistnämnda var en fantasirik uppfinning av ”världskrigets främste ingenjörsoldat”, som general Meise kallade sin chef. I Nordafrika hade det varit träkulisser på lavetter som skulle avskräcka fienden, vid Atlantkusten handlade det om långa träpålar som slogs ner i marken för att försvåra en landstigning – ”Rommelsparris”. Fältarbetsgrupper placerade dessutom ytterligare hundratals pålar på fälten bakom skyddsdammarna. De långa trästolparna, som med oregelbundet avstånd slogs ner i marken, skulle hindra glidflygplan från att landa och därmed försvåra transporter från luften.

Minorna skulle utgöra ett osynligt men svårgenomträngligt hinder. Ytterligare 600 000 minor hade ännu inte grävts ner. Frågan var bara var de skulle placeras. Svaret på frågan ledde till ett grundläggande problem, som avsevärt skulle komma att försvåra Rommels arbete: oklarheterna om vem som hade det slutliga ansvaret i den militära ledningen och dispyterna mellan Rommel och generalstaben, som sträckte sig ända till *Wehrmachts* högste chef: Adolf Hitler.

Tyskarna visste varken var eller när de allierade trupperna skulle landstiga och de högst ansvariga kunde inte enas om en enhetlig försvarsstrategi. Rundstedt förväntade sig att landstigningen skulle äga rum vid Calais och ville förflytta stora truppkontingenter till kusten för att innesluta de allierade trupperna i en gryta. Rommel var däremot helt övertygad om att de landsatta trupperna genast måste angripas och kastas tillbaka i havet. De skiftande analyserna ledde till att strategierna varierade. Eftersom Hitler inte fattade det avgörande beslutet tvingades de ledande militärerna själva göra det. Efter utdragna diskussioner enades man om kompromisser som ingen var nöjd med.

Rommel grälade ständigt med Hans von Salmuth, chefen för 15. armén, eftersom han var missnöjd med att Salmuths mannar inte lade ut minor i tillräckligt snabb takt och inte förberedde sig för den förestående striden. 15 kilometer per dag skulle mineras, enligt Salmuths optimistiska order till trupperna. ”Låt dem minera 30 kilometer istället”, löd Rommels lika korta som krävande kommentar. Rommel ansåg att Salmuth var ”trög”, medan Salmuth å sin sida hävdade att Rommels ambitiösa program för utbyggnad av försvarsanläggningarna drev cheferna till vansinne.

Lika hetsiga var diskussionerna med general friherre Leo Geyr von Schweppenburg, chefen för *Panzergruppe West* (”Pansargrupp Väst”). Denne förfogade över överkommandots enda kvarvarande pansarreserver. Rommel ville att de skulle inlemmas i hans försvarssystem längs kusten. Istället var Geyr von Schweppenburgs plan att hans förband skulle hållas tillbaka för att efter landstigningen kunna sättas in mot fienden i storskaliga operationer. Rundstedt motsatte sig Rommels uppfattning i den viktiga frågan. Frågan fick än en gång lösas med hjälp av en kompromiss. Man beslöt att inte förlägga pansardivisionerna så nära kusten som Rommel hade krävt, utan låta dem vänta längre inåt land. Det var en kompromiss som splittrade de befintliga försvarsstyrkorna ytterligare.

Vad den oförtröttlige Rommel åstadkom, understödd av den halvmilitära organisationen för byggnadsarbeten, *Organisation Todt*, under en period på knappt sex månader, väckte respekt även hos hans kritiker. Till och med Salmuth erkände Rommels skicklighet: "En ny era inleddes när fältmarskalk Rommel inledde sitt arbete." I maj lyckönskade Hitler Rommel till dennes prestationer, men kunde inte utlova de förstärkningar som Rommel begärt. Rommel kunde bara förverkliga en bråkdel av sina planer, eftersom både nödvändigt materiel och de hett efterlängtade pansardivisionerna uteblev.

"På grund av dåligt väder kan man under de kommande två veckorna inte räkna med en allierad invasion", förklarade tyska meteorologer den 4 juni. Men tyskarna misstog sig inte bara när det gällde väderutsikterna. Till detta kom de allierades skickliga maskeringsåtgärder och perfekta förberedelser och tyskarnas felbedömningar som gränsade till slarv, samt obeslutsamhet och ledningskaos.

På kvällen den 5 juni 1944 hörde kontraspionagets chef vid 15. armén, överstelöjtnant Meyer, i en sändning från brittiska BBC den andra strofen ur Paul Verlaines dikt *Chanson d'automne*: "sårar mitt hjärta med entonig monotoni." Det var signalen till den franska motståndsrörelsen att invasionen skulle inledas under de följande två dagarna. Detta och andra kodade meddelanden från London till den franska motståndsrörelsen togs inte på något större allvar. I Storbritannien stod drygt 2,8 miljoner soldater beredda inför stormningen av *Festung Europa*. Dessutom skulle mer än 3 400 bombplan och omkring 5 400 jaktplan göra de allierade till oinskränkta härskare över luftrummet. Över 6 000 fartyg av varierande storlek hade uppbådats för att transportera trupperna över Engelska kanalen. Den 6 juni inleddes D-dagen och den avgörande Operation Overlord. "Världens ögon är riktade mot er och alla frihetsälskande människor i hela världen sätter sitt hopp till er", sade general Eisenhower i sin dagorder till de trupper som skulle landstiga i Normandie.

Trots dessa högtravande ord är dagorderns karakteristik av D-dagens historiska betydelse mer korrekt än många skildringar i tyska historieböcker. För den nazistiska ledningen var den 6 juni "invasionsdagen", och det är den än idag för många tyskar. Innebörden i ordet "invasion" är att fientliga trupper överfaller ett främmande land. Det tyska anfallet mot Polen var också en invasion, liksom anfallen mot Sovjetunionen, Jugoslavien och Danmark. Nästan hela Europa hade fått uppleva en invasion av tyska *Wehrmacht*. Men den 6 juni 1944 var det ingen främmande flotta som landsteg på den tyska kusten för att ockupera Tyskland. "Invasionen" befriade den normandiska kusten från tyska erövrare. Dessa trupper var förutsättningen för Europas befrielse från de nazistiska ockupanterna – och inte minst inledningen till befrielsen av det tyska folket från ett våldsvälde som det inte självt var i stånd att frigöra sig ifrån.

Den tyska militära ledningen lyste med sin frånvaro under invasionens avgörande timmar: Salmuth befann sig på en två dagars jakt, Dollmann, chefen för 7. armén, var i färd med att förbereda krigsspel i Rennes och chefen för den 21. pansardivisionen, Feuchtinger, befann sig i Paris. Hitler själv sov och ville inte väckas före klockan tre på eftermiddagen. Hitler befallde och undersåtarna lydde. När nyheten om invasionen nådde Obersalzberg, Hitlers sommarvilla i Berchtesgaden, avfärdade Jodl den utan vidare som en skenmanöver. Rundstedt insisterade på att få tillgång till de återhållna pansardivisionerna, men då krävdes Hitlers tillstånd – och han sov fortfarande. När *der Führer* senare på eftermiddagen hade återupptagit styrelsen av landet, beordrade han på stående fot att brohuvudena längs kusten skulle "rensas". Han ansåg att landstigningen var en skenmanöver som skulle avleda intresset från den egentliga invasionen på annan plats. Följaktligen vägrade han att ge tillstånd till att reservstyrkor sattes in för att avlasta de tyska trupperna i Normandie, som trots envist motstånd tvingades ge vika inför de allierades övermakt. Var fanns då Rommel?

För andra gången under sin karriär befann sig Erwin Rommel inte vid fronten i det avgörande ögonblicket. När Montgomerys trupper bröt igenom de tyska linjerna vid El-Alamein 1942 var han på sjukpermission i hemlandet. Nu, två år senare, firade han sin hustrus födelsedag hemma i Herrlingen i södra Tyskland. När hans nye stabschef, general Hans Speidel, informerade honom om händelserna vid kusten, återvände han omedelbart till sitt högkvarter i La Roche-Guyon för att försöka ta igen det som hade försummats under invasionens första timmar. De kommande dagarna och veckorna skulle inte enbart avgöra Tysklands öde. Invasionen skulle visa sig avgörande även för Rommels personliga öde. I hans person avspeglade sig tydligt den tyska militära ledningens dilemma.

Rommels öde är berättelsen om en tapper soldat och om en general som fått många utmärkelser. Han tjänade troget sin ledare, brydde sig inte om politik utan lydde bara order. I elfte timmen insåg han att han hade tjänat en kriminell regim. Nu vände han sig bort från den man som han hade avlagt en personlig trohetsed till. Som den redbara person

"Kriget är så gott som förlorat..." Generalfältmarskalkarna Rommel och Rundstedt (till höger) vid kartbordet i högkvarteret i Paris 1944.

På västfronten ville han inte längre föra befäl. Han sa att varje skott som avlossades där mot de allierade istället träffade oss själva.

Manfred Rommel

Hitler besökte Rommel och Rundstedt och fick ett mycket gott intryck av dem. De var herrar över situationen och kom framför allt mycket väl överens med varandra. Men enligt vad det berättas mig från västfronten imponerades de båda även av Hitler, som efterlämnade ett utomordentligt vitalt och kraftfullt intryck.

Joseph Goebbels i sin dagbok, 20 juni 1944

Rommel är en vargunge, ingen räv.

Gerd von Rundstedt, chef för de tyska styrkorna i väster

Rommel var, lika respekterad av sina egna soldater som av fienden, förklarade han sig beredd att rädda fosterlandet. Han kände inte bara till planerna på att mörda tyrannen utan stödde aktivt attentatsmännen, som planerade att utse honom till tysk president om kuppen mot Hitler lyckades. När attentatet mot Hitler den 20 juli 1944 gick om intet tog han sitt ansvar. Rommel skyddade de sammansvurna attentatsmännen och begick slutligen självmord för att skydda sin familj från nazisternas hämnd. Denna version av händelseförloppet har många människor trott på sedan dess. Men den har en avgörande brist: På flera avgörande punkter är den falsk. Denna berättelse skildrar Rommel som en centralgestalt för arméns motstånd mot Hitler och som en ”hemlig ledargestalt inom motståndsrörelsen”. Att Rommel kom till insikt om Hitlers verkliga syften sent, men inte alltför sent, är enbart en skröna. Den spreds framför allt av Rommels stabschef i Frankrike, general Hans Speidel. Flera konspirationsteorier spökar i de historiska skildringarna, där det bland annat talas om att Rommel planerade att arrestera Hitler och ställa honom inför rätta. Enligt en annan legend planerade Rommel och fältmarskalk Erich von Manstein att inta Hitlers högkvarter. Bland tyska historiker fördöms forskningens ”lättsinniga” behandling av general Speidels skildring av Rommels kontakter med motståndsrörelsen. Samtidigt sägs det om Rommel att han lyckades uppnå ”en inre befrielse från nazismen”. I detta ligger hans betydelse för kommande generationer.

Rommel var ingen oppositionsman och inte heller någon aktiv motståndsman. Han var ingen martyr som Claus Schenk von Stauffenberg, mannen som var beredd att genomföra 20-juliattentatet ”eftersom det avgörande inte är att säga Hitler sanningen utan att ta livet av honom”. Rommel kunde inte heller jämföras med en annan av attentatsmännen, officeren Henning von Tresckow, för vilken attentatet mot Hitler framför allt handlade om ”att den tyska motståndsrörelsen inför världen och historien vågade ta det avgörande steget”.

Trots detta genomgick Rommel en avgörande förvandling som för många tyskar, framför allt tyska soldater, fick historisk betydelse. Afrikakårens stabschef, överste Nolte, beskrev senare Rommels förvandling med följande ord: ”Rommel var omutlig i sitt fördömande av ett ociviliserat och orättfärdigt system som bedrog honom och andra. Sedan kriget hade förlorats var han den hjältefigur som det tyska folket hade behövt som ett moraliskt exempel, symbolen för ett bättre Tyskland. Rommel var varmhjärtad och mänsklig, den siste förespråkaren för att kriget skulle föras med respekt för krigets lagar. Han var lika högt hållen av sina fiender i Storbritannien och Amerika som av sina egna soldater.”

Rommels förvandling skedde stegvis och innebar att hans utveckling från opolitisk soldat till beundrare av Hitler avbröts; Rommel hade alltid avskytt de nazistiska hantlangarna kring Hitler. Han såg Hitler som en ljusgestalt i det bruna träsket.

Det finns bevarade yttranden av Rommel där han i en mindre krets redan i november 1942 talade öppet om nödvändigheten av att byta regering. Han var missnöjd med Hitlers inbilskhet som ledde till svåra förluster på slagfälten. I ett samtal med sin tidigare tolk, Ernst Franz, i december 1943, dolde Rommel inte sin pessimistiska bedömning av det militära läget och pekade också ut de ansvariga: "Kriget är så gott som förlorat, och svåra tider står framför oss...Tyvärr styrs vårt land av människor vars fanatism påminner om vansinne!"

Men när Rommel befann sig i Hitlers omedelbara närhet fängslades han åter av diktatorns lyskraft. Efter ett tal av Hitler i Klessheim, nära Berghof, den 20 mars 1944 antecknade Rommel i sin dagbok att idolens utläggningar hade varit präglade "av underbar klarhet och överlägset lugn". Ställningstaganden som detta fick motståndsmannen Bernd Gisevius att förebrående beteckna Rommel som "den mest karaktärslöse och mest övertygade nazisten bland Hitlers fältmarskalkar". Men detta är inte någon rättvis bedömning.

Stor betydelse tillskrivs det samtal som Rommel hade med Hitler den 17 juni 1944 i Soissons i Frankrike. Sedan elva dagar tillbaka stod de allierade trupperna på det europeiska fastlandet och ryckte ständigt framåt. Rommel skildrade fiendens överlägsenhet i fråga om soldater och materiel. "Ökenräven" fann sig nu i samma situation som vid El-Alamein i november 1942: den egna försörjningen av underhåll stannade av, medan motståndaren hela tiden kunde kasta in nya, friska krafter i striden. Utsikterna till en förbättring av situationen var lika små i båda fallen. Den högste chefen för västfronten, fältmarskalk Rundstedt, understödde sin underordnade Rommel och krävde "taktiska förändringar längs den egna frontlinjen". Detta var inget annat än en omskrivning för återtåg. Vid sådana tillfällen hade Hitler alltid samma svar: ställningarna skall hållas. Än en gång tvingades Rommel konstatera att Hitler vägrade inse situationens allvar.

Fram till Rommels nästa möte med Hitler, i Berchtesgaden den 29 juni, försämrades det militära läget ytterligare. Cherbourg kapitulerade den 27 juni. Under den gemensamma bilfärden upp till Berghof, Hitlers sommarvilla, där Rommel och Rundstedt hade beordrats inställa sig, bönade och bad Rommel sin överordnade Rundstedt att skildra läget så realistiskt som möjligt för Hitler och dra de nödvändiga slutsatserna. Den vik-

När min far började tjänstgöra hos Rommel var förhållandet mellan Rommel och Hitler inte längre så bra. Det fanns redan stora tvivel. I februari 1944 träffade Rommel överborgmästaren i Stuttgart, doktor Strölin, som hörde till kretsen av motståndsmän. Bland dem diskuterade man redan hur man skulle kunna bli av med Hitler, helst på laglig väg.

Ina Saame, dotter till general Hans Speidel

"Vid fronten råder en viss nervositet..." Erwin Rommel (till höger) tillsammans med generallöjtnant Hans Speidel under striderna i Normandie, juni 1944.

Denne sjuklige lögnare har nu blivit fullständigt galen. Han riktar sin sadism mot männen bakom 20-juliattentatet och vi har ännu inte sett slutet.

Erwin Rommel, 6 september 1944

Fältmarskalk Rommel motsatte sig attentatsplanerna eftersom han inte ville upphöja Hitler till martyr. Han ville istället låta pålitliga pansarförband ta Hitler till fånga. Därefter skulle Hitler ställas inför en tysk domstol och dömas för sina brott mot sitt eget folk och mot mänskligheten. Det folk som hade valt honom skulle också döma honom.

General Hans Speidel

tigaste slutsatsen kunde bara bestå i att kriget i väster måste avslutas. Rundstedt samtyckte: "Jag skall meddela *der Führer* detta i tydliga ordalag." I ett samtal med sin ställföreträdare, major Wolfram, använde Rommel en intressant formulering: "Jag känner mig ansvarig gentemot det tyska folket." Han kände inte längre något ansvar inför Hitler utan enbart för fosterlandet.

Men samtalet på Berghof tog en annan vändning än den önskade. Hitler uppmanade Rommel att avlägga rapport om det militära läget på västfronten, men Rommel försökte skildra Tysklands situation som helhet: "Hela världen står mot Tyskland, och detta styrkeförhållande..." Hitler avbröt honom med påpekandet att hans föredragning skulle handla om det militära läget och inte om det politiska. Rommel gjorde ett nytt försök och Hitler tillrättavisade honom än en gång. Mot slutet av överläggningen gjorde Rommel ett sista försök. Han kunde inte lämna Hitler utan att ha diskuterat Tysklands situation med honom. Istället bad Hitler Rommel att lämna rummet: "*Herr Feldmarschall*, jag tror det är bäst att ni lämnar rummet." Det var sista gången Hitler och hans favoritgeneral möttes.

Men Rommels tre misslyckade försök till förklaring förde något gott med sig: Rommel gjorde sig inte längre några illusioner. Han insåg nu en gång för alla att Hitler inte var intresserad av att sluta fred, vare sig i öst eller i väst. Fred var emellertid Rommels mål. I samtal med sina stabsofficerare förklarade han vid upprepade tillfällen: "Jag ska försöka dra nytta av mitt anseende hos de allierade för att sluta ett vapenstillestånd, även mot Hitlers vilja."

Det militära läget i väster blev allt mer tillspetsat. I centrum för de allierade anfallen stod nu staden Caen i Normandie, det sista hindret på vägen till Paris. Geyr von Schweppenburg, som i en osminkad lägesrapport till OKW hade föreslagit att Caen skulle överges, fråntogs befälet över *Panzergruppe West*. Chefen för fronten i väster, fältmarskalk Gerd von Rundstedt, tilldelades Eklöven till sitt Riddarkors. Därpå tvingades han träda tillbaka med hänvisning till sin dåliga hälsa. I verkligheten hade han avsatts eftersom han på chefen för Överkommandot Keitels fråga om hur problemet skulle lösas hade svarat: "Genom att sluta fred." Utnämnandet av en efterträdare till Rundstedt visade att Hitler hade tagit illa vid sig av Rommels uppträdande på Berghof. Rommel, som dittills hade varit andre man i hierarkin efter Rundstedt, förbigicks och istället utnämndes fältmarskalk Günther von Kluge till ny chef för fronten i väster. Redan från första början var relationen mellan de båda viktigaste männen vid västfronten ansträngd. Kluge var väl medveten om Rommels egensinnighet och varnade honom: "Från och med nu måste även ni vänja er vid att lyda order, som alla andra."

Trots allt lyckades Rommel få sin nye chef att vidta en förnuftig åtgärd. Den 15 juli, då Caen redan hade övergetts av tyskarna, lämnade Rommel en skrivelse som internt betecknades som ett "ultimatum", till sin överordnade. Kluge skulle överlämna skrivelsen till Hitler. I vanlig ordning beskrev Rommel det militära läget med realism och utan förskönande ordalag: "Trupperna kämpar hjältemodigt överallt, men den ojämna kampen går mot sitt slut." Hans slutsats: "Det är enligt min åsikt nödvändigt att dra dessa politiska slutsatser av denna situation." Detta var dokumentets slutmening och Rommel hade skrivit dit den för hand. Hans stabschef Speidel lät stryka ordet "politiska".

Vad som dolde sig bakom dessa vaga ordalag berättade Rommel rakt på sak för sin närmaste krets. Så förklarade han till exempel för överstelöjtnant Elmar Warning vad han skulle göra om Hitler inte reagerade som han hade förväntat sig: "Då avbryter jag försvaret på västfronten, eftersom det bara återstår en sak att göra: vi måste se till att britter och amerikaner når Berlin före ryssarna." Han sökte stöd för sina planer och vände sig även till Sepp Dietrich, chefen för 1. SS-pansarkåren. Han dristade sig till och med att ställa följande fråga till Dietrich, som var känd som en av Hitlers mest fanatiska anhängare: "Är ni beredd att utföra mina order, även om de står i strid med Hitlers order?"

Rommel spelade högt. Han såg ut att vinna eftersom Dietrich svarade: "Ni är min högste chef. Jag lyder enbart er, vad ni än befaller." Andra personer i Rommels omgivning berättade senare om hans närmast desperata planer på ett vapenstillestånd: "Med hjälp av mitt goda rykte hos de allierade ska jag försöka skapa en pakt mot Hitlers vilja och under förutsättning att de tillåter oss att marschera tillsammans med dem mot Ryssland." Rommel gjorde sig alltför stora illusioner om de allierades krigsmål. Det var givetvis uteslutet att västmakterna skulle dra i strid mot Stalins arméer sida vid sida med en av Hitlers fältmarskalkar och "de förbannade tyskarna". Scenariot var otänkbart även efter Hitlers död.

Trots detta insåg den erfarne soldaten Kluge, som Hitler hade utsett för att han skulle utplåna "nederlagsandan" hos den militära ledningen i väst, att Rommels skildring av läget var korrekt. Han var redo att skriva under Rommels lägesrapport och sända den till Hitler. Då tog händelserna en oväntad vändning.

Den 20 juli 1944 utlöste Claus Schenk von Stauffenberg en bomb i en barack vid Hitlers högkvarter i Rastenburg i Ostpreussen. Detta attentatsförsök, ett "samvetets uppror", var det mest lovande och bäst förberedda försöket att göra slut på det nazistiska styret. Mordet på Hitler var förutsättningen för motståndsmännens fortsatta planer, som hade förberetts i Berlin men också i Paris.

Motståndets centrala ledning fanns i arméhögkvarteret vid Bendlerstrasse i Berlin. Men även i Paris fanns det inflytelserika grupper av officerare som hade börjat dra upp planer för tiden efter Hitlers död. Det är oomtvistat att den tyske militärbefälhavaren i Frankrike, Carl-Heinrich Stülpnagel, tillhörde de sammansvurna. Det är också klarlagt att överstelöjtnant Cäsar von Hofacker, en kusin till Stauffenberg som tjänstgjorde vid Stülpnagels stab, hade försökt vinna över Rommel på de aktiva Hitlermotståndarnas sida. Mindre entydig är den roll som den högste tyske officeren i Frankrike, fältmarskalk von Kluge, spelade. Han var informerad om vad attentatsmännens avsikter i huvudsak gick ut på, och hade antytt att han var beredd att stödja dem om attentatet lyckades. Då han fick veta att Hitler hade överlevt attentatet tog han avstånd från sammansvärjningen. Detta räddade honom dock inte från Hitlers hämnd. Innan han överlämnades till bödeln begick han självmord. Även om han inte hade deltagit aktivt i attentatet måste han trots allt räkna med att ställas till svars eftersom han hade haft kunskap om planerna. Men Rommel då? Vilken roll spelade han i 20 juli-attentatet? Vad visste han? Vad var han beredd att göra?

Tre dagar före attentatet sårades Rommel allvarligt. På eftermiddagen den 17 juli for han i bil tillbaka till sitt högkvarter i La Roche-Guyon, då han utsattes för ett anfall av lågtflygande brittiska plan. Händelsen inträffade i närheten av en by på vägen mellan Livarot och Vimoutiers, vilken bar samma namn som den man som hade besegrat honom i Nordafrika: Montgomery. Soldaten Rommel var inte ovan vid situationen. Denna heta sommardag var väderleksförhållandena livsfarliga; den molnfria himlen var en idealisk förutsättning för fientliga flyganfall. Trots det hade Rommel gett sig av på en av sina inspektionsresor till fronten då hans kolonn hanns upp av två brittiska jaktbombplan. Han hade redan upplevt åtskilliga flyganfall då fänrik Holke, som tjänstgjorde som flygspanare, plötsligt slog larm om fientliga flygplan. Rommel gav order om att man skulle ta skydd men det var redan för sent. De brittiska planen störtdök mot sitt mål och gav eld ur alla rör. Rommels chaufför sårades i axlarna och förlorade herraväldet över fordonet. En granat slet sönder bäckenet på Rommels adjutant, och själv kastades Rommel ur fordonet med splitterskador. Diagnosen löd: skallfraktur och andra svåra skallskador. Det dröjde nära nog en timme innan den svårt skadade fältmarskalken kunde föras till sjukhus. En fransk apotekare på sjukhuset räddade den tyske generalens liv. Allierat flyg hade satt Rommel ur stridbart skick. Men frågan är om en frisk Rommel hade ställt sig bakom de officerare som utförde 20 juli-attentatet?

Det hade gjorts flera försök att få Rommel att ta aktiv del i motståndet. Sekreteraren till militärbefälhavaren i Frankrike, Otto von Stülpnagel, minns bara att ett möte ägde rum mellan honom och Rommel. Vid det tillfället sägs Rommel ha yttrat starka förbehåll mot varje form av attentat. Stülpnagel gjorde ännu ett försök att vinna Rommel för motståndets sak via hans stabschef Hans Speidel, vars svåger tjänstgjorde vid Stülpnagels stab. General Speidel, en självmedveten officer som var kritisk till Hitler, försökte vid denna tidpunkt inte dölja sitt förakt för Hitler i kretsen av höga officerare vid fronten i väst. En major vid Rommels stab skildrade "stämningen av fullständigt nederlag" vid dessa samtal, när Rommel dock inte var närvarande: "I hans frånvaro ledde Speidel mötena, och diskussionerna handlade enbart om skitstöveln på Berghof, det vill säga Hitler." Speidel var säker på att Hitler inte skulle sluta någon separatfred med de västallierade. Rommel var av en helt annan åsikt, trots att han hört Hitler säga att han uteslöt en sådan lösning. "Ingen sluter fred med mig", hade Hitler förklarat – och han var å sin sida inte heller beredd att sluta fred med någon. Ändå hade Rommel ända till den dag han sårades inte gett upp hoppet om att kunna övertala Hitler att sluta en separatfred. Rommels politiska och militära åsikter överensstämde till stor del med Speidels, men de båda männen drog helt olika slutsatser av dem. Speidel och officerarna bakom 20 juli-attentatet insåg att Hitler måste elimineras. För Rommel var detta dock inte någon absolut nödvändighet.

De sammansvurnas förbindelseman till Rommel var överstelöjtnant Cäsar von Hofacker. Han samtalade personligen med Rommel i La Roche-Guyon den 9 juli. Någon skriftlig dokumentation av samtalet finns inte eftersom det hade varit livsfarligt om sådana handlingar hade upptäckts. Vi är hänvisade till deltagarnas egna minnesbilder, vittnesförhör från *Gestapo* och från den "hedersdomstol" som *Wehrmacht* satte upp. I materialet finns en lång rad motsägelser.

I förhöret med *Gestapo* sägs Cäsar von Hofacker ha försäkrat att han den 9 juli informerade Rommels stabschef Hans Speidel om det planerade attentatet. Speidel lovade att vidarebefordra informationen till sin chef. Detta motsägs av en andra version, enligt vilken Hofacker personli-

"Om något skulle hända mig..." Manfred, Lucie och Erwin Rommel på terrassen till sitt hus, september 1944.

När min far kom hem några dagar tog han genast med mig ut på jakt. Han gav mig en skriftlig ursäkt och tog mig med. Det imponerade otroligt på mig.

Manfred Rommel

Gör din plikt på alla områden och var disciplinerad. Det är din huvuduppgift i krig. Att du trivs med att vara med i Hitlerjugend gläder mig särskilt. Det kommer att vara av stort värde under resten av ditt liv.

Erwin Rommel i brev till sonen Manfred,
16 maj 1942

Som ung man beundrade jag Waffen-SS och ville anmäla mig som frivillig där. Det var min far ganska irriterad över.

Manfred Rommel

Må vi båda "män" först och främst få förbli friska, och försök att även i fortsättningen tappert bära din börda som soldathustru.

Rommel i brev till hustrun,
20 maj 1942

gen informerade Rommel om den planerade kuppen. I samtal med officerare i Paris före attentatet hade Hofacker berättat att han hade informerat Rommel om detaljer kring det förestående attentatet. De överlevande deltagarna minns hur Hofacker bedyrade att Rommel hade försäkrat dem om sitt stöd.

Det är inte längre möjligt att reda ut motsägelserna. Hofacker befanns den 30 augusti 1944 skyldig till högförräderi. Han dog en plågsam död i galgen i fängelset Plötzensee i Berlin den 20 december 1944.

I rapporterna från den centrala säkerhetsmyndigheten *Reichssicherheitshauptamt* till Hitlers förtrogne Martin Bormann finns inga konkreta upplysningar om att Rommel skulle ha känt till attentatet i förväg. Visserligen beskrivs hans pessimistiska uppfattning om det militära läget i väst utförligt, men för att få reda på det behövde Hitler ingen underrättelsetjänst. Rommel dolde aldrig sina åsikter och *der Führer* kände till hans inställning från sina direkta samtal med fältmarskalken.

Den 4 oktober 1944 sammanträdde *Wehrmachts* hedersdomstol på nytt. Denna instans hade till uppgift att ta reda på vilka officerare i *Wehrmacht* som var delaktiga i attentatet och utesluta dem ur armén. Därefter skulle de ställas inför folkdomstolen (*Volksgerichtshof*), där den ökände domaren Roland Freisler presiderade. Chefen för *Reichssicherheitshauptamt* (RSHA), Ernst Kaltenbrunner, var den som väckte åtalet mot Rommels generalstabschef. Anklagelsen löd: kännedom om och medhjälp till attentat. General Speidel förnekade att han hade känt till sammansvärjningen. Generalerna Guderian och Kirchheim pläderade för att Speidel var "icke skyldig". Genom att han frikändes av den militära hedersdomstolen undgick Speidel det öde som andra medlemmar av motståndsrörelsen gick till mötes. Efter kriget gav han en annan version av händelserna i sin bok *Invasion 1944. Ein Beitrag zu Rommels und des Reiches Schicksal* ("Invasionen 1944. En redogörelse för Rommels och landets öde"). Enligt denna hade han i stora drag känt till sammansvärjningen den 20 juli, men inte varit informerad om detaljerna. Han hade därför inte heller kunnat berätta något för Rommel.

Idag måste man utgå ifrån att Rommel inte kände till något om Stauffenbergs planer, och att han fördömde dem när han efter den 20 juli fick reda på vad som hade hänt. Till Kluge sade han att attentatet var "vansinne". Till sin hustru skrev han den 24 juli: "Man måste tacka Gud att det slutade så lyckligt." Med tanke på den nazistiska censuren kunde Rommel givetvis inte annat än fördöma attentatet. Som bevis för hans avståndstagande är dessa skriftliga yttranden därför knappast värda papperet de är skrivna på. Å andra sidan hade Rommel, likt många höga officerare, offentligt distanserat sig från "förrädarna". Hans trofasta ord till Hitler efter attentatet, "enbart en tanke har mig fullständigt i sin makt: att kämpa och att segra för vårt nya Tyskland", är trots allt inget bevis för Rommels lojalitet med diktatorn. Vad annat kunde en ledande officer säga efter det misslyckade attentatet utan att utsätta sig själv och sin familj för fara? Det faktum att Rommel avslutade sina brev med orden *Heil, mein Führer* är inget övertygande bevis på fältmarskalkens orubbliga undergivenhet för Adolf Hitler.

Det saknas alltså autentiska dokument som skrivits av Rommel och som skulle kunna besvara frågan om hur han ställde sig till attentatsförsöket mot Hitler. De dokument som finns är ur källkritisk synpunkt inte tillförlitliga. Vad som återstår är vittnesmål från dem som kände honom bäst och som han talade fritt med, utan någon rädsla för följderna. Rommels hustru Lucie förklarade skriftligen: "Jag vill klargöra att min man inte var delaktig i förberedelserna eller i utförandet av attentatet den 20 juli 1944. Som soldat tog han avstånd från en sådan handling. Under hela sin karriär var han soldat och inte politiker." Det är värt att notera den tidpunkt då detta klargörande gjordes. Lucie Rommel yttrade sig inte till sin mans försvar inför Hitlers bödlar, utan först i september 1945, då det var riskfritt att bekänna sig till motståndsrörelsens åsikter. Efter krigsslutet upptäckte många plötsligt sina sympatier för Stauffenberg, och antalet hemliga motståndsmän växte lavinartat. Men Rommels hustru höll fast vid att hennes man inte kände till attentatet. Och om han hade känt till det, hade han av övertygelse tagit avstånd från det. Trohetseden till Hitler, som alla tyska soldater sedan den 2 augusti 1934 hade tvingats avlägga till *der Führer* personligen, innebar ännu ett dilemma. Alla soldater hade svurit Hitler ovillkorlig lydnad. Sedan mars 1944 avkrävdes de tyska fältmarskalkarna ytterligare en trohetsförklaring till Hitler. Liksom Rundstedt, Manstein och andra av *Wehrmachts* höga officerare hade även Rommel med sin namnteckning än en gång bekräftat sin trohet till Hitler. Att bryta denna ed var otänkbart för Rommel. Hans ovillkorliga lojalitet gentemot arméns högste chef hindrade honom inte från att säga sin mening i militära frågor. När man måste dra politiska slutsatser av de militära frågeställningarna, eftersom det var det enda sättet att lösa de militära problemen, yttrade sig den opolitiske soldaten också om politik. Rommel var en av de få i Hitlers absoluta närhet som inte drog sig för att säga sin mening rakt i ansiktet på Führern. Det var alltså inte brist på mod inför despoten Hitler som avhöll Rommel från att ansluta sig till de sammansvurna utan snarare ett utslag av hans uppfattning om ära och lojalitet.

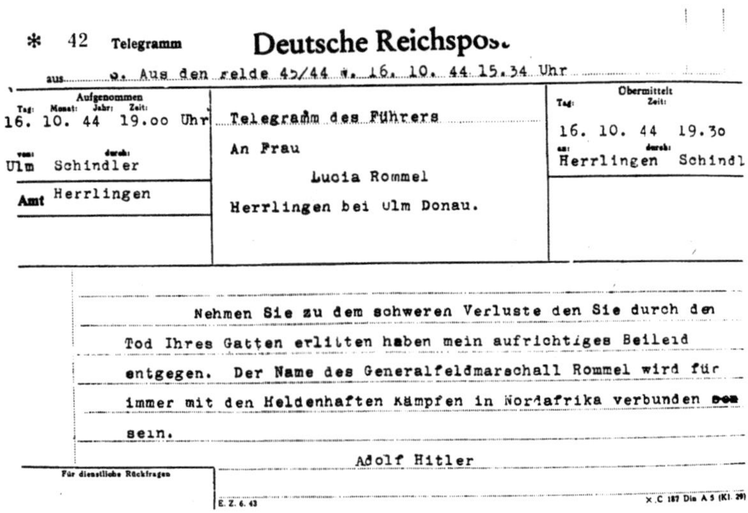

* 42 Telegramm **Deutsche Reichspost**

aus ... Aus den Felde 45/44 ... 16. 10. 44 15.34 Uhr

Aufgenommen
Tag: Monat: Jahr: Zeit:
16. 10. 44 19.oo Uhr
von: durch:
Ulm Schindler
Amt Herrlingen

Telegramm des Führers

An Frau

Lucia Rommel

Herrlingen bei Ulm Donau.

Übermittelt
Tag: Zeit:
16. 10. 44 19.30
an: durch:
Herrlingen Schindl

Nehmen Sie zu dem schweren Verluste den Sie durch den Tod Ihres Gatten erlitten haben mein aufrichtiges Beileid entgegen. Der Name des Generalfeldmarschall Rommel wird für immer mit den Heldenhaften Kämpfen in Nordafrika verbunden sein.

Adolf Hitler

Für dienstliche Rückfragen

E. Z. 6. 43 X. C 187 Din A 5 (Kl. 29)

"Hitler vill bli av med mig..." Kondoleanstelegram från Adolf Hitler till Lucie Rommel vid hennes makes död.

Rommel hade skrivit till en officer vid staben: "Nu mår jag bättre, och jag kommer att återvända till fronten under de närmaste dagarna eller veckorna." Och sedan fick vi plötsligt höra att Rommel hade dött av sina skador. Då sa vi till varandra: Det kan inte stämma, han skrev ju nyss att han skulle återuppta sin tjänst. Vi misstrodde det hela. Rommel var ju en officer som alltid lovprisades. Vi blev mycket förvånade över att Hitler inte deltog vid begravningen, utan enbart Guderian. Vi tänkte att här är det något som inte stämmer...

Wilfried Armbruster, Rommels tolk

Rommel måste dö eftersom han efter den allierade invasionen i Normandie hade förespråkat att kriget måste avslutas eftersom det var förlorat. Detta råd betraktade Hitler som ett förräderi.

Robert M. Kempner, amerikansk åklagare vid rättegången i Nürnberg

Jag är nu uppfylld av en enda tanke: att kämpa och att segra för ert nya Tyskland.

Brev från Rommel till Hitler den 1 oktober 1944

Enligt Rommels son Manfred hade hans far visserligen haft "avsevärda sympatier" för attentatsmännen, men alltid uttalat sig mot tyrannmordet: "Han sade alltid att den döde Hitler var farligare än den levande." Sin grundläggande inställning till planerna på att avlägsna Hitler som Tysklands ledare klargjorde Rommel vid flera samtal med borgmästaren i Stuttgart, Karl Strölin. De båda männen kände varandra sedan första världskriget, då de hade kämpat i samma förband, och deras vänskap byggde på förtroende. Mot slutet av 1943 hade Strölin för första gången informerat Rommel om judeförföljelserna och berättat vilka följder hans kritik av händelserna hade fått för honom. Under en permission hemma i Herrlingen i februari 1944 förmedlade Rommels hustru Lucie muntligen ett samtal hon hade haft med Strölin där han hade berättat om de nazistiska brotten på östfronten. Det handlade om "slakt" på judar och om mord och massavrättningar som hade utförts av SS. Strölin uttalade sin förhoppning om att fältmarskalken skulle ställa sig till förfogande "för att rädda landet": "Om Hitler inte dör, då är allt förlorat." Men Rommel tillbakavisade bestämt denna uppfattning: "Om detta nu är er åsikt, vore jag mycket tacksam om ni inte yppade den i närvaro av min underårige son." Historikerna drar två slutsatser av Rommels inställning under och efter detta samtal:

1) Rommel visste vad som hände bakom fronten i öster, även om han möjligen inte kände till omfattningen av utrotningen av människor. Han ansåg emellertid att Hitlers omgivning, och inte Hitler själv, bar ansvar för dessa brott.
2) Rommel avfärdade alla handlingar som syftade till att ta livet av den tyske diktatorn. Hitler skulle tas tillfånga och ställas till svars inför domstol – det var den lika idealistiska som naiva inställning som Rommel hade till den man han hade svurit sin trohet.

Men av samtalen med Strölin drog Rommel åtminstone en konkret slutsats: han förbjöd sin son Manfred att bli medlem av *Waffen*-SS, som denne i ungdomlig entusiasm hade övervägt. Manfred lydde sin far och avstod. Att avlägsna sig själv och sina närmaste från det nazistiska ledarskapet innebar att Rommel tog ett första steg mot avståndstagande från ett system som han hade mycket att tacka för. Därpå tog han ännu ett steg: Han utarbetade planer på att sluta en separatfred med västmakterna. Därmed handlade han mot Hitlers uttryckliga order. Men det avgörande steget till motståndarlägret tog han dock inte.

Anledningen till att Hitler slutligen bröt med sin favoritgeneral var inte Rommels inblandning i attentatet den 20 juli. Diktatorn hade börjat föräkta även Rommel, liksom han redan avskydde nästan alla *Wehrmachts* högsta officerare. När Hitler den 25 augusti 1944 utsåg Hans Krebs till Speidels efterträdare yttrade han till denne följande ord om Rommel: "Han gjorde det sämsta som en soldat överhuvudtaget kan göra i en liknande situation: han sökte andra utvägar än de rent militära. Jag anser Rommel i viss mån vara en utomordentligt tapper och skicklig chef. Men jag anser inte att han är kapabel att hålla ut, och den uppfattningen delar jag med många." Orden har en klang av besvikelse men inte av hämndlystnad eller hat. Dessa känslor gav Hitler utlopp för i sitt radiotal efter attentatet, då han talade om "en liten klick äregiriga, samvetslösa och kriminella, naiva officerare". Han antydde inte att han planerade att ställa även Rommel till svars. Hitler var nu mycket mer kritisk till Rommel än tidigare, men inte öppet fientlig. Trots det var Rommels öde redan beseglat.

Generalerna Guderian och Kirchheim, som inte var några beundrare av Rommel, hade i domstolsförhandlingarna mot Rommels stabschef Speidel pläderat "icke skyldig". När hedersdomstolen anslöt sig till denna synpunkt innebar det visserligen att Speidel frikändes, men därmed inleddes samtidigt häxjakten på fältmarskalk Erwin Rommel.

Det har spekulerats mycket i om Rommel föll offer för generalstabsofficerares intrigerande. Han hade gott om fiender i den militära ledningen. Rommel hade gjort en spikrak karriär, åtnjöt en stor folklig popularitet och hade framför allt den högste ledarens gunst. Därmed var han ett givet mål för avundsjuka och missunnsamhet.

Den högsta kasten av höga, främst adliga, officerare visade ständigt sin misstro gentemot uppkomlingen Rommel. Han saknade generalstabsutbildning men hade trots det befordrats till fältmarskalk. Hitler hade gynnat och befordrat Rommel, medan andra officerare ställdes åt sidan. Rommel hade snabbt fått ett rykte om sig att vara "en typisk nazistisk påläggskalv", och ingenting är mer seglivat än ett dåligt rykte. Dessutom hade Rommel gett den tyska generalstaben åtskilliga anledningar till att irriteras på honom. Inför Hitler hade han kritiserat arméstabens bristfälliga bedömningar av läget vid fronten. Internt anklagade han fältmarskalk Kesselring för att sabotera försörjningen av underhåll och gjorde honom indirekt ansvarig för nederlaget i Nordafrika. Slutligen hade Rommel under lång tid varit framgångsrik, och många avundades hans framgång.

Hos de ledande officerarna inom arméledningen, Brauchitsch och Halder, stod Rommel inte högt i kurs. De ansåg ända tills de avsattes att

Rommel var "sjukligt äregirig" och att han hade "karaktärsfel". *Luftwaffes* chef Göring hade fått hård kritik av Rommel eftersom han ansåg att flygvapnet inte skött sina uppgifter. Men efter den 20 juli fick männen i Hitlers närmaste omgivning ett allt större inflytande. Intrigmakare som Wilhelm Keitel och general Wilhelm Burgdorf försökte nu röja konkurrenter ur vägen och samtidigt peka ut dem som var skyldiga till sammanbrottet på västfronten. Men hur skulle de ledande tyska militärerna kunna utnyttja situationen efter attentatet den 20 juli för att göra upp räkningen med sina rivaler?

Högförräderi innebar inte bara att man hade tagit aktiv del i attentatet mot Hitler. Man var förrädare även om man inte längre trodde på den slutliga segern. Den som misstänktes för att inleda fredsförhandlingar med fienden var en förrädare. Förrädare var den som inte vidarebefordrade vad han visste om ett planerat attentat. Dessa fakta tog officerarna i Hitlers närhet fasta på. Den avgörande frågan ställdes under förhandlingarna mot general Speidel i arméns domstol den 4 oktober 1944. Två av de sex deltagande armégeneralerna, Kirchheim och Guderian, vittnade efter kriget under ed om att överste Hofacker hade meddelat dem att han hade informerat Speidel om attentatsplanerna. Speidel hade å sin sida förklarat att han pliktskyldigt hade informerat sin överordnade. Det är ett faktum att Rommel inte vidarebefordrade någon information om ett förestående attentat. Vad som är oklart är om general Speidel faktiskt informerade Rommel eller om detta bara var ett sätt att rädda sitt eget skinn. I och med att Guderian försvarade Speidels vittnesmål som trovärdigt frikände han honom, samtidigt som han lade ansvaret på Rommel.

Efter kriget bestred Speidel att han hade lagt skulden på Rommel. Chefen för överkommandot, Wilhelm Keitel, som Rommel föraktade, hade under krigsförbrytarrättegången i Nürnberg bekräftat Speidels version. Som bevis för Rommels skuld hade han hänvisat till ett vittnesmål av Cäsar von Hofacker. Hofackers vittnesmål hade dock bevisligen sänts till arméstaben först efter förhandlingarna mot Speidel. Det är förvånansvärt sent, eftersom förhöret med Hofacker ägde rum redan den 30 augusti.

Det finns en snårskog av inbördes olika vittnesmål om händelserna och det är inte längre möjligt att reda ut vad som är sant eller falskt. Tidsföljden och logikens lagar talar dock för att Speidels vittnesmål – han tillhörde ju själv de anklagade – byggde på falska uppgifter, förmodligen för att lämpa över en del av ansvaret på Rommel och få det att se ut som om han var en av de sammansvurna. "Det är Keitel och Jodl som ligger bakom det hela", skrev Alfred-Ingemar Berndt, som hade ett lika gott

"De hade kunnat döda också Manfred..." Major Kimmich framför sina kondoleanser till Lucie Rommel; bredvid henne syns Manfred Rommel.

Efter den fruktansvärda nyheten om Rommels död åkte min mor till Rommels hem i Herrlingen. Vid den öppna kistan berättade Lucie Rommel för henne om makens våldsamma död. Hon bad min mor att hjälpa henne att ta av ordnarna från den döde fältmarskalkens uniform. Inga fler smutsiga händer skulle röra vid honom, sade Lucie Rommel.

Ina Saame, dotter till general Hans Speidel

Min mor var fullständigt förkrossad. Man visste ju inte heller hur länge vi skulle få behålla vår frihet. Kanske skulle den tas ifrån oss ganska snart efter att "skådespelet" var avslutat.

Manfred Rommel

Hans hjärta tillhörde der Führer.

Generalfältmarskalk Gerd von Rundstedt vid statsbegravningen i rådhuset i Ulm den 18 oktober 1944

Mordet skulle döljas för folket. Hitler försökte dölja dådet och sopa igen spåren med hjälp av fältmarskalkens statsbegravning i rådhuset den 18 oktober. Det var en politisk likskändning utan like i historien.

General Hans Speidel

förhållande till Rommel som till Goebbels, i ett brev till Rommels änka. Till och med en nazistisk propagandamakare som Berndt kunde undantagsvis säga sanningen.

Den 7 oktober beordrade Hitler arméstabschefen Keitel att sända Rommel till Berlin, där hans framtida arbetsuppgifter skulle diskuteras. I ett telefonsamtal till Berlin hänvisade Rommel till sitt dåliga hälsotillstånd och avböjde avresan. "Om jag vore så dum att jag åkte till Berlin hade ni sett mig för sista gången", förklarade han för sina närmaste. Hans vägran att personligen infinna sig hos Hitler tolkades av hans motståndare som en bekännelse om hans skuld. Sex dagar senare meddelade arméstaben att två officerare skulle besöka Rommel. Men samtalet skulle denna gång inte handla om nya arbetsuppgifter för den tillfrisknade fältmarskalken.

"Mottag mitt uppriktiga beklagande av den svåra förlust Ni lidit genom er makes död. Fältmarskalk Rommels namn kommer för alltid att förknippas med de hjältemodiga striderna i Nordafrika. Adolf Hitler." Detta telegram, daterat den 16 oktober 1944, som sändes till fältmarskalkens änka var rena hyckleriet. En sista gång missbrukade den nazistiska propagandan myten Erwin Rommel. Budet om den beundrade soldatens död hade kommit den 15 oktober: "Fältmarskalk Rommel har avlidit som en följd av de svåra skador han ådrog sig, då han i sin befattning som armégruppchef på västfronten under en inspektion råkade ut för en bilolycka. Med honom har en av våra främsta officerare gått hädan", löd Hitlers dagorder. Det var den förljugna upptakten till en kampanj som skulle nå sin höjdpunkt vid Rommels statsbegravning den 18 oktober. För dem som iscensatte denna ceremoni handlade det inte i första hand om att ta ett värdigt avsked av Erwin Rommel. Istället regisserades ett skådespel som skulle avleda uppmärksamheten från det verkliga händelseförloppet. De anhörigas uppriktiga sorg förlöjligades på ett obehagligt sätt. "I den döde fältmarskalkens anda visar hans hjältemod oss alla på slagordet: kamp ända till segern." I själva verket var detta det sista som fältmarskalken, som tvingats i döden, önskade sig.

Med stor omsorg hade nazisterna förberett statsbegravningen den 18 oktober 1944. Hitler hade utlyst en nationell sorgedag, men reste inte själv till ceremonin i Ulm. I högtidssalen i stadens rådhus och på Rådhustorget samlades tusentals sörjande. Det tyska folket upplevde händelsen via filmjournalernas bilder på biograferna. De hörde kanonernas salvor, som slet sönder tystnaden då kistan bars ut ur rådhuset. De såg de stora människomassorna som kantade vägen till krematoriet. De ryste till då soldatvisan *Ich hatt' einen Kameraden* spelades medan kransen från Hitler bars fram. Höga officerare och statens ledande män satt bredvid de sörjande anhöriga på första raden och gav den döde en sista hälsning. Det var en lyckad iscensättning, perfekt och förljugen på samma gång. På kistan, som var täckt av en hakkorsfana, låg Rommels hjälm och marskalkstav. Där fanns även fältmarskalkens många ordnar på en enkel sammetskudde. Fyra generaler bildade hedersvakt med dragna värjor. Orkestern spelade Wagners *Götterdämmerung* när Lucie och Manfred Rommel trädde in i salen.

Minnestalet hölls av fältmarskalk Gerd von Rundstedt, den tyska arméns högste officer: "Bakom oss står inte bara den tyska armén utan hela det tyska folket i djup smärta inför den döde hjältens kista. Ett hårt öde slet honom bort från oss då striden närmade sig sin höjdpunkt." Detta hårda öde hade ett namn: Adolf Hitler. Det var han som kort dessförinnan hade tvingat fältmarskalk Erwin Rommel att begå självmord.

Den 14 oktober 1944 var en strålande höstdag. Men sändebuden som Hitler hade utsett kunde inte njuta av skönheten då de framåt middagstid närmade sig fältmarskalkens villa i Herrlingen. Deras uppdykande bådade inte gott. General Wilhelm Burgdorf, Hitlers chefadjutant och efterträdare till general Schmundt, som dödats i attentatet den 20 juli, samt general Maisel, ansvarig för "hedersärenden" vid arméns personalavdelning, var båda två allt annat än Rommels beundrare. Han litade inte på dem, hade Rommel anförtrott sin son vid en morgonpromenad. Han hade all anledning att misstro dem. Rommel räknade med att ställas till svars för det misslyckade försvaret i samband med invasionen, men istället ställde de båda generalerna honom inför "bevis" för hans påstådda delaktighet i attentatsförsöket mot Hitler. Om han var oskyldig till anklagelsen skulle han åka till Berlin för att bevisa sin oskuld. Om inte, måste han som officer och gentleman undvika att ställas inför rätta och istället dra de "lämpliga slutsatserna", som Keitel hade instruerat de båda sändebuden. Han hade även givit dem ett råd: om Rommel valde det sistnämnda alternativet, skulle han övertalas att välja en giftkapsel hellre än en pistolkula. Yrkessoldaten Rommel skulle inte dö av en av arméns kulor utan av en dos cyankalium från personalavdelningens förråd. Det skulle ge bödlarna större möjligheter att hemlighålla dödsorsaken. Resultatet av samtalet med Rommel stod klart då de två generalerna lämnade Berlin. Redan då började de nazistiska ledarna förbereda statsbegravningen. Så tidigt som den 13 oktober fick arméhögkvarteret i Ulm ett meddelande om att en krans skulle anlända från Berlin.

”Det är inte möjligt för mig att uttrycka vad som stod att läsa i hans ansikte.” Så beskrev Lucie Rommel det ögonblick då hennes man vid 13-tiden kom ut ur sitt arbetsrum för att berätta om resultatet av det drygt timslånga samtalet med Burgdorf och Maisel. Militäriskt korthuggen, blek men ändå samlad, återgav han det grymma resultatet: ”Jag har kommit för att ta farväl. De misstänker mig för delaktighet i attentatet mot Hitler. *Der Führer* har ställt mig inför valet att antingen ta gift eller ställas inför Folkdomstolen. De har giftet med sig. Om en kvart är jag död.” Lucie Rommel bönade och bad sin man att försvara sig i Berlin. Rommel avfärdade henne: ”Jag vet att om jag reser till Berlin så skulle jag vara dömd på förhand.” Han försäkrade sin hustru vad hon dittills aldrig hade betvivlat: att beskyllningarna var falska, att han inte hade något att frukta inför en domstol, att anklagelserna måste vara resultatet av utpressning.

Manfred Rommel beskriver sin far som ”mycket upprörd men samlad, blek men självbehärskad” vid det korta avskedet. Fadern förklarade för sin 15-årige son vad som skulle hända och varför. Hans sista tröst var att familjen skulle lämnas i fred efter hans död. ”Hitler har sagt mig att om jag begår självmord så kommer inget att hända er; tvärtom kommer man att ta hand om er.” Rommels självmord skulle skona familjen från att bestraffas som anhöriga till en politisk motståndare. Han skulle få en statsbegravning för att ”hans förräderi skulle hållas hemligt för det tyska folket”. Även efter sin död fick Rommel alltså göra tjänst åt nazisterna. Man utlovade till och med ett monument till minne av den man som åtskilliga av de ledande nazisterna egentligen betraktade som en förrädare.

Efter att ha talat med sina anhöriga berättade Rommel för sin adjutant Aldinger vad som hade skett och vad som skulle ske framöver: ”Jag är helt säker på att Hitler vill röja mig ur vägen. Om jag förs till Berlin levande så är jag övertygad om att jag kommer att ställas inför Folkdomstolen”. Aldinger rådde Rommel att fly, men det avfärdade han: ”Efter att ha diskuterat med min hustru har jag bestämt mig för att vandra den väg som jag tydligen måste gå. Jag är oskyldig. Jag har inte varit delaktig i något brott. Jag har enbart tjänat mitt fosterland i hela mitt liv.”

Efter att ha tagit ett kort farväl av sin hustru gick Rommel i sällskap med sonen Manfred och adjutant Aldinger till den bil som väntade utanför huset. Fältmarskalken satte sig i baksätet, omgiven av generalerna Burgdorf och Maisel. Den lilla svarta Opeln for i riktning mot Blaubeuren. Flera bilar, som till synes rent tillfälligt hade varit parkerade i närheten av Rommels villa, gav sig också av.

Strax efter att fordonet med Rommel hade lämnat Herrlingen beordrade Burgdorf chauffören att stanna. Chauffören och general Maisel lämnade bilen. General Burgdorf, Hitlers adjutant, överlämnade den dödliga giftkapseln till Rommel. Men giftet verkade inte lika snabbt som Rommel hade försäkrat sin hustru. När chauffören efter tio minuter kallades tillbaka till bilen levde Rommel fortfarande: "Jag såg Rommel sitta hopsjunken och snyftande i bilen. Jag rätade på honom och satte på honom hans uniformsmössa som hade ramlat av." Därefter blev det tyst. Rommel var död.

Klockan 13:24 lämnade Burgdorf och Maisel den döde fältmarskalken på ett lasarett i Ulm. De berättade att fältmarskalken hade börjat må illa under bilfärden. Troligen hade han drabbats av en blodpropp, intygade de båda generalerna, fullt medvetna om sina lögner. De upplivningsförsök som omedelbart inleddes var resultatlösa, berättade chefsläkaren senare för de anhöriga. Den snabbt utfärdade dödsattesten angav hjärtsvikt som den officiella dödsorsaken. Den ansvarige läkaren, som hade sett Rommels lik först 24 timmar efter att dödsattesten hade utfärdats, berättade efter kriget att han med tanke på symptomen hade tvivlat på dödsorsaken. Detta hade han anmält och begärt att få utföra en obduktion. Begäran avslogs. "Jag kopplades bort från fallet Rommel och kort därefter meddelades det att man i Berlin vägrat ge tillstånd till obduktionen", berättade läkaren. Den nazistiska ledningen var inte intresserad av att sanningen kom fram och lät därför utplåna alla spår. Rommels lik skulle kremeras. Ingen skulle kunna ta reda på den verkliga dödsorsaken.

Under Rundstedts minnestal vid begravningen övervägde Lucie Rommel "att inför allt folket peka ut mördarna", berättade hon efter kriget. "Men vad skulle det ha tjänat till? Min man var död och jag måste tänka på min son. De skulle inte ha dragit sig för att mörda också Manfred. De visste att jag var tvungen att hålla tyst."

På så vis kom hennes protest att bli tyst. Hon ignorerade general Maisel när han sträckte fram handen för att uttrycka sitt deltagande. Så sent som i mars 1945 presenterade den nazistiska ledningen för Lucie Rommel planer på ett minnesmärke, som *der Führer* tänkte resa på Rommels grav. Avsikten var att legenden om Ökenräven och lögnen om hans död skulle leva vidare. Lucie Rommel drog medvetet ut på tiden med sitt beslut. Slutligen satte Tysklands nederlag och Hitlers död definitivt punkt för nazisternas sista gest av hyckleri.

I fältmarskalk Erwin Rommels person framträder tydligt det dilemma som en ansvarig general ställs inför i ett totalitärt system. Ordet "general" har latinska rötter; *generalis* är "den som har det övergripande ansvaret". Är han då också ansvarig för att de militära målen uppnås? Utan

Jag lade genast märke till att fältmarskalkens ansikte såg levande ut, som om han sov. Däremot var hans vaxartat bleka händer och fullständiga stelhet tydliga tecken på döden. Jag tyckte att det verkade egendomligt.

Doktor Kandler, chefsläkare vid lasarett i Ulm, juli 1946.

"Ansiktet uttryckte ett oerhört förakt..." Erwin Rommels dödsmask.

Idag är det uppenbart att det var mycket bättre att förlora kriget än att låta Hitler vinna det. För en yrkessoldat var det inte så lätt att komma till den insikten. Men min far anade det antagligen.

Manfred Rommel

tvivel. Är han ansvarig för de medel som används för att nå de uppställda målen? Svaret är ett tveklöst ja. Är han slutligen ansvarig även för att han gjorde tjänst åt en inhuman regim, vars mål var att utrota hela folk? En pliktmedveten general som kände sig bunden av en personlig trohetsed och därmed möjliggjorde en människoföraktande politik – kan han göra anspråk på titeln *generalis*? "Ökenräven" Erwin Rommel var en gudabenådad soldat. Men var inte det militärstrategiska geniet Rommel ur moralisk synpunkt ett misslyckande?

Det tragiska med Rommel var att han, som inte fick kännedom om hela omfattningen av nazisternas folkmord, representerade militära dygder i deras mest utpräglade form och ställde dem i en förbrytares tjänst.

Rommel kunde skatta sig lycklig över att inga *Sonderkommandos* (specialkommandon) ur säkerhetstjänsten SD massakrerade civilbefolkningen i hans armés bakre område. Denna skuld, som andra officerare ur *Wehrmacht* bär på, är Rommel befriad ifrån. Men ändå är han inte helt utan skuld, även om det inte handlar om en straffrättslig skuld. Rommel var delaktig i den tyska tragedin eftersom han var lojal mot Hitler och genom att han utförde sin militära plikt utan att ta hänsyn till vilka konsekvenserna på andra områden än det rent militära kunde bli. "Så slutade livet för en man som under sitt liv hade lagt hela sin själ i tjänandet av fosterlandet." I denna livslögn ligger Rommels hela tragedi. Enligt sin egen uppfattning stod han i fosterlandets tjänst, men i själva verket tjänade han en despot. Åt denne hade han svurit sin trohet. Likt många andra hade Rommel trott på den nazistiska propagandan, som deklarerade att Hitlers mål var identiska med Tysklands intressen.

Rommel insåg slutligen att Hitlers politik var ett bedrägeri. Han lyckades överge Hitler, som han tidigare hade dyrkat. Om det stämmer att definitionen på en verkligt stor man är att han är kapabel att erkänna de misstag han har begått och att tänka om, så var Rommel en stor man. Han hade varit en ännu större gestalt om han hade tagit ytterligare ett steg och gjort aktivt motstånd. Men preussiska fältmarskalkar begår inte myteri, inte ens när de kommer från sydtyska Schwaben.

Rommels son Manfred har dragit lärdomar av sin fars liv: "Dygder som lydnad, tapperhet och disciplin är fantastiska så länge de tjänar viktiga egenskaper som människokärleken och sanningen. Men när de enbart tjänade Adolf Hitler och hans förvrängda begrepp om fosterlandet, då förvandlades dessa egenskaper till sin motsats."

Hantlangaren:

Wilhelm Keitel

Kriget har vunnits och kan inte längre förloras...

Hur kan ni säga emot *der Führer* på det viset? Ser ni inte hur upprörd han blir? Vad skulle hända om han fick ett slaganfall vid ett sådant tillfälle?

Som straff för en dödad tysk soldat skall som regel 50 till 100 kommunister dömas till döden.

Mein Führer, ni lever, ni lever!

När en order hade utdelats handlade jag på det sätt som jag uppfattade vara i enlighet med min plikt. Jag lät mig inte vilseledas av de möjliga konsekvenserna, som ju inte alltid gick att förutse.

Jag bestrider inte att jag hade kännedom om alla dessa order, oavsett om de bär min namnteckning eller inte.

Generalöverste Jodl och jag instämde inte alltid i de beslut som fattades av den högste krigsherren, men vi utförde dem dock alltid.

Jag trodde på Hitler och misstog mig. Det är min skuld.

Wilhelm Keitel

Vi visste att han inte hade något att säga till om. Jag betraktade honom därför inte som arméstabschef. Han uppförde sig heller aldrig som om han hade varit det.

Humbertus von Humboldt, generalstabsofficer

Som sekreterare får man ju en uppfattning om vad ens chef har för intressen, till exempel musik, religion, filosofi eller arkitektur. Men med Keitel hade man känslan att han framför allt var soldat.

Hilda Haenichen, Keitels sekreterare

Jag kunde mycket väl föreställa mig honom som chef för en större förvaltning, dock utan att han hade det högsta ansvaret, en väl fungerande förvaltning.

Johann Adolf Graf Kielmannsegg,
generalstabsofficer

I många avseenden såg han till att *Wehrmacht* blev ett verktyg i Hitlers hand. Denna tjänstvillighet kom sedan till uttryck i benämningen "Lakeitel".

Ewald von Kleist, officer hos Stauffenberg

Keitel var som en formbar massa för Hitler och tjänstgjorde också som "åskledare". Han svalde allt vad Hitler sade.

Georg Lindemann, motståndsman

Keitel uppträdde alltid med stort lugn. När han anlände i sällskap med andra utgjorde han en imponerande gestalt. På något sätt överglänste han alla andra och var till sitt sätt alltid mycket lugn och tillmötesgående... Keitel var en bra karl.

Kurt Salterberg, vakt i Hitlers högkvarter

Han fanns ständigt i Hitlers omedelbara närhet och underordnade sig helt och hållet Hitlers vilja. Under årens lopp utvecklades han från en hedervärd och uppriktig general till en inställsam, oärlig, omdömeslös tjänare. I själva verket led Keitel av sin svaghet.

Albert Speer, Hitlers rustningsminister och arkitekt

Han var en robust, bondsk man och hans rötter fanns på landsbygden. Hans far var ju godsägare och han hade gärna övertagit rörelsen. Han hade gärna velat bli bonde istället för general.

Karl Böhm-Tettelbach, officer hos Keitel

Jag tror att Keitel ganska väl kände till vad som skedde och att han också i många frågor hade kunnat göra invändningar om han inte hade varit så rädd om sitt eget skinn.

Fritz Buchner, ordonnans i Hitlers högkvarter

Av hans utstrålning att döma hade han kunnat vara kypare eller kanske museidirektör.

Wolfgang Brocke, transportofficer hos Keitel

Hitler visste att han kunde lita helt och fullt på denne man. Därför behöll han honom, även om han var medveten om Keitels bristande strategiska kunskaper.

Heinz Guderian, pansargeneral

Det är en allmän uppfattning att Hitler höll fast vid Keitel på grund av att han var övertygad om Keitels villkorslösa militära lydnad och lojalitet.

Werner von Blomberg, rikskrigsminister

Han var ärelysten men talanglös, trofast men karaktärslös. Han ägde en viss naturlig list och charm, men ingen intelligens. Trots det var han en personlighet.

Nikolaus von Below, adjutant hos Hitler

Trots sin robusta fysik var Keitel en känslosam människa och han visade inga tecken på brutalitet eller grymhet. Smärtan över sonens och dotterns död och oron för hustrun under bombanfallen mot Berlin tog honom hårt. Det var han ensam som vid attentatet den 20 juli 1944 tog Hitler i sina armar och lugnt och försiktigt, som om han vore ett barn, förde ut honom i det fria ... En plikttrogen och lydig soldat, alltför mjuk och hederlig för Hitler, men uppriktig, sanningsenlig och alltid beredd att hjälpa.

Alfred Jodl

Man skulle kunna beteckna honom som en ”meningsavslutare”. Han betraktar bara Hitlers mun och försöker, när han anar vad *der Führer* skall säga, att fullborda meningen innan Hitler gör det.

Propagandaminister Joseph Goebbels

I HELMSCHERODE KÄNNS DET som om tiden stått stilla. Ungdomarna flyttar till städerna eftersom arbetstillfällena inom jordbruket minskar. Det är sällan en bil passerar utmed den smala bygatan. Många hus i den lilla byn vid Harzbergens västliga utlöpare ser likadana ut som för 60 år sedan – på ”den gamla goda tiden”. På den tiden betraktade invånarna i grannbyarna Helmscherode med avund. Då sörjde godsägaren, som huserade i det stora godset i byns utkant, för att nya vägar drogs, moderna arbetarbostäder uppfördes och den lilla kyrkan renoverades. Helmscherode såg ut att dra nytta av ”det tusenåriga rikets” utvecklingsoptimism. Byns äldre invånare minns ännu mycket väl sin välgörare vid den tiden: ”Oss behandlade han alltid väl. Han gjorde inte skillnad på fattig och rik”, säger en före detta lantarbeterska. ”Han tog hand om sitt folk”, instämmer en annan. Att den vänlige godsherren mer än fördubblade sitt jordinnehav under kriget – främst på bekostnad av kyrkans jord – är det ingen som störs av här. Han hade väl gjort sig förtjänt av det, resonerar man.

Det lilla kapellet i byns mitt, romantiskt övervuxet av murgröna, är för det mesta stängt. Men den som lyckas få tag i någon som har en nyckel får därinne uppleva en överraskning. Från en oljemålning blickar byns gamle välgörare strängt och värdigt ner på kyrkbänkarna. Målningen på kapellets vägg föreställer chefen för överkommandot OKW (*Oberkommando der Wehrmacht*), Hitlers fältmarskalk Wilhelm Keitel, i soldatuniform. Ofrivilligt går betraktarens tankar till de tyska soldaternas bältesspännen. På dem var orden ”Gott mit uns” ingraverade. Utanför kyrkan, omgiven av en generös grönska, står dessutom en minnessten som bypatronen reste med anledning av Österrikes *Anschluss* till Tyskland av ”Führern och rikskanslern Adolf Hitler” år 1938.

Minnet av byns mest berömde son har knappt förmörkats av den dödsdom de allierade fällde över honom i Nürnberg 1946. Här vill man inte höra talas om de order han utfärdade, vilka innebar att de tyska soldaterna blev delaktiga i Hitlerrikets förbrytelser – varken om ordern att 50 till 100 ur gisslan skulle avrättas som vedergällning för varje dödad tysk soldat eller om det cyniska rättfärdigandet av massmordet på miljoner sovjetiska krigsfångar med orden att det i detta fall handlade om ”utplånandet av en världsåskådning”. ”Han var ju faktiskt bara en soldat som måste lyda order”, får vi höra i Helmscherode – och dessutom: ”Helst hade han ju velat bli jordbrukare igen.”

Mot slutet av sin levnad var Wilhelm Keitel själv nära att rycka undan mattan för dem som fortfarande bagatelliserade hans – och även *Wehr-*

machts – roll. I februari 1946 infann sig Keitels försvarare Otto Nelte på den amerikanske allmänna åklagaren Robert Kempners kontor. Amerikanen blev mycket förvånad över att Nelte ville prata med honom mellan fyra ögon, utan tolk eller protokollförare. Så småningom insåg han att detta var ett förtroligt samtal och att hela Nürnbergrättegången stod inför en vändpunkt. Nelte anförtrodde honom att hans klient "led svårt av att han som ett alltför tjänstvilligt verktyg undertecknat Hitlers order" och att han skulle vilja avlägga bekännelse. Keitels mål var att "frånta en del av det straffrättsliga ansvaret från dem som hade utfört hans order". Dessutom hoppades han att han därmed skulle slippa bli avrättad genom en "ärelös" hängning och istället avrättas av en exekutionspatrull "som en soldat". Kempner var "mycket imponerad". Senare erinrade han sig att han hade betraktat Keitels avsikter som ett "tecken på soldatheder" och "patriotisk plikt".

Det var framför allt en filmvisning som fick den avvisande marskalken, som likt alla andra anklagade i rättssalen hade slungat ur sig sitt "icke skyldig", att förvandlas till en botfärdig syndare. Filmen, som var sammanställd av privata bilder som tagits av SS-män och bilder som allierade kameramän tagit, handlade om koncentrationslägren och var ett skoningslöst och fasaväckande dokument. Lion Le Tanson, som var tolk vid rättegången, minns än idag de åtalades reaktion: "Göring sa att det var en bluff, en ryssfilm. De flesta ansåg att det rörde sig om skådespeleri. En del rördes dock djupt. Keitel grät då han såg hur grävmaskiner skrapade samman berg av lik." Även rättspsykologen Gustave Gilbert upplevde Keitels reaktion: "När jag ser sådana saker skäms jag över att vara tysk", hade den synligt berörde marskalken förklarat för honom, dock inte utan att snabbt tillägga: "Men jag visste ingenting om det."

Robert Kempner stannade mycket förvånad kvar på sitt kontor efter besöket. Givetvis visste han att en bekännelse av en av de huvudåtalade skulle kunna ge rättegången som helhet ett starkare moraliskt underlag. För offren kom Keitels ånger för sent, men för eftervärlden kunde den dock bana väg för sanningen. Upprymd av glädje funderade Kempner redan på att kanske även andra åtalade skulle följa efter. Men den 23 februari 1946 dök plötsligt Nelte åter upp hos Kempner och meddelade att Keitel oväntat hade ändrat åsikt. Han ville inte längre avlägga någon bekännelse. Som orsak angav försvararen att Göring, vilken Keitel fortfarande betraktade som sin överordnade, hade "beordrat"detta. Hans klient ansåg visserligen fortfarande att ett erkännande hade varit ett riktigt och "hedervärt" steg, men han böjde sig trots detta för Göring. Så försvann Keitels sista chans att korrigera bilden av sig själv inför historien i och med att han höll fast vid den princip som han dittills hade varit beredd att underordna allt annat: den absoluta lydnaden.

I motsats till de flesta andra åtalade i Nürnberg har Wilhelm Keitel knappast blivit föremål för något mer ingående intresse av någon historiker eller författare. Förutom hans publicerade memoarer, som han skrev i häktet, finns enbart korta biografiska skisser om honom. Denna gestalt hade inga särdrag som utmärkte honom särskilt. I alltför hög grad verkar han personifiera slutpunkten för en felaktig utveckling och förkroppsliga hela den militära klassens misslyckande. I det sammanhanget är i synnerhet historien om Keitel ett belysande exempel på hur en man utan en utpräglad kriminell drivkraft och utan spår av några demoniska drag ådrar sig en oerhörd skuld.

Människor som en gång i tiden arbetade under Keitel beskriver honom till det yttre som en enkel och oförarglig man. Jämförelserna i våra intervjuer sträcker sig från "spårvagnskonduktör" till "kypare". Detta yttre intryck var inte helt felaktigt. I första hand hade Keitel helt enkelt inte det format som krävdes av en man i hans ställning. Den som läser hans memoarer och de efterlämnade brev som han skrev i Nürnberg förvånas över enkelheten i hans formuleringar och hans inskränkta tankevärld. Det var Keitels svaghet som gjorde att han verkade vara förutbestämd för posten som chef för överkommandot. Han var säkerligen inte så helt utan skrupler eller kriminellt sinnad som många höga militärer efter Nürnbergrättegången hävdade. De sökte snarare efter någon att skylla sina egna tillkortakommanden på. Keitel var helt enkelt alltför svag för att dra de riktiga slutsatserna, som så många andra. Istället flydde han in i en gränslös lydnad – utan att inse i hur hög grad han därmed själv tog på sig skuld. Inte förrän i Nürnberg insåg han denna skuld, delvis som en följd av hans försvarares outtröttliga övertalande.

Wilhelm Keitels levnadsbana kan bilda utgångspunkt för svaret på frågan varför hans karriär slutade inför en domstol. Redan från barndomen verkar Keitel ha haft krav på sig att vara duktig och framgångsrik. Han tyckte sig inte riktigt kunna uppfylla de förväntningar som ställdes på honom. I läroverket i Göttingen var det framför allt de klassiska språken som vållade honom problem. Hans religionslärare hånade honom en gång genom att anspela på hans lantliga ursprung när klassen tog sig igenom andra romarbrevets grekiska text: "Keitel, ni hade säkert varit hundra gånger bättre på att ta Paulus på en ridtur med ett par frustande hästar än att förstå honom!" Hans problem i skolan måste ha varit all-

"*Inga utsvävningar och inga kvinnohistorier...*" *Wilhelm Keitel vid tiden för första världskriget.*

Det är tveksamt om han ens hade blivit major med den arméledning som fanns före Hitlers makttillträde.

Nikolaus von Below, adjutant hos Hitler

Wilhelm är tillbaka vid Verdun. Hans brev låter redan litet vettigare, de handlar inte bara om de vanliga sakerna. Hans nerver verkar ha blivit illa åtgångna. Han kan inte sova och har ständigt svår hjärtklappning.

Lisa Keitel i brev till sin mor, 2 augusti 1916

varliga eftersom Keitel ännu i sin cell i Nürnberg mindes hur stolt han hade varit över sin "smidiga uppflyttning" till sista årskursen i läroverket. Det var hans far som avgjorde vilket framtida yrke han skulle välja. Eftersom fadern Carl Keitel kände sig för ung för att pensionera sig och dessutom nyss hade gift om sig med sin andra hustru kunde det inte på länge än bli aktuellt för den förstfödde i det första äktenskapet att överta godset. Därför skulle Wilhelm till armén, och han tvingades för första gången i sitt liv foga sig i ett beslut som han kände sig främmande inför, efter vad han i tårar sagt. Även som fältmarskalk sörjde han ofta att han inte fick bli jordbrukare.

Nästa besvikelse upplevde Keitel vid sin första kontakt med armén. Sommaren 1899 fann en regementsläkare att 17-åringens bröstomfång inte var tillräckligt och ville därför sända hem honom. Först efter ingripande av hans farbror, stabsöverläkaren Paul Keitel, förhindrades ett förödmjukande misslyckande – det första inslaget av svågerpolitik under Keitels karriär. Han skulle senare fortsätta denna tradition när han såg till att brodern Bodewin fick ledningen för arméns personalavdelning. Vid påsken år 1900 anmälde Carl Keitel sin son vid 46. fältartilleriregementet i Wolfenbüttel. Sonen hade visserligen helst blivit kavalleriofficer, men eftersom officerens familj måste bekosta hästen hade familjen Keitel, på grund av knappa ekonomiska tillgångar, avfärdat detta. Fältartilleriet var alltså det näst bästa alternativet, och man satt åtminstone "även där till häst", som rekryten Keitel med glädje antecknade. I hela sitt liv skulle Keitel känna ett visst mindervärdeskomplex gentemot soldater med en mer prestigefylld karriär. Särskilt i jämförelse med dem som gått ut kadettskolan kände han sig underlägsen. I hans memoarer förekommer en mängd "typiska" eller "övermodiga kadetter".

1902 blev Keitel fänrik. Han stationerades i Braunschweig, inte långt hemifrån, men tillräckligt långt för att han skulle gå sin egen väg. Detta var kanske rentav de lyckligaste åren i hans liv. Ostörd hängav han sig helt åt sin passion för hästar, jakt, god mat och dryck. Vid hovbaler hos prinsregenten av Braunschweig var Keitel, som under tiden hade vuxit till en lång och ståtlig officer, en duktig och välsedd dansör. Han verkar dock ha varit främmande för de laster som var typiska för hans officerskamrater. "Inget spel och dobbel och inga kvinnohistorier", var den sammanfattning av sitt motto han gav till en ungdomsvän. Som en något spröd men alltid samvetsgrann och flitig karaktär såg han ut att ha säkrat en framgångsrik karriär i kejsarens armé. Andra intressen utgjorde inte något hinder. Varken under hans tidiga soldattid eller senare verkar han ha läst någonting annat än militär facklitteratur. Wilhelm Keitels värld utgjordes av kaserntjänst, skjutövningar, manövrer, ridjakter och officerstillställningar. Även hans sekreterare, som lärde känna honom först tjugo år senare, drog slutsatsen: ”Han var verkligen enbart soldat.” Han skilde sig därmed inte på något vis från de flesta av sina kamrater.

1909 gifte sig Keitel med Lisa Fontaine, dotter till en bryggeri- och godsägare från Hannover. För henne var han inte direkt något gott parti, eftersom familjen Keitels ägor inte ens tillnärmelsevis var lika stora som Fontaines. Kanske var detta grunden till den äregirighet hustrun utvecklade när det gällde makens militära karriär. Den belästa, intelligenta och konstnärligt lagda hustrun gjorde också redan från början klart att hon inte alls tänkte sig en tillvaro som hustru till en storbonde i det avlägsna Helmscherode. Vid besöken i makens hembygd lät hon omgivningen förstå att hon föredrog stadsluft. ”Hon ansåg sig lite förmer än andra”, minns en kvinnlig lantarbetare som var anställd vid Keitels gods. Lisa Keitels värld bestod av mottagningar och middagar i societeten. En diplomat, som vid några tillfällen på 1930-talet gästade Keitels hem, beskriver henne som en ”varmhjärtad dam” och ”perfekt värdinna”.

Första världskriget hjälpte Keitel vidare på karriärstegen. Under ett halvårs tid vid fronten tvingades han skåda det första industrialiserade krigets verklighet i ögonen. Under tiden befordrades han till kapten, sårades av granatsplitter och tilldelades Järnkorset av första klassen. Upplevelserna vid fronten – hans enda krigserfarenhet fram till våren 1945 – lämnade djupa spår. Hustrun Lisa skrev oroad till svärfadern i januari 1915 att hennes mans brev alltid var ”så sorgsna och det finns inte något sätt att hjälpa”. Två månader senare kunde hon andas ut. Keitel kommenderades till generalstaben. Det innebar att han inte längre var utsatt för någon akut livsfara och att han dessutom oväntat hade befordrats. Strax innan han skulle tillträda sin nya tjänst skrev Lisa förväntansfullt till svärfadern: ”Ännu har han visserligen inte fått de röda byxorna” – hon menade de röda revärerna på generalstabsofficerarnas uniformsbyxor – ”men de kan, om han inte gör bort sig, förväntas mycket snart.”

Hans upphöjelse till krigsplanerarnas och strategernas högre sfär, som i relativt trygga högkvarter bestämde över frontförbandens väl och ve, återuppväckte Keitels mindervärdeskomplex. Jämfört med de andra generalstabsofficerarna hade han fem års kortare utbildning. För sin far beklagade han sig över att han hade för lite ”abc och ett gånger ett” och att han därför måste förlita sig på sin ”sunda människokännedom”. Faktiskt kompenserade han sin bristfälliga skolgång med oerhörd flit så

"Han hade helst velat bli bonde..." Wilhelm Keitels far Carl Keitel på godset Helmscherode.

Han är oerhört lycklig. Ännu har han visserligen inte fått de röda byxorna, men de kan, om han inte gör bort sig, förväntas mycket snart.

Lisa Keitel i brev till sin svärfar, 12 mars 1915

Genom ett personligt brev från försvarsministeriet har jag fått veta att avgörandet om min närmaste militära framtid har fällts. Den 1 februari kommer jag åter att ta på mig generalstabsuniformen och börja min tjänstgöring vid Truppmyndigheten.

Wilhelm Keitel i brev till sin far, 20 januari 1925

framgångsrikt att han 1917 utsågs till yngste "Förste generalstabsofficer" i hela den tyska armén.

Utan tvivel var Wilhelm Keitel en stor talang som organisatör. Strategiska avgöranden hörde inte till hans uppgifter, men det gjorde däremot administrationen av underhållsleveranser och trupprörelser. Han var en av de första företrädarna för en ny typ av officerare, en militär administratör. I och med krigsväsendets tilltagande modernisering skulle sådana män snart vara efterfrågade.

Bekantskapen med major Werner von Blomberg skulle få avgörande betydelse för hans framtida karriär. Hans fyra år äldre överordnade skilde sig helt från Keitel; han var bildad, litterärt väl bevandrad och filosofiskt intresserad. Även när Keitel senare, efter den dramatiska brytningen med Blomberg, förklarade att han på ett mänskligt plan aldrig hade kommit honom särskilt nära, var det mer än bara uniformen som förenade de båda militärerna. I kölvattnet efter den äldre kamraten fortsatte Keitels karriär framåt. När Blombergs dotter Dorothee gifte sig med Keitels son Karl-Heinz 1938 betraktades de båda familjerna i Berlins societet slutgiltigt som närstående.

Krigsslutet den kalla hösten 1918 kunde för tyskarnas del jämställas med en jordbävning. De flesta kunde inte förstå hur de efter de ständiga segerbulletinerna plötsligt tvingades förlika sig med ett nederlag. Stod inte de tyska trupperna fortfarande djupt inne i Flandern och långt borta i Ukraina? Fanns fienden överhuvudtaget någonstans på tysk jord? Hade inte tidningarna ständigt rapporterat om nya offensiver, om ett förestående avgörande slag? Det var bara ett fåtal som kände till sanningen om tillståndet i den tyska hären och den kejserliga krigsekonomin. På så vis kunde Erich von Ludendorff, som efter 1916 de facto hade en militärdiktators makt, be om vapenstillestånd samtidigt som han spred myten om de förrådda frontsoldaterna, "dolkstötslegenden". Revolutionen, som i själva verket var en följd av det förlorade kriget, förklarade Ludendorff vara den direkta orsaken till "dolkstöten": Kapten Keitel, som under krigets sista dagar hade tjänstgjort vid marinkårens överkommando i Flandern, var ganska väl medveten om motståndarens förkrossande överlägsenhet. Han kände till de första genombrotten i den tyska fronten och de enorma problemen med underhållsleveranser. Trots det fabulerade även han tidigt om "dolkstöten". För sin svärfar förklarade han den 10 december att "den röda brandfackla som har slungats från fosterlandet" var skuld till att "de stora, segerrika slagen" utkämpats förgäves. "Hur förhållandena var hos oss", fortsatte Keitel sin klagosång, "kan du få en uppfattning om när jag berättar för dig att jag behövde ett skyddspass, som utfärdades av soldatrådet, för att utföra min tjänst. Jag tvingades acceptera att man placerade en röd fana på min bil. I annat fall hade jag avväpnats, fråntagits mitt mössmärke och mina axelklaffar och kastats ut ur bilen."

Det var Keitels politiska naivitet som gjorde honom mottaglig för motrevolutionens paroller. Han var inte kapabel att omvandla sina militära fackkunskaper om arméns förestående sammanbrott till en politisk medvetenhet. Bilden av soldater som gjorde revolution gjorde ett bestående intryck på honom. Han hade tvingats sätta fast en röd fana på sin bil! Revolutionen kom att bli ett trauma som präglade honom, liksom många andra. För alla konservativa motståndare till republiken kunde slutsatsen bara bli en: att avvakta tills tiden för motangrepp var inne. "Vi är gudskelov fortfarande friska och tillräckligt unga", skrev den unge Keitel tröstande, "för att genom seriöst och redbart arbete återuppbygga vad som i vettlös dårskap förstörts på några få dagar."

Hans hustru Lisa var i det fallet mer realistisk. Hon talade öppet om kejsarens "enorma misstag" och att hon helt och hållet sympatiserade med "den demokratiska regeringen". Hon var mycket medveten om skillnaden mellan hennes och makens åsikter. "Det hela är ju särskilt deprimerande för militären", skrev hon förnumstigt den 5 november 1918, "framför allt för någon som har så gammaldags preussiska åsikter." Dessa gammaldags preussiska åsikter hos maken återspeglade uppfattningen hos majoriteten av officerskåren. För att förlika sig med misslyckandet på slagfältet projicerade de höga militärerna skulden på den nya statsformen: republiken. De blev därmed offer för sin egen snäva politiska horisont och ett lätt byte för Ludendorff, som med säker instinkt för symbolik hade sett till att vapenstilleståndet undertecknades av civila politiker och inte av generaler. Segrarnas fredsvillkor polariserade snart de inrikespolitiska fronterna fullständigt. I vreden över "skammen i Versailles" och "novemberförbrytarnas" revolution syntes redan tydligt den sprängkraft som skulle få den första tyska republiken på fall. I väntan på den dagen drog sig officerskåren tillbaka i en ödesdiger isolering. Utåt sett förklarade man sig under parollen "opolitiska soldater" som strikt neutrala, medan hatfyllda hetstirader mot republiken samtidigt var i omlopp i kaserner och officersmässar. Keitel talade rentav om det "sinnessjuka tyska folket".

Republikens armé hade enligt reglerna i fredsavtalet i Versailles rätt att uppbåda 100 000 man. Enbart 4 000 officerare tilläts. Till och med länder som Belgien och Polen hade större arméer. Vid sidan av den djupa känslan av förödmjukelse resulterade detta i att tiotusentals yrkesofficerare stod inför en hotande arbetslöshet. "Vad det ska bli av sådana som mig", skrev kapten Keitel bekymrat, "är fortfarande oklart." Som en utväg sökte han sig därpå till en frikår som utkämpade skärmytslingar med polacker vid den polska gränsen. Den olycksaliga andan hos dessa politiserade legosoldater, där han lärde känna många män som senare kom att tjänstgöra i Hitlers *Wehrmacht*, uttrycktes även i hans brev. Där talas det om "oförskämt polskt pack" och om ett "stort mått av självförnekelse" som tjänsten vid den emellanåt odisciplinerade frikåren krävde. Hans gamla önskan "att inom den närmaste framtiden för alltid ta farväl av officersyrket" trängde sig åter på. Men då erbjöds han att stanna kvar i armén. Utan någon längre tvekan svarade han ja. Om det var glädjen över att höra till ett fåtal "utvalda" eller hustruns vägran att installera sig på lantgodset som var utslagsgivande är oklart.

Redan i februari 1919 började det bli uppenbart varför just Keitel hörde till dem som fick stanna kvar i armén. Tillsammans med sin förbandschef bjöds Keitel till försvarsministeriet för att delta i en diskussion på temat "den framtida armén". Hans duglighet som administratör och förvaltare hade man uppenbarligen i gott minne. Det var dock inte förrän 1925, då Weimarrepublikens politik allt mer kantrade åt höger i och med valet av den gamle fältmarskalken Paul von Hindenburg till rikspresident, som Keitel fick större insyn i den hemliga upprustningen. I *Truppenamt*, den centrala militära myndigheten som i själva verket var arméns i Versaillesfreden förbjudna generalstab som opererade under falskt namn, samordnade han utrustandet av *Grenzschutz Ost* (Östra gränsskyddet), ett tungt beväpnat milisförband som i själva verket var en illegal expansion av armén. Enligt en rapport till regeringen fanns det i denna och andra skuggarméers vapenarsenal redan år 1927 fem gånger så många gevär och sex gånger så många artilleripjäser som segrarmakterna hade gett tillstånd till. Antagligen var även dessa siffror mycket i underkant, eftersom omfånget och styrkan i denna "dolda armé" hölls "hemligt även för den egna regeringen", enligt vad Keitels sekreterare kommer ihåg. Hennes chef, som under tiden hade befordrats till major, återupptog under dessa år, då armén rörde sig i lagstiftningens gränsmarker, sina kontakter från tiden i frikårerna. Vid gränsskyddet fanns flera rastlösa före detta officerare som sedan dess funnit sig tillrätta i Hitlers SA eller i tvetydiga organisationer som *Jungdeutscher Orden* och *Werwolf*. Keitel höll visserligen en försiktig distans till dessa politiska äventyrare, men insåg dock vilket "utmärkt människomaterial" de utgjorde för en ny armé.

Emellertid återuppväckte hans nya ansvarsfulla ställning den gamla rädslan att inte räcka till. Keitels hustru berättar om hans sömnsvårigheter och "fixa idéer". Hennes man hade "inte tid med någonting", arbetade nästan dagligen till långt in på natten och gjorde på sina medarbetare ständigt ett intryck av att vara nervös. "Han svär fruktansvärt, och är på mycket dåligt humör", beklagade sig Lisa i januari 1926. Den 44-årige Keitels hälsotillstånd var utsatt för svåra påfrestningar. På försvarsministeriets kontor hade han blivit kedjerökare och lagt sig till med en ansenlig övervikt. Han ansåg att hans inflammation i venerna och hjärtproblem orsakades av brist på motion och på att han var "fullständigt överbelastad". En överdriven känsla av pliktmedvetande började dominera hans personlighet.

Beskyddad av sin gamle vän Werner von Blomberg, vilken som chef för *Truppenamt* nu knappast försökte dölja sin motvilja mot de skiftande regeringarna, befordrades Keitel 1929 till chef för arméstabens organisationsavdelning. Under tiden befordrades han till överstelöjtnant. I sin nya position fick han vetskap om ytterligare ett sätt att undkomma bestämmelserna i Versaillesfördraget: rustning på främmande länders territorium. I Spanien, Sverige och Nederländerna utvecklade tyska experter modernt krigsmateriel: flygplan, pansarfordon och andra förbjudna vapensystem. Efter ritningar som gjorts vid den tyska marinstaben tillverkades nya typer av ubåtar på japanska varv. Den tyska armén samarbetade till och med med Stalins Röda armé. I hemlighet övade sovjetiska och tyska pansarbesättningar modern, rörlig krigföring på övningsplatser i Ryssland. Syftet med dessa aktiviteter utomlands var inte att sätta upp tyska förband utanför landets gränser, utan att främja rustningsindustrins teknologiska utveckling. Man förberedde sig även för ett modernt krig med giftgaser, vilket bekräftas i hemliga dokument från ministeriet. Den som i slutändan drog nytta av denna katt och råtta-lek var Adolf Hitler. Det var ingen tillfällighet att den tyska arméns organisation före överfallet mot Polen ganska exakt motsvarade de planer som under Keitels medverkan dragits upp redan under Weimarrepublikens tid.

1931 reste Keitel själv till Ryssland för att skapa sig en bild av samarbetet med Röda armén. En av dem som gjorde honom sällskap var Walther von Brauchitsch, som skulle komma att bli Hitlers arméchef vid det tyska överfallet på Sovjetunionen tio år senare. Även om resan ägde rum mitt i sommaren var klimatet frostigt ur politisk synpunkt. Den sovjetiska arméledningen tillät inte vänskapliga kontakter med klassfienden. En tysk officer mindes att "privata kontakter med den andra sidan var helt förbjudna". Istället visades gästerna kommunismens "prestationsförmåga" under rundresor. Resegruppen från det tyska försvarsministeriet besökte dessutom flera kolchoser och fabriker. Det hade gått

Wilhelm talar hela tiden om sin förestående transport till fängelset. Med det menar han försvarsministeriet.

Lisa Keitel i brev till sin mor

"Hon var litet förmer än andra..." Wilhelm och Lisa Keitel år 1940.

Tidigt igår återvände Wilhelm mycket nöjd från det stora SA-mötet i Reichenhall. Det var som om han hade blivit flera år yngre och han var full av energi. Han hade pratat en lång stund med Hitler, besökt honom i hans villa och han är entusiastisk inför Hitler. Hitlers ögon hade varit sagolika och vilka tal han höll...

Lisa Keitel i brev till sin mor

tolv år sedan Keitel hade betraktat den röda fanan på sin tjänstebil som en symbol för fosterlandets undergång. Nu kände han beundran för "bolsjevikernas" insatser. Bondsonen blev särskilt imponerad av det industrialiserade jordbruket. Entusiastiskt skildrade han sina observationer: "Bara den som arbetar har rätt att leva", svärmade Keitel, och fortsatte: "Röda armén är statens kärna och utgör språngbräda till statens högsta ämbeten." Hade kommunistätaren Keitel från frikårerna bytt sida? Nej, Keitel hade ingalunda förvandlats till kommunist över en natt. Det som fängslade honom var inte Lenins lära utan de "möjligheter" som han såg i den totalitära diktaturen. Ställda inför de årligen återkommande riksdagsgrälen om försvarsbudgeten kunde männen från arméns planeringsavdelning bara blekna av avundsjuka inför Röda arméns uppenbarligen outtömliga resurser. Denna armé och denna stat var av allt att döma i stånd att föra det "totala krig" som Ludendorff hade förutsagt – ett krig där ett lands samtliga resurser ställdes i krigsmaktens tjänst. Diktaturen innebar uppenbarligen de ideala förutsättningarna för detta krig. Även Blomberg, Keitels vän och beskyddare, återvände djupt imponerad från en resa till Ryssland. "Det var nära att jag hade återvänt hem som en fullfjädrad bolsjevik", medgav han senare.

När en diktator förberedde sig på att rycka åt sig makten även i Tyskland befann sig Keitel på kur i Tatrabergen. En blodpropp i nedre delen av hans högra ben och upprepade hjärtattacker hade tvingat honom till en kurvistelse. Till att börja med verkade konvalescenten inta en skeptisk hållning till nationalsocialismen. Han hade fortfarande "SA:s arrogans" i gott minne, då SA som landets till storleken andra beväpnade styrka började konkurrera med den reguljära armén *Reichswehr* (Riksvärnet) om inflytande. Liksom merparten av dem som hyste nationella och konservativa politiska sympatier uppskattade Keitel Hitler enbart som publikdragare, som visserligen kunde få ett brett stöd bland befolkningen men som saknade den resning som krävdes för att styra landet. Denna missbedömning var han år 1933 inte ensam om. I själva verket betraktade de flesta tyskar vid den tiden inte utnämnandet av ledaren för det nationalsocialistiska partiet till rikskansler som den ödesdigra händelse i den tyska historien som det senare skulle visa sig vara. Hitler var fortfarande ingenting annat än den 21:e rikskanslern sedan 1919.

Snart började Keitel emellertid uppskatta Hitler. Till detta bidrog säkerligen att hans gamle vän Blomberg redan den 30 januari 1933 utsågs till ny försvarsminister. Werner von Blomberg, som Hitler kände och beundrade sedan han hade träffat honom i augusti 1930, drog redan under de första veckorna av sin ämbetstid upp riktlinjerna för framtiden. Han beslutade att soldaterna i *Reichswehr* skulle göra honnör för dem som bar nazipartiets uniformer och fanor, och gjorde partiets örnsymbol till ett uniformsemblem i armén. Han befallde dessutom att arméns officerare under veckosluten skulle genomföra utbildningskurser för SA- och partimedlemmar. Nu var det slut med återhållsamheten och med opolitiska soldater. Även Keitel medverkade vid utbildningskurser för "brunskjortor". Den 17 maj höll han "ett stort tal till alla högre ledare inom nazipartiet och krigsveteranorganisationen *Stahlhelm*", enligt vad hans hustru berättade, och i början av juli träffade han för första gången Hitler på ett möte för SA-ledare i Bad Reichenhall. Liksom Blomberg återvände han fascinerad hem efter sitt första möte med den tidigare korpralen. Lisa Keitel beskrev hans förvandling i ett brev till sin mor: "Han verkade ha föryngrats och var så energisk. Han hade pratat en lång stund med Hitler, besökt honom i hans villa och han är entusiastisk inför Hitler. Hitlers ögon hade varit sagolika och vilka tal han höll..." Detta var en nyckelupplevelse i Wilhelm Keitels liv. Hitlers suggestiva förmåga, som beskrivits av så många ögonvittnen, hade från första början en katastrofal verkan på den jämförelsevis naive officeren. Keitel själv, som oftast formulerade sig mycket klarsynt, använde efter kriget begrepp som "demon" och "maktlöst verktyg" för att karakterisera sitt förhållande till Hitler.

Den 1 april 1934 befordrades Keitel till generalmajor och som ställföreträdande divisionschef förflyttades han till Potsdam. Det var en befordran som motsvarade hans tjänstetid och som till en början befriade honom från det enerverande skrivbordsarbetet i ministeriet. Likt de flesta officerare välkomnade han att den parlamentariska demokratin var över och de första steg som Hitler tog för att spränga "Versaillesfredens bojor". Ur kasernperspektiv gick det med lätthet att bortse från Hitlerregimens skuggsidor. I glädjen över arméns "återuppståndelse" ignorerade man regeringens arresterande av politiska motståndare, elimineringandet av fackföreningarna och de första antisemitiska åtgärderna. Arméns successiva accepterande av förföljelsen av judar väckte knappast några invändningar. Den 8 december 1933 beordrade försvarsminister Blomberg en strikt bojkott av judiska butiker. Snart kastades alla judar ut ur armén och äktenskap mellan soldater och "ickeariska" kvinnor förbjöds. Nej, armén var sannerligen inte någon isolerad ö i det nazistiska träsket, vilket mången militär i efterhand hävdat. Man accepterade i de flesta fall utan invändningar att judiska soldater och officerare, varav många fått tapperhetsmedaljer under första världskriget, från dag till annan inte längre betraktades som kamrater. Redan nu började armén blandas in i regimens förbrytelser.

Adolf Hitler belönade arméledningens tystnad genom att ägna den särskild uppmärksamhet. Ur militärens synpunkt återupprättade hans proklamationer om statens "två pelare", armé och parti, arméns prestige från dess undanskymda roll under Weimarrepubliken. Redan den 3 februari 1933 hade den nye rikskanslern erbjudit ledande generaler den pakt som i slutändan skulle leda fram till andra världskriget: *Reichswehr* skulle även i fortsättningen utgöra landets enda väpnade styrka om försvarsmakten hjälpte honom att förverkliga hans expansiva utrikespolitik. En deltagare vid mötet noterade med viss skepsis att Hitlers mål var *Lebensraum* (livsrum) i öster och en hänsynslös germanisering av området. Den 30 juni 1934 beseglades denna pakt med blod. Med regimens första massmord gjorde Hitler då slut på SA-ledningens maktanspråk, med Hitlers nära vän Ernst Röhm i spetsen, som ville ersätta *Reichswehr* med en milisliknande folkarmé. Utrustade med vapen från armén och under förevändningen att Röhm planerade en statskupp, mördade SS-förband över 100 ledare inom SA. Röhm arresterades av Hitler själv i Bad Wiessee och sköts strax därefter. *Reichswehr* stod under denna Bartolomeinatt för fot gevär och förhöll sig passivt när morden senare offentligt förklarades vara i överensstämmelse med lagen. Minister Blomberg accepterade trots häftiga protester från officerskåren att SS även likviderade två armégeneraler, Schleicher och Bredow, när man gjorde upp räkningen med gamla fiender. Keitel ansåg ännu 1946 att den förre rikskanslern Kurt von Schleicher, som "hade ovanan att blanda sig i politiken", själv bar ansvaret för sitt blodiga slut.

Keitels fars död den 10 maj 1934 ställde honom åter inför ett ödesdigert val inför framtiden. Den 1 oktober inlämnade han sin avskedsansökan till arméns personalavdelning för att ägna sig åt det ärvda godset i Helmscherode. Men detta motsatte sig bestämt både hans hustru Lisa och arménchefen Werner von Fritsch. "Min fru och jag diskuterade hit och dit", mindes han i sin cell i Nürnberg. "Av hela mitt hjärta längtade jag till Helmscherode, men min fru kom inte överens med min styvmor och min syster och jag kunde inte lösa problemet." Vad som i slutändan var utslagsgivande – hustruns envishet, familjetvisten eller arméchefens övertalning – är oklart. Keitel drog tillbaka sin avskedsansökan och begav sig tillsammans med den lättade Lisa till Bremen som divisionschef. "Så avgörande är människors öden", kommenterade han senare sitt inte helt frivilliga val.

I Bremen representerade Keitels 22. infanteridivision ett av de nya förband som Hitler efter sin bejublade uppsägning av Versaillesfördraget betecknade som den framtida garanten för ”Tysklands frihet”. Sju år senare var divisionen ett av de förband som erövrade Sevastopol, där det led svåra förluster. Som divisionschef i Bremen utmärkte sig Keitel framför allt för sin öppet visade trohet mot regimen och kände sig kallad för högre uppgifter. I mars 1935 höll till exempel den medelmåttige talaren Keitel ett anförande inför lokala partichefer som slutade i ”flerfaldiga Heilrop”. Dessutom väckte han uppmärksamhet genom att ytterst noggrant följa tjänstereglementet. När han i sin tjänstebil gav sig av till en officiell mottagning i Bremen fick hustrun istället ta spårvagnen, enligt en av de få anekdoter om Keitel som bevarats från denna tid. Att ta med henne i tjänstefordonet skulle enligt Keitel ha varit ”högst olämpligt”.

I september 1935 fick han en inbjudan från sin gamle vän Blomberg att eskortera försvarsministern till nazistpartiets rikspartidag (*Reichsparteitag*) i Nürnberg. ”Jag måste säga”, skildrade Keitel efter kriget sina känslor av upplevelsen, ”att jag var helt överväldigad av arrangemanget, så imponerad var jag av de olika uppmarscherna på Marsfältet och av partiets och dess olika organisationers massuppbåd.” Han hade särskilt förtrollats av de nattliga ljusspelen med strålkastare. Det rådde inget tvivel om att den intelligenta iscensättningen av massuppbåd, fanparader, ljusspel och fackeltåg fick den avsedda effekten på Wilhelm Keitel. Det kastar ett karakteristiskt ljus på utgivaren av hans memoarer att denne bara tog med en kort del av Keitels hänförda beskrivning av partimötet. Varken i de publicerade memoarerna eller i de avsnitt som ströks nämner Keitel dock införandet av raslagarna som proklamerades under mötet i Nürnberg.

Hans accepterande av systemet gjorde att han redan den 1 oktober 1935 avancerade till posten som ny chef för försvarsmaktens organisationsledning, *Truppenamts* efterträdare, vid försvarsministeriet i Berlin, som under tiden hade döpts om, från *Reichswehrministerium* (försvarsministeriet) till det mer träffande *Reichskriegsministerium* (krigsministeriet). Än en gång verkar hans hustru Lisa ha varit den drivande kraften bakom kulisserna, eftersom Keitel själv hade reagerat avvisande på Blombergs första påstötning med orden att han inte ville ha något med politik att göra. Med argumentet att hon ”ur rent hälsomässig synpunkt aldrig mått så bra som i Berlins klimat” lyckades Lisa ändå övertala sin man att acceptera den nya tjänsten. Av den förväntade hon sig framför allt bättre karriärmöjligheter för honom – och det med rätta, vilket snart skulle visa sig. Redan i januari 1936 befordrades Keitel till generallöjtnant. Denna

"Der Führer *kan inte ha fel...*" *Hitler och Keitel i Hitlers högkvarter i Frankrike 1940.*

Han stod bakom Hitler, som ju sades vara alla tiders störste fältherre, och han trivdes med det.

Hubertus von Humboldt, generalstabsofficer

Keitel hade inte minsta strategiska talang.

Günter Reichelm, överste i generalstaben

För Hitler var han bara en ordonnans som tog emot de order han gav.

Karl Böhm-Tettelbach, officer hos Keitel

Det var Keitels olycka att han inte hade kraft att motsätta sig Hitlers order, som ur folkrättslig och moralisk synpunkt var förkastliga.

Heinz Guderian, pansargeneral

märkbara beslutsångest, som gjorde honom till ett verktyg för andra intressen, skulle komma att följa honom som en röd tråd.

Som chef för försvarsmaktens organisationsledning hade Keitel åtminstone på papperet en nyckelställning inom armén. Hans myndighet hade ansvar för den samlade militära underrättelsetjänsten samt för signalnätet och för försvarsministerns administrativa uppgifter. I själva verket lade sig ministeriet i stort sett inte i hur försvarsmaktens tre grenar, armén, flygvapnet och marinen, organiserade sin tillvaro. *Wehrmacht* befann sig mitt inne i en uppbrottsfas, som arméer världen över genomgick vid den tiden. Om arméns markoperationer ännu under första världskriget hade utgjort kärnan i varje operativ ledning innebar rustningsteknologins framsteg att det nu blev nödvändigt att ställa en kombinerad ledning av alla vapenslag i förgrunden. Framför allt *Luftwaffe*, som ända fram till 1918 snarare varit ett slags exotiskt bihang till armén, hade kommit att få avgörande betydelse.

Organiserandet av ett gemensamt befäl över land-, sjö- och luftstridskrafter stötte bland Tredje rikets ledare dock på hårdnackat motstånd. Arméns generalstab, vars chef Ludwig Beck senare blev inblandad i attentatet mot Hitler den 20 juli 1944, försvarade in i det sista arméns oberoende gentemot moderniseringsivrarna inom försvarsmaktens organisationsledning. Utan omsvep betecknade man internt dem som ville modernisera armén för "fiendesidan". Inte heller *Luftwaffe* var berett att ge upp sin självständighet. *Luftwaffes* chef, Hitlers andreman Hermann Göring, skämtade sarkastiskt att det var honom likgiltigt om "fältväbel Meier" eller "general Wilhelm Keitel" förde befäl; han tog i vilket fall som helst enbart order från Hitler personligen. Keitel, Blomberg samt den strategiskt begåvade översten Alfred Jodl utkämpade därför en ensam strid för en enhetlig befälsstruktur – en strid där även ideologiska skäl framfördes vid sidan av argument om vad som var nödvändigt ur rent militär synpunkt. "Begreppet *Führerstaat* betyder", förklarade Keitel, "att statschefen är kallad att föra befäl. Denna princip omfattar samtliga områden och det är helt naturligt att den har särskild giltighet på det militära området."

Det fanns faktiskt inte något samlat befäl över *Wehrmacht* förrän under de sista månaderna av kriget, då det sattes upp av nödtvång. Ända till dess bar överlappandet av ansvarsområden i otaliga fall ansvar för försenade eller rentav förfalskade order. En sammanslagen högsta militära instans, något i stil med den amerikanska *joint chiefs of staff*, existerade aldrig i Hitlers *Wehrmacht*. Orsakerna till detta var emellertid inte enbart att de olika vapenslagen förblev motsträviga. Hitler själv hade det största ansvaret. Liksom på statens och förvaltningens samtliga områden undvek diktatorn också i armén att bygga upp tydliga maktstrukturer. En stark vilja var för honom mer effektiv än hierarkier. Dessutom underströk hans underhuggares rivalitet Hitlers egen maktposition. Vad Görings anmärkning om "fältväbel Meier" illustrerade gällde snart för alla grenar av den vildvuxna nationalsocialistiska maktorganisationen: Bara Führern själv fattade det slutgiltiga beslutet – som skiljedomare och som allsmäktig instans för samtliga ståthållare och organ i sin diktatur. På det militära området skulle detta leda till att den militära fackkompetensen ignorerades, vilket förde med sig oerhörda förluster vid fronten.

Organisationsledningens chef Keitel fick snart rykte om sig att vara en jasägare och partisoldat. Tillsammans med Werner von Blomberg utarbetade han 1936 en order som gick ut på att "politiskt opålitliga" soldater uteslöts från *Wehrmacht* och omgående rapporterades till *Gestapo*. Det växande ideologiska inflytandet i armén var för de båda gamla vännerna en förutsättning för en "enhetlig krigsförberedelse". 1937 antydde krigsministern åt vilket håll utvecklingen gick då han i vaga ordalag inför sina officerare talade om ett nära förestående "krig i öster". Keitels tjänst innebar att han även var ansvarig för kontakterna med nazistpartiet och hade ett intensivt meningsutbyte med Hitlers säregne ställföreträdare Rudolf Hess. I december 1937 inledde de båda en regelrätt PR-kampanj för bättre kontakter mellan det nazistiska partiet och armén, vilket verkade vara nödvändigt efter en del handgripliga motsättningar mellan brunskjortor och soldater. Som belöning för sin inställsamhet tilldelades Keitel som en av de första av de högre militärerna nazistpartiets utmärkelse i guld, vilken egentligen var förbehållen rörelsens "gamla kämpar". Han hörde nu slutgiltigt till den gruppen.

Kort därefter skulle hans lojalitet med den förda politiken rendera honom en tjänst i Hitlers omedelbara närhet. Den utlösande faktorn var en kärleksaffär som öppnade dörrarna för Hitlers slutgiltiga och totala maktövertagande. En septembermorgon 1937 hade krigsminister Blomberg tvingats ställa in sin dagliga ridtur eftersom hästen haltade. När han istället beslöt sig för att ta en promenad mötte den 60-årige änkemannen sitt öde på en parkbänk i form av den 23-åriga Erna Gruhn. "Det var den fördömda hästkraken som var skuld till allt", kommenterade Blombergs adjutant Karl Böhm-Tettelbach senare sarkastiskt händelsen. Den unga kvinnan och fältmarskalken inledde ett intensivt förhållande. Vid jultid

1937 fick Keitel av sin blivande svärdotter Dorle Blomberg veta att Blomberg ville gifta sig igen. Men omständigheterna förblev tvivelaktiga. Krigsministern försvann för några dagar tillsammans med sin brud till ett avlägset beläget hotell i Oberhof. Bröllopet, som ägde rum den 12 januari 1938, behandlades närmast som en statshemlighet. Förutom bröllopsvittnena Hitler och Göring var endast adjutanterna närvarande vid den enkla högtiden i Hitlers rikskansli. Görings andra giftermål, med skådespelerskan Emmy Sonnemann, hade för inte så länge sedan firats med arméparader och kanonsalut framför domkyrkan i Berlin. Blombergs bröllop hölls däremot hemligt för folket, sånär som på en liten annons i en tidning i Berlin.

Den 23 januari kom polischefen i Berlin, greve Helldorf, till Keitels kontor. Polistjänstemannen hade, enligt Keitels minnesbild, tagit sig in i ministeriet via en sidoingång. Helldorf var "mycket upprörd" och "ställde frågor om den unga hustruns utseende". Till sin stora förvåning konstaterade Helldorf att Keitel, som efter sin sons förlovning med Blombergs dotter "nästan tillhörde familjen", ännu inte hade träffat henne. Därpå tog Helldorf ur sin väska fram en dokumentsamling från Berlinpolisens sedlighetsrotel, lade dem på Keitels skrivbord och upplyste honom om att fröken Erna Gruhn, "vilken såsom Blombergs hustru hade ändrat mantalsskrivningsadress, är tidigare straffad på grund av tvivelaktig vandel". En av hans handläggande tjänstemän hade känt igen namnet Gruhn i bröllopsnotisen.

Polisdokumenten finns fortfarande bevarade och inlåsta i åklagarmyndighetens kontor i Berlin. Dokumentmappen innehåller, förutom ett förhör om koppleri från år 1932, även flera pornografiska bilder av brottslingen. Med hänsyn till de obscena bilderna verkar Keitels upprörda reaktion förståelig. Hade fältmarskalken gift sig med en glädjeflicka? Keitel försökte omedelbart nå Blomberg, men han var inte hemma. Då krävde han att Helldorf skulle lämna ut handlingarna, vilket denne dock vägrade. Slutligen ringde han till Göring, som hade sett Erna Gruhn under vigseln, för att be honom granska de känsliga bilderna. Helldorf begav sig utan dröjsmål till *Luftwaffes* chef, som kände igen Blombergs nya hustru på bilderna och satte stenen i rullning.

Fyra dagar senare tvingades Blomberg avgå. Men upprördheten över brottet mot den preussisk-tyska officerskårens stränga moralkodex var bara en förevändning. Hitler ville främst bli av med Blomberg eftersom han – inte utan viss rätt – betraktade honom som en bromskloss på vägen mot krig. Fältmarskalk Blomberg och arméchefen Fritsch hade faktiskt lyckats bevara ett visst oberoende och häftigt opponerat sig mot de framtida krigsmål som Hitler lagt fram. Skandalen med det icke ståndsmässiga giftermålet kom på så sätt i rättan tid. Hitler spelade djupt besviken, förebrådde bittert Blomberg och krävde att bröllopet omedelbart skulle annulleras. Men Blomberg, som uppenbarligen upplevde en verklig passion sent i livet, vägrade. Hitler, som sedan länge hade ett förhållande med sin systerdotter Geli Raubal, vilket hans närmaste medarbetare sedan länge kände till, framträdde nu som den fulländade moralisten och meddelade ministern att han under dessa omständigheter måste avgå.

Blomberg själv gjorde senare Keitel ansvarig för att han hade störtats och spred anklagelsen att han hade "förråtts" av sin underordnade på grund av dennes karriärhunger. Istället för att låta dokumenten försvinna eller åtminstone invänta Blombergs hemkomst blandade Keitel in den äregirige Göring i händelseförloppet. Det var känt att Göring själv var intresserad av posten som krigsminister. Många historiker har fört fram denna version. Men sanningen ser annorlunda ut. Keitels beslut att koppla in Göring i affären motsvarade helt och hållet det höga anseende som *Luftwaffes* chef fortfarande hade inom *Wehrmacht*. Anspråk på ministerposten gjorde Göring först efter Blombergs avskedande. Dessutom antog både Helldorf och Keitel att Blomberg personligen inte visste något om sin unga hustrus förflutna och inte heller kände till Keitels karaktär, som inte hade något gemensamt med en karriärsugen ränksmidare. Det var inte Keitels beteende som utlöste krisen. Det var snarare Blombergs blåögdhet, då han i själva verket kände till sin hustrus förflutna och trodde att det skulle behandlas lika diskret som parets bröllop. "Dessa ålderstigna män med sina ungdomliga känslor", kommenterade Lisa Keitel spydigt, och påminde om hur "kungen av England" också genom att svara ja gick miste om sin ställning och om sin värdighet.

För hennes make var detta ett av de avgörande vägskälen i livet. Omedelbart efter Blombergs påtvingade avgång beordrades Keitel att civilklädd inställa sig hos Hitler klockan 13:00 den 27 januari 1938. Upptakten till detta möte skildrade Blomberg under Nürnbergrättegången. I samband med hans avsked hade Hitler sagt till honom att han ville upprätta en separat ledning för hela krigsmakten under beteckningen *Oberkommando der Wehrmacht*, OKW. Det lät till en början som om Hitler äntligen hade tänkt förverkliga alla förslag om ett överordnat högsta ledningsorgan för försvaret. Men Hitlers planer resulterade till slut inte i något annat än att han upphöjde en klick viljelösa nickedockor utan att ge dem något inflytande. På frågan vem som skulle kunna leda denna instans hade Blom-

... den 11 november 1918 inleddes ... det tyska folkets lidande. Ett folks förnedring och vanheder och mänskliga och materiella lidande tog här sin utgångspunkt. Den 3 september 1939, 25 år efter första världskrigets utbrott, förklarade England och Frankrike utan anledning krig mot Tyskland. Nu har vapnen fällt avgörandet. Frankrike är besegrat.

Wilhelm Keitel vid undertecknandet av det franska vapenstilleståndet i Compiègne, 22 juni 1940

"... höjdpunkten i mitt soldatliv." Wilhelm Keitel vid undertecknandet av den franska kapitulationen i Compiègne 1940.

Jag förknippar inte en man som Keitel med ett djupare historiskt medvetande.

Ewald von Kleist, officer hos Stauffenberg

berg inte haft något svar. Hitler insisterade dock på en man som han redan hade i sin närhet. Blomberg viftade bort det hela: "Åh, Keitel, han har ju bara skött mitt kontor." På det hade diktatorn spontant svarat: "Men då är det ju precis den man jag söker." Tydligen kände Hitler ännu inte till Keitels namn, för när han strax därefter bad sin kontorspersonal att hämta generalen kallade han honom "von Keitel".

Trots all den ombytlighet som Hitler var beryktad för vågar man ändå förutsätta att tillsättandet av en chef för den nya arméstaben föregicks av en något noggrannare granskning och att inte första bästa framkastade namn accepterades. I synnerhet som Blomberg under Nürnbergrättegången gav en annan version av händelsen, enligt vilken han själv hade föreslagit Keitel. Men historien om den före detta chefen som aldrig förlät sin underordnades förmenta förräderi har en kärna av sanning. Det var framför allt Keitels svagheter som gjorde honom intressant för diktatorn. Vad Hitler sökte var inte en självständig man som representerade generalstabens traditioner och som han ständigt skulle tvingas käbbla med. Den nye chefen för överkommandot måste framför allt vara pålitlig och foglig. Keitel var själv mycket medveten om att han inte hade vare sig begåvning eller generalstabsutbildning. Han föreslog att hans nya tjänstetitel skulle vara stabschef för *Wehrmachts* överkommando, vilket säkert skulle ha varit en bättre beskrivning på hans senare verksamhet. Men för Hitler var detta "alltför lite". Så kom OKW:s historia att inledas med en titelförfalskning, där den som bar titeln chef för Wehrmachts överkommando dock fick en plats bland de huvudåtalade vid krigsförbrytarrättegången i Nürnberg.

Vid Keitels första besök i rikskansliet spelade Hitler, som så ofta när han skulle värdera vad människor gick för, den artige och vänlige värden. "Ni är min förtrogne och ende rådgivare i frågor som rör Wehrmacht", smickrade han den civilklädde generalen. Långt senare skulle Keitel fortsätta att tro på detta ynnestbevis, medan Hitler i sin krets av förtrogna sade om Keitel att han hade "en biografvaktmästares hjärna". Den första frågan som herren och tjänaren tog sig an rörde Blombergs efterträdare. Keitel föreslog Göring – vilket visar hur litet han då förstod av Hitlers härskarprincip. Diktatorn avvisade förslaget med motiveringen att *Luftwaffes* chef redan hade tillräckligt att göra med fyraårsplanen. Då förde Keitel arméchefen Werner von Fritsch på tal. Hitler gick till sitt skrivbord och hämtade en dossier från justitieministern, där Fritsch anklagades för att ha brutit mot paragraf 175, en lag om straff för homosexuella förbindelser. "Jag var förskräckt över denna anmälan", mindes Keitel senare. I det sammanhanget är det värt att notera att Keitel inför sina medarbeta-

Han var en robust, bondsk man och han hade ju sina rötter på landsbygden. Han hade gärna velat bli bonde och inte general.

Karl Böhm-Tettelbach, officer hos Keitel

Han uppträdde inte särskilt krigiskt. Han uppträdde snarare som en borgare, som en högre ämbetsman.

Wolfgang Brocke, transportofficer hos Keitel

"... utplånandet av en världsåskådning." Generalfältmarskalk Wilhelm Keitel i samtal med SS-chefen Heinrich Himmler.

re försäkrade att han "sedan över två år tillbaka kände till dessa saker", som Jodl noterade i sin dagbok.

I själva verket hade anklagelserna mot arméchefen spridits av *Gestapo*. Ett påstått vittne i form av en manlig prostituerad hade pekat ut von Fritsch som en av sina kunder. I verkligheten hade denne prostituerade haft affärsmässiga förbindelser med en obetydlig ryttmästare med ett liknande namn (von Frisch). Den pinsamma beskyllningen, som av *Gestapo* iscensattes i rikskansliet genom att de båda männen konfronterades med varandra i ett osmakligt skådespel, var tillräcklig för att avskeda Fritsch. Om det var Hitler själv som drog i trådarna bakom kulisserna eller om han enbart drog nytta av ett misstag inom *Gestapo* är oklart. Utåt sett visade han sig, precis som i fallet Blomberg, chockerad: "När preussiska generaler är kapabla till något sådant", yttrade sig den österrikiske småborgarsonen Hitler upprört, "så är allt möjligt på denna jord." Men på denna upprördhet följde ett beräknat handlande. Utan att möta något motstånd från den paralyserade arméledningen lät diktatorn utnämna sig själv till *Wehrmachts* överbefälhavare. På Fritschs post satte han den bleke och foglige Walther von Brauchitsch. Det var den sista fasen i Hitlers maktövertagande; först nu behärskade diktatorn Tysklands samlade väpnade makt – och det nödvändiga tjänstefolket.

Någon krigsminister fanns det inte längre. Ministeriets administrativa uppgifter fick Keitels överkommando omedelbart ansvaret för. Till dessa hörde, förutom hans gamla tjänst vid försvarets organisationsledning vilken Jodl övertog, även den militära underrättelsetjänsten under Wilhelm Canaris, krigsfångarna samt det militära rättsväsendet liksom den särskilt viktiga krigsekonomi- och rustningsbyrån. Det var en enorm förvaltningsorganisation, som skulle komma att expandera än mer under kriget. För chefen för överkommandot fanns det dock knappast spelrum för en egen politik vid sidan av förvaltningen, eftersom Hitler förbehöll sig själv alla frågor av större betydelse. För Keitel återstod inget annat än att utföra de order och direktiv som kom från "högsta ort", som han snart kallade Hitler.

Redan kort efter att han hade tillträtt sin tjänst blev Keitel en spelares verktyg. Den 12 februari kallades han, tillsammans med generalerna Reichenau och Sperrle, till Berghof "utan att något skäl angavs" – och denna gång i uniform. När militärerna inställde sig hos Hitler fick de veta att den österrikiske kanslern Kurt von Schuschnigg skulle komma på besök och att de tre behövdes för att understryka Hitlers hot mot Österrike. Hitlers adjutant vid *Luftwaffe*, Nikolaus von Below, hade fått uppdraget att välja ut generaler som hade ett "särskilt krigiskt" utseende. När den österrikiska delegationen på eftermiddagen dragit sig tillbaka för överläggningar vrålade plötsligt Hitler för allt vad han var värd: "General Keitel! Keitel ska genast komma hit!" Chefen för överkommandot störtade med andan i halsen in i rummet och frågade vilka order Hitler hade. Han fick svaret: "Inga alls! Sätt er ner." Syftet med denna föreställning uppfylldes med råge. Schuschnigg lämnade Berghof, uppskrämd av Hitlers hot.

Den 12 mars 1938 skördade diktatorn frukterna av detta skådespel och ledde i spetsen för *Wehrmacht* intåget i Österrike. För Keitel, som befann sig i Hitlers följe vid inmarschen, var det framför allt en händelse från natten innan som han inte kunde glömma, förutom synen av "glädjetårar" i den tidigare österrikarens ansikte. Upprepade gånger under natten hade arméchefen, Brauchitsch, och några av hans viktigaste officerare ringt Keitel och försökt få honom att förmå Hitler att avstå från inmarschen. "Jag övervägde inte för en enda sekund att fråga honom", skildrade Keitel senare händelsen. "*Der Führer* fick inte veta något alls om detta, annars skulle hans dom över arméns ledning ha varit förintande, och det ville jag bespara oss båda." Det var första gången som arméstabschefen påtog sig rollen av ett slags grindvakt mellan armén och Hitler. Fram till krigsslutet skulle han inte slippa den uppgiften. Två grundmönster avtecknade sig redan kvällen före *Anschluss*, Österrikes anslutning till Hitlertyskland: Å ena sidan avstod armégeneralerna, visa av erfarenheten, från att vända sig direkt till Hitler. De förlitade sig – oftast förgäves – på Keitels medlingsförsök. Å andra sidan avskärmade Keitel Hitler från alla nyheter som han bedömde skulle kunna utlösa ett vredesutbrott. Inmarschen i Österrike verkade bekräfta denna taktik. Det uppstod inga blodiga incidenter och inte heller några allvarliga tecken på en internationell kris, vilket arméledningen hade fruktat.

Endast två månader senare, den 20 maj, lade Keitel enligt order fram ett utkast inför nästa rövartåg med den uttryckliga anmärkningen att han ännu inte hade diskuterat ärendet med cheferna för de olika vapengrenarna. I dokumentet talades det om en "särskilt gynnsam situation" och om "blixtsnabb handling" mot Tjeckoslovakien. Keitel tillhörde nu den krets i Hitlers omgivning som var bland de första som fick höra talas om de nya målen för aggressionspolitiken. Han fick veta att diktatorn ansåg Tysklands strategiska läge vara "ohållbart" inför "den stora uppgörelsen i öster" och att ett avgörande måste försöka uppnås under Hitlers livstid. Keitel gjorde inga invändningar. Han mindes senare att han vis-

Han måste ha lyssnat för plötsligt hörde han: "Utfärda en order" eller: "Se till att de får mer vapen." Då var han tvungen att se upp. Han måste alltså ha lyssnat. Men han vidtog inga åtgärder.

Karl Böhm-Tettelbach, officer hos Keitel

"... den man som jag letat efter." Hitler och Keitel i högkvarteret Varglyan i Ostpreussen 1941.

En man med en biografvaktmästares intelligens har jag ingen användning för.

Hitler om Keitel till Goebbels 1942

serligen ”inte utan oro” tog emot sina direktiv, men trots detta satte han och Jodl igång med att utarbeta invasionsplaner.

Men än en gång agerade arméns högkvarter motsägelsefullt. Chefen för arméns generalstab, Ludwig Beck, lade fram ett betänkande i vilket han klarsynt förutsåg det förlopp som kriget skulle få: en våldsam expansion österut skulle automatiskt utmynna i ett nytt världskrig, vilket Tyskland på grund av sina dåliga materiella resurser skulle vara dömt att förlora. Keitel rekommenderade att man enbart skulle lägga fram betänkandets andra del, som innehöll uppgifter om de europeiska ländernas militära potential. Han trodde att Hitler genast skulle avfärda betänkandets första del och dess strategiska överväganden. Vid upprepade tillfällen agerade Keitel grindvakt och såg till att Hitler inte bröt definitivt med de motsträviga armégeneralerna. I själva verket förkastade Hitler även den andra delen av Becks betänkande och hävde än en gång ur sig förolämpningar om arméns ledning. Avskräckt av dessa vredesutbrott vände sig Keitel nu personligen till avdelningscheferna inom OKW och klagade över att en utveckling ”redan hade inletts där Führerns beskyllningar om svartmålning utsträckte sig även till *Wehrmacht*”. Han skulle inte ”tåla att någon officer ägnade sig åt kritik, tvivel och svartmålning”. Om Becks, Goerdelers och Canaris kupplaner, som mognade fram under denna sommar mellan krig och fred, visste han typiskt nog så gott som ingenting under rättegången i Nürnberg.

Under tiden före andra världskrigets utbrott blev Keitel en permanent medlem av Hitlers hovstat. Det finns hundratals foton och journalfilmer som visar honom i Hitlers omedelbara närhet, oftast tyst men ständigt på språng för att bistå sin herre. Bildernas underdåniga kroppsspråk avslöjar mycket om överkommandochefen. ”Lakeitel” hånades han snart träffande av officerskåren. Men hans inflytande växte efterhand och hans ställning blev en annan än den som ”kontorschef”, som Blomberg hade formulerat det. Hitler hade antagligen insett att ”bonden i generalsuniform” ur hans synvinkel var ett idealiskt val för tjänsten. Följaktligen hörde Keitel till den handfull höga militärer som under hela kriget fick behålla sin position och rang. Med sin tjänstvillighet och sin gränslösa lydnad var han inte enbart en produkt av systemet. Han uppfyllde dessutom en viktig förutsättning för att systemet skulle fungera friktionsfritt genom att övervinna sina samvetsförebråelser till förmån för det villkorslösa uppfyllandet av Hitlers vilja.

Wilhelm Keitel skötte sin tjänst i diktatorns närhet med uppenbar stolthet. En bekant mindes hur han såg Keitel med sina båda söner ”flanera längs Kurfürstendamm i uniform". Generalen och de båda unga officerarna gjorde på vännen intryck av att vara "riktiga preussiska officerare". Hustrun Lisa njöt av de många mottagningarna i Berlins societet. Keitel underströk i sina memoarer hur ofta Hitler hade kallat honom till sig: "Till och med de korta ledigheterna, då jag for till Helmscherode över veckoslutet eller jagade i Pommern, tvingades jag många gånger oväntat och plötsligt avbryta. Detta var främst för att lyda Hitlers nyckfullhet snarare än på grund av att det fanns berättigade orsaker till att jag ställde mig till hans förfogande." Tillfredsställelsen över vad han uppnått gjorde det så mycket enklare för honom att bortse från regimens mörka sidor. Till exempel ville han inte att hans befordran till generalöverste den 10 november 1938 skulle överskuggas av den föregående "Kristallnattens" brinnande synagogor. Förargad avvisade han en rapport från amiral Wilhelm Canaris, som innehöll en detaljerad lista över mord och plundring som nazipöbeln gjort sig skyldig till. Han läste över huvud taget mycket ogärna de regelbundna rapporterna från underrättelsetjänsten som beskrev *Gestapos* terror. Istället ägnade Keitel sig åt "andan" hos trupperna. Den tidigare kejserlige löjtnanten ville bidra till att forma denna anda, bland annat med ett förbud mot deltagande i firandet av den avsatte kejsar Vilhelm II:s 80-årsdag.

Efter att Sudetlandet och resten av Tjeckoslovakien våren 1939 hade fallit i Hitlers händer utan att ett enda skott avlossats, började arméstaben förbereda anfallet mot Polen. Trots varningar från Paris och London som inte kunde missförstås, trodde både Hitler och Keitel fullt och fast att västmakterna även nu skulle offra de länder de lovat skydda. "Storbritannien är dekadent, Frankrike pacifistiskt", sade Keitel till general Thomas och återgav därmed uppenbarligen sin herres uppfattning. "De kommer att hota", fortsatte Keitel, "men till slut ändå acceptera fullbordat faktum." Arméledningens förslag att i ett hypotetiskt krigsspel diskutera stridens sannolika förlopp i väst för att på så sätt få diktatorn att överge sina angreppsmål förhindrades av Keitel. Diplomaten Ulrich von Hassell var efter ett samtal med honom förskräckt över Keitels utrikespolitiska luftslott. Han återgav uppenbarligen enbart ord från Hitlers mun. Hur ytligt invigd Keitel faktiskt var i sin krigsherres politiska planer visar hans reaktion då han fått veta att Röda armén nu också skulle sätta sig i rörelse och han irriterat frågade: "Mot vem då?"

Med överfallet på Polen fortsatte *Wehrmachts* inblandning i regimens förbrytelser. Redan efter fälttågets första dagar hopades upprörda rapporter hos arméledningen om SS-förbandens blodbesudlade framfart. I det bakre frontområdet skedde en systematisk klappjakt på judar, adelsmän och katolska präster. Men trots att majoriteten av soldaterna fördömde detta, fick det inga följder – tvärtom. På grund av sin passivitet kom de högre cheferna att bli stumma medbrottslingar till massmorden. När amiral Canaris den 12 september i Hitlers tåg bakom fronten inför Keitel klagade över de brott SS hade begått, avvisade Keitel honom skarpt med orden att "om *Wehrmacht* inte vill ha något med detta att göra" måste de finna sig i "att SS och *Gestapo* tar sin plats vid sidan av dem". Uppenbarligen hade Keitel redan fullt ut accepterat att de brottsliga utrotningsplanerna jämställdes med militära mål, vilket Hitlers språkbruk också antydde. Ansikte mot ansikte med arméns generalkvartermästare talade han om att de ockuperade områdena i Polen måste "rensas från judar, polacker och slödder". Att han i det sammanhanget tvingades övervinna sina egna moraliska betänkligheter avslöjades i ytterligare ett samtal med Canaris. Under förberedelserna inför anfallet mot radiosändaren i Gleiwitz (idag Gliwice i Polen, *ö.a.*), som skulle utgöra startskottet för krigsutbrottet, förklarade han: "Personligen är jag inte mycket för sådana saker. Men det är nu en gång för alla Führerns vilja." Hans enda ansträngning under dagarna kring krigsutbrottet var att få Hitler att åtminstone i efterskott formellt förklara krig mot Polen.

I soldaternas order överskreds visserligen ännu inte folkrättens gränser, men i soldaternas agerande började redan de ödesdigra följderna av sex års nazistisk propaganda att visa sig. Åtskilliga övergrepp mot civilbefolkningen, som beskrevs i det militära rättsväsendets dokument, bestraffades inte. Särskilt uppseendeväckande var fallet med major Salah. Denne officer hade mördat fem polska kvinnor och av en militärdomstol dömts till döden. Arméns överbefälhavare, Brauchitsch, hade förespråkat att straffet skulle utmätas. Efter många om och men såg dock Hitler personligen till att dödsdomen omvandlades till fängelsestraff. Detta och liknande beslut fick konsekvenser. "Herrefolket" skulle inte behöva känna sig bundet av lag och moral under sitt segertåg.

Inom *Wehrmacht* kom Keitel i allt högre grad att profilera sig som en representant för omoral. Även om Halder vid inledningen av fälttåget mot Polen med visst medlidande anmärkt att Keitel "inte längre är vuxen sin uppgift", så fick Keitel med sitt öppna stöd åt Hitlers våldsmetoder och med sitt demonstrativa krypande för Hitler allt fler att börja hata honom. När arméchefen Brauchitsch vägrade författa förordet till en fotobok med titeln *Mit Hitler in Polen* ("Med Hitler i Polen"), ryckte Keitel genast in och förhindrade att diktatorn blev förnärmad. Diplomaten Ulrich von Hassell noterade att Keitel var "totalt undergiven", och general Reinicke, som ansågs vara särskilt lojal mot regimen, ådrog sig öknamnet ”*der kleine Keitel*” (den lille Keitel). När militärbefälhavaren i Polen, general von Gienath, i juli 1940 ännu en gång påtalade de våldsdåd som polisen och SS utförde mot judar i Polen, fick han som svar från Keitel ett ”grovt formulerat brev” där han ombads att en gång för alla sluta bekymra sig om saker som inte angick honom.

Omedelbart efter segerparaden i Warszawa uppstod den första stora meningsskiljaktigheten mellan Hitler och hans medhjälpare. Nu handlade det givetvis inte om moralfrågor utan enbart om ifall trupperna hade återhämtat sig tillräckligt inför nästa plundringståg. Keitel hade anslutit sig till arméchefen Brauchitschs åsikt att förbanden var i stort behov av vila för att återhämta sig. Hitler ville å andra sidan redan kommande vinter ge sig på Frankrike, ett förslag som han senare tog tillbaka. De som var med vid detta tillfälle mindes länge Hitlers raseriutbrott mot Keitel. Hitler ”förebrådde honom häftigt”, var ”oförskämd” och framförde ”den djupt sårande anklagelsen att generalstaben understödde oppositionen”. När den förödmjukade Keitel som en följd av detta skriftligen bad att få förflyttas till fronten var det inte svårt för Hitler att få honom att stanna på sin post med hjälp av några vänliga ord och uppmaningen att det nu inte fanns någon tid för ”överkänslighet”. Ännu en gång böjde sig Keitel för den starkare viljan. Efter kriget medgav han att han ”inte hade varit vuxen Hitlers personlighet”.

Det korta fälttåget mot Skandinavien på våren 1940 kom att bli ett slags elddop för arméstaben. I Polen hade arméledningen under Brauchitsch lett operationerna. Men i Danmark och Norge var det nödvändigt att kombinera insatserna av armé, flygvapen och flotta, och stridsledningen övertogs av OKW. Att detta fick ett framgångsrikt slut var framför allt Alfred Jodls, Keitels närmaste man, förtjänst. När general Eduard Dietls bergsjägare hamnade i trångmål i Narvik förlorade både Hitler och Keitel tålamodet. Hitler ville utrymma Narvik och låta Dietl marschera mot Sverige och interneringslägren där. Jodl skrev i sin dagbok den 19 april 1940: ”Förnyad kris. Keitel lämnade rummet, ledningskaos hotar ännu en gång eftersom Hitler lägger sig i alla detaljer.” Enbart Jodls insisterande på att ge Dietl order att göra halt räddade slutligen segern i norra Norge, men ur denna ”uthållighetsorder” drog Hitler slutsatser som skulle komma att få ödesdigra följder senare, framför allt på östfronten. Alfred Jodl, chef för arméns operationsstab, kom i allt större utsträckning att få rollen som diktatorns främste strategiske rådgivare; en roll som Keitel gärna överlät. Under lägeskonferenserna kom Keitel i allt högre grad enbart att bli en åhörare som därefter såg till att Hitlers order utfördes.

Keitel var mycket foglig och uppenbarligen under ännu starkare inflytande av Hitler än vad min man var.

Luise Jodl, hustru till Alfred Jodl

"För litet abc och ett gånger ett..." Från vänster Hermann Göring, Alfred Jodl och Wilhelm Keitel i Hitlers högkvarter Varglyan 1943.

Jag förnekar inte att jag hade kännedom om alla dessa order, oavsett om de bär min namnteckning eller inte, att Hitler talade med mig och generalöverste Jodl om dessa order och att jag vidarebefordrade dem till ansvariga arméenheter och såg till att de utfördes.

Wilhelm Keitel i sina minnesanteckningar 1946

I och med inledningen av fälttåget mot Frankrike, som Keitel hjälpte till att förbereda lika plikttroget som diktatorns övriga anfallskrig, installerade sig Hitlers närmaste omgivning för första gången i ett särskilt upprättat *Führerhauptquartier* ("Führerns högkvarter"). På en bergsrygg vid Bad Münstereifel på Rhens vänstra strand hade man av 1 000 kubikmeter betong byggt ett dystert byggnadskomplex, där Hitler och hans följeslagare höll sitt intåg den första morgonen under fälttåget. Med sin terminologi, ofta färgad av hans favoritförfattare Karl May som skrev äventyrsromaner, kallade Hitler anläggningen för *Felsennest* (Klippnästet). De veckor som tillbringades i detta högkvarter gav en försmak av den ständiga bunkertillvaro som skulle inledas inom bara några få år – ett liv i en lika spartansk som krigisk omgivning. Alfred Jodl beskrev senare anläggningen som en "blandning mellan kloster och koncentrationsläger". Lägeskonferenserna pågick i timmar. Hitler lade sig ofta i hur operationerna utfördes ända ner till kompaninivå, och höll i regel på till långt in på natten. Keitel var den ende i Hitlers omedelbara omgivning som inte anpassade sig till diktatorns dygnsrytm. Han steg upp tidigt och satte sig vid sitt skrivbord klockan nio på morgonen. Fastän han med sina 60 år var den äldste officeren i högkvarteret var han antagligen den som sov minst. Det var en gammal vana. Med flit och överdriven plikttrohet försökte han bli kvitt känslan av att inte vara vuxen sitt uppdrag. I vittnesbåset i Nürnberg sade Jodl att Keitel framför allt efter sina dispyter med Hitler bokstavligen "flydde in i arbetet".

Men fälttåget i väst gav knappast upphov till några dispyter. På bara sex veckor hade det skräckinjagande Frankrike betvingats; det land som den tyska armén under första världskriget förgäves hade kämpat emot under fyra år. Arméstabens alla varningar om Frankrikes kvantitativa överlägsenhet hade visat sig ogrundade. Liksom många andra officerare kunde även Wilhelm Keitel enbart förklara segern utifrån Hitlers unika egenskaper. I formuleringen "*grösster Feldherr aller Zeiten*" ("alla tiders störste fältherre"; ett uttryck som användes nedlåtande om Hitler man och man emellan), vilket Keitel myntade vid denna tid, låg det för honom en djup övertygelse. Det är också talande att det var Keitel som såg till att Hitler omnämndes som högste befälhavare i *Wehrmachts* första rapport om fälttåget mot Frankrike.

Som tack för sina bysantinska lovord fick Wilhelm Keitel leda vapenstilleståndsceremonin med de franska delegaterna i skogen vid Compiègne, i den järnvägsvagn där det tyska kejsarriket 1918 hade tvingats be om fred. För Keitel var detta "höjdpunkten i mitt liv som soldat". Till tonerna av nationalsången skred Hitler och Tredje rikets ledande män

Keitel uppträdde alltid med stort lugn. Han var en bra karl.

Kurt Salterberg, vakt i Hitlers högkvarter

När det kom till frågan om arméns ledning så var han helt säkert ingen armèchef. Han kände sig heller inte som det. Då stödde han sig alltid på sin chef. När Hitler hade konfererat och fattat sina beslut, överlämnade han den skrivna ordern till Keitel och lät honom underteckna den.

Hubertus von Humboldt, generalstabsofficer

"Der Führer *har helt rätt...*" *Lunchpaus under en färd genom det ockuperade Böhmen-Mähren i oktober 1938. Från höger till vänster syns Wilhelm Keitel, den sudettyske nazi-ledaren Konrad Henlein, Adolf Hitler, Walther von Reichenau, Heinrich Himmler och Heinz Guderian.*

fram mot den franska salongsvagnen. I raden närmast bakom diktatorn, bredvid Göring och Brauchitsch, gick Keitel, som i detta ögonblick antagligen inte längre drömde om att plöja åkrarna i Helmscherode. Hans korta tal inför den franske förhandlaren, general Charles Huntziger, spelades in och är ett av de få bevarade talen av Keitel. På den gamla shellackskivan hörs den korthuggna rösten hos en man som bara med nöd och näppe kunde tygla sin entusiasm.

"I detta tåg", undervisade han sina åhörare enligt ett manuskript som Hitler hade lagt sista handen vid, "inleddes lidandets tid för det tyska folket. Allt vad vanära och förödmjukelse och mänskligt och materiellt lidande som ett folk kunde tillfogas, tog sin utgångspunkt härifrån. Löftesbrott och mened hade försvurit sig mot ett folk, som efter mer än fyra år av hjältemodigt motstånd enbart hade visat en enda svaghet: att sätta tilltro till demokratiska statsmän." Detta var förstås rena rama dolkstötsretoriken, som *der Führer* hade torgfört i otaliga anföranden – det falska men för många tyskar förföriska påståendet att det först och främst var "hemmafrontens förräderi" som hade lett till nederlaget i världskriget. Men som diktatorns budbärare gav Keitel en förvånande förklaring till det rådande kriget: "Den 3 september 1939, 25 år efter världskrigets utbrott, förklarade England och Frankrike än en gång krig mot Tyskland utan någon som helst orsak. Nu har vapnen fällt avgörandet. Frankrike är besegrat." I de besegrades öron måste detta ha låtit som om segraren hånade dem. Men förmodligen trodde Keitel själv på orden "utan någon som helst orsak". Eftersom han ständigt lyssnade till Hitlers suggestiva ordkaskader hade Keitel för länge sedan förlorat kontakten med verkligheten. Ibland återgav han rentav ordagrant sin ledares tankegångar. Till och med i Keitels memoarer kan man känna igen Hitlers uttryckssätt och ordval. Till exempel när de tyska förberedelserna inför överfallet mot Polen doldes bakom formuleringen "helt defensiva grunder" eller när Keitel på fullt allvar hävdade att Holland och Belgien före det tyska anfallet hade "övergivit" sin neutralitet genom att låta brittiska flygplan använda deras luftrum.

Efter undertecknandet av den franska kapitulationen fortsatte firandet samma kväll på en officersmäss. Mot slutet sjöng de rörda erövrarna psalmen *Nun danket alle Gott*. Som avslutning skakade Hitler hand med sina medhjälpare och lämnade under tystnad rummet. Kort därefter, den 19 juli 1940, hörde Keitel till de 19 generaler som kunde smycka sig med en fältmarskalks insignier och stav. Keitel hade visserligen inte utmärkt sig i fält, vilket truppchefer påtalade i samband med hans utnämning, men i den allmänna segeryran jublade man åt den stora mängden fältmarskalkar. I det ögonblick som Keitel för första gången höjde sin marskalksstav tillhörde han redan den lilla skara som var invigd i Hitlers nästa krigsmål. Några dagar tidigare hade Hitler i förbigående sagt: "Nu har vi visat vad vi är i stånd till. Tro mig, Keitel, ett fälttåg mot Ryssland vore rena rama barnleken jämfört med detta." I slutet av juli 1940 hörde Keitel till de utvalda som Hitler meddelade sin "bestämda avsikt" att snarast möjligt "förinta Rysslands livskraft". I dessa samtal var det inte tal om några överläggningar med Stalin. Mot den tes som Keitel och andra framförde, om att det rörde sig om ett preventivkrig, talar dessutom att de av segern i Frankrike övermodiga ledande militärerna inte såg en jämbördig motståndare i Röda armén. Sovjettruppernas uppenbara ledningskaos och svåra förluster under vinterkriget mot Finland var fortfarande på allas läppar, och dessutom var det känt att Stalin i en blodig utrensning bara några år tidigare hade låtit avrätta tusentals av sina främsta generalstabsofficerare. Hade man för övrigt inte redan en gång under första världskriget tillfogat den ryska armén ett nederlag, medan Frankrike vid den tidpunkten ännu inte kunde besegras?

I realiteten instämde de flesta av de högre officerarna i Hitlers åsikt att Sovjetunionen var "en koloss på lerfötter". Endast några klarsynta, däribland män som Beck, Halder och Canaris, såg i förväg katastrofen. Förvånande nog tillhörde även överkommandots chef Wilhelm Keitel dem som till en början motsatte sig fälttåget i öster. Han bekymrade sig framför allt över att de tyska styrkorna splittrades. De var ju redan uppbundna från Nordkap till Medelhavet. I grunden hade han inga invändningar mot en uppgörelse med de förhatliga kommunisterna, men så länge Storbritannien inte hade besegrats ansåg Keitel att det vore bäst att vänta med Ryssland. Han skrev en varnande promemoria som han lät sända till Hitler och fann till och med en bundsförvant i utrikesminister Ribbentrop, som försäkrade honom att även han var emot ett fälttåg österut. Det var dock inte någon särskilt slagkraftig allians som den underdånige Keitel och den i verkligheten redan maktlöse utrikesministern ingick. Inte heller deras alternativa förslag till Hitler, att han skulle träffa Stalin personligen för att diskutera åsiktsskillnaderna, lät som om det skulle vinna något större gensvar. I själva verket viftade diktatorn med en handrörelse bort sina båda jasägares betänkligheter. Keitel tvingades än en gång ta del av en rasande straffpredikan, bad förgäves om förflyttning men fogade sig därefter åter tappert i sin roll. Han fick åtminstone ett par veckors semester. Den skulle komma att bli hans sista.

Åter i tjänst började han nu desto ivrigare förbereda det nya fälttåget. Kanske underlättade Hitlers generösa "donation" på mer än en miljon

Han var den ende som satt på sin post från början till slutet.

Johann Adolf Graf von Kielmannsegg, generalstabsofficer

"Bevara hållningen..." Wilhelm Keitel på väg till undertecknandet av kapitulationsfördraget den 8 maj 1945 i Karlshorst utanför Berlin.

Utan tvivel förkroppsligade fältmarskalk Keitel en hållning som man kan betrakta som mycket värdig, men också som mycket stel och sträng. Att han bar sin eleganta uniform med de röda banden underströk detta intryck ytterligare. När han trädde in i den sal där kapitulationshandlingarna skulle undertecknas hälsade han med sin marskalksstav. Han framträdde som en mycket arrogant och högmodig man.

René Bondoux, medlem av den franska delegationen i Karlshorst riksmark för "militära förtjänster" återupptagandet av tjänsten. Keitel kom nu att fullt ut bli en medbrottsling genom en rad skriftliga order, som inte kunde resultera i annat än en stor mängd civila dödsoffer. Det var vid denna tid som order som undertecknats av Keitel slutgiltigt drog in *Wehrmacht* i brottslig verksamhet. "I öster måste vi med tanke på framtiden gå hårdhänt fram", hade den högste krigsherren gett som ett ord på vägen åt sina planerare i arméstaben. Den 13 maj 1941 trädde "Förordningen om utövandet av rättskipning i krig" i kraft, vilket var den första förordning som bildade underlag till Hitlers uppmaning till brutalitet. I den hette det bland annat: "För åtgärder som personal ur *Wehrmacht* vidtar mot fientliga civilpersoner föreligger inget krav på åtal. Detta gäller även då åtgärden samtidigt är ett brott mot eller en förseelse mot den militära rättvisan." I klartext innebar detta: oavsett om tyska soldater plundrade, mördade eller våldtog kvinnor hade ingen militärdomstol ansvar för att bestraffa dessa brott. Efter upphävandet av krigets moraliska lagar följde i och med "Riktlinjer för behandlingen av politiska kommissarier" en uppmaning till mord: "De skyldiga till de barbariska asiatiska stridsmetoderna är de politiska kommissarierna. Därför måste skarpa åtgärder vidtas gentemot dessa, omedelbart och utan omsvep. När kommissarier infångas under strid eller motståndskamp skall de i princip avrättas." Betecknande för denna och alla andra order om likvidering av sovjetiska politiska kommissarier som följde är att det inte någonstans fanns några exakta instruktioner om hur en "kommissarie" skulle kunna identifieras bland övriga krigsfångar. Enbart själva misstanken var tillräcklig grund för avrättning. Slutligen gav Keitels arméstab med "Riktlinjer för truppernas uppförande i Ryssland" än en gång soldaterna ett uppdrag som inte kunde missförstås. I denna förordning uppmanades de att uppträda "hänsynslöst" mot "bolsjevikiska agitatorer, partisaner, sabotörer och judar". Det var första gången som åtgärder mot judar förekom i en militär order.

Att man i och med dessa order med en antik anspelning "gick över Rubicon" var även vissa samtida icke-militärer medvetna om. Diplomaten Ulrich von Hassell noterade den 16 juni att ledningen för *Wehrmacht* "redan har låtit sig manipuleras av Hitler, som fått armén att ägna sig åt skamliga mordbränder som tidigare enbart SS utfört. Hopplöse korpral!" Det faktum att ingen högre officer drog några slutsatser, avgick eller åtminstone protesterade energiskt, belyser hur djupt såväl överkommandot som arméledningen redan dragits ned i förbrytelsernas träsk. För de chefer som tolererade mördandet, som till exempel ägt rum i Polen, var steget till aktivt deltagande inte längre särskilt långt. Förvisso fanns det dock hos vissa en medvetenhet om det orättfärdiga i utvecklingen, till exempel hos Halder, som drömde om att reformera systemet inifrån. Han ville visserligen inte eliminera Hitler själv, men däremot de organisationer som representerade terrorn: SS och *Gestapo*. Även bland chefer på mellannivå och lägre nivå fanns det ett otal modiga män, som helt enkelt ignorerade de brottsliga orderna från högre ort eller utförde dem halvhjärtat. Men lika ofta utfördes dessa order till punkt och pricka. Visserligen gjorde detta enbart en bråkdel av *Wehrmachts* soldater till mördare, men samtliga soldater kämpade nu sida vid sida med mördare.

Ansvarig för de barbariska orderna var givetvis i första hand soldaternas högste krigsherre, Adolf Hitler. Nu fick han äntligen föra det krig han alltid hade drömt om – en strid om att "vara eller icke vara", om "seger eller undergång", som han också helt öppet formulerade det. Alla högre militärer som bistod honom i hans kamp blev medbrottslingar. De officerare som, likt Keitel, i efterhand åberopade sin ed och den militära lydnadens tvång glömde bort att i just den preussiska armén, som Hitler nämnde som en förebild för *Wehrmacht*, ansågs utförandet av omoraliska order som en svår försyndelse. Utfärdandet av brottsliga instruktioner hade över huvud taget ingenting att göra med gamla soldattraditioner, än mindre preussiska. Tvärtom hade officerare som Keitel för länge sedan lämnat de militära traditionerna bakom sig. Keitel hade tagit Hitlers ord om en "förintelsestrid" på så stort allvar att han handlade efter dem, även då han utförde en order som inte kom direkt från *der Führer*. När amiral Wilhelm Canaris lade fram ett dokument där han vände sig mot massdödandet av mer än tre miljoner sovjetiska krigsfångar, noterade Keitel den 23 september 1941 skriftligen – och utan att kontakta Hitler – i dokumentets marginal: "Betänkligheterna motsvarar en militär uppfattning om det ridderliga kriget. Här handlar det emellertid om förintandet av en världsåskådning. Därför godkänner jag åtgärderna och ger dem mitt stöd." Även de utrensningsaktioner av kommunister, judar och partisaner som utfördes av så kallade *Einsatzgruppen* i det bakre området, där Wehrmachtsoldaterna hjälpte dem med transporter och avspärrningsuppgifter, betecknade han som "mycket ändamålsenliga". En förändring av den grymma behandlingen av krigsfångarna, av vilka mer än två miljoner dog i tyska läger under det första krigsåret, inträffade först när det stod klart att man inte längre kunde förvänta sig en snabb seger på östfronten och fångarna började användas som arbetskraft. På samma vis upphävdes "kommissarieordern" först 1942, då det visade sig att Röda arméns moral inte hade undergrävts av denna order utan tvärtom snarare stärkts.

Det finns inga tecken som tyder på att Wilhelm Keitel hade dåligt samvete på grund av de order han undertecknade. I sina memoarer lade han ansvaret på Hitler och citerade ett uttalande av honom som han ansåg betydelsefullt: "Jag kräver inte att mina generaler förstår mig men däremot att de lyder mina order." Inte ens i förhören efter kriget, då han medgav ett visst ansvar, finns en enda mening där han beklagar offrens öde. Om Alfred Jodls beskrivning av Keitel som en "känslig och sensibel människa" stämmer, måste Keitel dessutom ha varit en förträngningens mästare.

Riktigt omskakad blev Keitel bara när han hade utsatts för Hitlers vredesutbrott. Mot slutet av 1941 var det dags igen. Efter att Hitler hade strypt den tyska rustningsproduktionen med tanke på den förutsedda segern över Sovjetunionen, tvingades för första gången ett stort tyskt anfall göra halt. Strax utanför Moskvas portar hade armégrupp Mitts grenadjärer tvingats finna sig i ett svårt nederlag i snö och stark kyla. Hitler försökte lägga skulden för detta första stora nederlag, som i ett slag satte den slutliga segern i öster på spel, på sina generaler. Fältmarskalk Walther von Brauchitsch var den förste som avskedades med några få ord och diktatorn själv övertog posten som arméns chef. Efter detta krävde Keitel, utan att någon hade begärt det, att "alla medarbetare inom arméstaben" avlade ett slags "trohetslöfte". Men den inställsamme Keitel, som inte bar något ansvar för de strategiska misstagen, tvingades fortsätta spela rollen av åskledare och blev måltavla för ett högljutt raseriutbrott från diktatorn. Vilken orsaken var är inte känt. Oenigheten var dock uppenbarligen så stor att till och med Ulrich von Hassell i Berlin fick höra talas om händelsen. "Hitler och Keitel grälade våldsamt", skrev han i sin dagbok, "och Hitler förebrådde på ett förlöjligande sätt Keitel. Av detta blev Keitel så deprimerad att han svamlade om självmord... Händelsen har ingen betydelse, annat än som symptom." Under Nürnbergrättegången erinrade sig också Alfred Jodl de följder scenen fick. Han hade påträffat Keitel vid dennes skrivbord, där han formulerade sin avskedsansökan. Bredvid honom låg tjänstepistolen, som Jodl emellertid "tog ifrån honom".

I sina memoarer uppgav Wilhelm Keitel att han "vid flera tillfällen" hade stått inför frågan om att begå självmord. Slutligen hade han bestämt sig för att avstå, eftersom han var rädd att anklagas för "fanflykt och feghet". Hitlers självmord i bunkern i Berlin var för Keitel "för alltid obegripligt och den slutgiltiga besvikelsen". Men det ögonblick då han själv satt deprimerad och med en laddad pistol framför sig på skrivbordet gjorde ett djupt avtryck i Wilhelm Keitels psyke. Han talade aldrig om de tankar han hade haft denna kväll. Den enda hänvisningen gjorde Keitel i ett samtal med general Walter Warlimont, där han frågade honom om han ansåg att det var "förenligt med hans självaktning" att stanna kvar i tjänsten. Var allt detta bara en följd av att han kände sig kränkt av Hitlers tirad eller var det även ett samvetets rop på hjälp, som i ljuset av massmorden inte lämnade honom någon ro?

Det råder inget tvivel om att Keitel hörde till dem som hade ingående kännedom om vad som skedde i Hitlers rike. Hans uttalande i Nürnberg om att han skulle ha missbrukats i avsikter som han "inte hade känt till", överensstämmer inte med verkligheten. Att armén assisterade *Sonderkommando* med transporter skedde tack vare Keitel. De order som medförde att *Wehrmacht* gjorde sig skyldigt till ett förintelsekrig på östfronten bar hans underskrift. Dessutom informerade amiral Canaris honom fortfarande med jämna mellanrum om vad kontraspionaget kände till. Han lade fram rapporter om massavrättningar och från 1942 även rapporter om gaskamrarna. Delvis rörde det sig om dokument som utländska agenter hade kommit över, klargjorde Canaris, vilket var ett slugt trick eftersom han, som chef för kontraspionaget, visste att fältmarskalken ogärna tog del av anklagelser från de egna leden. För de flesta meniga soldater vid fronten gällde Hitlers order om att varje soldat enbart skulle ha den information som krävdes för att han skulle kunna utföra sin uppgift. Men förhållandet för OKW-chefen Keitel var det motsatta. Han var en av de bäst informerade officerarna i *Wehrmacht.*

Keitels reaktion på den allvarliga krisen under striden om Moskva var att sätta ännu större tilltro till Hitler än tidigare. Vid lägeskonferenser hände det att fältmarskalken lade sig i en diskussion med orden "*der Führer* har helt rätt", utan att överhuvudtaget veta vad som diskuterades, enligt vad generalstabsofficeren greve Kielmansegg minns. Keitels uttalande att "*der Führer* kan inte ha fel" härstammar från dessa veckor, då avsaknaden av vinterkläder hos trupperna vid fronten var en orsak till häftiga meningsutbyten i högkvarteret. Ordern att hålla ut i snöstormen framför den ryska huvudstaden, som kostade tiotusentals tyska soldater livet, lovprisade Keitel som ett bevis på "Führerns vilja av järn". Även i sina memoarer var han helt uppfylld av detta stämningsläge. Där försäkrade han att utan Hitlers personliga ingripande "hade den tyska armén 1941 oundvikligen lidit samma öde som 1812", det vill säga Napoleons nederlag. Till och med Hitlers opåkallade krigsförklaring mot USA efter Japans anfall mot Pearl Harbor hyllade Keitel fortfarande som ett genidrag och mindes att han hade känt sig som om han hade "vaknat upp ur en mardröm".

Man kunde verkligen inte se på honom att han hade förlorat kriget ... Han var alltför mycket soldat för att visa sina känslor.

Howard Smith, amerikansk observatör i Karlshorst

"... rak i ryggen som en fura." Keitel vid undertecknandet av den tyska kapitulationen i Karlshorst utanför Berlin. Ceremonin ägde rum strax efter midnatt den 9 maj 1945.

Den svåraste förlusten för honom var att han blev av med sin marskalksstav. Han krävde vid upprepade tillfällen att få den tillbaka.

Lion Le Tanson, tolk i Bad Mondorf

Han var ett slags symbol för den tyska arméstaben. Man ville att han skulle underteckna kapitulationen eftersom han hade lett den tyska arméstaben. Det var mycket intrycksfullt.

Howard Smith, amerikansk observatör i Karlshorst

När *Wehrmachts* strålglans som en ”oövervinnelig” armé hade bleknat inleddes på många orter i de ockuperade områdena motståndet från ryska partisaner och motståndsgrupper. Bekämpandet av fienden ”bakom frontlinjen” utlöste än en gång en lavin av order från arméstaben. I fråga om brutalitet står de inte i något avseende efter de order som utfärdades inför anfallet mot Sovjetunionen. Främst i denna andra våg av terrororder med Keitels underskrift fanns ”Natt och dimma”-förordningen, daterad den 7 december 1941. Enligt denna skulle de som misstänktes för ”brottslig handling riktad mot det Tyska riket” och som inte hade dömts i en militärdomstol, sändas till tyskt fångläger utan att de anhöriga meddelades – försvinna i ”natt och dimma”, *Nacht und Nebel*. Enbart i Frankrike försvann över 7 000 män och kvinnor närmast spårlöst som en följd av denna order. Efter kriget försvarade fältmarskalk Keitel detta människorov med argumentet att den franska motståndsrörelsen bestod av ”ljusskyggt slödder” och att motståndsmännen först i efterhand hedrades som ”hjältemodiga patrioter”. År 1942 följde så än mer radikalt formulerade order om ”bekämpning av motståndsrörelsen”, där förbanden bland annat var ”förpliktade att utan inskränkning använda varje medel i denna kamp, även mot kvinnor och barn”. Som argument för detta underströk Keitel för cheferna vid fronten att ett människoliv inte hade något större värde i de ockuperade länderna, varför ”osedvanlig hårdhet” var motiverad. ”Som gottgörelse för en tysk soldats liv”, hette det i instruktionerna från arméstaben, ”skall som regel dödsstraff för 50 till 100 kommunister betraktas som rimligt.” Hur man skulle kunna skilja ”kommunister” från andra invånare i de ockuperade områdena nämndes det inget om i ordern.

Den andra vågen av terrororder resulterade i stor blodsutgjutelse, särskilt i området bakom fronten i öster. Eftersom de alltför svaga tyska förbanden nästan aldrig lyckades spåra upp motståndsmän under striderna mot partisanförbanden stacks hela byar i brand och oskyldig gisslan mördades som ”botgöring”. Den av Hitler via Keitel förordade brutaliseringen av kriget ledde till oerhörda offer, framför allt bland landsbygdsbefolkningen. Ungefär en femtedel av Vitrysslands invånare dog under Operation Barbarossa genom direkta stridshandlingar, hungersnöd och tysk terror. Mellan 1941 och 1945 förlorade totalt omkring 20 miljoner sovjetiska medborgare livet. Mot slutet av kriget slog det hat som hade såtts tillbaka mot det folk som förorsakat allt lidande. De sovjetiska soldaternas hämndaktioner vid inmarschen i Tyskland är ett trauma som aldrig läkt hos efterkrigsgenerationen.

I sina memoarer, liksom under rättegången i Nürnberg, försvarade

Keitel sig med argumentet att åtskilliga terrororder hade föregåtts av utdragna diskussioner med Hitler, vilket Keitel ville visa med den inledande meningen i texten till ordern: "Det är Führerns länge åstundade vilja...". De bevarade protokollen från överläggningarna under lägeskonferenserna avslöjar emellertid något annat. Så sägs det till exempel den 1 december 1942 ingenting om något motstånd från Keitels sida mot Hitlers krav på att även kvinnor och barn skulle "beskjutas utan hänsyn". Endast Jodl anmärkte sarkastiskt att de tyska soldaterna tack vare denna order kunde kämpa på de sätt som de fann bäst: "De kan hänga motståndaren, hänga honom upp och ner eller dela honom i fyra delar." Keitel däremot lovordade att "alla nu samarbetar väl" bakom fronten. Protokollet nämner ingenting om ens den minsta invändning. Albert Speers iakttagelse att Keitel inte längre hade "någon egen åsikt" och enbart var en "smickrande, hycklande betjänt utan instinkter" är träffande.

Samtidigt som katastrofen i Stalingrad gick mot sin fullbordan visade sig ytterligare ett tecken på Keitels moraliska sönderfall. I ett samtal med arméns nye generalstabschef, general Kurt Zeitzler, vilken – liksom Manstein – försökte övertyga Hitler om att den i Stalingrad inneslutna 6. armén enbart kunde räddas genom ett utbrytningsförsök, lovade Keitel "högtidligt" att lägga ett ord för denna plan hos Hitler. Under den avgörande lägeskonferensen ändrade dock Keitel åsikt efter bara några minuters diskussion. Enligt ett ögonvittne hade han upphetsad gått fram till kartbordet, pekat på de röda ringar som märkte ut 6. arméns ställningar och sagt: "*Mein Führer*, detta håller vi!" Keitel var alltså medansvarig för den tragedi som drabbade en kvarts miljon tyska soldater under de följande dagarna. Hädanefter försvarade chefen för överkommandot Keitel varje order som Hitler utfärdade om att "hålla ut". Det spelade ingen roll om det handlade om Rommels armé i Afrika som bad om tillstånd till återtåg, eller om hela armégrupp Mitt, som 1944 hotades av utplåning, eller om Models divisioner, som 1945 hotades av inneslutning i Ruhrområdet – Hitlers order löd varje gång: "Håll ut!", Keitel instämde och arméerna tillintetgjordes. De avgörande lägeskonferenserna förlöpte alltid enligt samma mönster. Hitler använde ideologiska argument mot alla förslag som föreslog en rörligare krigsföring. I kritiska lägen vände han sig till Keitel och frågade honom om hans åsikt. Enligt vad Halder noterade bestod Keitels uppfattning av "tomt prat" och avvek aldrig från Hitlers åsikter. Istället stödde fältmarskalken sin krigsherre under det vanvettiga sökandet efter syndabockar. Det vanligt förekommande mönstret, att befälhavaren för den armé som förlorat ett slag var den förste som avskedades, ledde till bristfällig ledning för de tyska truppernas långa återtåg. Efter de allierades överraskande landstigning i januari 1944 vid Anzio i Italien beordrade Keitel 15 unga officerare ur de besegrade divisionerna till Berghof. Under tre dagar höll han själv och Hitler regelrätta förhör med dem om orsakerna till katastrofen.

I takt med de allt dystrare nyheterna från fronten hemföll Keitel, i likhet med Hitler, åt allt mer orealistiska förhoppningar. Det visade han tydligt för sin omgivning. Inom arméstaben, där det fanns flera officerare som inte var blinda för utvecklingen, kom Keitel att yttra sig med en dittills okänd fanatism. ”Åt pessimister och defaitister” finns det ”ingen plats” inom arméstaben, utbrast han under en överläggning. Det var hans svar på en av medarbetarnas fråga om strategiska alternativ till Hitlers ”hålla ut”-taktik. På våren 1944, då ett sammanbrott i öster avtecknade sig lika tydligt som invasionen i väster, förklarade han på fullt allvar för officersaspiranter att allt nu hängde på att man ”höll ut” tills fiendens front ”bröt samman”. Skulle detta inte lyckas, så skulle det för ”det tyska folket inte återstå annat än den utplåning som hotade det”. Tanken att befrielsen även skulle kunna komma inifrån genom en statskupp slog aldrig fältmarskalken – det skulle han omedelbart ha karakteriserat som högförräderi.

Det är därför en historiens ironi att just Keitel var den som möjliggjorde attentatet den 20 juli 1944, även om han själv inte var medveten om det. Attentatsmannen, översten och adelsmannen Claus Schenk von Stauffenberg, hade lyckats ta sig igenom ända till spärrområde II i Hitlers högkvarter Varglyan i Ostpreussen med sin dokumentportfölj fylld av sprängmedel. Men han måste även ta sig igenom kontrollerna för att komma in i spärrområde I. Han visste att väskor som tillhörde officerare, vilka inte tillhörde Hitlers närmaste krets, kontrollerades på grund av attentatsrisken. Men Stauffenberg visste redan hur han skulle lösa problemet. Han måste hitta någon som eskorterade honom till hans mål. Kurt Salterberg, som då var vaktsoldat vid spärrområde I, minns fortfarande mycket väl hur den unge översten med svart lapp för ögonen därpå ”i sällskap med Keitel” gick i riktning mot den barack, där lägeskonferensen undantagsvis skulle äga rum just denna dag. Överkommandots chef Wilhelm Keitel som ledsagare för den bomb som skulle befria Tyskland! ”Enligt vårt reglemente”, fortsatte Salterberg, ”skulle alla personer som kom i sällskap med Keitel och ville ha tillträde till spärrområde I … inte kontrolleras.”

Men Stauffenbergs explosiva portfölj missade sitt mål. Lägeskonferensen hade med kort varsel flyttats till en barack, vilket räddade livet på

På den tiden tyckte vi synd om Keitel, som stod så fullständigt under Hitlers inflytande att han bara var ett fogligt redskap utan egen vilja.

Albert Speer under rättegången i Nürnberg

"Jag trodde på Hitler och jag misstog mig..." Wilhelm Keitel (i mitten) under rättegången i Nürnberg.

Bara på det viset kan man förklara hur order som "kommissarieordern", och order om hur krigsfångar och invånare i fiendelandet skulle behandlas, vidarebefordrades till förbanden. För sin svaghet tvingades Keitel plikta med sitt liv i Nürnberg.

Heinz Guderian, pansargeneral

Det är tragiskt att tvingas inse att de främsta egenskaperna jag hade att ge som soldat – lydnad och trohet – utnyttjades för dunkla syften och att jag inte insåg att även den militära lydnaden har en gräns. Det är mitt öde.

Wilhelm Keitel i sin slutplädering i Nürnberg 1946

de flesta närvarande. Om bomben hade detonerat i bunkern skulle antagligen ingen ha överlevt. Keitels första ord efter explosionen var: "*Mein Führer*, ni lever, ni lever!" Enligt Jodls minnen var det fältmarskalken som därpå "tog Hitler i armen och lugnt och varsamt, som om det hade handlat om ett barn, och ledde honom ut i det fria". Därefter rusade Keitel till telefonen och vädjade till de olika militärområdescheferna att inte lyda några order från de sammansvurna i Berlin. Alfred Jodl, som sårades i huvudet, antog senare att Keitel hade utfört detta med en sådan iver att utvecklingen i Berlin kanske hade kunnat ta en annan vändning om Keitel själv hade sårats allvarligt. Betecknande nog förmådde Keitel inte ens efter kriget uppbåda någon som helst förståelse för motiven bakom attentatet. Han kallade Stauffenberg en "hämningslös religiös fanatiker". Fältmarskalk Günther von Kluge, som inte ens hörde till den innersta kretsen av de sammansvurna, förblev för Keitel "in i döden den arrogante kadetten". De många andra personer som ville bevisa för världen att det fanns ett annat Tyskland, var, enligt fältmarskalkens lika ordknappa som okunniga uttalande, ingenting annat än "pessimistiska gnällspikar".

Redan samma dag började Keitel iscensätta Hitlers motdrag. General Erich Fellgiebel, som hade varit delaktig i kuppförsöket, arresterades av Keitel personligen på ort och ställe. Samma kväll kom han överens med SS-chefen Himmler om hur man skulle gå tillväga för att utkräva hämnd. För *Wehrmachts* räkning upprättade Keitel en "hedersdomstol", som skulle rensa ut alla i armén som misstänktes för delaktighet i sammansvärjningen. Dessa skulle senare ställas inför Folkdomstolen, *Volksgerichtshof*. 55 officerare, däribland elva generaler, överlämnades till denna allt annat än hedervärda domstol (som Keitel personligen tillhörde) och åt den beryktade domaren Roland Freislers blodiga rättskipning. "Misstag förekom bevisligen inte", var de ord med vilka Keitel senare försvarade sitt arbete som domare vid hederstribunalen. Bilderna på de i galgen avrättade sammansvurna männen skickades runt under lägeskonferenserna. Den 24 juli införde Keitel i samarbete med Göring "tysk hälsning" med höjd arm som ett obligatorium för alla tyska soldater – som ett tecken på "obrottslig trohet" gentemot *der Führer*. Man får ett intryck av att många av åtgärderna har sitt ursprung i den gamla motviljan mot "de högfärdiga" officerskamraterna från kadettskolorna. Nu ville han bevisa att han, uppkomlingen Wilhelm Keitel, var en bättre "Führerns soldat" än de var.

Efter attentatet steg Keitels anseende märkbart hos Hitler. Först nu var han helt övertygad om Keitels trohet, yttrade diktatorn några få dagar efter den 20 juli. Den 1 september lade han ytterligare lovord till dessa, då han sade att Tyskland hade "en institution som alla andra stater i världen avundas oss, nämligen krigsmaktens överkommando OKW". Sådana lovord var antagligen det som gjorde det möjligt för överkommandots chef att utfärda order riktade mot de egna förbanden. "Bestämmelse rörande förhållningssättet hos officerare och manskap i krigstid", som Keitel undertecknade i slutet av januari 1945, var riktad mot "desertörer" och "defaitister" inom armén. Nu tilläts ståndrätter döma även officerare till döden. Chefer uppmanades att vid fall av "feghet inför fienden" omedelbart "använda sitt vapen". "Omedelbart gripande och om nödvändigt ögonblicklig avrättning" gällde enligt dessa instruktioner även officerare som hade utfärdat fullt berättigade order om återtåg. Keitel drog sig inte ens för att utlysa belöningar "på en summa av högst 500 mark" till dem som angav desertörer. Han hotade dessutom dem som inte längre var beredda att offra sina liv för Hitlers vansinne med att deras familjer skulle få ta ansvar för deras handlingar. "Den som hamnar i fångenskap", hotade fältmarskalken, "utan att ha sårats eller bevisligen ha kämpat in i det sista, har förverkat sin heder... Hans anhöriga ansvarar för honom. Varje utbetalning av statliga understöd till de anhöriga bortfaller. Detta skall omedelbart offentliggöras". Det absoluta lågvattenmärket var ordern att flyktingkolonner skulle tvingas vända om "om nödvändigt med vapenmakt".

"Det tusenåriga rikets" människoföraktande dödsryckningar innebar oerhörda förluster. Förutom de tusen och åter tusen människor som sändes ut och dog i strid mot pansarfordon och fjärrflygssvärmar enbart beväpnade med pansarskott och gevär, tillkom dessutom offren bland fältjägarna och de ambulerande ståndrätternas offer. Enligt beräkningar av militärhistoriker avrättades 25 000 soldater ur *Wehrmacht* som "desertörer" eller för "undergrävande av stridsviljan", vilket är mer än i samtliga allierade arméer sammantaget.

Denna blodspillan var nära att öka ytterligare med hjälp av det sista "undervapnet" i *Wehrmachts* arsenal. "Tabun" var namnet på den mest effektiva nervgas som framställdes under andra världskriget. Ingen av de gasmasker som då användes hjälpte mot detta färg- och doftlösa gift, som var långt farligare än motståndarnas samtliga giftgaser. Detta visste man sedan försök på sovjetiska krigsfångar hade utförts i ett armélaboratorium i citadellet i Spandau. 12 000 ton fanns i lager vid krigsslutet. När fronten närmade sig och ett lager hotades, beslöt Keitel efter samråd med Hitler att ingenting av giftgasen fick hamna i fiendehand. Försökte de förlorande krigsherrarna behålla ett sista ess i rockärmen? Albert Speer berättade om en överläggning i Hitlers bunker under rikskansliet i

Berlin, där Goebbels och Robert Ley, chefen för den mäktiga nazistiska fackföreningsorganisationen *Deutsche Arbeitsfront*, intensivt förespråkade att "tabun" skulle användas. Istället för att lämnas över till de framryckande allierade styrkorna skulle granaterna, som var fyllda med nervgas, per lastbil transporteras till det inre av Tyskland. Detta trots att en katastrof skulle kunna bli följden vid ett flyganfall mot fordonen. Att denna apokalyps inte inträffade berodde troligen enbart på att Keitels order inte kunde utföras på grund av motståndarens snabba framryckning.

På Adolf Hitlers sista födelsedag, den 20 april 1945, hade alla hans underhuggare en sista gång samlats i Berlin, i bunkerns katakomber. Deras lyckönskningar framfördes i ett tonläge som snarare förde tankarna till en begravning. Wilhelm Keitel ska vid detta tillfälle ha begärt av Hitler att han skulle fatta några "ofrånkomliga beslut". I sina memoarer återger han det avvisande svar han fick: "Keitel, jag vet vad jag vill. Jag kommer att slåss till slutet i Berlin." Men till och med detta senkomna förnuftiga infall, att be diktatorn att fatta "beslut", verkar vara en förklaring som fältmarskalken konstruerade i efterhand. Hur ska man annars kunna förklara att Keitel under Hitlerrikets sista dagar ännu en gång uppbådade en fanatisk viljestyrka? Att han diskuterade med Jodl om hur man – om nödvändigt med våld – skulle kunna evakuera den illusionslöse Hitler från Berlin till Berchtesgaden? Att han som en krigsgudens siste budbärare sökte upp de kvarvarande resterna av de tyska divisionerna för att förmå dem att "befria" den inneslutna huvudstaden? Hubertus von Humboldt, generalstabsofficer vid den av Hitler och Keitel hopplöst överskattade "Wenck-armén", minns fältmarskalkens energiska uppträdande i det skogvaktarboställe, där denna armé hade sitt sista fältläger: "Wenck lyssnade och sa sedan: Låt honom prata sin smörja, det har ingen betydelse."

Keitels verklighetsflykt under krigets sista dagar antog tydliga drag av vansinne. Misslyckandet med att evakuera Hitler från Berlin med hjälp av de eländiga resterna av arméförband som fanns att tillgå förklarade han på fullt allvar med "bristande vilja". Den 28 april försökte han förgäves få landningstillstånd i centrala Berlin, där svåra strider pågick, för att än en gång personligen kunna avlägga rapport för Hitler. Istället fick han nöja sig med att den 30 april, då sovjetiska soldater redan var på väg in i regeringsbyggnaderna, besatt av pliktuppfyllelse sända en lägesrapport till den man som hade avgjort hans öde. Strax efter klockan ett på natten lät han från en plats utanför det inneslutna Berlin meddela Hitler:

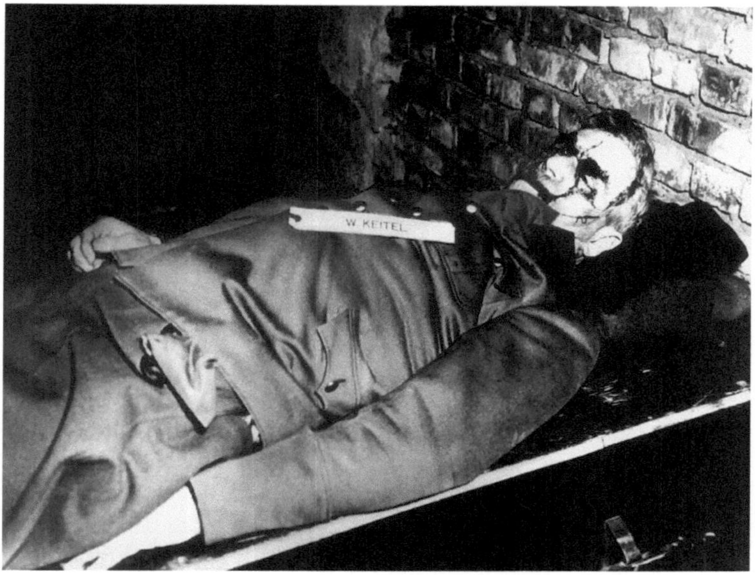

"Det är min skuld..." Wilhelm Keitel efter sin avrättning 1946.

Dödsdomen överraskade mig inte. Däremot blev jag bestört över det sätt på vilket dödsdomen skall verkställas. Jag ber er att bistå mig med en nådeansökan med målet att jag ges en soldats död genom ett gevärsskott.

Keitel i brev till sin försvarare Otto Nelte, 1 oktober 1946.

Han tjänade och fick vad han förtjänade.

Nikolaus von Below, adjutant hos Hitler

Allt för Tyskland. Tyskland över allt.

Keitels sista ord före sin avrättning, 16 oktober 1946

"Anfallen mot Berlin har upphört." Det var Keitels sista rapport – och den mest sanningsenliga på mycket lång tid. Keitel var inte medveten om att Hitler i ett av sina sista raseriutbrott hade anklagat även honom, den foglige följeslagaren, för förräderi. Till sin personlige chefspilot Hans Baur yttrade den förbittrade diktatorn dessa avskedsord: "På min gravsten borde det stå: Han blev ett offer för sina generaler!" Den 1 maj 1945 meddelade den tyska radion att Hitler hade "stupat" i striden om Berlin. Även denna epilog var en lögn. I själva verket hade diktatorn och Eva Braun begått självmord i bunkern.

Efter radionyheten, som de flesta tyskar med tanke på sina egna problem mottog utan något synligt beklagande, anmälde sig den ständigt lika pliktmedvetne Wilhelm Keitel hos den man som Hitler hade utsett till sin efterträdare som rikskansler, amiral Karl Dönitz, i Flensburg. Men redan när han anlände till amiralens högkvarter tvingades Keitel inse hur maktlös han var utan sin herre. Jodl anförtroddes sambandet med de förband som fortfarande kämpade och kallades – till skillnad från Keitel – till överläggningar. Ett försök från Dönitz sida att avsätta Keitel misslyckades med nöd och näppe. Även undertecknandet av den tyska kapitulationen i Reims anförtrodde Karl Dönitz hellre åt Jodl än åt Keitel. Den 7 maj satte generalöverste Jodl punkt för Hitlers strävan efter världsherravälde i en skola i den gamla franska staden Reims, där landets kungar en gång krönts. Den 8 maj skulle vapnen i Europa tystna. Men Stalin lät sig inte nöja med detta. Enligt honom hade Röda armén dragit det tyngsta lasset under kriget. Han insisterade därför på att kapitulationen skulle upprepas i den del av Tyskland som befann sig under sovjetiskt styre. Som plats för nyuppförandet av ceremonin valdes officersmässen i armékasernen i Karlshorst utanför Berlin.

Till denna ceremoni, som enbart hade symboliskt värde, lät amiral Dönitz skicka Keitel som sin representant. I slutändan var fältmarskalk Keitel åter bara statist på världspolitikens scen – precis som han en gång hade varit på Hitlers Berghof för att sätta skräck i kansler Schusnigg. På morgonen den 8 maj landade Keitel i ett brittiskt militärflygplan på flygplatsen Tempelhof i Berlin. Men "timmen noll", Tysklands återfödelse efter kriget, inleddes med en försening. Segrarmaktens byråkratiska procedurer kring protokollära detaljer försköt inledningen av den historiska ceremonin till efter midnatt. Strax efter att den 8 maj hade gått över i nästa dag och efter en timslång väntan kallades Keitel och hans följeslagare in i salen. "Vi hörde ett märkligt ljud", mindes den sovjetiske korrespondenten Anatolij Mednikov, "och kunde inte förklara varifrån det kom. Det lät som om någon slog i spik med en hammare." Ljudet kom från

Keitels och hans adjutanters stövelklackar. Fältmarskalken hade inskärpt vikten av att ”behålla självbehärskningen”. Som tidigare hade överenskommits uppvisade de allierade representanterna vid det gröna presidiebordet inte minsta reaktion på fältmarskalkens militära hälsning med marskalksstaven. Keitels militäriska gester förvandlades till stelnade åtbörder. På så vis kom intrycket av Keitels sista tjänstehandling inför filmjournalernas kameror att helt och fullt stämma överens med segrarmaktens bild av honom som en inskränkt preussisk tjurskalle. Efter undertecknandet inväntade fältmarskalken, undergiven sitt öde, segrarnas anvisningar. ”Vad skall hända nu då?” frågade han sin Luftwaffeofficer Karl Böhm-Tettelbach. ”De tar oss till fånga och avrättar oss”, antog Böhm-Tettelbach.

Först fem dagar senare togs Keitel till fånga på amerikansk begäran i Flensburg. Han tog inte tillfället i akt att begå självmord, som så många av de andra huvudanklagade föredrog att göra. Till sin son skrev Keitel att han som åtalad i Nürnberg ville fullgöra ”denna sista uppgift inför folket och historien”. Trots alla undanflykter och den skönmålning av sin egen roll som Keitel ägnade sig åt i vittnesbåset gjorde hans medgivande, att han stod för allt som han hade undertecknat, intryck på många av de närvarande. I motsats till de flesta andra åtalade kämpade han inte ”för att rädda sitt eget skinn”, som hans försvarare formulerade det, utan enbart för att ”rädda ansiktet”. Även om han på grund av Görings veto inte avlade någon bekännelse så hör hans slutord under rättegången till de mest anmärkningsvärda som yttrats av en tysk officer efter kriget: ”Jag trodde på Hitler och jag misstog mig och var inte kapabel att förhindra det som borde ha förhindrats. Det är min skuld… Må det ur den klara insikten till orsakerna, ur de olycksdigra metoderna och de förfärande följderna av krigshändelserna växa fram ett hopp för det tyska folket om en ny framtid i en folkens gemenskap.” Hans önskan om att avrättas som en soldat med en kula uppfylldes inte av domarna. Den 16 oktober 1946 besteg Keitel som andre man, efter utrikesminister Ribbentrop, trägalgen i Nürnberg. ”Allt för Tyskland! Tyskland över allt!” löd hans sista ord.

Strategen:

Erich von Manstein

Trohet för evigt.

Den värld jag växte upp i var den preussiska officersmiljön.

Ett krig är förlorat först när man betraktar det som förlorat.

Om varje befälhavare som betraktar läget som hopplöst skulle kapitulera, skulle inget krig någonsin vinnas.

Mein Führer, som rapportkarl under första världskriget borde ni egentligen känna till hur lång tid det tar för en order att nå den främsta linjen!

Jag är fast besluten att försvara den tyska arméns ära.

Fältmarskalk von Manstein står ständigt till den legala statsledningens förfogande.

Preussiska fältmarskalkar begår inte myteri.

Erich von Manstein

Lojalitet var ett ord som de alltid tog i sin mun. Män som Manstein och Kluge utplånade sina tvivel med det ordet.

Albert Speer, rustningsminister och arkitekt

Vilka invändningar Manstein än hade, så var det inte ett svar som anstod en fältmarskalk.

Greve Claus Schenk von Stauffenberg

Min far hade missbedömt Hitlers sanna natur. Han trodde att han genom argumentation kunde skaffa sig ett avgörande inflytande.

Rüdiger von Manstein

Manstein var enbart soldat och hade helt enkelt ingen känsla för politik.

Georg Lindemann, motståndsman

Mansteins misslyckande och hans skuld ligger i det faktum att han under åren 1933–45 inte förmådde höja sig över vad den tyska preussisk-konservativa traditionen påbjöd.

Andreas Hillgruber, historiker

Han var mycket respekterad och hade stor militär erfarenhet, och så betraktades han också av medlemmarna av försvarsutskottet.

Ulrich de Maizière, chef för västtyska försvarsmakten Bundeswehr

Manstein gjorde allt som överhuvudtaget var möjligt för att operationen skulle bli en framgång. Han var också beredd att agera mot Hitler.

General Walther von Seydlitz

Han var en militär personlighet av ovanligt stort format. Han kännetecknades av hög intelligens, enormt stora strategiska kunskaper, djärv beslutskraft, stor vidsynthet och en snabb blick för det väsentliga.

Hans-Adolf von Blumröder, stabsofficer under Manstein

Vi betraktade den hatade Manstein som vår farligaste fiende. Hans tekniska behärskande av alla situationer – och då menar jag faktiskt alla – söker sin like. Det hade kanske sett sämre ut för oss om alla tyska generaler hade haft hans egenskaper.

Marskalk Rodion Malinovskij, Röda armén

Manstein personifierade den preussiske godsägaren och krigshetsaren som hade gjort Ludendorffs brutalitet och godtycklighet till sin förebild och inre lag.

Franz Halder, 1946

I verkligheten var Manstein en godhjärtad människa med ett känslosamt inre, som han ibland på ett ganska kärvt sätt försökte dölja.

Rudolf Graf, stabsofficer under Manstein

Manstein är långt ifrån någon anhängare av den nationalsocialistiska regimen. Men för ögonblicket kan vi inte vidta några åtgärder mot honom eftersom vi behöver honom; det är åtminstone vad *der Führer* försäkrar.

Joseph Goebbels, propagandaminister

Manstein föreslog naturligtvis ofta att man skulle retirera. Om man vill skona folk och nå framgång måste man ju röra sig fram och tillbaka. Då svarade Hitler ofta: Det talar vi överhuvudtaget inte om.

Hans-Georg Krebs, stabsofficer under Manstein

Ingen annan militär chef bråkade så mycket med Hitler som Manstein.

Greve Johann Adolf von Kielmannsegg,
officer vid arméns operationsavdelning

Hitler hindrade medvetet Manstein från att utveckla sina obekväma tankegångar om militär strategi.

General Adolf Heusinger

DEN ÄLDRE CIVILKLÄDDE mannen var utan tvivel officer. I talarstolen lade han fram sina slutsatser militäriskt kort och koncist. Hans uppträdande och ordval avslöjade ur vilken samhällsklass denne expert med de skarpskurna ansiktsdragen, den markerade näsan och det gråsprängda håret stammade. Självmedvetet och med en preussisk officers precision förklarade han inför det västtyska parlamentets försvarsutskott sin inställning till en av efterkrigstidens mest kontroversiella frågor i Västtyskland: värnplikt eller yrkesarmé?

Elva år efter andra världskrigets slut hade striden om värnpliktslagen orsakat en djup splittring som skar rakt igenom landets politiska partier och befolkningen i den unga republiken. Vad var det för nytta med en värnpliktsarmé i atombombens tidsålder, frågade sig en del. En yrkesarmé hotade att utvecklas till en stat i staten, fruktade andra. Det enda man var överens om var att Västtyskland inom ramen för sitt medlemskap i NATO var skyldigt att bidra till det gemensamma försvaret på något sätt. För att få svar på sina frågor hade parlamentsledamöterna i Bonn vänt sig till experter på det militära området, varav en del tidigare hade varit yrkessoldater – i Hitlers *Wehrmacht*.

Den 20 juni 1956 lyssnade parlamentsledamöterna spänt på vilken marschriktning den militäre experten föreslog; den expert som Hitler själv hade betraktat som den dugligaste bland sina generaler. Mannen inledde med en utförlig säkerhetspolitisk analys och talade om strategiska maktkonstellationer inom västalliansen. Enligt hans uppfattning var Västtyskland NATO:s mest utsatta land och han drog slutsatsen att en värnpliktsarmé var den bästa lösningen. Tjänstgöringstiden måste däremot vara tillräckligt lång, minst 18 månader och helst 24 månader.

Därmed var fältmarskalk Erich von Manstein av samma åsikt som försvarsministeriet, som välkomnade hans åsikt lika tacksamt i denna fråga som i andra frågor som rörde armén. Den 69-årige Manstein ville dock inte spela någon aktiv roll i ledningen av den västtyska armén *Bundeswehr*. Men han ansåg att det var hans plikt att ställa sina kunskaper och erfarenheter till den nya arméns förfogande; den nya armé som skulle försvara en demokratisk stat och aldrig mer föra anfallskrig för en kriminell diktaturs räkning. Bara tolv år hade gått sedan Hitler hade avskedat Manstein och dömt honom till overksamhet när hans karriär stod på sin höjdpunkt. Detta trots att diktatorn hade den preussiske fältherren att tacka för flera viktiga segrar. Bland dessa kan till exempel nämnas segern över Frankrike 1940, den tyska militärhistoriens största triumf, erövringen av Krim samt stabiliseringen av östfronten efter katastrofen i Stalingrad 1943. Det var militära insatser som ingav respekt till och med hos motståndarna. Marskalk Rodion Malinovskij, högste chef för den sovjetiska sydfronten, gav följande omdöme om sin direkte motståndare Manstein: "Vi betraktade den förhatlige Erich von Manstein som vår farligaste motståndare. Hans tekniska bemästrande av bokstavligt talat alla situationer sökte sin like. Vi hade förmodligen varit illa ute om alla generaler i den tyska armén hade haft samma kvaliteter som han." Den brittiske militärhistorikern sir Basil Liddell-Hart ansåg Manstein vara "den mest begåvade av alla tyska generaler". Redan under kriget, den 10 januari 1944, ägnade den amerikanska tidskriften *Time* en artikel och en omslagsbild åt den tyske fältmarskalken. Sådana lovord närde myten om det "militära geniet" Manstein. Han var en fältherre vars karriär var typisk för de generaler som hade uppfostrats i en preussisk och konservativ anda. Oftast hade dessa officerare en reserverad eller avvisande hållning gentemot nazismen men förblev trots detta Hitlers lydiga redskap.

Det var ännu tidig morgon den 31 mars 1944 när Erich von Manstein väcktes ur sin korta sömn i sitt högkvarter på östfronten. Enligt ett telegram från Hitlers högkvarter skulle ett flygplan inom kort landa i Lemberg (idag Lviv i Ukraina, *ö.a.*) för att föra Manstein till Hitlers högkvarter. Manstein visste vad meddelandet innebar. Sedan en tid tillbaka hade han anat vartåt det lutade. Alla räknade med detta, såväl officerarna i hans stab som generalerna i arméledningen. Det låg i luften. Nu var ögonblicket inne.

Först föregående kväll hade arméledningen per telegram till armégrupp Syd meddelat att dess högste chef, fältmarskalk Erich von Manstein, beviljats sjukpermission. Var sjukdomen en orsak till att han avskedades? Manstein led av grå starr men hade ständigt skjutit upp den nödvändiga ögonoperationen. Hans hälsa var dock inte så dålig att han inte kunde sköta sina uppgifter som armégruppchef. Hans entledigande hade andra orsaker. Avskedandet satte punkt för en lång rad utdragna motsättningar mellan Manstein och Hitler.

Egentligen hade *der Führer*, högste chef för den obekväme Manstein, som aldrig höll sina åsikter för sig själv, velat avskeda Manstein redan ett år tidigare. Detta var samtidigt som en hel armé förblödde i Stalingrad och den tyska sydfronten i Ryssland hotade att bryta samman. Men Hitler tvekade. Han trodde ännu inte att han kunde klara sig utan den man som med sin strategiska skicklighet hade lyckats vända till synes utsiktslösa krislägen till segrar. Med Mansteins hjälp hade Hitler planerat att inleda stora offensiver, erövra Palestina, rycka fram mot Indien och med vapenmakt skapa ett världsrike. Detta var vansinniga drömmar som

Jag är i första hand soldat.

Manstein

Fältmarskalk Erich von Manstein var den skickligaste tyske generalen.

Sir Basil Liddell-Hart, brittisk militärhistoriker

Han var ingen politisk general.

Hans-Adolf von Blumröder, stabsofficer under Manstein.

"Han är 'en fin herre' och litet svår att ha att göra med..." Erich von Manstein efter sin befordran till fältmarskalk, juli 1942.

Hitler i mars 1944 inte längre talade om. På slagfälten i öster maldes de tyska arméerna ner i hårda strider under återtågen. De stora och framgångsrika offensivernas tid var för alltid över. Därmed, ansåg Hitler, var tiden också ute för en fältmarskalk som visserligen utåt sett hade förblivit lojal mot Hitler men inte fullständigt undergiven. Fältmarskalk Erich von Manstein var inte längre till någon nytta för Hitler.

Den definitiva slutpunkten för Mansteins karriär sattes vid en av många konflikter vid kartbordet. Än en gång hade ett stort arméförband inneslutits, denna gång gällde det den 1. pansararmén vid Kamenets-Podolsk. Än en gång krävde Hitler att armén inte vek en tum. Än en gång krävde Manstein tillstånd för armén att bryta sig ut. Bara vid mycket sällsynta tillfällen var Hitler överhuvudtaget beredd att diskutera en sådan begäran. Men denna gång lät Manstein sig inte avspisas av svepskäl. Han hotade med att begära avsked och lyckades, eftersom Hitler villigt accepterade hans begäran. Det var den sista av Mansteins "förlorade segrar", som Manstein senare kom att kalla samtliga sina framgångar. Hitler hade till sist fått nog av samarbetet med denne begåvade och egensinnige officer.

Den 31 mars tog Hitler emot Manstein i den stora salen på Berghof, där man från ett överdimensionerat panoramafönster kunde se ända till Salzburg när sikten var god. *Der Führer* verkade vara upprymd. Trots alla deras meningsskiljaktigheter hade han alltid behandlat Manstein med respekt och aldrig skällt ut honom eller behandlat honom nedlåtande. Han uppskattade denne preussiske officers egenskaper, men misstrodde honom samtidigt. Av detta märktes ingenting vid mötet. Tvärtom – Hitler berömde i vänliga ordalag Mansteins insatser och tilldelade honom en av de högsta militära utmärkelserna: Svärden till Riddarkorsets eklöv. Därefter kom diktatorn till sitt egentliga ärende.

I sin dagbok antecknade Manstein att Hitler hade förklarat för honom att "han hade bestämt sig för att tillsätta en ny chef (general Model) för armégruppen. På östfronten var tiden ute för de stora fältslagen, som jag hade haft en särskild talang för. Hädanefter hängde allt på arméernas envisa uthållighet". Någon förtroendekris uppstod inte mellan Hitler och Manstein. Hitler hade fortfarande "fullt förtroende" för Manstein och skulle aldrig glömma att det var Manstein som hade dragit upp planerna för det segerrika fälttåget i Frankrike och erövrat Krim. För Manstein måste Hitlers utläggning ha låtit som om han var med om sin egen begravning. Slutligen önskade diktatorn Manstein allt gott inför hans förestående ögonoperation. Han försäkrade Manstein att han snart skulle få användning för honom igen, som högste chef vid fronten i väst. Fältmarskalk Manstein hade avskedats och stod utan arbetsuppgifter.

Under våren 1944, då det militära läget var utsiktslöst, hoppades Manstein trots allt på att situationen skulle stabiliseras, om man bara lyckades hålla ut på östfronten. Vid flera tillfällen hade Manstein lekt med tanken att förekomma Hitlers beslut. De båda fältherrarnas åsikter om hur krig skulle föras var alltför olikartade. Manstein förespråkade rörliga operationer medan Hitler insisterade på att arméerna skulle hålla ut. Klyftan mellan männen kunde inte längre överbryggas. Men in i det sista hindrade pliktkänsla och lydnad den av preussisk tradition och dygd djupt präglade Manstein från att avsäga sig sitt befälskap eller rentav aktivt understödja motståndet mot Hitler. För Manstein förkroppsligade Hitler den "legala" statsledningen, vilken han som "opolitisk soldat" såg sig förpliktigad att visa lydnad och lojalitet. Detta hade han lärt sig redan som kadett under kejsartiden, och i samma anda handlade han som armégruppchef på östfronten. Som soldat var han skyldig att utföra sin plikt och ingenting annat, eller för att uttrycka det fritt efter Bertolt Brecht: "Först kommer lydnaden, därefter moralen."

Sin vilja att bli officer fick Manstein med modersmjölken och med uppfostran. Han föddes i Berlin den 24 november 1887 som det tionde barnet i familjen Lewinski, en gammal preussisk officerssläkt. Vid dopet adopterades han av familjen Manstein. Fruarna Lewinski och Manstein var systrar, och eftersom Hedwig von Mansteins äktenskap var barnlöst beslöt systrarna att fru Lewinskis tionde barn skulle bära namnet Manstein om det blev en pojke. Den 24 november fick paret Manstein i Rudolstadt ett telegram från Berlin: "En välskapt pojke har fötts åt er idag. Mor och barn mår väl. Hjärtliga lyckönskningar. Helene och Lewinski". Hädanefter bar pojken namnet Manstein.

Ätten Manstein var en gammal preussisk adelsfamilj. De hade varit officerare ända sedan 1700-talet och adoptivsonen uppfostrades i den preussiska officerskårens tradition. Redan som barn ville Erich von Manstein tjäna den preussiske kungen som soldat, precis som sina förfäder. Han sade själv att han hade begåvats med "ett visst militärt påbrå". Efter skoltiden i Strassburg (idag Strasbourg i franska Alsace, som då hette Elsass och tillhörde Tyskland, *ö.a.*), där en lärare konstaterade att han var begåvad men lat, inledde Manstein sin soldatkarriär år 1900. Som kadett fick han lära sig sträng lydnad, först i Plön och därefter vid kadettskolan i Berlin. Lydnad, hederskänsla, kamratskap – efter att ha drillats i dessa egenskaper fick Manstein tjänst som fänrik vid 3. preus-

"...von Lewinski, kallad von Manstein." Den tvåårige Erich von Manstein tillsammans med sin adoptivmor och adoptivsyster.

Jag är döpt i vatten från floden Spree, och senare skulle Berlin komma att bli min hemstad. I min personlighet är nog en berlinare tydlig då och då.

Erich von Manstein

Jag är av naturen lycklig, eftersom jag är en obotlig optimist och inte har några komplex.

Erich von Manstein

siska gardesregementet till fots. Det var ett förband som i sina led haft flera framstående män. Bland dem märks den senare rikspresidenten, fältmarskalk Paul von Hindenburg, som dessutom var släkt till familjen Manstein samt general Kurt von Schleicher, Weimarrepublikens siste rikskansler. Fotografier från denna tid visar Manstein som en spenslig och kortvuxen yngling. Senare berättade han road för sina barn att han alltid hade fått kvinnoroller vid danslektioner och teateruppsättningar.

Elever från kadettskolan i Lichterfelde nära Berlin åtnjöt högt anseende. Till Mansteins höjdpunkter vid denna tid hörde att han som livpage till den ryske storfursten Vladimir fick uppleva kronprins Wilhelms bröllop år 1905 och kejsarparets silverbröllop året därpå. Den unge löjtnanten tvingades i förtid avbryta sin utbildning vid krigsakademin i Berlin när första världskriget bröt ut i augusti 1914. Den man som under andra världskriget blev känd som "de allierades farligaste fiende" avslutade aldrig någon generalstabsutbildning. Men redan nu, som adjutant vid en infanteribataljon, visade han vilken utpräglad militär begåvning han var. Hans chef prisade honom som "den bäste adjutant jag någonsin haft".

Manstein drog entusiastiskt ut i världskriget. Han deltog vid erövringen av fästningen Namur, vid slagen kring de Masuriska sjöarna, vid Somme, Soissons och Reims, och sårades allvarligt vid fälttåget i Polen. Den 17 november 1914 träffades han vid en närstrid vid Katowice av två gevärskulor, den ena i axeln och den andra i ischiasnerven. Därefter hade Manstein ingen känsel i sitt högra ben. Efter att ha tillbringat sex månader på lasarett i Wiesbaden tjänstgjorde han vid generalstaben och stred under de sista tyska offensiverna i juli 1918. Kejsarrikets sammanbrott i november samma år gav honom en svår chock. Att kejsar Wilhelm II tvingades bort innebar för Manstein en traumatisk förlust av ett värdesystem som var oupplösligt förbundet med monarkin. "När kejsaren avsade sig tronen den 9 november 1918, innebar detta för soldaterna att deras värld rasade samman." Liksom sina anfäder hade Erich von Manstein avlagt trohetseden till kejsaren. I hans ögon var armén "kejserlig" och "inte längre tänkbar" utan kejsaren. Förlusten av den gamla världen var än mer smärtsam eftersom den avlöstes av kaos. Om denna tid skrev Manstein: "Med revolution och vapenstillestånd gick min militära ungdomstid till ända. Kejsaren och kungen, som vi hade svurit trohet mot, efterträddes av begreppet 'Tyska riket', ett abstrakt, närmast mytiskt begrepp."

Ur hans synvinkel var den nya statsformen, republiken, ännu märkligare. Likt de flesta officerare med hans bakgrund var Manstein, som nu befordrats till kapten, skeptisk och avvisande mot Weimarrepubliken. Han sympatiserade med generalöversten och chefen för arméledningen Hans von Seeckt, som ville att armén skulle vara opolitisk och "utföra sin plikt i en osjälvisk anda". Livet ut förblev lydnad, trohet och pliktkänsla de viktigaste egenskaperna för Manstein. Trots det lät Manstein redan i inledningen av sin militära karriär förstå att han kände sig kallad för större uppgifter. Han drevs både av ärelystnad och av en önskan att få ta större ansvar. Lika målmedvetet inrättade Manstein sitt privatliv. Vid ett besök hos släktingar i Schlesien i januari 1920 lade han märke till en ung kvinna vid namn Jutta Sibylle von Loesch. Tre dagar senare bad han henne om hennes hand. Äktenskapet, som resulterade i tre barn, varade livet ut.

Manstein hade aldrig lidit brist på självmedvetande och initiativkraft. När han var ung officer ansåg visserligen äldre kamrater att han var litet väl högljudd och respektlös, men just dessa egenskaper hjälpte honom i hans officerskarriär. Hösten 1929, då major Manstein var nyanställd vid arméstabens operationsavdelning, arméns viktigaste organ, deltog han i utarbetandet av arméns första mobiliseringsplan. Ytterst noggrant kontrollerade han samtliga positioner och upptäckte stora brister. Hans motförslag accepterades genast av de överordnade. Den som drog det kortaste strået var Wilhelm Keitel, som senare kom att bli chef för krigsmaktens överkommando och vars avdelning var ansvarig för den plan som förkastades. Keitel tvingades omarbeta planerna. Den unge äregirige majoren Manstein fick beröm för sin talang, men den medelmåttige Keitels förhållande till Manstein var hädanefter präglat av avundsjuka. Keitel och Manstein hyste en ömsesidig motvilja mot varandra.

Den taktiskt överlägset skicklige Manstein var aldrig särskilt omtyckt av officerare i hans egen ålder eller officerare med högre rang. Han ansågs vara en arrogant besserwisser, som visste bättre, snabbare drog de rätta slutsatserna och formulerade sig skarpare. Om och om igen bevisade Manstein att han var att räkna med inför framtiden. "Hädanefter", skrev Manstein efter kriget, "fick mina åsikter en viss tyngd eftersom jag tillhörde operationsavdelningen." De yngre officerarna beundrade "det operativa underbarnet": "Han behöver inte ens överväga en lösning på ett problem utan skakar fram den ur rockärmen."

Med sin väl underbyggda analys av mobiliseringsplanen var Manstein mogen för större uppgifter vid generalstaben. Men det var tradition inom Reichswehr att officerarna av och till också skulle tjänstgöra som truppchefer. Från oktober 1932 till januari 1934 ledde Manstein en bataljon i Kolberg (idag Kolobrzeg i Polen, *ö.a.*). I den nätta lilla staden vid Östersjökusten upplevde han "de bästa och mest sorglösa dagarna" under hela sin karriär. Han bekymrade sig knappast om vad som hände den 30

Jag har fått en del militära egenskaper i arv.

Erich von Manstein

Han ville bli något, ha något att säga till om, skapa något.

Greve Johann Adolf von Kielmannsegg, officer vid arméns operationsavdelning

"Uppfostran till preussisk officer..." Erich von Manstein som livpage åt den ryske storfursten Vladimir vid den tyske kronprinsen Wilhelms bröllop i juni 1905.

januari 1933 i det avlägsna Berlin. Den konservative preussaren Manstein betraktade Hitlers maktövertagande mindre som ett hot än som en chans för Tyskland att återfå sin forna storhet, givetvis med hjälp av en stark armé. Framför allt Hitlers löfte om att revidera Versaillesfördraget gjorde Manstein positivt inställd till den nye ledaren. Under dessa år hade knappast något annat orsakat Manstein mer oro än skräckvisionen av ett anfall från grannländerna mot det närmast försvarslösa Tyskland. Därför var det inte särskilt svårt för honom att ta farväl av Weimarrepubliken. Han hade besökt några riksdagsdebatter och ansåg att de politiska partiernas ”ovärdiga grälande ingav avsmak”. Efter 14 år av republik löd Mansteins förintande omdöme: ”Vanmakt inför omvärlden och inrikespolitisk splittring. Den enda utvägen är en tillfällig diktatur under ledning av Hitler och det största partiet. Och när till och med den gamle fältmarskalken Hindenburg förespråkade denna lösning ansåg även vi soldater att saken var i sin ordning.” Svårare än så var det inte. ”Demokrati” var ett skällsord.

Visserligen var Manstein, som själv betraktade sig som ”en gentleman i ordets bästa bemärkelse”, inte helt nöjd med nazisternas råbarkade uppförande. Men han såg bara de delar av utvecklingen som ledde till påstådda förbättringar, till exempel bekämpandet av arbetslösheten och Hitlers utrikespolitiska framgångar. Men koncentrationslägren då? Eller klappjakten på judar och oliktänkande? År 1949 försäkrade Manstein: ”Jag var inte tillnärmelsevis medveten om omfattningen av detta.” Det tog lång tid för Manstein att inse hur stor klyftan var mellan hans preussiska konservatism och Hitlers nationalsocialism. Detta trots att han tidigt hamnade i konflikt med den nazistiska raspolitiken. Han protesterade till och med öppet mot ett beslut av försvarsministeriet. Den 28 februari 1934 hade försvarsminister Werner von Blomberg i enlighet med nazisternas raslagar beslutat att judar inte längre skulle tillåtas tjänstgöra i armén. Manstein, som sedan februari 1934 var stabschef vid *Wehrkreiskommando III*, militärområde III, i Berlin, var upprörd över Blombergs beslut. Den 21 april protesterade Manstein mot beslutet i en promemoria till sin chef, generallöjtnant Ludwig Beck, chef för *Truppenamt*, det vill säga arméstabens föregångare. Ingen annan tysk officer vågade på samma sätt öppet motsätta sig raslagarna. Men var det ett uttryck för motstånd mot nazismen?

Det krävdes civilkurage för att opponera sig mot raslagarna. Strategen Manstein visste att ett frontalangrepp i detta läge inte skulle bli framgångsrikt. Därför formulerade han sin protest i floskler som inte skulle kunna ifrågasätta hans ideologiska följsamhet: ”Att vi alla bejakar nationalsocialismen och rasideologin är ställt utom allt tvivel. Vi bör enligt mitt förmenande dock inte glömma bort den soldatanda som hittills oupplösligt förbundit oss." Manstein vände sig enbart emot det retroaktiva användandet av raslagarna. Att de skulle gälla i framtiden verkade bekymra honom mindre. Om detta nämndes ingenting i promemorian, som trots allt hade sådan sprängkraft att Blomberg blev högröd i ansiktet av ilska. Att en preussisk officer opponerade sig mot försvarsministern var något oerhört. Blomberg var så förnärmad att han ville att den uppstudsige Manstein skulle tilldelas ett disciplinstraff. "Enbart tack vare arméchefen Fritschs ingripande förhindrades detta", enligt vad Manstein uppgav 1949.

Manstein såg och hörde mannen bakom dessa raslagar, Adolf Hitler, för första gången på våren 1934. Det var vid denna tid som spänningen ökade mellan armén och SA-chefen Ernst Röhm, som hotade att göra sin organisation till en folkarmé. Hitler hade länge passivt betraktat hur konflikten trappades upp. I slutet av mars 1934 insåg han att tiden för ett ingripande var inne. Han lät inkalla ledarna för armén, SA och SS till försvarsministeriet i Berlin för att klargöra att armén även i fortsättningen skulle utgöra landets enda beväpnade styrka. Därefter följde hans sedvanliga monolog om den orättfärdiga Versaillesfreden, om den nödvändiga upprustningen, om behovet av livsrum för det tyska folket.

Hitlers tal gjorde intryck på Manstein. Trots Hitlers skiljedom bestod spänningarna mellan SA och armén. Armén kände sig även fortsättningsvis hotad av SA, och även Manstein räknade med det värsta scenariot: en statskupp av det nazistiska partiet. Som en försiktighetsåtgärd skickade han sina tre barn Gisela, Gero och Rüdiger till mormodern i Schlesien. "Han räknade varje dag med att bli arresterad", minns Mansteins dotter Gisela. I huset mittemot Mansteins kontor hade SA upprättat kulsprutenästen.

Den 30 juni 1934 gjorde Hitler slut på krisen med SA genom att iscensätta det första massmordet under sitt styre. Många officerare inom armén var efteråt nöjda med att äntligen ha blivit av med konkurrenten SA. Men upprördheten var stor över morden på armégeneralerna von Bredow och von Schleicher, som ägde rum samtidigt. Manstein understödde ett upprop till sin chef om att denne borde inlämna en protest till försvarsminister Blomberg. Detta initiativ rann dock ut i sanden. Upprördheten lade sig snabbt. Även om Manstein ansåg att morden var ett allvarligt brott var han för den sakens skull inte beredd att förespråka en statskupp under ledning av armén. "En eftertrycklig åtgärd av armén i protest mot Hitlers lagöverträdelser skulle ha lett till inbördeskrig." Om armén

"Lydnad, trohet, pliktuppfyllelse..." Erich von Manstein som kapten vid generalstaben 1917.

Han var den bäste adjutant jag någonsin haft!

General von Schulzendorff om Manstein

Manstein var storartad som överordnad, en fulländad gentleman, men en obekväm underlydande. Bland sina årskamrater hade han inte många vänner.

General Siegfried Westphal

När kejsaren avsade sig sin krona den 9 november 1918 rasade soldaternas värld samman.

Erich von Manstein

hade ingripit skulle det ha inneburit att "den väpnade makten tog sig rätten att kontrollera statsledningen". Armén och politiken skulle helt enkelt stå fria från varandra. Därför vågade arméns officerare inte ens protestera mot att två av deras kolleger mördades. De teg. Lika tysta var de när de efter rikspresident Hindenburgs död den 2 augusti 1934 utan invändningar accepterade att avlägga den militära trohetseden till Hitler personligen.

Erich von Manstein hade en reserverad inställning till den nazistiska ideologin. Trots det kunde han göra karriär. Hitler rustade och experter som Manstein behövdes. Den 1 juli 1935 utsågs Manstein till chef för arméstabens operationsavdelning och befordrades den 1 oktober 1936 till generalmajor. I sin egenskap av chef för arméstabens operationsavdelning tillhörde han nu arméns inre kärna och hade chansen att efterträda den av honom en gång så dyrkade general Ludwig Beck som arméstabschef.

Efter att ha flyttat runt i tjänsten hade Manstein egentligen räknat med att bli bofast i Berlin. Han köpte ett hus åt sig och sin familj i huvudstaden. Manstein var nu ett etablerat namn. Han tillhörde det välmående borgerskapet och bland hans grannar fanns kända skådespelare och finansmän. Men denna idyll varade bara i några få år. "En morgon", minns Mansteins dotter, "fick min far ett telefonsamtal. Med omedelbar verkan förflyttades han från Berlin till Liegnitz (idag Legnica i Polen, *ö.a.*)."

Händelsen inträffade i februari 1938 och chocken var stor. Framför allt var det bakgrunden till förflyttningen som gjorde honom bestört. I en snabb aktion hade Hitler avsatt *Wehrmachts* ledning. Manstein hade viss förståelse för att försvarsministern, fältmarskalk Werner von Blomberg, hade avsatts efter sitt giftermål med en kvinna med ett tvivelaktigt förflutet. Däremot var det ett slag i ansiktet på honom att arméchefen, general Werner von Fritsch, hade avpolletterats. Fritsch, som Manstein ansåg vara "en man med stort militärt kunnande och med karaktär, soldatmässigt uppträdande och kamratlig hållning", hade i en raffinerad intrig falskeligen utpekats som "homosexuell" och avskedats. Därmed var även Mansteins ställning i fara. Som nära medarbetare till den sparkade Fritsch ansågs han höra till den krets militärer som förespråkade en armé som var oberoende av staten. Hitler misstrodde livet ut dessa officerare eftersom de inte var nazister utan representerade en preussisk konservatism.

Framför allt den nyutnämnde överkommandochefen Wilhelm Keitel hade agerat för att hans konkurrent skulle förpassas till den lilla provinsstaden Liegnitz. I Liegnitz skulle Manstein kommendera den nyupprättade 18. infanteridivisionen. Formellt var detta ett steg uppåt i karriären, men i realiteten var det raka motsatsen. Manstein hade alltid velat kommendera en egen division, men inte vid just detta tillfälle, då han var inblandad i en hård strid med Keitel om vem som skulle leda *Wehrmacht*. Han förflyttades från Berlin då han ansågs vara Becks självklare efterträdare. "Nu var allt över. Det mest ärofulla för varje generalstabsofficer var att en gång få inta den post som hade innehafts av Moltke, Schlieffen och Beck. Nu var denna chans för alltid borta." När Manstein lämnade sin post till sin efterträdare, general Franz Halder, tryckte han kodsystemet till kassaskåpet i hans hand och sade barskt: "Såja, här har ni något att läsa igenom. På återseende." Han vände på klacken och lämnade den häpne Halder bakom sig.

"Min fars chock och nedslagenhet går inte att beskriva", minns Mansteins dotter Gisela. "Det gick inte att prata med honom. Min mor försökte muntra upp honom. Liegnitz låg ju i Schlesien och var säkert en trevlig liten stad. Vi visste inget om Liegnitz, förutom att vi hade passerat där med tåg och man på stationen hade bjudit ut traktens gurkor och pepparkakor. Min mor tog fram *Baedekers* resehandbok och där stod det ungefär så här om Liegnitz: 'Trädgårdsstad vid foten av Riesengebirge. Är ej värd ett besök!' Min far sa bara: 'Ja, där ser du...'" Djupt besviken sålde Manstein det nyligen köpta huset i Berlin. "Min far svor på att aldrig återvända till ministeriet eller ens till Berlin", enligt dottern Gisela.

Innan Manstein tillträdde tjänsten i Liegnitz kom dock hans kunskaper än en gång till användning i Berlin. Den 7 mars 1938 beordrade Hitler Beck och Manstein till sitt rikskansli. *Der Führer* hade en överraskning redo: han ville invadera Österrike. Efter bara fem timmar hade Manstein förberett planerna på en inmarsch. Den 12 mars marscherade den tyska armén in i Österrike. Dagen därpå flög Manstein till Wien för att förbereda införlivandet av de österrikiska trupperna i *Wehrmacht*. Det var hans sista uppgift för arméledningen.

Från Liegnitz horisont betraktade Manstein hur Hitler styrde mot en alltmer aggressiv krigskurs och hur hans vän och förebild, arméstabschefen Beck, råkade i allt större konflikt med Hitlers mål. I en rad promemorior varnade Beck för att ett ingripande mot Tjeckoslovakien skulle kunna leda till krig i Europa. Han ansåg Hitler vara en man utan samvete. Beck föreslog arméchefen, generalöverste Walther von Brauchitsch, att *Wehrmachts* ledning kollektivt skulle avgå om Hitler höll fast vid sina krigiska avsikter. "Det tyder på brist på storhet och insikt om en soldats uppgifter", sade Beck till Brauchitsch, "när en hög officer i tider som dessa anser sina plikter och uppgifter begränsade till det rent militära området, och utan att inse att han måste ta ett ansvar för hela folket. Ovanliga tider kräver ovanliga åtgärder." I detta läge drog sig Beck inte ens för tanken på en statskupp. Manstein bad honom enträget att stanna på sin post, trots deras skilda åsikter om den politiska ledningen. I dessa tider behövde man män som han mer än någonsin. De båda officerarna stod vid sina åsikter. Beck trädde tillbaka när ingen general ville stödja honom i kampen mot kriget. Manstein höll lojalt ut på sin post, även om han hade invändningar mot Hitlers krigsmål. Hans grundinställning var att en soldat skulle lyda och inte blanda sig i politiken.

Manstein utförde sin plikt noggrant. Under intåget i tjeckiska Sudetlandet ledde han förbanden söder om Budweis. Han hade sällan tid att åka hem till familjen i Liegnitz. Karriären krävde sin tribut. När han någon gång kom hem sökte han avkoppling från soldatlivet med hjälp av sina intressen: klassisk musik (främst Mozart), historia, språk och trädgårdsskötsel. "När far kom hem på permission", minns dottern Gisela idag, "tog han av sig uniformen innan han ens hade sagt 'god dag'. Han pratade aldrig om sitt arbete, det var tabu. Han tyckte överhuvudtaget inte om människor som ständigt pratade om det militära, eller gamla kämpar som berättade om kriget 1870–71."

Manstein var inte intresserad av krig som hade ägt rum och han trodde inte att ett nytt skulle komma. "Vi visste att Hitler sedan 1938 förhandlade för att få den polsk-tyska gränsfrågan ur världen. Generalerna fick inte veta någonting om hur förhandlingarna gick. Däremot kände vi till Storbritanniens garantier till Polen. Ingen var så kortsynt att han inte insåg att detta var en allvarlig varning. Därför var vi övertygade om att kriget inte skulle bryta ut. Vi erinrade oss att Hitler en gång hade slagit fast att han aldrig skulle engagera sig i ett tvåfrontskrig."

Men Mansteins förhoppningar skulle komma på skam. Klockan 17:00 den 31 augusti 1939 fick armégrupp Syd under ledning av Gerd von Rundstedt order att anfalla Polen. Som Rundstedts stabschef utarbetade Mainstein anfallsplanerna mot Warszawa. Efter att striderna framgångsrikt hade avslutats i oktober, förflyttades Rundstedts armégrupp till västfronten, där Hitler förberedde en offensiv. Den 23 november 1939 kallade Hitler de högsta officerarna, däribland Manstein, till sig på Obersalzberg, där han berättade för dem vad klockan var slagen: "Mitt beslut är oåterkalleligt", fastslog Hitler inför sina militärer. "Jag kommer att anfalla Frankrike och England när tiden är mogen. Att Belgiens neutralitet kränks är oväsentligt. Ingen kommer att bry sig om det när vi har vunnit." Därpå hotade han sina generaler, som han gärna förlöjligade och kallade "rädda harar" som hade gjort sig bättre i frälsningsarmén: "Jag kommer inte att vika undan för något utan utplåna var och en som är emot mig." Orden riktades framför allt mot arméns ledning, främst Franz Halder och Walther von Brauchitsch, som, likt de flesta generaler, ansåg att en offensiv i väster innebar ett alltför stort risktagande. De ledande officerarna ville vinna tid och hoppades på en politisk lösning, på fred utan krig. Generallöjtnant Manstein var av en annan åsikt. För honom var en offensiv en absolut nödvändighet, om inte de allierade trupperna själva gick till anfall. Senast på våren 1940 måste den tyska offensiven äga rum, hävdade Manstein: "Med Sovjetunionen i ryggen, ett land vars avsikter vi bara kan gissa oss till, kan vi inte vänta tills västmakterna har byggt upp en styrka som är överlägsen vår egen."

Hur Frankrike skulle besegras var efter anfallet mot Polen en öppen fråga. Först den 27 september 1939 gav Hitler de tre högsta försvarsgrenscheferna instruktioner om vilken riktning ett tyskt anfall skulle ta. Man skulle ta vägen över Belgien i riktning mot Kanalkusten, ungefär i enlighet med den plan som Alfred von Schlieffen hade dragit upp och som tyskarna misslyckats med att genomföra under första världskriget, då de stoppades vid Marne 1914. Drygt tre veckor senare lade generalstabschefen Halder fram anfallsplanerna för Hitler. Halder hade tagit stor hänsyn till Hitlers alla önskemål, men diktatorn var trots det inte nöjd: "Det är ju den gamla Schlieffenplanen!" Arméledningen drog upp flera nya planer, men Hitler ändrade även dessa. Den 10 januari 1940 inträffade slutligen något som gjorde alla taktiska teorier överflödiga. I närheten av den belgiska staden Mechelen tvingades ett tyskt kurirflygplan nödlanda. Ombord fanns den förste generalstabsofficeren (stridsledningschefen) vid 7. flygdivisionen, som i sin portfölj hade delar av den strängt hemliga operationsplanen inför anfallet i väst. Händelsen orsakade krisstämning hos *Wehrmachts* ledning. Idag är det känt att belgarna inte fick något större utbyte av händelsen. Men *Wehrmachts* ledning måste ändå räkna med det värsta. En ny anfallsplan drogs upp och än en gång var Hitler missnöjd. Enligt honom präglades arméledningens planer av "en krigsskoleelevs tankegångar". Generalerna hade visserligen läst teoretikern Clausewitz, men inte en av Hitlers favoritförfattare, indianboksförfattaren Karl May. Vart tog överraskningseffekten vägen?

Vid samma tidpunkt hade generallöjtnant Manstein, som i sin egenskap av stabschef vid armégrupp A inte var ansvarig för planerna inför västoffensiven, börjat utarbeta en rakt motsatt strategi. Redan när han

"... åter från tjänsten bytte han genast om." Erich von Manstein hemma i Liegnitz 1940.

Tjänst var tjänst för honom, och resten var livet därhemma.

Gisela Lingenthal, Mansteins dotter

Offensiven i väster har börjat! Jag sitter här hemma efter att ha kämpat så hårt för att den skulle genomföras på det sätt som nu sker.

Erich von Manstein i sin personliga dagbok, 10 maj 1940

Av alla generaler, som jag diskuterade den nya anfallsplanen i väst med, var Manstein den ende som förstod mig.

Adolf Hitler om "sin" plan för fälttåget i Frankrike

hade studerat arméledningens första marschplaner hade han lagt märke till dessas svaga punkter. I fursteslottet nära Koblenz vid Rhens strand, som var armégrupp A:s högkvarter, började Manstein utarbeta en alternativ strategi. Den skulle göra det påstått omöjliga möjligt: att snabbt och slutgiltigt besegra Frankrike. Starka pansarförband skulle rycka fram där fienden minst väntade sig det, genom Ardennerskogen, för att sedan göra en skarp sväng och via Sedan fortsätta i riktning mot Atlantkusten. Samtidigt skulle armégrupp B anfalla de belgiska fästningarna och få de franska och engelska förbanden att rycka in i Belgien. Genom detta "skarpa snitt", som Churchill kallade Mansteins plan, skulle fiendearméerna splittras och deras återtåg förhindras. Manstein hade i själva verket dragit upp en plan för ett "Blitzkrieg".

I sju stycken promemorior visade Manstein på fördelarna med sin plan. Men arméledningen var ointresserad. Generalerna Halder och Brauchitsch var inte övertygade. Tillvägagångssättet var alltför riskfyllt. I själva verket ansåg de att planen inte var någonting annat än ett egocentriskt försök av Manstein att göra armégrupp A mer betydelsefull än vad den var. Mansteins idéer presenterades inte ens för *Wehrmachts* högsta ledning. General Halder fruktade att Hitler skulle låta sig påverkas av Mansteins djärva plan. Hitler hade faktiskt själv planer på att anfalla i riktning mot Sedan, men han var ännu inte övertygad om att en sådan framryckning skulle kunna bli en framgång.

Mansteins plan tegs ihjäl, ända tills en officer ur Hitlers närmaste krets den 29 januari 1940 fick höra talas om den. Vid ett studiebesök informerade överste Günther Blumentritt och major Henning von Tresckow Hitlers chefsadjutant Rudolf Schmundt om Mansteins förslag till en djärvare anfallsplan. Den 4 februari 1940 noterade arméadjutanten, major Gerhard Engel, i sin dagbok: "Schmundt besökte Koblenz och återvände mycket imponerad från en längre överläggning med Manstein. Denne yttrade starka tvivel om den av arméledningen föreslagna anfallsplanen. Schmundt var mycket entusiastisk. Han berättade för mig att Manstein hade samma uppfattning som Hitler när det gällde tyngdpunkten i anfallsplanen, men att Mansteins plan var avsevärt mer precis."

Nu gällde det att få till stånd ett möte med Hitler utan att det väckte misstankar hos Halder. Tillfället kom den 17 februari 1940 vid en särskilt arrangerad "arbetsfrukost" med de nyutnämnda kommenderande generalerna i rikskansliet. I samband med mötet inbjöd Hitler Manstein till sitt kontor. På en stor lägeskarta förklarade Manstein sin plan i detalj. Samma kväll skrev han i sin dagbok: "Han (Hitler) har en förbluffande kännedom om militärteknologiska förändringar i alla länder... Jag föredrog det väsentliga ur vår promemoria till arméledningen för honom. Han instämde helt. Han visar överhuvudtaget en förvånande inlevelseförmåga i de åsikter som vi redan från början har företrätt..." Efter att Hitler den 13 februari hade informerats av Schmundt om Mansteins förslag hade Hitler bestämt sig för att förlägga anfallets tyngdpunkt söderut, till armégrupp A:s område. "Men det fattades snilledraget hos en operativt skolad general, som också var besjälad av samma vilja till seger", skrev Manstein i sin dagbok. Manstein gav Hitler flera argument för att han skulle avfärda generalstabens representanter som alltför försiktiga. Mansteins planer på ett "skarpt snitt" vann terräng. Hitler anmärkte senare med närmast gudomligt övermod: "Av alla generaler, som jag diskuterade anfallsplanerna i väst med, var Manstein den ende som förstod mig." Även om Hitler medgav att Manstein var mycket kunnig, var han ändå misstänksam mot den begåvade generalen: "Han har säkert en mycket stor operativ talang, men jag litar inte på honom."

Generalstabschefen Halder delade Hitlers åsikt om Manstein, som i officerskretsar redan pekades ut som Halders efterträdare. Halder vidtog nu åtgärder och förvisade den illa omtyckte konkurrenten till Stettin. Där skulle Manstein föra befäl över 38. armékåren, ett "spökförband" som ännu inte hade satts upp. För andra gången i sin karriär hade Manstein befordrats nedåt. Ännu 1946 konstaterade Halder långsint: "Manstein sökte och lyckades få kontakt med Hitler bakom min rygg."

Den 10 maj 1940 klockan 05:35 inleddes det tyska anfallet mot Frankrike och Beneluxländerna. Denna dag befann sig Erich von Manstein hos familjen i Liegnitz. Dagboksanteckningen för denna dag avslöjar hans besvikelse: "Offensiven i väst har inletts! Jag sitter här hemma efter att ha kämpat så hårt för att den skulle genomföras på det sätt som nu sker." Mansteins anfallsplan ledde till en avgörande framgång. De tyska pansardivisionerna rullade in i Frankrike via Luxemburg, Belgien och Ardennerskogen. De bröt igenom de franska linjerna och övergick till rörlig krigföring. Redan den 20 maj 1940 fanns tyska pansarfordon i Abbeville, vid flodens Sommes mynning och vid Kanalkusten. Pansarfordonen stormade fram med en sådan hastighet att inte ens den tyska militärledningen kunde tro att det var sant. Chefen för armégrupp A, generalöverste Gerd von Rundstedt, lekte med tanken att låta pansardivisionerna göra halt, medan arméledningen pläderade för att framryckningen skulle fortsätta. Hitler grep in i konflikten och beordrade i kraft av sin auktoritet som krigsmaktens högste chef trupperna att göra halt. De besegrade brittiska styrkorna lyckades via Dunkerque fly över

"... efter tre dagar bad han henne om hennes hand." Erich von Manstein med hustrun Sibylle, augusti 1940.

Jag var överraskad av hur omilitärisk han var. Även om han var en stor personlighet så var han också en helt normal man, en helt vanlig far, som man som pojke förväntade sig en sådan.

Dinnies von der Osten, Mansteins fosterson

Av naturen var han mycket tystlåten. Men det han sade var alltid viktigt.

Gisela Lingenthal, Mansteins dotter

Engelska kanalen till Storbritannien. Detta var Mansteins första "förlorade seger".

Under fälttåget i väst kommenderade Manstein den 38. armékåren. En av hans första uppgifter var att slussa igenom närmare 21 divisioner genom de trånga passen i Ardennerna. Sitt första egentliga stridsuppdrag fick hans kår först den 5 juni 1940. Hans förband korsade Somme och förföljde fienden ända tills, som han själv skildrade det, "fienden slutgiltigt bröt samman". Under striderna sågs han ofta i främsta linjen, sida vid sida med infanteristerna. Rudolf Graf, som vid denna tid var Mansteins ordonnansofficer, minns: "Vår befälhavande general ville hellre ha ett uppkäftigt svar än underdånig följsamhet... Lika illa tyckte han om svammel. Den som inte snabbt nog kom till saken kunde räkna med att Manstein behandlade honom ganska omilt."

I Frankrike sökte Manstein och hans stab med förkärlek inkvartering på landets många slott och herresäten. Vid flera tillfällen fick Manstein uppleva samma tråkiga överraskning: slottsherrarna hade flytt i all hast. Han hade ju varit inställd på att få konversera med dem, filosofera om historia och njuta av den franska gästfriheten. Manstein tyckte uppenbarligen inte om att betraktas som en fiende. Han, gentlemannen som visste hur man förde sig, ville inte framstå som en arrogant segerherre.

Den 25 juli 1940 klockan 00:35 tystnade vapnen. Det var Mansteins förtjänst att Hitler nu stod på höjden av sin makt. Under första världskriget hade Hitler själv under flera månader upplevt skyttegravskrigets inferno i Frankrike. Nu hade han betvingat "arvfienden" på bara sex veckor. Undertecknandet av vapenstilleståndet den 22 juni 1940 i Compiègneskogen var för Hitler "den lyckligaste dagen" i hans liv. Han trodde sig nu vara överlägsen de obeslutsamma generalerna.

Anfallsplanen som gick ut på att dela Frankrike i ett skarpt snitt, och utan vilken den snabba segern över landet hade varit omöjlig, lade grunden till Mansteins rykte som taktiskt geni. Den gjorde honom livet ut till en legend i militära kretsar. Trots den upprättelse han fick tack vare sitt bidrag till den största triumfen i den tyska militärhistorien, fick han ändå inte en tjänst som motsvarade hans strategiska talanger. Manstein tilldelades befälet över den 56. pansarkåren, ett snabbrörligt förband. Detta ledde han vid anfallet mot Sovjetunionen, och i en djärv framstöt tillryggalade förbandet 240 kilometer på fem dagar och erövrade den 27 juni 1941 Dünaburg (idag Daugavpils, Lettland, *ö.a.*). Att kriget i öster var helt annorlunda jämfört med striderna i väster kunde Manstein konstatera i en order från Hitler, som också gällde hans kår. Redan innan det första skottet hade avlossats meddelade Manstein armégruppens högste chef, fältmarskalk von Leeb, att han inte kunde utföra den så kallade kommissarieordern. Det var "omilitäriskt" att, såsom föreskrevs i ordern, politiska kommissarier i princip genast skulle avrättas. I sitt vittnesmål under Nürnbergrättegången sade Manstein att denna order "var det första tillfälle där jag råkade i konflikt mellan min lydnadsplikt och min uppfattning som soldat. Egentligen hade jag varit tvungen att lyda". Att kommissarieordern var ett tydligt bevis för att kriget i öster fördes med brottsliga metoder insåg Manstein inte. Redan en vecka senare hade han glömt bort ordern: "När jag kom till 11. armén var ordern redan historia för mig." Manstein ansåg inte att det var nödvändigt eller möjligt att som ny armé-chef än en gång förbjuda att ordern utfördes. Risken var alltför stor att han då skulle förlora sin post. Han nöjde sig med att meddela sina generaler att ordern inte skulle utföras inom 11. armén. I själva verket avrättades 14 kommissarier inom 11. arméns befälsområde och fem överlämnades till säkerhetstjänsten SD. Manstein sade sig inte ha känt till detta. För dessa brott dömdes han 1949 av en brittisk militärdomstol i Hamburg.

Från den 17 september 1941 förde Manstein befäl över 11. armén. Han hade övertagit tjänsten efter den förolyckade generalöversten von Schobert. Ryktet om hans reserverade sätt hade redan spridit sig. I den 11. arméns krigsdagbok står att läsa: "En ny högste chef har tillsatts. Det är 'en fin herre' och han är litet svår att ha att göra med. Men man kan tala klarspråk med honom." På officerare och soldater som inte kände honom närmare gjorde Manstein tidvis ett kyligt och nedlåtande intryck. "Han verkade inte direkt vara någon sällskapsmänniska", säger Hans-Adolf Blumröder, som 1943–44 var officer i Mansteins stab. "Han saknade en faderlig truppchefs värme. Han hade svårt för att uttrycka sina inre känslor." Många ansåg honom inte enbart reserverad utan även mycket självupptagen. "Manstein", erinrar sig greve Adolf von Kielmannsegg, stabsofficer i arméns operationsavdelning, "tyckte om att visa för andra att han var klyftigare än de." Hans påstådda överlägsenhet kunde även bero på det faktum att han inte hade särskilt bra syn: "Han såg dåligt, och ofta såg han inte när soldaterna hälsade på honom och hälsade inte tillbaka", observerade kapten Günter Reichhelm, ordonnansofficer hos fältmarskalk Model. Mansteins dotter Gisela har en annan förklaring till det intryck hennes far gjorde på andra människor: "Han var av naturen mycket tystlåten, tillbakadragen och även blyg. Han trivdes inte i stora sällskap. Men bland människor som han kände väl var han öppen och avspänd." Till de sistnämnda hörde officerarna i hans stab. Han utvecklade ett gott och vänskapligt förhållande till många av dem och i många fall höll detta i sig även efter kriget. Med dem spelade han bridge på kvällarna, och de hade lärt sig att Manstein krävde att de utförde sina arbetsuppgifter med precision och snabbhet.

Som ny arméchef på östfrontens södra flank var det Mansteins uppgift att erövra halvön Krim och fästningen Sevastopol. Förutsättningarna var dock inte de bästa. Krim gav inte Manstein något tillfälle att utnyttja truppernas rörlighet, den krigföring som han var bäst på. Dessutom var de sovjetiska förbanden vid Krimfronten överlägsna tyskarna räknat i vapen och manskap. Stormningen av fästningen Sevastopol krävde ovanligt många offer. Tyskarna tvingades avbryta sitt första anfall. Samtidigt inledde Stalin en offensiv för att återerövra Krim. Vid Fedosia landsteg starka sovjetiska förband, vilket föranledde greve Sponeck, chefen för 42. armékåren, att egenmäktigt utrymma halvön Kertj. Detta trots att Hitler i december 1941 hade förbjudit alla soldater att vika ens en tum. Manstein, som var irriterad över att han informerades om återtåget först sedan det ägt rum, tog genast ifrån Sponeck befälet. Sponeck krävde att få försvara sig inför en militärdomstol, vilket också skedde. Men istället för att rehabiliteras, dömdes han till döden av rättens ordförande, Hermann Göring. Mansteins begäran om att få lägga ett ord till Sponecks försvar avslogs av Keitel. Hitler benådade honom och Sponeck sattes i fängelse, men avrättades på order av Himmler i juli 1944. Fallet Sponeck fick Manstein att inse hur tragiskt en konflikt mellan samvete och lydnad kunde sluta. Med sitt beslut att avskeda Sponeck gav Manstein lydnadsplikten företräde.

Manstein hade anslagit elva dagar för det andra anfallet mot Sevastopol. I själva verket tog det en hel månad. Vid anfallet användes en stor vapenarsenal, däribland det största tyska vapnet, järnvägskanonen *Eiserner Gustav* ("Järn-Gustav") med en kaliber på 80 centimeter, som kunde fyra av sju ton tunga granater mot den belägrade staden. Efter ett intensivt bombardemang, som krävde stora dödsoffer på båda sidor, drog Manstein in som segrare i Sevastopol den 1 juli 1942. Den 11. armén tog närmare 100 000 fångar.

När radion i Berlin meddelade att Sevastopol hade fallit satt Hitler och hans närmaste medarbetare vid dukat bord i Führerns högkvarter. "När radions extrasändning hördes i matsalens lilla radiomottagare", skrev Henry Picker, som nedtecknade Hitlers bordssamtal, "reste sig Hitler och samtliga gäster från bordet när nationalsången spelades." I sin personliga krigsdagbok skrev Manstein samma kväll: "1 juli 1942. Sevastopol har fallit! På kvällen ett extrameddelande med min befordran till fältmarskalk. Mycket tacksam gentemot Gud och alla dem som offrat sig för denna seger." Hitler hade sänt ett lyckönskningstelegram och tilldelat 11. armén en hedersutmärkelse. "Det är en underlig upplevelse att smaka på känslan av en seger på slagfältet", skrev Manstein i sina memoarer.

Kort därefter överlämnade Hitler i sitt högkvarter marskalkstaven till Manstein. Han berömde Manstein, men man talade inte enbart om segrar och nya mål. Vid frukosten frågade Manstein Hitler vad som hände med den judiska befolkningen. Medan tusentals judar redan hade mördats i Auschwitz, svarade Hitler enligt Pickers anteckningar: "Man måste ge dem en egen stat. Han (Hitler) hade funderat på Palestina och senare på ön Madagaskar. Men en judisk stat skulle kontrolleras av oss. Därför hade den skapats i det tyska generalguvernementet i Lublin i Polen, där judestaten kan kontrolleras av oss." Inte ett ord om "förintelse". Manstein var nöjd med svaret och återkom inte till frågan.

Men Manstein skulle hamna farligt nära Hitlers förintelse i den order han undertecknade den 20 november 1941. Där hette det att "det judisk-bolsjevistiska systemet måste utrotas en gång för alla". Detta system skulle "aldrig mer få ingripa i vårt europeiska livsrum". "Soldaten måste ha förståelse för nödvändigheten av att hårt straffa judendomen, som är den andliga upphovsmannen till den bolsjevikiska terrorn", hette det i Mansteins order. Var inte fältmarskalk Manstein i själva verket Hitlers tjänstvillige hantlangare?

Denna order, som i första hand gällde kamp mot partisaner, hade en lika hätskt formulerad förlaga. Den 10 oktober 1941 hade chefen för 6. armén, generalöverste Walter von Reichenau, i en order betonat fälttågets raspolitiska karaktär. Mot slutet av oktober hade det från armëledningen utgått en uppmaning till alla armégrupper och arméer att utfärda order i samma anda. Mansteins order var ännu skarpare formulerad än Reichenaus, eftersom den innehöll antisemitiska fraser. Ordern nämnde visserligen inte judarnas fysiska förintande, och talade inte heller om judiska *Untermenschen*, som Reichenau gjorde. Men Manstein hade däremot krävt ett "utrotande" av det "judisk-bolsjevistiska systemet". Å andra sidan mildrade Manstein delvis Reichenaus hårda ord med följande uppmaning till soldaterna: "Med största skärpa skall åtgärder vidtas mot godtycke och egennytta, mot förråelse och disciplinupplösning och mot varje befläckande av den militära hedern." Inför domstolen i Nürnberg uppgav Manstein att han inte kunde minnas just den ordern. Om han utfärdade ordern för att främja sin egen karriär, för att kunna nå posten som högste arméchef, är enbart spekulation. Det står dock klart att han inte hade behövt underteckna den.

På Krim förvaltade Manstein som arméchef för första gången ett

Han talade inte om känslor. Han var inte den som på något vis ägnade sig åt självömkan.

Gisela Lingenthal, Mansteins dotter

Hans militära uppgifter gav honom varken kraft eller tid att tänka alltför mycket på andra saker.

Rüdiger von Manstein, Mansteins son

Han hade inte den värme som vissa andra truppchefer hade. Han hade svårt att visa sina inre känslor utåt.

Hans-Adolf von Blumröder, stabsofficer hos Manstein

"... det hårdaste slaget som drabbade mig under detta krig." Mansteins sista möte med sonen Gero strax innan dennes död, oktober 1942.

ockuperat område, där organiserade massavrättningar ägde rum. *Einsatzgruppe D* ur SD under ledning av Otto Ohlendorf mördade mellan juni 1941 och mars 1942 minst 90 000 judar, zigenare och kommunister utmed Svartahavskusten och på Krim. Ohlendorf beskrev sitt förhållande till Mansteins 11. armé som "utmärkt". Mansteins armé försåg Ohlendorfs grupp med transportfordon och det är belagt att Manstein vid minst ett tillfälle på Krim samtalade med Ohlendorf. Trots detta bedyrade han att han inte visste någonting om massmorden. Vid Nürnbergrättegången uppgav Manstein följande: "Om insatsgruppens uppgifter visste jag bara att de utgjorde en förberedelse för den politiska förvaltningen, alltså för en politisk kontroll av befolkningen, som planerades för de ockuperade områdena i öster. "Var det verkligen allt han visste? Några officerare vid Mansteins stab visste tillräckligt om vad som skedde för att kunna upplysa sin chef. Mansteins kvartermästare överste Eberhard Finckh, en man som stödde 20 juli-attentatet, kände till morden men valde att tiga. Till en annan officer ska Finckh ha yttrat följande ord: "Manstein måste lägga all sin kraft på strategi och ledning. Han ligger ständigt i konflikt med Hitler. Ska han nu också belastas med de här frågorna... så kan det eventuellt få konsekvenser som på kort tid kan leda till att Manstein avskedas. Dessutom är fältmarskalken oersättlig, i synnerhet efter en framgångsrik statskupp." Finckh utgick uppenbarligen från att Manstein skulle ha velat protestera mot massmordet. Var detta bara en försäkran som syftade till att underbygga legenden om Manstein?

Manstein hörde talas om illdåden bakom fronten. Men trodde han på uppgifterna? På hösten 1943 berättade Mansteins ordonnansofficer Alexander Stahlberg för honom om rykten om att SS utfört organiserade massavrättningar av judar i armégrupp Syds bakre område. Manstein var vid denna tid chef för armégruppen. Enligt uppgift hade 100 000 människor avrättats i en skogsdunge. "Han blev upprörd", beskrev Stahlberg Mansteins reaktion. "Han reagerade ovilligt. Han sa: 'Vad ni nyss har berättat för mig är så otroligt att jag vägrar befatta mig med det. Hur blir man av med 100 000 lik?'" Manstein påminde sin ordonnansofficer om öppnandet av de Olympiska spelen 1936 i stadion i Berlin, då 100 000 åskådare hade varit på plats. Stahlberg citerar Manstein: "Tänk er nu denna stora människomassa. Hur ska ni bära er åt för att begrava den? Detta är ett gement propagandatrick. Jag undanber mig sådant!"

I dokumenten finns inga hänvisningar till en avrättning av 100 000 människor på en enda dag i någon skogsdunge i armégruppens bakre område. Östeuropainstitutet i München fastställde 1987 följande i en rapport, som tillkommit på Mansteins son Rüdigers initiativ: "Mördandet av ett så stort antal judiska invånare 'i en skogsdunge' i Sovjetunionen är intill säkerhet gränsande visshet utesluten." Detta betyder ändå inte att Manstein inte kände till vad som hände. Det var snarare så att han inte ville tro på det som han inte kunde föreställa sig.

Därmed var saken utagerad för Manstein. Han förträngde det han inte ville se och koncentrerade sig på sina uppgifter som chef. "Jag kan bara säga", bedyrade Manstein efter kriget, "att jag, som under flera år utfört ansvarsfulla uppgifter vid fronten, vid den tiden inte var kapabel att inse regimens karaktär eller Hitlers sanna natur på det sätt som är självklart för oss idag... Bekymren och uppgifterna som striderna innebar, gav oss inte mycket tid till eftertanke åt andra frågor..." Enligt en åtalspunkt vid rättegången mot Manstein 1949 hade han medvetet gett order om avrättningar och tillåtit att judar överlämnades till SD. Men bevisen saknades. Manstein frikändes på denna punkt på grund av brist på bevis. Inför sina domare sade han: "Med det tyska folket delade vi soldater oförmågan att genomskåda regimens sanna natur."

I Mansteins fall var detta dock en okunskap mot bättre vetande. Det bevisas av en rapport som skrevs av kapten Ulrich Gunzert, vid tiden för fälttåget mot Krim knuten till 11. arméns högkvarter. På Krim bevittnade han hur SD-män avrättade judiska män, kvinnor och barn med kulsprutepistoler. "I de djupa gravarna", mindes Gunzert, "låg flera lager lik. Efter varje skottsalva steg SD-manskapet ner i gravarna och sköt de som ännu levde i huvudet. Det var ett massmord. Ansiktena på de människor som i dödsångest väntade på att mördas kommer jag aldrig att glömma." Gunzerts försök att ingripa hindrades av en SD-man: "Försvinn, det här angår er inte!"

I högkvarteret meddelade kapten Gunzert sin chef vad han hade bevittnat. "Jag bad Manstein att göra något åt saken. Han slog ifrån sig. Han sade sig inte ha något inflytande över det bakre området, och för övrigt hade han just nu andra bekymmer. Manstein begränsade sig till sina militära befogenheter och beordrade mig att inte tala med andra om händelsen. Det var en flykt från ansvaret och ett moraliskt misslyckande."

Efter segern vid Sevastopol betraktade Hitler Manstein som ett slags hemligt vapen. Som sådant kunde han utnyttjas för svåra uppgifter, som till exempel erövringen av den andra stora sovjetiska fästningen vid sidan av Stalingrad, Leningrad. I sin dagbok skrev Manstein i oktober 1942: "Jag föreslår ett anfall för att erövra floden Volchovs mynning. På så sätt förhindras Leningrads försörjning över Ladogasjön, staden kan

"Min Gud, vilken idiot!" Erich von Manstein (till vänster) vid en lägesrapport i Hitlers högkvarter i Zaporozje i början av 1943.

I rent militära ledningsfrågor lyssnade Hitler nog på mig i vissa avseenden. Jag hade dock flera kontroverser med honom i dessa frågor.

Erich von Manstein vid Nürnbergrättegången

Vid samtal med general Zeitzler påpekade Manstein att för varje dag som vi gör ytterligare förluster, naggas de framgångar vi haft bit för bit i kanten.

Hubertus von Humboldt, stabsofficer hos Manstein

Jag har återerövrat Charkov, inte herr von Manstein.

Adolf Hitler

svältas ut och vi behöver inte göra ett omfattande anfall." Under tiden hade emellertid Röda armén åter gått till offensiv. Operation Norrsken, som Mansteins plan döptes till, sköts fram på obestämd tid.

Vid denna tid, i närheten av det svältande Leningrad, drabbades Manstein av "det värsta slaget" under kriget. Den 29 oktober 1942 stupade hans 19-årige son, löjtnant Gero Erich Sylvester, vid sjön Ilmen, inte långt från Mansteins högkvarter. Enligt Mansteins önskemål skulle dödsannonsen innehålla minnesorden från Geros dop: "Då han nu glad fortsatte sin färd", en rad ur Apostlagärningarna (8:39). Men redaktionen vid den nazistiska dagstidningen *Völkische Beobachter* vägrade ta med det fromma citatet i annonsen. Manstein, som var en troende kristen, protesterade. Den 22 november 1942 stod annonsen att läsa i partiorganet – utan bibelcitat.

Fadern gavs inte mycket tid att sörja. Efter ett kort uppehåll hos familjen i Liegnitz återvände Manstein till fronten, där han den 20 november 1942 fick en ödesdiger order från arméledningen. Mansteins armégrupp, nu omdöpt till Armégrupp Don, skulle omgående bryta upp och bege sig i riktning mot Stalingrad. Där skulle Mansteins trupper hjälpa den inneslutna 6. armén, som var underställd honom, och återupprätta frontlinjen. Dagen därpå begav sig Manstein iväg på en fem dagar lång järnvägsresa i en salongsvagn, som ständigt utsattes för partisanangrepp. När han anlände till Novotjerkassk, 16 mil från Stalingrad, började den svåraste uppgiften under hela hans karriär.

Då Erich von Manstein steg av tåget hade Röda armén sedan länge inneslutit hela 6. armén och en del av 4. pansararmén. Som chef för en armégrupp stod han nu inför den största uppgiften hittills under sin karriär. Men redan vid det första telefonsamtalet med Hitler stod det klart vad som var det stora problemet. Förgäves försökte Manstein förmå Hitler att ge honom befälet över samtliga trupper på östfrontens södra avsnitt och få fria händer för egna operationer. Hitler avfärdade kategoriskt varje tanke på ett återtåg. Fronten vid Volgas nedre lopp måste till varje pris hållas, fastslog Hitler. Dessutom stod oljekällorna i Kaukasus på spel och en utbrytning av 6. armén kom inte i fråga. Stalingrad måste ovillkorligen hållas.

Till en början verkade Manstein vara av samma uppfattning. Han skrev i sin dagbok den 24 november 1942 att "försörjningen av 6. armén via flygplan, såvida planen överhuvudtaget kan lyfta, enbart täcker en tiondel av dagsbehovet av ammunition och bränsle." Trots detta meddelade Manstein arméledningen i Berlin: "En utbrytning av 6. armén, som ändå inte är möjlig idag eller under de närmaste dagarna, föreslår jag inte för närvarande. Det är förenat med risker att låta 6. armén stå stilla, men en utbrytning är endast möjlig när tillräcklig försörjning från luften kan garanteras. Detta är avgörande." Manstein klargjorde dock att han skulle begära tillstånd för 6. armén att bryta sig ut, om inte ett tillräckligt stort antal soldater ställdes till förfogande för att undsätta den inneslutna armén med hjälp av en offensiv. Samtidigt skickade Manstein ett signalmeddelande in till Stalingradgrytan och försäkrade chefen för 6. armén, generalöverste Friedrich Paulus, att "vi kommer att göra allt för att få ut er".

Varför stärkte Manstein till en början Hitler i hans beslut att låta 6. armén stanna kvar i Stalingrad? Han visste att den inneslutna armén inte, som Göring hade utlovat, kunde försörjas från luften. Han trodde sig dock veta hur Hitler skulle ha reagerat om även han hade krävt att 6. armén genast skulle tillåtas att bryta sig ut. "*Der Führer* hade inte gett efter", fastslog han i sin dagbok den 25 november 1942. "När jag nu vill försöka hålla ut, fastän det inte finns någon annan lösning än att göra ett utbrytningsförsök, kommer han att lyssna ännu mer på mig än om jag hade gett upp redan från början. I vilket fall som helst kan utbrytningen inte ske alltför snabbt (tidigast 28/11)."

Hur orealistisk denna förhoppning var insåg Manstein snart själv. Hitler ändrade inte på sitt beslut och insisterade på att man inte kunde ge upp de områden som man lagt under sig under den hårda sommaroffensiven. Om så skedde skulle man tvingas återerövra dem med ännu större uppoffringar nästa år. Manstein kommenterade i sin dagbok: "Denna motivering kan jag inte godta." Det handlade ju om att rädda situationen som helhet, och framför allt 6. armén. Den 26 november 1942 noterade Manstein: "Detaljdiskussioner med Paulus, som jag förbereder på en utbrytning. Führern vägrar."

Under tiden hade den mest gynnsamma tidpunkten för en utbrytning glidit dem ur händerna utan att tillfället hade utnyttjats. Vad som återstod var en vag förhoppning om en framgångsrik undsättningsoperation. Under dessa ödesdigra dagar i slutet av november 1942 ska Hitler, enligt vad Mansteins ordonnansofficer Stahlberg skriver i sina memoarer, i ett telefonsamtal till Manstein ha tillkännagett: "Kommande vår ska vi marschera över Kaukasus. Och jag umgås med tanken att tilldela er ledningen för våroffensiven. Därefter kommer ni att förena er med fältmarskalk Rommels armé i Palestina, som kommer er till mötes från Egypten. Därefter kommer vi med samlade krafter att marschera mot Indien för att där slutgiltigt och segerrikt avgöra kriget mot England."

Alla förhoppningar hängde på om undsättningsförsöket vid Stalingrad skulle lyckas eller inte. Redan den 1 december 1942 hade Manstein gett order om Operation Vinterstorm, som var det undsättningsförsök som skulle ledas av generalöverste Hermann Hoth. Så snart som Hoths pansarfordon befann sig 30 kilometer från den inneslutna armén, skulle stridsgrupper ur 6. armén påbörja ett utbrytningsförsök för att slå sig fram till sina befriare. Genom denna öppning i inneslutningen skulle lastbilar föra in 3 000 ton underhåll och 30 bussar skulle hämta ut sårade inifrån Stalingradgrytan. På denna punkt var Manstein och Hitler överens. Enligt Manstein skulle Operation Vinterstorm följas av Operation Åskslag, 6. arméns utbrytning. Hitler hade informerats om Operation Vinterstorm. Manstein hade tänkt informera Hitler om Operation Åskslag först efter att Hoths undsättningsförsök krönts med framgång.

Den 12 december, fyra dagar senare än planerat, inledde generalöverste Hermann Hoth med två pansardivisioner ett undsättningsförsök mot en vida överlägsen fiende. Trots envetet motstånd och svåra förluster lyckades Hoths pansarfordon närma sig Stalingrad. Den 19 december sände Manstein följande order till Paulus i ett iltelegram: "6. armén går snarast möjligt till anfall enligt Vinterstorm." Enheter ur 6. armén skulle kämpa sig fram till Hoths förtrupper och därmed öppna en försörjningskorridor. Manstein lämnade öppet när Operation Åskslag, den egentliga utbrytningen, skulle inledas. "Armégruppen", förklarade Manstein i sina memoarer, "valde denna lösning för att undvika att få ett förväntat veto av Hitler." Fortfarande hoppades Manstein på att Hitler under själva undsättningsförsöket skulle ge sitt tillstånd till en utbrytning. Så blev inte fallet.

Exakt 48 kilometer före staden hindrades Hoths pansaranfall av sovjetiska styrkor. Nu hade enbart en egenmäktig order till Paulus om utbrytning kunnat rädda situationen. Manstein utfärdade inte den ordern. Om han gjort det hade han avsatts som chef för armégruppen och ordern skulle ha upphävts. Vid flera tillfällen försökte han dock förmå Hitler att ge order om en utbrytning, vilket hans dagboksnoteringar vid denna tid klargör:

19 december 1942: "Meddelande till armédledningen om att en order om 6. arméns utbrytning nu måste ges. Order till 6. armén om Vinterstorm och förberedelse för Åskslag."

21 december 1942: "Samtal med Zeitzler (chef för arméns generalstab) om att ett beslut nu äntligen måste fattas om 6. arméns utbrytning."

Den 22 december 1942 noterade Manstein resignerat: "Alla påstötningar om ett avgörande beträffande 6. armén är lönlösa."

Under tiden hade ännu en kris utbrutit vid Don. Röda armén hade brutit igenom den tyskallierade italienska 8. arméns frontavsnitt och ryckte fram västerut. Nu stod två tyska armégruppers öden på spel: armégrupp Don och armégrupp A (under general Ewald von Kleist), som skulle erövra oljekällorna i Kaukasus. Omkring 1,5 miljon man hotade att bli avskurna. Alla styrkor måste mobiliseras. Därför beordrade Manstein Hoth att inställa anfallet och vända om. Hoths 6. pansardivision skulle fylla ut luckan i fronten. Men med bara två kvarvarande divisioner var Mansteins planerade anfall mot Stalingrad otänkbart. Försöket att undsätta 6. armén hade slutgiltigt misslyckats. Ordern om att armén skulle bryta sig ut gavs aldrig. Manstein försäkrade att han skulle ha understött Paulus om denne hade brutit sig ut. Efter kriget hade Paulus en helt annan syn på situationen: "Den som vid den tiden inte vågade ge mig order eller tillstånd till en utbrytning, har idag inte rätt att skriva att han hade önskat att jag hade brutit mig ut och att han då skulle ha gett mig understöd."

Därmed var den 6. arméns öde beseglat. Ändå vägrade Manstein att låta 6. armén kapitulera. Paulus trupper skulle binda sovjetiska stridskrafter ända tills Manstein hade bemästrat krisen vid den södra flygeln på östfronten. Mansteins grundläggande åsikt var: "Om varje chef som betraktade sin situation som utsiktslös ville kapitulera, så skulle man aldrig någonsin vinna ett krig." Den 12 januari 1943 fick Manstein vetskap om det dramatiskt försämrade läget i det inneslutna Stalingrad. På Paulus personliga order hade kapten Winrich Behr flugit ut ur grytan för att för Manstein skildra soldaternas misär i Stalingradgrytan. Han skulle även be om tillstånd att kapitulera. Enligt Behr handlade det nu enbart om att rädda människoliv. Ur militär synpunkt var 6. armén sedan länge värdelös. Manstein sände Behr till Hitlers högkvarter, där han rapporterade om läget för Hitler vid en lägeskonferens. När Behr hade återvänt till Manstein berättade han att Hitler hade förbjudit kapitulation och att 6. arméns soldater skulle kämpa till slutet. Manstein lyssnade till honom under tystnad.

Först när fronten hade stabiliserats den 22 januari 1943 försökte Manstein än en gång få Hitler att ge tillstånd till kapitulation. Samma dag skrev han i sin dagbok: "Förfrågan från Paulus om det finns en möjlighet att förhandla. Samtal med *der Führer*. Striderna måste fortsätta, eftersom ryssarna ändå inte håller sig till ingångna avtal." Hitlers envishet ledde nära nog till Mansteins avgång. Sedan han hade utsetts till armégruppchef och fick sina operativa order direkt från den högsta militärledningen insåg han "att Hitler som militär ledare var ett misslyckande". Trots sina åsikter om diktatorn drog Manstein inga slutsatser. En fält-

Har meddelat *der Führer* att jag betraktar den 6. arméns utbrytning som den sista möjligheten att åtminstone undsätta majoriteten av soldaterna.

Erich von Manstein i sin personliga krigsdagbok, 26 november 1942

"Kampen måste fortsätta..." Tyska soldater efter det misslyckade undsättningsförsöket i Stalingrad 1943.

Manstein är kanske den mest intelligente officer som generalstaben har fostrat. Men han kan bara arbeta med välutrustade förband, inte med de försvagade förband som är det enda vi förfogar över nu.

Adolf Hitler 1943

Marskalk Återtåg.

Joseph Goebbels om Manstein i sin dagbok, december 1943

marskalk kan ju inte bara helt enkelt åka hem, sade han. Hans plikt var att visa lydnad och lojalitet. Efter kriget kommenterade Manstein soldaternas tragedi i Stalingrad: "Även om denna trohet lovades en man som inte förtjänade den, så förblir dock denna lojalitet och pliktuppfyllelse den tyska soldatdygdens Höga visa!"

Vid denna tid av dramatiska kriser, då Mansteins armégrupp, som bestod av 32 utmattade divisioner, kämpade mot en vida överlägsen fiende längs en 700 kilometer bred front, fick Manstein besök av en ung major från arméns organisationsavdelning. Denne officer skulle diskutera läget vad gällde reserver och nyuppsatta förband. Hans namn var Claus Schenk von Stauffenberg. Manstein kände honom visserligen inte personligen, men han visste att Stauffenberg ansågs vara en av de mest begåvade av de yngre generalstabsofficerarna. Vad Manstein inte kände till var Stauffenbergs egentliga avsikt med att söka upp honom. Stauffenbergs ärende var att föreslå Manstein en statskupp under ledning av armén.

Liksom de många patrioter som såg Tysklands ödesdigra utveckling satte även Stauffenberg sitt hopp till Manstein. I Mansteins högkvarter i Taganrog utspann sig en högexplosiv dialog, som ordonnansofficeren Alexander Stahlberg avlyssnade utanför den till en början öppna dörren.

Stalingrad var inte det första misstaget, förklarade Stauffenberg. Hela det ryska fälttåget bestod av en kedja av misstag, där Hitler bar den största skulden. Manstein nickade instämmande. När det gällde de högst ansvarigas skuld slog Stauffenberg in öppna dörrar hos Manstein. Även Manstein ansåg att en militär högste befälhavare måste utses för östfronten, liksom under första världskriget. Bara fyra dagar tidigare, den 22 januari 1943, hade Manstein haft ett öppenhjärtigt samtal med general Kurt Zeitzler, stabschef vid arméns överkommando: "När fältherren samtidigt övertar sina underordnades uppgifter, när han samtidigt är tyngd av bekymmer med politik och med ledningen av landet, när hans vilja är lag, då står även det största geni inför en omöjlig uppgift. Jag anser det absolut nödvändigt att ledaren ger sina medarbetare det förtroende som de förtjänar, ger dem den frihet de behöver för att kunna föra ett sunt ledarskap, och därmed får det lugn som behövs för att operativa beslut ska kunna mogna fram. Jag anser det lika nödvändigt att ledaren enbart lyssnar på och har förtroende för en rådgivare för krigföringen på alla krigsskådeplatser, annars går det inte."

Manstein försäkrade Stauffenberg att han skulle fortsätta att försöka få Hitler att införa en enhetlig ledning av *Wehrmacht*. Stauffenberg nöjde sig dock inte med detta. I nödfall, sade han uppfordrande, måste man tvinga fram utnämnandet av en högste befälhavare för östfronten innan kriget slutade i katastrof. Men Manstein höll inte med. Illegala aktiviteter kom för hans del inte på fråga. Till sin förebild, general Beck, hade han en gång skrivit: "Ett krig är inte förlorat förrän man betraktar det som förlorat." När Stauffenberg fortsatte att hävda sin ståndpunkt, tillrättavisade Manstein honom: "Om ni inte genast upphör med detta låter jag arrestera er!" 1962 dementerade Manstein påståendet om denna tillrättavisning som "fullständigt felaktig". Han hade tvärtom ansträngt sig för att "att hjälpa genom att lyssna på den unge, begåvade kamraten Stauffenbergs berättigade oro. Det är fullt möjligt att jag, i hans eget intresse, rådde honom till försiktighet med vad han yttrade, eftersom alla överordnade inte skulle ha lyssnat på hans kritik av Hitler på samma sätt som jag gjorde."

Manstein lyssnade – och det hade inte varit svårt för honom att förstå att Stauffenberg försökte få hans stöd för en statskupp. När var Manstein beredd att agera, om han inte var det inför åsynen av katastrofen vid Stalingrad? Stauffenberg blev djupt besviken. Statskuppen kom alltför sent, ansåg Manstein, eftersom de allierade krävde en "villkorslös kapitulation". Samtidigt kom kuppen i ett alltför tidigt skede, eftersom det tyska folket ännu inte var moget för den och Hitler fortfarande var alltför populär. Ett militärt uppror vid fronten var inte att vänta. Efter det timslånga samtalet lämnade en nedslagen Stauffenberg Mansteins rum. "Alla generaler är klarsynta, men ingen av dem är beredd att agera", sammanfattade Stauffenberg. Han gick till och med ett steg längre: "De är så rädda att de skiter på sig eller så är de slut i hjärnorna, de vill inte!" Manstein skrev till sin hustru om Stauffenbergs besök: "Hans förtroende är väldigt rörande, men hur ska jag kunna ändra saker och ting som jag varken har makt eller möjlighet att ändra?"

Till avsked hade Manstein rått Stauffenberg att söka förflyttning till fronten för att undkomma "den glädjelösa miljön" i Hitlers högkvarter. "Hur sympatisk jag än finner honom", fortsatte Manstein brevet till hustrun, "hur trevlig och klok han än är, så är han alltför insiktsfull för dessa svåra tider. Han inser alltför tydligt farorna och allt som är negativt. Jag inser själv detta, men bortser från det."

Den 6 februari 1943 dök Erich von Manstein själv upp i "den glädjelösa miljön." I Hitlers högkvarter ville han plädera för att en högste chef tillsattes för östfronten. Att föreslå sig själv för tjänsten kom inte på fråga för honom, trots att både Stauffenberg och general Erich Fellgiebel, chefen för signaltrupperna, hade uppmanat honom till det. "Det är bara meningsfyllt att utse mig om man visar mig det nödvändiga förtroendet, som är en förutsättning för att man tar till sig mina förslag på det operativa området. Att på något sätt tränga sig på, om det så enbart vore att i alltför hög utsträckning diskutera ärendet, innebär enligt min mening att man i förväg rubbar förtroendet. Och utan det kan man inte tjäna vare sig *der Führer* eller saken." Förtroendet mellan Manstein och Hitler var emellertid redan ganska bräckligt. Hitler hade vid ett tillfälle vägrat utse Manstein till *Wehrmachts* generalstabschef under vinterkrisen 1941–42. Detta motiverade han med att Manstein "visserligen är ett geni men han är en alltför självständig personlighet".

Redan vid överläggningarnas början stod Hitler beredd med en överraskning. Man kunde förvänta sig att han var på jakt efter en syndabock för nederlaget vid Stalingrad. Men diktatorn hade något annat på hjärtat: "Mina herrar, till att börja med skulle jag vilja säga några ord om Stalingrad. Jag bär själv ansvaret för Stalingrad." Manstein imponerades av dessa "soldatord", och han tog tillfället i akt att ta upp frågan om ett enhetligt högsta befäl för östfronten. "Han var mycket frispråkig i ledningsfrågan, men inget resultat", skrev han samma kväll i sin dagbok. "Att frågan inte löses beror förstås på personen G. [Göring]." Manstein tog inte upp frågan ytterligare. Vid krigsförbrytarrättegången i Nürnberg yttrade han följande: "Det går inte att påtvinga en diktator sin vilja. I det ögonblick han skulle ha gett efter för en sådan påtryckning hade ju diktaturen upphävts."

Vid kartbordet fortsatte meningsskiljaktigheterna. Manstein insisterade på en temporär utrymning av det mellersta och norra Donetsområdet och ett tillbakadragande av trupperna för att senare på nytt anfalla området. För Hitler var emellertid blotta tanken på att ge upp erövrat territorium utan strid en "oförskämdhet". Han befallde Manstein att gå till frontalangrepp, att inte vika en tum och att envist hålla ut till sista patronen. Manstein varnade: den som vill försvara allt, riskerar samtidigt att förlora alltsammans. Diskussionen pågick i fyra timmar, och Manstein uppnådde åtminstone en framgång, om än ofullständig: Hitler tillät att den 1. och 4. pansararmén drogs tillbaka från Donetsområdet och återhämtade sig, för att senare göra ett motanfall. Mansteins plan för att dra tillbaka 4. pansararmén via en brett upplagd rockad lyckades. I mitten av februari inledde han sin motoffensiv. Denna offensiv innebar Hitlers sista segrar på östfronten. Manstein bevisade än en gång att han behärskade även kritiska situationer med rörliga operationer vid öppna fältslag.

Omedelbart före offensivens inledning anlände Hitler överraskande till Mansteins högkvarter i Zaporozje i Ukraina. "Ja, ja, *Effendi* har näsa för vad som kan användas i propagandan", skämtade Manstein. Effendi kallade han Hitler efter att ha hört en krimtatars stridsbön: "Lovad vare Allah och Adolf *Effendi*." Vid de fem lägeskonferenser som ägde rum under tre dagar blev det uppenbart hur djupt Hitler misstrodde armégeneraler i allmänhet och Manstein i synnerhet. I strategiska frågor låg det en hel värld mellan de båda männen. Hitler krävde att man skulle hålla ut till varje pris. Med hänsyn till Röda arméns övermakt satsade Manstein på rörlig krigföring, undanmanövrer och tillbakadragande av trupper för att vinna handlingsfrihet och senare åter kunna gå till anfall. När sovjetiskt pansar befann sig 80 kilometer från Zaporozje fick diskussionerna ett abrupt slut. Hitler flög tillbaka till sin "varglya" i Ostpreussen. Nu hade Manstein för första och enda gången fria händer. Framgångarna lät inte vänta på sig. Den 19 februari 1943 stötte de båda pansararméerna ur Mansteins armégrupp fram mot Donetsområdet och återerövrade Charkov och Belgorod. Men töväderperiodens gyttja i mars tvingade angriparna att göra halt. Frontlinjen var nu i stort sett oförändrad sedan året innan. Hitler lät meddela sin presschef Otto Dietrich: "Jag har återerövrat Charkov, inte herr von Manstein!"

Manstein ansåg ännu inte kriget förlorat. Även om han inte längre räknade med en seger i öster, hyste han under våren 1943 förhoppningar om ett militärt remi. Detta skulle utgöra grunden för förhandlingar med Stalin, som alltmer otåligt väntade på att de västallierade skulle öppna en andra front och möjligtvis var beredda att sluta en separatfred. Så länge denna väg verkade ligga öppen, ville Manstein inte inleda några storoffensiver utan använda den dittills utnyttjade strategin. Att Hitler inte ville gå med på remi mot Sovjetunionen, eftersom det för honom enbart handlade om att segra eller förlora, insåg inte Manstein. Förhoppningarna om ett "oavgjort" resultat förblev vad det var – illusionen hos en rationellt tänkande strateg, som inte visste hur han skulle ställa sig till Hitler irrationella tankegångar.

Hitler var under inga omständigheter beredd att utan strid ge upp det territorium han erövrat; framför allt inte Donetsbäckenet med dess stålverk och kolfyndigheter. Utan detta område skulle den tyska rustningsproduktionen bryta samman, hävdade Hitler med en överdrift. Ryssarna, dramatiserade han, "skulle omedelbart förblöda om vi bara försvarade varje centimeter erövrat land". Hitlers stereotypa argument stoppade Mansteins planer på rörlig krigföring, som hade varit den enda framgångsrika strategin mot en fientlig övermakt. De segdragna diskussionerna mellan Manstein och Hitler handlade alltid om samma

"... vår farligaste motståndare." Manstein på omslaget till den amerikanska tidskriften Time, *januari 1944.*

Er fältmarskalk är en genial strateg. Jag beundrar honom. Men han är en drömmare.

Erwin Rommel om Manstein 1943

Återtåg kan vara mästerligt utförda, men segern ligger i den motsatta riktningen.

Ur tidskriften Times *artikel om Manstein, januari 1944*

Även om jag sedan lång tid tillbaka har uppskattat honom beklagar jag inte på något sätt att han avskedats.

Generalöverste Ludwig Beck vid Mansteins entledigande

frågor: hålla ut, inte hålla ut, hur länge hålla ut... Hans-Georg Krebs, kapten vid Mansteins stab, var vid flera tillfällen närvarande vid sin chefs överläggningar med Hitler. "Naturligtvis lade Manstein fram förslag som gick ut på att man skulle dra sig tillbaka. För om man vill skona trupperna och nå framgång måste krigföringen vara rörlig. I det ögonblicket avbröt Hitler ofta Manstein och sa: 'Det diskuterar vi överhuvudtaget inte!' Resultatet blev ofta att Manstein tystnade. När han märkte att han inte kom någon vart tystnade han helt enkelt. Nackdelen med Manstein var att han inte sade någonting om han ansåg att den han talade med var otillräknelig. För honom var Hitler den obildade korpralen från första världskriget, som inbillade sig att han visste något och kunde något."

Den militäre experten Manstein ansåg att Hitler "utan tvivel hade en viss blick för operativa möjligheter" och "förvånansvärt stora kunskaper och gott minne", men inte mer. "Sammantaget saknar han den på erfarenhet vilande militära kunskapen, som inte ens hans inlevelseförmåga kan ersätta." Manstein ansåg att Hitler överskattade sin egen viljekraft och dess inverkan på trupperna och allvarligt underskattade motståndarens styrka. Efter en lägeskonferens, där Hitler än en gång hade drivit igenom sin vilja, hörde kapten Krebs Mansteins utfall: "Herregud, vilken idiot!" Manstein såg vad denne "idiot" ställde till med vid fronterna och hur han släpade det som den preussiske fältmarskalken ansåg vara mest värdefullt – Tyskland – i smutsen. Men att avgå eller ta aktiv ställning mot Hitler var han ändå inte beredd till.

Manstein stannade på sin post också på grund av att han ansåg sig själv som oumbärlig. Han gav aldrig Hitler någon chans att ifrågasätta hans lojalitet. Enbart i rent militära spörsmål sade han emot sin högste befälhavare. I enlighet med Mansteins devis förblev politik tabu: krig är krig och politik är politik. Och föra krig, det visste Manstein, gjorde han skickligare än någon annan. Manstein strävade inte efter att stå i centrum. Han var dock alltid medveten om sin begåvning och gick till och med så långt som att i Hitlers närvaro, vilket general Günther Blumentritt observerade, "kalla de förslag som Hitler lade fram för struntprat". Hitler å sin sida litade aldrig fullt ut på Manstein, men uppskattade dock hans militära talanger mycket. Hitler behöll alltid fattningen. Han förnedrade aldrig Manstein inför andra, även om Manstein inte drog sig för att vara sarkastisk mot Hitler: "*Mein Führer*, eftersom ni tjänstgjorde som rapportkarl under första världskriget borde ni egentligen veta hur lång tid det tar för en order att nå den främre linjen!" I militära frågor trotsade Manstein Hitler. Generalöverste Heinz Guderian karakteriserade Manstein som obekväm: "Han hade egna åsikter och stack inte under stol med dem." Även i det avseendet skilde sig Manstein från andra höga chefer. "Ingen annan grälade lika mycket med Hitler som Manstein", sammanfattade Adolf von Kielmannsegg sina egna erfarenheter. Men inte ens Manstein lyckades övertyga Hitler annat än vid ett fåtal tillfällen. Ibland tyckte Manstein sig stå inför "en indisk ormtämjare". "Jag kan inte minnas att jag någonsin tidigare hos en människa har lagt märke till en blick som på samma vis uttryckte hans viljas makt." Manstein anförtrodde sin dagbok att han och Hitler rörde sig i olika världar: "Som en följd av detta når vi aldrig något resultat."

För Manstein utgjorde Hitler närmast en andra front, som tog hans krafter i anspråk i nästan lika hög grad som den operativa ledningen av trupperna. Mansteins beslut måste inte enbart vara militärt försvarbara utan framför allt motsvara Hitlers vilja och förväntningar. Våren 1943 insisterade både Hitler och arméledningen på en offensiv, innan Röda armén hade hunnit återhämta sig från nederlaget vid Charkov. Fienden skulle överraskas. Tillfället till anfall bjöd den sovjetiska frontutbuktningen vid Kursk. Denna ort kom att bli skådeplatsen för historiens största pansarslag under täcknamnet Citadell, och samtidigt den sista tyska offensiven i öster.

Norrifrån skulle armégrupp Mitt under Kluge rycka fram tillsammans med armégrupp Syd som kom söderifrån under Manstein och innesluta de sovjetiska trupperna via en kniptångsmanöver. Den första ordern inför operationen hade utfärdats redan den 13 mars. Hitler tvekade dock och ville först vänta tills nya pansarfordon hade levererats åt trupperna. Den otålige Manstein förespråkade ett anfall så snart som möjligt. Ju snabbare det skedde, desto mindre tid fick ryssarna att förbereda sina försvarsstyrkor, och desto mindre blev risken för ett sovjetiskt storanfall mot Donetsområdet. Hitler lät sig inte påverkas, och hela april gick utan att något gjordes. "Manstein var rasande", minns Hubertus von Humboldt, som vid denna tid var kapten och tjänstgjorde vid Mansteins stab. "I sina telefonsamtal med arméstabschefen Kurt Zeitzler påpekade han att varje dag som gick utan att vi agerade, minskade utsikterna till framgång och att anfallet skulle misslyckas om man fortsatte att tveka." Tidpunkten för anfallet flyttades fram, från mitten av maj till mitten av juni.

Under denna period av overksamhet, då frontlinjen knappast rörde sig, hade Manstein mer tid att ägna sig åt sina ridhästar, som han hade låtit hämta till sitt högkvarter från Schlesien. Som den passionerade ryttare han var försökte han planera sin tid så att han kunde rida dagligen. Under ridturerna hade han oftast sällskap av sin ordonnansofficer Alexander Stahlberg. Han var kusin till officeren Henning von Tresckow som hade goda förbindelser med Hitlers högkvarter och senare avrättades efter sin medverkan i 20 juli-attentatet 1944. Att "en hetskampanj mot honom hade satts igång, tydligen av Göring och Keitel", i Hitlers högkvarter hade Manstein redan fått reda på av fältmarskalk Wolfram von Richthofen. Göring och Keitel försökte med alla medel hindra Manstein från att bli den maktfaktor han hade blivit om han hade utsetts till högste chef för östfronten. Även propagandaminister Joseph Goebbels var fientligt inställd till Manstein: "Manstein är allt annat än en anhängare av den nationalsocialistiska regimen."

"*Der Führer*", skrev Goebbels den 2 mars 1943 i sin dagbok, "hade egentligen planerat att avskeda Manstein under sin resa till sydfronten. För närvarande har han ännu inte gjort allvar av sina planer. I vilket fall måste vi se upp med de äldre officerarna i *Wehrmacht*. Bland dem har vi ytterst få vänner."

Vad Stahlberg fick höra av sin kusin Tresckow var det dittills mest oroande ryktet: "På senaste tiden har Hitler fått högljudda raseriutbrott så fort han hört någon nämna namnet Manstein." Hitler visste, citerade Tresckow sin källa i Hitlers högkvarter, att Manstein om eftermiddagarna ofta tog ridturer i sällskap med sin ordonnansofficer. Enligt Hitler vore det "lätt att låta de båda försvinna genom ett partisanöverfall". Ett attentat mot fältmarskalk Manstein strax före en avgörande operation som Citadell? Bakgrunden förblir oklar. Uppenbarligen hade det redan ansträngda förhållandet mellan Hitler och hans fältmarskalk nått en bottennivå.

Den 1 juli 1943 tog väntan på att Operation Citadell skulle inledas slut. Hitler hade nu äntligen beslutat sig för att gå till anfall – alltför sent, skulle det visa sig. Röda armén hade utnyttjat tiden till att förbereda försvarsåtgärder. Nu var det inte längre tal om någon överraskningseffekt. "Det insåg han förmodligen", minns Adolf von Kielmannsegg. "Han gjorde inte oss i arméns operationsavdelning uppmärksamma på att riskerna med operationen ökade dag för dag. Istället fick vi intrycket att det här skulle gå bra." Den 4 juli inleddes den strid som man hade väntat på sedan april. Från tysk sida anföll sammanlagt 1 081 pansarfordon och 376 stormkanonvagnar. Mansteins förband tog sig visserligen igenom de sovjetiska försvarslinjerna men lyckades inte åstadkomma något definitivt genombrott. Den 12 juli, den dag då situationen var som mest kritisk för tyskarna under slaget, fick Manstein order från Hitlers högkvarter att dagen därpå inställa sig hos Hitler i sällskap med fältmarskalk Günther von Kluge. Manstein hoppades på en delseger eftersom han ännu inte hade satt in sina reserver. Men sedan de allierade hade landstigit på Sicilien beslutade sig Hitler för att avbryta offensiven för att kunna förflytta styrkor till Italien. Citadell hade misslyckats.

Efter att Hitler hade fattat sitt beslut, analyserade fältmarskalkarna Kluge, Rommel och Manstein över ett glas ”av det bästa franska rödvinet” utan omsvep hur allvarligt situationen hade utvecklats under de senaste månaderna. Enligt vad Alexander Stahlberg minns sade Kluge helt öppet till Manstein: ”Det kommer att sluta illa. Och jag upprepar vad jag redan sagt till er, att jag är beredd att underordna mig er.” Rommel fortsatte i samma anda: ”Krigsslutet kommer att bli en enda stor katastrof. Om de allierade dessutom landstiger på Balkan och slutligen vid Atlantkusten rasar hela huset samman.” Manstein sade emot: ”Så långt har det inte gått. Hitler kommer att lämna över det högsta militära kommandot innan han misslyckas.”

”Han kommer inte att lämna ifrån sig överkommandot”, kontrade Rommel. ”Jag känner honom antagligen bättre än vad ni gör, herr von Manstein.” Efter en kort paus försäkrade Rommel: ”Även jag är beredd att underordna mig er.” När de skildes åt vände sig Rommel till Stahlberg, som hade lyssnat till hela samtalet: ”Er fältmarskalk är en genial strateg. Jag beundrar honom. Men han är en drömmare.”

Rommel fick rätt. Hitler hade inte en tanke på att överlämna befälet över östfronten, allra minst frivilligt. För diktatorn skulle det ha varit något av en självstympning. Manstein var visserligen tillräckligt självmedveten för att se sig själv som idealisk för tjänsten som överbefälhavare för östfronten, men fortfarande tvekade han inför att föreslå sitt eget namn i samtalen med Hitler. Detta trots att de ledande militärerna betraktade honom som ett förstahandsval och som en person som skulle kunna vara i stånd att uppväga Hitlers bristande egenskaper som fältherre. ”Det förhållandet att armégruppernas chefer enbart informeras om det samlade läget via *Wehrmachts* rapporter är lika oacceptabelt som bristen på samsyn hos de högsta ledningsorganen”, skrev Manstein till general Zeitzler. Manstein såg utnämnandet av en högste befälhavare för östfronten som den sista chansen att rädda Tyskland. Var han också beredd att acceptera en statskupp med samma mål?

Överste Rudolph-Christoph von Gersdorff, som var fältmarskalk Kluges sändebud, föreslog den 8 augusti 1943 Manstein en statskupp. Före avresan till Mansteins högkvarter i Zaporosje gav Kluge Gersdorff några ord på vägen: ”Meddela fältmarskalk Manstein att jag ber honom att efter en statskupp acceptera posten som överbefälhavare för landets samlade stridskrafter."

Efter sin ankomst till Zaporozje inledde Gerdorff som planerat sitt uppdrag med ett samtal mellan fyra ögon, som Gersdorff trodde sig minnas ordagrant 40 år efter att det hade ägt rum. Gersdorff inledde psykologiskt skickligt samtalet med att ta upp ett för Manstein mycket känsligt ämne: maktförskjutningen inom *Wehrmacht*. Han återgav Kluges oro för att motsättningarna mellan arméns överkommando OKH och krigsmaktens överkommando OKW och arméledning samt Hitlers amatörmässiga ledning gjorde att östfrontens sammanbrott var nära förestående. Någon måste få Hitler att inse att katastrofen väntade, om inte radikala förändringar omedelbart skedde i den militära ledningen. "Jag har exakt samma åsikt", ska Manstein ha svarat enligt Gersdorffs memoarer. "Men jag är inte rätt man att säga det till Hitler. Fiendens propaganda har, utan att jag kan hjälpa det, utmålat mig som en konkurrent till Hitler om makten. Han visar mig numera enbart misstroende. Enbart Rundstedt och Kluge skulle kunna genomföra ett sådant uppdrag."

Vid denna tid figurerade Mansteins namn allt oftare i de engelskspråkiga tidningarna och radiosändningarna. Nyhetsbyrån Reuters rapporterade att Manstein skulle bli tysk överbefälhavare och det amerikanska nyhetsmagasinet *Time* avbildade till och med Manstein på sin förstasida den 10 januari 1944. Detta gjorde för övrigt att hans fiender i kretsen kring Hitler – Goebbels, Göring och Himmler – blev än mer negativt inställda till Manstein. Utan att ge några konkreta detaljer noterade Goebbels den 11 mars 1944 i sin dagbok: "*Der Führer* verkar inte alls känna till hur illvilligt Manstein har uppfört sig gentemot honom."

Gersdorff fortsatte nu försiktigt: "Kanske borde alla fältmarskalkar gemensamt bege sig till Hitler och sätta pistolen i bröstet på honom." Manstein avfärdade kategoriskt förslaget med orden: "Preussiska fältmarskalkar begår inte myteri!" Men Gersdorff gav sig inte, utan kontrade med att preussiska fältmarskalkar aldrig någonsin i historien hade befunnit sig i en motsvarande situation, och att alla medel kunde rättfärdigas när det handlade om att rädda Tyskland från en katastrof.

Manstein: "Ni vill alltså slå ihjäl honom?"

Gersdorff: "Ja, som den galna hund han är."

Manstein: "Det ställer jag inte upp på. Då skulle armén störtas i fördärvet ... Jag är först och främst soldat ... En sådan händelse inom armén skulle med säkerhet leda till inbördeskrig."

Manstein var övertygad om att om Hitler avsattes med våld skulle man inte längre kunna föra krig, än mindre vinna det.

Sedan Gersdorff tvingats inse att han inte kunde få Manstein att ändra uppfattning, ställde han den fråga som Kluge hade skickat med honom: Var Manstein beredd att efter en statskupp acceptera posten som *Wehrmachts* generalstabschef? Manstein gav ett orakelsvar: ”Meddela fältmarskalk von Kluge att jag tackar honom för det förtroende han visat mig. Fältmarskalk von Manstein kommer alltid att lojalt stå till den lagliga statsledningens förfogande.”

Hur mycket av Gersdorffs framställning är riktig? Skulle en fältmarskalk ha diskuterat dessa ytterst brännbara frågor med en för honom närmast okänd sambandsofficer? Var kanske Gersdorffs syfte inte alls så uppenbart? ”Tog männen bakom 20 juli-attentatet kontakt med er?” frågade försvararen Hans Laternser Manstein vid krigsförbrytarrättegången i Nürnberg. Manstein svarade: ”Efter vad jag vet skedde det inte… Så här i efterhand står det klart för mig att vissa kontaktförsök gjordes, tydligen för att utröna min inställning. Vid ett tillfälle besökte överste von Gersdorff mig och det har senare sagts mig att han hade med sig brev från Goerdeler och Popitz, som han skulle visa mig om han blev övertygad om att jag stödde en statskupp. Eftersom jag alltid hade företrätt ståndpunkten att ett avsättande av Hitler under kriget skulle leda till kaos, visade Gersdorff mig överhuvudtaget inte dessa brev. Att detta var kontaktförsök har jag först i efterhand blivit medveten om. Jag har alltså inte vid något tillfälle till någon givit mitt samtycke till att delta i ett sådant företag.”

I Mansteins dagbok återfinns ingen hänvisning till att Gersdorff skulle ha talat om ett attentat mot Hitler. Det hade dessutom varit alltför riskabelt att skriva om ämnet. Risken var alltför stor att dagboken hade kunnat hamna i SD:s händer. Anteckningarna avslöjar dock en farlig öppenhet i Mansteins och Gersdorffs diskussioner om brister i ledningen. Hitler, skrev Manstein, skulle ”inte sköta allt själv”. Han borde samarbeta med en nyutnämnd generalstabschef för *Wehrmacht* eller överta chefskapet även över flygvapnet och flottan och leda krigföringen med de tre vapengrenarnas chefer. Hitlers uppgift som ”ledare och fältherre” grundade sig framför allt på den ”politiska ledningen av folket, som nu saknas, på den utrikespolitiska ledningen av kriget, på rustningsproduktionen och ekonomin. Ur militär synpunkt vilar den emellertid enbart på de grundläggande militärpolitiska besluten.” Allt detta skulle Kluge lägga fram för Hitler. Manstein själv kunde inte göra det, ”eftersom jag i den utländska propagandan framställdes som den man som ville ta över ledningen av landet”.

Manstein sade till Gersdorff att fred inte var att tänka på vid denna tidpunkt, eftersom fienden trodde sig ha segern inom räckhåll. Däremot

Den idérike och alltid stridsberedde Mansteins kloka och oförtröttliga insats ledde till att den tyska generalstaben frikändes från skuld.

General Siegfried Westphal vittnar om Manstein vid Nürnbergrättegången.

"Förlorade segrar..." Erich von Manstein tillsammans med hustrun vid frisläppandet ur fängelset 1953.

Med det tyska folket delade vi soldater oförmågan att genomskåda regimens sanna natur.

Erich von Manstein

Jag fick aldrig intrycket att han var en bruten man. Jag tror också att han var en troende kristen. Är man fast i tron rubbas man inte så lätt.

Dinnies von der Osten, Mansteins fosterson

måste Hitler och ingen annan ta vara på varje möjlighet till förhandlingar. Manstein hävdade att "armén har i grunden inget med detta att göra. Soldaterna har avlagt sin soldated och lydnadsplikt och kommer alltid att förbli trogna. Varje tanke på att militära chefer ska blanda sig i frågor som rör den politiska ledningen skulle innebära att de därmed inte längre respekterar den militära underordningen, vilket därefter skulle vändas emot dem".

Manstein hade gillrat en fälla åt sig själv: han såg sig "bara" som soldat och ingenting annat, och "som soldat använder jag inte min rock för att dölja en dolk". Eftersom han hade uppfostrats i den preussiska officerskårens anda, såg sig Manstein förpliktigad att visa lojalitet och lydnad gentemot "den legala statsledningen", det vill säga även mot Hitler. I sin dagbok skrev Manstein den 8 augusti 1943 följande rader om Hitler: "Han är den ende man som har folkets och soldaternas förtroende och som de tror på. Ingen annan kommer att få det." En statskupp eller rentav ett attentat mot det "legala" statsöverhuvudet kom för Manstein inte på fråga vid någon tidpunkt. Fångad i en konflikt mellan samvete och lydnadsplikt förblev Manstein lojal. Han hänvisade till det ansvar han hade inför sina soldater och den plikt han hade att uppfylla som chef. Han ansåg att en kupp skulle kunna leda till ett inbördeskrig. Tanken på att Hitlers död möjligtvis hade kunnat rädda miljontals människor undan döden föll inte Manstein in. För general Dietrich von Choltitz, mannen som räddade Paris undan förstörelse vid de allierades ankomst 1944, förklarade Manstein dilemmat mellan krigstjänst och motstånd med följande ord: "Den fientliga övermakten, som jag under flera år har kämpat emot, har nu ökat i proportion från 1:3 till 1:20. I ljuset av detta är det en skrattretande tanke att ta livet av Hitler när miljoner ryssar samtidigt står beredda att välla in över Tyskland. Som chef för en armégrupp är jag ansvarig inför det tyska folket. Jag kan som militär chef inte för ett ögonblick föreställa mig att verka för en våldsam omvälvning av landets ledning ... Jag har inte rätt att genom ohörsamhet göra mina soldater osäkra ... Om en sådan ändring, som i flera avseenden är ytterst nödvändig – och som jag själv skulle hälsa med glädje – planeras, så måste den påbörjas av män i Tyskland. Män som har en möjlighet att komma nära Hitler och som dessutom har bättre förutsättningar att skapa sig en uppfattning om de politiska konsekvenserna. Jag stödjer mina soldater som jag måste leda och vilkas öde jag delar."

Mansteins överläggningar med företrädarna för det militära motståndet förlöpte samtliga enligt ett liknande mönster. Han insåg mycket väl situationens allvar och tog inte principiellt avstånd från en statskupp. Men personligen ville han inte ta någon aktiv del i en kupp. Den 25 november 1943 träffade Manstein sin kusin överste Henning von Tresckow från armégrupp Mitt. Tresckow försökte än en gång få Manstein att ta aktiv del i en kupp mot Hitler. Manstein replikerade att han bara såg en enda utväg: fortsatt kamp under Hitler för att hoppas uppnå ett militärt remi på slagfältet. Tresckow försökte tala till Mansteins samvete och hävdade att Hitler förde Tyskland mot avgrunden: "Vi har däremot de maktmedel som krävs för att förhindra detta. Om inte vi gör det, gör ingen annan det heller." Vid ett av Tresckows samtal med Manstein hörde stabsofficeren Hans-Adolf von Blumröder Manstein yttra följande ord: "Tresckow, låt mig slippa er fördömda politik!"

Tresckows besök den 25 november 1943 var det sista försöket av en motståndsman att vinna över Manstein som en centralgestalt för motståndet. Det gick inte att få Mansteins stöd för en statskupp. Mansteins mentor, generalöverste Ludwig Beck, förklarade sin före detta skyddslings negativa inställning med hans karaktär. I mars 1944, då Manstein avskedades, fastslog Beck klarsynt: "Även om jag sedan lång tid tillbaka har uppskattat honom beklagar jag inte på något sätt att han avskedats."

Manstein var inte den ende bland de ledande officerarna som hade denna inställning, att visserligen acceptera motståndet mot Hitler men själv inte ta någon del i det. Flera höga officerare, däribland fältmarskalkarna Kluge och Rommel, skulle ha välkomnat ett kuppförsök, men var inte beredda att själva göra en aktiv insats. Mansteins motstånd mot Hitler urholkades under hårdnackade motsättningar vid kartbordet.

Efter pansarslaget vid Kursk hade det militära initiativet oåterkalleligen övertagits av Röda armén. Vid frontbredder på upp till 900 kilometer utsattes Mansteins armégrupp för ständiga anfall. Så gott som dagligen uppstod nya krissituationer och luckor i fronten måste täppas till. Men när en lucka täppts till uppstod genast en ny. Röda armén verkade obetvinglig, som en hydra där de avhuggna kroppsdelarna växte ut igen. Manstein insisterade på att de alltför utdragna frontlinjerna skulle förkortas. Men Hitler höll fast vid det vanliga: inte ett steg tillbaka, håll ut, håll ut, håll ut ... Vid upprepade tillfällen blandade han sig i ledningen av Mansteins armégrupp Syd. Om Manstein försökte övertyga honom med militära argument förde Hitler ekonomiska och politiska nödvändigheter på tal. Emellanåt resignerade Manstein: "Mot sådana argument har jag inget att komma med." I augusti 1943 protesterade Manstein hos arméledningen: "Om Führern tror sig ha hittat någon som har bättre nerver, visar mer initiativkraft, hittar bättre lösningar, är mer klarsynt, så ställer jag gärna min post till förfogande. Men så länge jag trots allt innehar denna tjänst måste jag få möjlighet att använda mitt huvud." På nytt försökte han få Hitler att acceptera tanken på en högste chef för östfronten, och med hänsyn till det dramatiska läget drog han sig inte längre för att föreslå sig själv som kandidat till posten. "Om ni, *mein Führer*, i det sammanhanget skulle ha min person i åtanke, sätter jag mitt huvud i pant på att jag ska stabilisera fronten."

Hitler svarade att bara han själv kunde styra de uppstudsiga generalerna. Besviken skrev Manstein i sin dagbok: "Det kan numera inte råda något tvivel om lägets allvar och om att trupperna är slutkörda ... För femtioelfte gången påtalar jag för arméledningen att det inte kan fortsätta så här ... Man blir trött inte enbart av att bekämpa ryssarna, utan också av att bekämpa högre instanser som inte vill se verkligheten."

Hitler höll emellertid fortfarande fast vid Manstein. Alltfler röster höjdes dock för att fältmarskalken borde avskedas. I motsats till Hermann Göring ansåg Manstein att det var omöjligt att försörja de inneståndga soldaterna i Stalingrad från luften. Därmed fick han i Göring en fiende, som i likhet med Himmler och Goebbels betraktade Manstein som en rival i kampen om Hitlers gunst. Redan i april 1943 hade propagandaminister Goebbels noterat att Manstein hade infört en "humanare behandling av befolkningen" i de områden som hans armé hade lagt under sig. Den 19 oktober formulerade Joseph Goebbels sig ännu tydligare i sin dagbok: "Manstein är allt annat än en anhängare av den nationalsocialistiska regimen. Men för närvarande kan vi inte vidta några åtgärder mot honom, eftersom vi behöver honom. Åtminstone är det vad *der Führer* hävdar." En vecka senare trodde sig Goebbels ha lagt märke till en ändrad åsikt hos Hitler, i en för honom positiv riktning: "Führern har bestämt sig för omfattande personalförändringar för att häva krisläget på sydfronten ... Han vill ersätta fältmarskalk Manstein med generalöverste Model och anförtro ledningen av armégruppen åt honom." Två månader senare hade Manstein fortfarande kvar sin tjänst. Goebbels otålighet över "att *der Führer* ännu inte har tagit ifrån Manstein hans befäl" växte: "Han kallas numera allmänt bara för 'marskalk återtåg.'"

Spänningarna mellan Hitler och hans fältmarskalk blev allt större i takt med att Röda armén ryckte fram alltmer beslutsamt mot de tyska ställningarna. Vid ett möte med högt uppsatta ledare inom nazistpartiet på slottet i Posen (nu Poznań) den 27 januari 1944 uppmanade Hitler fältmarskalkar och generaler ur alla vapenslag att visa lydnad och lojalitet. För Manstein var detta en "otrolig" skymf. För sin ordonnansofficer Stahlberg skildrade Manstein hur han inte längre hade stått ut när Hitler slutligen hade fabulerat om en sista strid där hans fältmarskalkar stod vid hans sida. Hitler stegrade sig alltmer intensivt i sitt resonemang tills Manstein avbröt honom med det dubbeltydiga utropet: "Så kommer det också att bli, *mein Führer*!"

Hitler reagerade ilsket: "Herr fältmarskalk, jag undanber mig att ni avbryter mitt anförande. Ni skulle inte heller acceptera att era underlydande uppträdde på samma sätt mot er."

Skandalen fick efterverkningar. I sin verksamhetsrapport fastslog Hitlers chefadjutant general Rudolf Schmundt: "På grund av detta utrop och spänningarna under den senaste tiden kommer frågan om en ersättare för fältmarskalk von Manstein åter att tas upp." I själva verket hade Mansteins anmärkning knappast hörts, och inte alla i salen hade uppfattat den som kritik mot Hitler. Enligt Percy Ernst Schramm, som ansvarade för arméstabens krigsdagbok, hade Mansteins inlägg enbart uppfattats som ett störande ljud från första raden. Men det är ett obestridligt faktum att Mansteins omdiskuterade uttalande utnyttjades av hans motståndare.

Medan Goebbels, Göring och Himmler fortsatte att intrigera mot den man som de uppfattade som en rival om makten, utvecklades krisen vid fronten till en katastrof. Väster om Tjerkassk tycktes ett andra Stalingrad uppstå. Där hade Röda armén inneslutit sex tyska divisioner med sammanlagt 56 000 man. De försök som gjordes för att undsätta dem misslyckades. Då beslöt Manstein att utan Hitlers godkännande ge order om utbrytning. Natten till den 17 februari 1944 stormade tiotusentals tyska soldater i förtvivlat mod de sovjetiska ställningarna. Genom sitt egenmäktiga förfarande räddade Manstein tusentals liv. I efterhand godkände Hitler Mansteins order.

"Alla tiders störste fältherre" misstrodde sina generaler. Framför allt Manstein, som strategiskt var Hitler vida överlägsen, förblev i Hitlers ögon misstänkt in i det sista, inte minst på grund av att han tidigare varit en av Becks och Fritschs förtrogna. På våren 1944 försämrades förhållandet mellan Hitler och Manstein ytterligare. General Seydlitz, en av de generaler som tagits tillfånga i Stalingrad, uppmanade som vice ordförande i "Nationalkommittén Fritt Tyskland" fältmarskalkar och generaler att inställa kampen mot Sovjetunionen och ansluta sig till nationalkommittén. Hitlers chefadjutant Schmundt ansåg det därför nödvändigt att avkräva generaler och fältmarskalkar en trohetsed till Hitler för att försäkra sig om deras absoluta lydnad. Till att börja med försökte Manstein slippa underteckna lojalitetsförklaringen. Den ed som han hade svurit till Hitler efter Hindenburgs död 1934 gällde ju fortfarande,

"... allt annat än nazist." Chefen för den västtyska armén, Ulrich de Maizière, gratulerar Manstein på hans 80-årsdag 1967.

Om jag inte hade vetat att han var fältmarskalk hade jag gissat att han var rektor för ett universitet.

Reginald T. Paget, Mansteins försvarare

Den tyska riksdagen ville lyssna till den bedömning som en man med hans militära erfarenheter gjorde. Det skulle hjälpa parlamentet att nå en förnuftig lösning för landets armé.

Ulrich de Maizière, chef för västtyska armén Bundeswehr

resonerade han. Men Hitler var särskilt intresserad av just Mansteins namnteckning. Till slut skrev Manstein trots allt under det svulstigt formulerade dokumentet, som författats av Goebbels. Den 19 mars 1944 på Obersalzberg läste fältmarskalk Rundstedt upp lojalitetsförklaringen inför Hitler: "Vi, arméns fältmarskalkar, har med allvarlig sorg och oro fått visshet om att generalen av artilleriet Walther von Seydlitz-Kurzbach har begått ett lumpet förräderi mot vår heliga sak ... Mer än någonsin åligger det oss att förankra era av höga ideal uppfyllda tankar i armén, så att varje soldat blir en än mer fanatisk kämpe för vårt folks nationalsocialistiska framtid. Vi vet att enbart en av nationalsocialismen präglad armé är kapabel att bestå det uthållighetsprov som ännu skiljer oss från segern. Mottag, *mein Führer*, denna bekännelse från arméns fältmarskalkar som ett tecken på vår eviga trohet." Hitler blev djupt imponerad. Han berömde sin propagandaministers högtidliga löfte med orden "mycket slagkraftigt, mycket entydigt och helt och hållet nationalsocialistiskt".

Men eden på Obersalzberg förändrade givetvis inget i den grundläggande misstro Hitler kände mot sina generaler i allmänhet och Manstein i synnerhet. Om inte annat såg Goebbels, Göring och Himmler till det genom sina intriger. Den 29 mars 1944 påtalade till exempel SS-chefen Himmler för Hitler att han ställde två nya *Waffen*-SS-förband till förfogande för sydfronten. Han var dock mycket tveksam till att överlämna dem till Manstein. Med tillfredsställelse skrev Goebbels: "*Der Führer* har tagit mycket stort intryck av Himmlers argument."

Strax därefter nådde Mansteins motståndare sitt mål. Ännu en gång inneslöts en hel armé, denna gång den 1. pansararmén vid Kamenets-Podolsk. Den 25 mars 1944 meddelade Manstein Hitler på Obersalzberg att han skulle ge order om utbrytning. "Führern mycket avvisande", skrev Manstein i sin dagbok. "Långa diskussioner hit och dit med ovidkommande påståenden om orsakerna till utvecklingen, som Hitler hänför till den senaste tidens undanmanövrer. Jag påstår däremot att det inte gick att undvika eftersom vi ständigt haft våra styrkor på fel plats för att hålla ställningarna." Diskussionen blev allt hetsigare. Skarpare än någonsin tidigare kolliderade de skilda uppfattningarna hos Hitler och Manstein med varandra. Vid samma tillfälle bad Manstein Hitlers chefadjutant Schmundt "att meddela *der Führer* att jag ber honom anförtro ledningen av armégruppen åt någon annan, om han inte tror sig fullt ut kunna instämma i mina åsikter". Hitler godkände Mansteins krav. Den 1. pansararméns framgångsrika utbrytning var den sista av Mansteins "förlorade segrar". Sex dagar senare avskedades han.

Från hemmet i Liegnitz följde Manstein hur läget vid fronten försämrades dramatiskt utan att han kunde ingripa. Den enda förhoppning han hade var att han snart åter skulle få föra befäl, som Hitler hade lovat. Hitler skulle nog kalla på honom när han inte såg någon annan utväg. Manstein var fortfarande övertygad om att han, den främste armégeneralen, var oumbärlig för Hitler.

Efter en ögonoperation gjorde Manstein allt för att tillfriskna så snabbt som möjligt. Han ville vara beredd när hans ledare kallade. Även nu, när han inte tyngdes av bördan av att vara armégruppchef, var en statskupp mot Hitler otänkbar för honom – en illegal åtgärd mot en "legal" statsledning. Den 20 juli 1944 – dagen för attentatet mot Hitler – befann Manstein sig i kurorten Bansin vid Östersjökusten. Två dagar tidigare hade hans ordonnansofficer Alexander Stahlberg under en bilfärd berättat om ett planerat attentat mot Hitler: "Herr fältmarskalk, jag känner mig förpliktigad att meddela, att *der Führer* kommer att mördas idag eller under någon av de närmaste dagarna." Manstein kommenterade: "Då vet vi det alltså redan, Stahlberg!" Säkerhetstjänsten fann inga bevis för att Manstein skulle ha varit inblandad i sammansvärjningen. "De slugaste generalerna ställde sig avvaktande", fastslog Goebbels, "och till dem hör Manstein."

I augusti 1944 insåg fältmarskalk Manstein utan förbehåll att kriget var slut för hans del. Han hade ännu inte kallats till posten som chef för fronten i väster. Med besvikelse anförtrodde han Heinz Guderian: "Under tiden har den högste chefen i väst bytts ut två gånger och nästan alla armégrupper har fått nya chefer utan att någon har kontaktat mig. Av det måste jag dra slutsatsen att *der Führer* inte avser att få användning av mig. Ni vet hur outhärdlig denna passivitet är för mig." Hitler tänkte inte ens tanken att åter ta Manstein, "generalstabens mest briljanta hjärna", i tjänst. Han resonerade på följande sätt i mars 1945: "Om jag hade haft fyrtio fullt utrustade anfallsdivisioner för ett avgörande slag mot fienden, då hade enbart Manstein kommit ifråga som chef för dessa trupper. Men som läget är nu har jag ingen användning för honom. Han tror inte på nationalsocialismen. Därför är han inte kapabel att utstå de prövningar som en fältherre är utsatt för i dagens militära läge."

Manstein fann sig i sitt öde. Medan den sovjetiska fronten ryckte allt närmare, gav han hösten 1944 Alexander Stahlberg i uppdrag att förvärva ett lantgods i Pommern. Att miljoner människor under detta krig skulle fördrivas från sin ostpreussiska hembygd och att stora delar av Pommern snart inte längre skulle tillhöra Tyskland kunde Manstein inte föreställa sig. I oktober 1944 skrev "trollkonstnären", som Rommel kallade

Manstein, i ett lyckönskningstelegram till den ålderstigne generalfältmarskalken August von Mackensen: "Jag önskar att ni får uppleva vår slutgiltiga seger!"

Den oupphörligt framryckande sovjetiska armén fick honom snart på andra tankar. Först nu, under de sista månaderna före sammanbrottet, kom han till insikt om att kriget definitivt var förlorat. Manstein flydde från Liegnitz till Berlin och anmälde sig för tjänstgöring vid arméledningen i Zossen. Han ville tilldelas en uppgift, om det så bara handlade om att leda en bataljon. "Han var ivrig att få något att göra", minns Rüdiger von Manstein, som upplevde krigets sista dagar i sin fars sällskap. "Han ville inte sitta och rulla tummarna när läget vid fronten var så tillspetsat." Men arméledningen visste inte vad den skulle göra med fältmarskalken. Man hade ingen användning för "de allierades farligaste fiende".

Mansteins flykt förde honom via Achterberg, generalöverste Fritschs gods på Lüneburgerheden, till slottet Weissenhaus i Holstein. Inte långt därifrån låg Plön, där storamiral Dönitz förde befäl över vad som fanns kvar av arméförbanden i norra Tyskland. Tillsammans med fältmarskalk Fedor von Bock – som även han hade avskedats – försökte Manstein få Dönitz att successivt föra de tyska förbanden i öster närmare de amerikanska och brittiska frontavsnitten. Inte ett ord om att äntligen få slut på kriget. Snarare verkade Manstein spekulera i att sprickor hade uppstått i fiendens allians. Det skulle ju kunna öppna nya förhandlingsmöjligheter för Tyskland.

För det nya "statsöverhuvudet" amiral Karl Dönitz anlände den ansedde fältherren i rättan tid. "Den 1 maj beordrade jag att kontakten med Manstein skulle återupptas", skrev Dönitz efter kriget. "Jag ville be honom att ta över som chef för *Wehrmacht* efter Keitel." Uppenbarligen hade Dönitz hoppats att med hjälp av Manstein kunna förhandla fram en "bättre kapitulation" och rädda så många soldater som möjligt undan sovjetisk fångenskap. Men Manstein avböjde. För många officerare var han det sista hoppet under krigets sista dagar. Fältmarskalk Fedor von Bock, som sårats svårt vid ett flyganfall, vädjade till honom på sin dödsbädd: "Manstein, rädda Tyskland!"

Men det fanns inte längre någonting att rädda. *Wehrmachts* kapitulation var för Manstein den katastrof han som fältherre ständigt hade försökt undvika. Den 8 maj 1945 lät han meddela den brittiske fältmarskalken Montgomerys högkvarter var han uppehöll sig. Han ville inte gömma sig som en simpel förbrytare. Kanske kunde han trots allt komma till nytta om segrarmakternas allians bröt samman, något han ännu trodde var möjligt. I Holstein överlevde han en livshotande ögoninflammation. Manstein var ännu inte helt återställd när brittiska officerare den 26 augusti 1945 körde upp till slottet Weissenstein i jeep för att arrestera honom. Fältmarskalkens fosterson, Dinnies von der Osten, den avlidne fältmarskalk von Bocks styvson, minns händelsen som "ett ovärdigt skådespel": "Officerarna knuffade Manstein nerför trappan och roade sig med att jonglera med hans marskalkstav. Manstein reagerade inte. Han lät sig inte förödmjukas."

Efter fyra år i engelsk fångenskap ställdes Erich von Manstein år 1949 inför en brittisk militärdomstol, anklagad för krigsförbrytelser i Polen och Sovjetunionen. Rättegången, som ägde rum i Hamburg, var den sista mot en av *Wehrmachts* högsta officerare. Framför allt i England uppstod starka protester. Churchill talade om "försenade rättegångar mot avdankade tyska generaler". I det brittiska parlamentet protesterade man i både över- och underhuset. Men också mer handfasta åtgärder vidtogs. Lorderna Bridgemen, De L'isle och Dudley inrättade en fond till Mansteins försvar. Churchill var den förste som lämnade ett bidrag för att Manstein skulle få en brittisk advokat under rättegången. Reginald T. Paget var en ansedd advokat och parlamentsledamot för arbetarpartiet och ställde sig slutligen till förfogande som Mansteins försvarare. Enligt åtalet hade Manstein under fälttåget i öster vid sjutton tillfällen brutit mot grundprinciperna i Haagkonventionen. Manstein frikändes från de åtta allvarligaste anklagelsepunkterna, som rörde brott mot judiska medborgare. Av hälsoskäl och efter protester från Churchill och Montgomery släpptes fältmarskalk Manstein i förtid från fängelset 1953.

Mansteins uppträdande under efterkrigstiden var typiskt för många andra höga officerares. Även Manstein strävade efter att frikänna *Wehrmacht* – och därmed sig själv – från politiskt ansvar under Hitlers diktatur. Med sina vittnesmål inför rättegångarna i Nürnberg och Hamburg lade han grunden till en ny dolkstötslegend och till myten om ett "fläckfritt" *Wehrmacht* som inte hade deltagit i några krigsförbrytelser.

Men denna gång var det inte, som 1918, hemmafronten som stötte en dolk i ryggen på den obesegrade armén, utan nu var det *der Führer* som hade orsakat katastrofen. Enligt Manstein hade diktatorn genom sin inblandning i krigföringen förhindrat en avgörande framgång för *Wehrmacht*. Om Hitler bara hade lämnat sina generaler i fred skulle man inte ha förlorat kriget. I konsekvensens namn kallade Erich von Manstein sina memoarer för *Verlorene Siege* ("Förlorade segrar").

Istället för seger eller nederlag hade ett oavgjort läge föresvävat Manstein. Han hade inte insett att det för Hitler handlade om allt eller inget. Han hade inte heller insett att han som Hitlers general i ett totalt krig inte kunde undgå att ta politisk ställning. Manstein såg sig som en "opolitisk soldat" och ägnade hela sin kraft åt slagfältet. Intill självuppoffringens gräns gjorde han det han var bäst på: att föra krig, utan att inse att Hitler hade kriminella mål med kriget på östfronten. I detta låg hans dilemma, som *Frankfurter Allgemeine Zeitung* noterade i sin nekrolog över Erich von Manstein i juni 1973: "Perfektionen i det militära ledarskapet, som skall förhindra att rädsla och grymhet uppstår på grund av oförmåga, blir till en fars när en förbrytarmentalitet så till den grad behärskar den politiska ledningen, att officeren genom sitt stora kunnande förlänger krigets slakt."

Vad som återstod var slutligen katastrofen och Mansteins insikt om att han "på grund av härkomst och uppfostran" inte varit vuxen de utmaningar som Hitlers diktatur hade ställt honom inför. Manstein hade ännu vid krigsslutet inte förmått tillgodogöra sig de avgörande insikterna: att kriget inte gick att vinna militärt och att det hade politiska mål som ingen förnuftig människa kunde dela. Denna oförmåga illustrerar det faktum att Manstein alltid var mycket skicklig vid kartbordet men ingen strateg som tänkte i politiska termer. Visserligen motsade han Hitler i militära frågor, men han gjorde inget aktivt motstånd. Medan andra officerare planerade att mörda tyrannen klamrade han sig fast vid plikten och lydnaden. Han tjänade en krigsherre som mot slutet medvetet förde Tyskland mot undergången i linje med sitt slagord: "Antingen blir Tyskland en världsmakt eller så upphör det helt att existera." Redan som ung kadett i Berlin hade Manstein lärt sig att visa den oförbehållsamma lydnad som han visade statsledningen, även om statschefen hette Adolf Hitler. Trots sina inre förbehåll mot den nazistiska regimen lät han sig missbrukas för mål som inte var hans egna. Erich von Mansteins bidrag till undergången av det Tyskland, som han som fältherre trodde sig kunna bevara, bestod i att han inte hade genomskådat Hitlers sanna natur och avsikter. Han ställde sin begåvning i en förbrytares tjänst, i den felaktiga tron att han därmed tjänade fosterlandet.

Natten till den 10 juni 1973 avled fältmarskalk Erich von Manstein i sviterna efter ett slaganfall. Soldater ur den västtyska armén, som han hade bistått som rådgivare, bar kistan till graven på kyrkogården i byn Dorfmark på Lüneburgerheden. Erich von Manstein var soldat – inte mer, men heller inte mindre.

Fången:

Friedrich Paulus

Jag står där jag står, som soldat och enligt order.

Jag måste acceptera mitt öde som Gud ger mig det.

Jag inser att krigshistorien redan har fällt sin dom över mig.

Tyskland är fortfarande starkt och kommer att kämpa framgångsrikt.

Jag var soldat och trodde att jag genom min lydnad tjänade mitt folk.

På en del låter det som om det bara var jag och Hitler och ingen annan i Stalingrad, ingen arméledning och ingen armé.

Jag är varken öst eller väst. Jag är tysk.

Friedrich Paulus

Vi ställer oss frågan om generalfältmarskalk Paulus fortfarande är i livet. Som läget är återstår det för hans del ingenting annat än en ärlig soldatdöd. Ödet har placerat honom i en situation där han, eftersom så många av hans mannar har stupat, måste göra avkall på 15 eller 20 år av sitt liv för att hans namn skall kunna leva vidare i årtusenden.

Joseph Goebbels, propagandaminister

Hur kan en man se på medan hans soldater dör och tappert försvarar sig till sista man – hur kan han då överlämna sig till bolsjevikerna? Det gör mig så ont eftersom en enda karaktärslös vekling utraderar så många soldaters hjältemod. I det här kriget kommer jag inte att utnämna fler fältmarskalkar.

Adolf Hitler

Den enda möjligheten hade varit att ställa Hitler inför fullbordat faktum och låtit den 6. armén bryta sig ut. Särskilt eftersom den högsta ledningen teg under 36 timmar. Antagligen var det snarare lojaliteten gentemot Hitler som fick Paulus att be om tillstånd för armén att bryta sig ut, eftersom han dessutom samtidigt hade radioförbindelse med arméledningen.

Erich von Manstein

Varje mening som han uttalade eller skrev var noga avvägd. Han uttryckte varje tanke så klart att inget tvivel skulle kunna uppstå. Om Reichenau var en chef som gärna fattade beslut och tog ansvar, och som särskilt utmärkte sig genom hårdhet, oböjlig vilja och djärvhet, så var Paulus raka motsatsen. Redan som ung officer kallades han av kamraterna för "den obeslutsamme".

Wilhelm Adam, adjutant under Paulus

Historien har hittills inte gett någon fältherre rätten att offra sina soldaters liv när de inte längre är i stånd att kämpa.

General Hans Doerr

Paulus betraktades som en av de ledande strategerna i den tyska armén och generalstaben. Trots det var man osäker på om han skulle ha samma kvalifikationer som arméchef som han hade haft som chef för generalstaben.

Philip Humbert, ordonnansofficer

Om fältmarskalk Paulus trivdes med att gå i fångenskap och sedan upplevde allt detta i Ryssland, i Dresden, vid krigsförbrytarrättegången i Nürnberg, är en fråga man kan ställa sig.

Winrich Behr, ordonnansofficer

Paulus företrädde ståndpunkten att det måste finnas ett neutralt och oberoende Tyskland.

Heinz Beutel, Paulus adjutant i Östtyskland

Generalfältmarskalk Paulus hållning var oklanderlig – korrekta kontakter med de ryska myndigheterna, en öppet uttalad sympati för Sovjetunionen, avståndstagande från nazistisk propaganda. Men under sin tid som krigsfånge vägrade han samtidigt hårdnackat att ta politisk ställning.

Leonid Reschin, författare

För mig är varje soldat som befinner sig i en sådan situation inte någon förbrytare utan snarare en tragisk gestalt, som man bara kan känna medlidande med men inte hat.

Erich Mende, före detta västtysk minister

En gång sade han till mig att han inte kunde rå för att han fortfarande levde.

Erna Eilers, hushållerska hos Paulus

Han var fel man på fel plats.

Paul Jordan, stabsofficer

ÖSTBERLIN DEN 26 OKTOBER 1953. I den "åtgärdsplan" som utarbetats av Huvudavdelning 1 vid Ministeriet för statssäkerhet står att läsa: "Objektet kommer att välkomnas av en delegation i Frankfurt an der Oder. Ansvarig: Generalmajor Arno von Lenski. Delegationens uppgift är att avhämta objektet för att i personbil föra honom till Berlin. I Berlin vidtar en mottagning i ministeriet vid Schnellerstrasse. En lättare måltid kommer att serveras, vid vilken kamraterna Matern, Stoph, Hoffmann, Maron, Müller, Homann, Dölling, Korfes, Bechler, Kessler med flera kommer att deltaga. Efter måltiden kommer ett meningsutbyte mellan objektet, ministern, generallöjtnant Heinz Hoffmann och Vincenz Müller att äga rum."

"Objektet", som mannen kallades i den östtyska säkerhetstjänstens interna dokument, var ingen annan än generalfältmarskalken i den tidigare tyska krigsmakten *Wehrmacht*, Friedrich Paulus. Han hade tio och ett halvt års fångenskap bakom sig när han den 26 oktober 1953 strax efter klockan elva på förmiddagen åter beträdde tysk jord vid gränsstationen i Frankfurt an der Oder.

Ett årtionde tidigare, den 2 februari 1943, nådde ett radiomeddelande tyska armégrupp Dons högkvarter. Det löd: "Molnhöjd 5 000 meter. Sikt tolv kilometer, klar himmel, spridda mindre moln. Temperatur minus 31 grader, dimma och rödaktig rök över Stalingrad. Väderstationen avanmäler sig. Vi hälsar fosterlandet."

Två dagar tidigare hade slaget om Stalingrad avslutats. Nederlaget var början till slutet för det tyska fälttåget i öster. I krigshistorien nämns knappast namnen på segrarna i den stora striden. Däremot är förlorarens namn väl känt: Friedrich Paulus. Hans namn är oupplösligt förbundet med slaget om Stalingrad (nu Volgograd).

I det tyska språket är ordet "Stalingrad" något mer än bara ett geografiskt begrepp. Staden blev en myt och en symbol. Den framkallar bilder som är lika olikartade som de synvinklar människorna väljer. Det finns platser där betydligt fler offer krävdes, till exempel Auschwitz eller Hiroshima. Det finns nederlag som fick allvarligare strategiska följder för den tyska armén, bland annat Moskva, El-Alamein, Kursk och Normandie. Men denna stad, belägen mer än 2 000 kilometer sydöst om Berlin, blev en synonym för den tyska arméns misslyckade "blixtkrigstaktik".

I november 1942 inneslöts minst 260 000 tyska, italienska, ungerska och rumänska soldater ur den tyska 6. armén av åtta sovjetiska arméer. Två och en halv månad senare tillfångatog de sovjetiska soldaterna omkring 91 000 fysiskt och psykiskt fullkomligt utmattade motståndare och sände dem till fångläger långt bakom fronten. När de flera år senare släpptes fria var endast 6 000 i livet. Av de 23 tyska generaler som togs tillfånga i Stalingrad var det bara en som inte återvände hem. Generalöverste Walter Karl Heitz dog den 6 februari 1944 i magcancer på ett sjukhus i Moskva. Generalernas högste chef Friedrich Paulus, som under slagets sista timmar hade utsetts till fältmarskalk, levde i 14 år efter sitt tillfångatagande. Som en följd av Stalingrad kom han att bli en av de mest omstridda härförarna i den tyska militärhistorien. Över ett halvt århundrade efter slaget går meningarna om Paulus isär. Var han en hjälte, en förrädare, en Hitlertrogen general, en opportunist, en schackfigur i det kalla kriget eller en tragisk gestalt? En före detta ordonnansofficer vid 6. armén drar idag följande slutsats: "Paulus hade klarat sig mycket bättre om han hade följt general von Hartmanns exempel."

General von Hartmann, chef för 71. infanteridivisionen, hade, sedan hans division närmast hade utplånats, begett sig ut i stridslinjen. Han hade gett eld utan täckning mot de sovjetiska soldaterna ända tills ett skott träffade honom i huvudet.

"Jag ville nå Volga, och i synnerhet en bestämd stad. Av en tillfällighet bar den Stalins namn", resonerade Adolf Hitler den 8 november 1942 vid ett tal inför partiveteraner i *Bürgerbräukeller* i München. "Men tro nu bara inte att jag enbart har marscherat dit av denna orsak ... utan för att det är en mycket viktigare plats ... Den ville jag inta."

Och sedan ljög han: "Vet ni, vi är blygsamma av oss. Vi har nämligen tagit den." Det hade de inte, och de skulle heller inte inta den viktiga platsen. Intill slutet försvarade Röda armén med allt större envishet sitt bara några få hundra meter breda brohuvud på Stalingrads norra Volgastrand. Den sovjetiska 62. armén, 75 000 man ur arbetarmilisen, 7 000 ungdomar ur den kommunistiska ungdomsorganisationen *Komsomol* och en del kvinnor stod emot den tyska arméns starkaste förband. Den 6. armén hade redan gjort sig känd som betvingare av huvudstäderna Warszawa, Bryssel och Kiev. Men nu var Stalins order nummer 227 otvetydig: "Inte ett steg tillbaka ..." Förband ur säkerhetspolisen NKVD såg till att ordern åtlyddes. Under fem månader rasade en förintande gatustrid – om hamnen, om Volgas strandbank, om centralstationen och fabrikerna. Det var en strid som enligt 6. arméns stabschef, general Arthur Schmidt, "inga av de trupper som deltar i kriget någonsin har upplevt". Striden fortsatte tills hela staden låg i ruiner. Stalingrad blev en tvivelaktig myt om hjältemodigt soldatskap och offerdöd. Staden blev, enligt Hitlers arméadjutant major Gerhard Engel, en "helgedom". Han jäm-

Inför soldaterna och deras befäl i 6. armén, liksom inför det tyska folket, bär jag ansvaret för att fram till sammanbrottet ha utfört den order om uthållighet som den högsta ledningen gav mig.

Friedrich Paulus

Jag hyser bara medlidande med honom.

General Alfred Jodl vid Nürnbergrättegången

"Jag håller ut enligt order..." General Friedrich Paulus 1941.

förde slaget med de stora drabbningarna under antiken, som Cannae och Thermopyle.

Men helvetet i Stalingrad var inte Thermopyle och den i sista ögonblicket utnämnde fältmarskalken Paulus var ingen modern Leonidas. Hans soldater försvarade inte hemlandets gränser utan stod som erövrare i hjärtat av ett annat land. De var inte i det främmande landet för att skydda landets ordning utan för att *der Führer* hade beordrat dem dit. Fältmarskalken kämpade och dog inte heller sida vid sida med sina soldater utan gick i fångenskap tillsammans med sina officerare. Det var snarast ett banalt slut. Den avslutande rapporten från den sovjetiska 64. armén till högkvarteret löd:

”På kvällen den 30 januari trängde delar av armén, som utkämpat hårda gatustrider med fientliga grupperingar i stadens södra del, in i Stalingrads centrum. Den 38. motoriserade skyttebrigaden och den framryckande 329. ingenjörbataljonen stötte på ytterst envist motstånd på 'De fallna kämparnas torg'. Fienden hade förskansat sig i två byggnader på Lomonossovgatan. Av förhören med en fånge som togs i samband med erövringen av en av byggnaderna, framgick att denna byggnad utgjorde stödjepunkt till ingången till det centrala varuhuset. I varuhusets källare fanns den tyska 6. arméns samlade stab samt arméns chef, Paulus. Natten till den 31 januari 1943 avspärrades varuhusbyggnaden av delar av den 38. motoriserade skyttebrigaden och den 329. ingenjörbataljonen. Telefonförbindelserna avbröts. Den 31 januari 1943 kom Paulus personlige adjutant, överste Adam, ut ur källaren under en skottväxling med arméstabens vakter cirka klockan 06.00. Överste Adam meddelade att den tyska ledningen önskade inleda förhandlingar med vår ledning.”

Dittills hade Paulus och hans stabschef, generalmajor Arthur Schmidt, kategoriskt vägrat förhandla. Det sovjetiska kapitulationserbjudandet den 8 januari hade från tysk sida besvarats med hotet om att sovjetiska sändebud skulle beskjutas.

Nu begav sig däremot general Paulus adjutant, överste Wilhelm Adam, i sällskap med den ställföreträdande chefen för den 38. motoriserade skyttebrigaden, överstelöjtnant Vinokur, genom det sönderskjutna varuhusets källarkatakomber för att förhandla fram villkoren för hur en tysk fältmarskalk skulle överlämna sig till fienden.

Friedrich Wilhelm Ernst Paulus föddes den 23 september 1890 i Hessen i mellersta Tyskland. Han växte upp i ett typiskt tjänstemannahem under kejsartiden. Hans borgerliga härkomst skulle komma att påverka hans liv. Fadern var bokhållare vid en uppfostringsanstalt och modern var dotter till chefen för anstalten. Paulus verkade förutbestämd för en militär karriär. Han uppfostrades i en miljö där egenskaper som korrekthet, exakthet, en djupt rotad känsla för hierarkier och ett gammaldags lojalitetsbegrepp uppmuntrades. Dessutom var han intelligentare än genomsnittet. Han tog sin studentexamen i Kassel 1909. I sitt avgångsbetyg angav han ”officer i den kejserliga marinen” som det yrke han ville ägna sig åt. Men den kejserliga flottan var sparsmakad när det gällde officerarnas bakgrund. Att man tillhörde adeln eller överklassen var lika viktigt som begåvning och intresse. Den hessiske tjänstemannasonens inträdesansökan avslogs. Paulus yttrade sig aldrig om avslaget. Att han uppfattade det som en social degradering är uppenbart. Han beslöt att istället påbörja en juristutbildning. Höstterminen 1909 skrev han in sig vid den juridiska fakulteten vid universitetet i Marburg. Men fortfarande hägrade en militär karriär. Armén behövde officerare och var mindre präglad av ståndshögfärd. Den 18 februari 1910 blev den nittonårige Friedrich Paulus officersaspirant vid 111. infanteriregementet i Rastatt. Efter att ha genomgått krigsskolan i Engers blev han löjtnant 1911. Hans giftermål år 1912 med den rumänska adelsdamen Elena Constance Rosetti-Solescu kom att få stort inflytande på hans karriär. Coca, som hon kallades i familjekretsen, kom från en förmögen och högt ansedd adelsfamilj med kontakter vid det rumänska hovet. Det var en ovanlig förbindelse för båda två. Genom äktenskapet öppnade sig dörrarna till Europas gamla furstehus för den unge löjtnanten. Det var en värld som snart skulle försvinna.

När första världskriget började i augusti 1914 tjänstgjorde löjtnant Paulus som bataljonsadjutant vid 111. infanteriregementet. Det var karakteristiskt för honom att han främst tjänstgjorde som adjutant och senare vid staben. Redan som ung officer präglades han av stor noggrannhet när han löste sina uppgifter vid staben. Bland hans kamrater från denna tid är omdömet om Paulus entydigt: en typisk generalstabsofficer av den gamla skolan, välväxt och med ett mycket vårdat yttre, tillbakadragen och älskvärd. Han var utomordentligt begåvad och intresserad av sina uppgifter och arbetade noggrant och långsamt böjd över kartbordet. Han visade särskilt intresse för krigsspel vid kartbordet, där han visade sig vara en stor operativ begåvning. Han överlade grundligt och länge innan han fattade de beslut som krävdes. Paulus tog ingen hänsyn till sin hälsa, utan arbetade nätterna igenom och höll sig vaken med kaffe och stora mängder cigaretter.

Vid krigsslutet 1918 var Paulus kapten och stabsofficer. Krigsslutet och framför allt kejsarrikets fall gjorde ett djupt intryck på officeren och mo-

"Mina händer är rena..." General Walther von Seydlitz-Kurzbach (till vänster) och Friedrich Paulus vid en övervakningspost.

Ni kan inte jämföra mig med Paulus... Ett stort antal människor sköts på hans order. Han är ansvarig för sina handlingar eftersom han var tjänstgörande chef för 6. armén och generalstabschefens ställföreträdare.

General Walther von Seydlitz-Kurzbach vid Nürnbergrättegången

Att utan kännedom om helhetsläget låta en hel armé lämna de intagna positionerna kom överhuvudtaget inte i fråga.

Friedrich Paulus

narkisten Friedrich Paulus. Som soldat upplevde han nederlaget smärtsamt, däremot förblev hans inställning till kriget som politiskt medel oförändrad. Ett dokument från 1937 bekräftade i efterhand att Paulus under åren 1919–20 var aktiv i en frikår. Hur omfattande Paulus inblandning i den tidens inrikes strider var, kan man bara spekulera om idag. Det finns nästan inget bevarat skriftligt källmaterial från denna tid. Friedrich Paulus skrev inte särskilt många brev och var inte heller någon flitig dagboksskrivare. Han var en undflyende gestalt. De återblickar han författade mot slutet av sitt liv var uteslutande förklaringar till hur han hade agerat under slaget om Stalingrad. På så vis är Paulus biografi än idag ofullständig.

I oktober 1922 genomgick han en utbildning för generalstabsofficerare i Berlin. En av hans dåtida chefer, general Heim, tillskrev honom trots hans stora begåvning en "viss brist på beslutsamhet i svåra situationer". Bland sina kamrater fick Paulus öknamnet "den obeslutsamme". I en skämttidning från 1931 skildras den 41-årige major Paulus av sina kolleger. Han kallas för "den ädle lorden", den "elegante, slanke herrn" och "majoren med sex-appeal". Paulus skildras vid denna tid som själva sinnebilden för den högt utbildade och opolitiske generalstabsofficeren. Det var exakt den typ av officerare som den dåtida tyska armén, *Reichswehr*, önskade sig – "generalstabsofficerare är namnlösa", hette det.

Efter att Paulus bland annat hade varit verksam som lärare i taktik utnämndes han 1933 till överstelöjtnant och chef för transportavdelningen i Wünsdorf. Denna avdelning kom senare att bilda kärnan i de tyska pansartrupperna. I denna befattning upplevde Paulus Hitlers maktövertagande. Paulus kände sig lockad av Hitlers löften, även om han snarare var negativt inställd till "den där oborstade typen" och hans "folkparti". Den demokratiska Weimarrepubliken avfärdade han, inte minst på grund av dess brist på "tukt och ordning".

Den roll Paulus spelade vid framväxten av pansartrupperna, som då var ett nytt vapenslag, har ofta underskattats. Det nya "blixtkrigsinstrumentets" organisationsformer kom att präglas av Paulus insatser i lika hög grad som generalerna Guderian och Nehring. De "opolitiska" generalstabsofficerarna kunde räkna med den före detta infanteristen Adolf Hitlers stöd för det nyuppsatta pansarvapnet. Hitler var inte främmande för moderna militära strategier och visade även ett tekniskt sinnelag då han tilldelade det nya pansarvapnet en framträdande roll vid sidan av flygvapnets nyutvecklade störtbombare. Utvecklingen av dessa flygplan utgjorde själva födelsen av det framgångsrika "blixtkriget". Här spelade Paulus en avgörande roll.

Vid bedömningen av den nazistiska diktaturens militära elit fokuseras idag oftast på deras inställning till motståndet mot regimen. Denna objektiva måttstock är historiskt och moraliskt korrekt, men subjektivt sett något tvivelaktig. Under Weimarrepubliken var Paulus i tolv års tid kapten, därefter major. Efter Hitlers makttillträde kom han att inom loppet av åtta år att befordras till generalmajor. Man kan på goda grunder anta att yrkesofficeren Friedrich Paulus betraktade den nye statschefen som sin yrkesgrupps välgörare.

Generalmajor Paulus upplevde andra världskrigets utbrott i september 1939 som stabschef vid 10. armén under ledning av generalöverste Walther von Reichenau. Denne man var en av de ovanligaste, mest lysande och omstridda cheferna i den tyska armén. Samarbetet mellan Paulus och Reichenau visade sig vara en nära nog idealisk arméledning. Walther von Reichenau var allsidigt bildad och tekniskt skicklig. Som artillerist och generalstabsofficer under första världskriget hade han iakttagit krigets tilltagande mekanisering och dragit slutsatserna av det. Under mellankrigstiden hade han gjort omfattande resor i Europa, USA och Sydamerika. Han förkroppsligade en ny typ av politisk soldat. Redan 1932 kom Reichenau i kontakt med nazismen. Med hjälp av sin farbror Friedrich von Reichenau, som var ordförande i föreningen för tyskar i utlandet, lyckades han få direkt kontakt med Hitler. Walther von Reichenau ville utnyttja de nya möjligheter som han antog att Hitlers makttillträde skulle innebära för förverkligandet av den tidens militärpolitiska uppfattningar. Han insåg att diktatorn för lång tid framåt skulle främja arméns strävanden. Reichenau och hans dåtida överordnade Werner von Blomberg framställs med rätta som de som förde armén allt närmare regimen. De kom också att representera den nya tidens ”politiske soldat”. Dessutom hade Reichenau en obändig äregirighet och ville vara den främste på alla möjliga områden: som idrottsman, ryttare och pistolskytt bland annat. Som fältherre befann han sig i den främsta linjen tillsammans med sina soldater. Han drog sig inte för att simma över en flod i Polen i täten för sina soldater. Under fälttåget i Ryssland gav han sig själv in i striden för att bemästra en kritisk situation. Han var inte någon sympatisk människa, men utan tvekan en egensinnig och modig man. Hans hänsynslöshet mot sig själv och andra var oöverträffad.

Paulus yttrade sig vid ett tillfälle skämtsamt om Reichenau: Han ägnade sig åt allt som han, Paulus, egentligen hade bättre fysiska förutsättningar för – ridturer, idrott och liknande – medan Paulus höll sig till sina arbetsuppgifter. Paulus yttrande var inte alls negativt menat. Det tillhörde stabschefens uppgifter att ta på sig en del av chefens arbetsuppgifter. Och Paulus satt gärna vid sitt skrivbord eller grubblade över kartor. Den pålitlige Paulus skötte arméchefens stab och tillät den karismatiske Reichenau att ägna sig åt sina eskapader.

Som stabschef vid 10. armén, som senare kom att döpas om till 6. armén, blev generalmajor Paulus vittne till divisionens snabba segertåg i Polen, Belgien och Frankrike. Segerparaden i Warszawa och mottagandet av den belgiska arméns kapitulation ur kung Leopold den III:s hand den 28 maj 1940 var händelser som säkert gav Friedrich Paulus känslan av att *der Führer* hade hämnats den orättfärdiga Versaillesfreden.

Under Reichenaus ledning fick 6. armén rykte om sig att vara ett elitförband. Paulus var en av få stabsofficerare som hade mångårig erfarenhet av pansarvapnets organisation och strategi. Inför det förestående fälttåget i Ryssland utsåg arméchefen, generalöverste Franz Halder, Paulus (som under tiden avancerat till generallöjtnant) på sensommaren 1940 till chef för arméstabens OKH:s operationsavdelning. Därmed blev han nummer tre i rang i arméledningen, efter arméns överbefälhavare, generalfältmarskalk Walter von Brauchitsch, och generalstabschefen Franz Halder. Nu fanns Paulus arbetsplats i OKH:s krigsstabsplats vittförgrenade underjordiska anläggningar i Wünsdorf/Zossen någon mil söder om Berlin.

Paulus utförde sina plikter karriärmedvetet och noggrant. Visserligen var han skeptiskt inställd till ett krig med Sovjetunionen, men inte helt avvisande. Paulus brydde sig inte om ansvarsfrågan utan inriktade sig på sitt uppdrag, som han såg som en personlig karriärmöjlighet. En av hans båda söner, Ernst Alexander Paulus, löjtnant vid pansartrupperna, fick vid samma tid höra följande ord från en utbildningsofficer vid pansartruppskolan i Wünsdorf: Det finns för närvarande två stora operativa begåvningar i den tyska armén – Erich von Manstein och Friedrich Paulus. Sonen Ernst undrade om det inte var en överdrift. Han fick svaret att man i arméns personalavdelning förutsåg en lysande karriär för de båda männen på litet längre sikt.

Likt många andra officerare hade även Paulus, medvetet eller omedvetet, blivit ett tjänstvilligt verktyg i den nazistiska erövringspolitiken. När han tillträdde sin tjänst i september 1940 ställdes han inför en uppgift som måste ha utgjort en stor utmaning för honom: upprättandet av en uppmarschplan mot Sovjetunionen. Utarbetandet av uppmarschplaner hörde till stabsofficerarnas huvuduppgifter, och Paulus såg uppgiften som en militär utmaning. Paulus var den som hade huvudansvaret för anfallsplanen inför Operation Barbarossa, anfallet mot Sovjetunionen 1941. Operationen gick främst ut på att de sovjetiska stridskrafterna skulle utplånas via operativa omfattningar. Paulus ansåg att planens svagaste punkt utgjordes av säkrandet av tillförsel av underhåll.

Inom arméledningen gick åsikterna om Sovjetunionen krigsåret 1941 isär. En del ansåg att ryssarna planerade en offensiv. Andra var av åsikten att Röda arméns mycket omfångsrika säkringstrupper skulle betraktas som en ren försvarsåtgärd och som ett svar på den tyska uppladdningen. Faktum är att de sovjetiska förbanden, som förlagts till landets västgräns, överraskades fullständigt av det tyska anfallet den 22 juni 1941.

Det gick inte att undvika att detaljer som rörde en sådan gigantisk anfallsplan diskuterades i familjekretsar, trots alla order om sekretess. Paulus söner, som båda tjänstgjorde vid pansartrupperna, hade redan hört rykten om ett nära förestående anfall mot Sovjetunionen. Trots lojaliteten med sin make förlorade Elena Constance inte sin integritet. Den rumänska adelsdottern hade redan kallat fälttåget mot Polen för ett oförlåtligt brott. Ett krig mot Sovjetunionen ansåg hon vara kriminellt. Paulus hade även undervisat sovjetryska officerare vid krigsskolan. I svärmoderns hem i Baden-Baden umgicks man med många ryska emigranter som en följd av familjen Rosetti-Solescus internationella umgänge. Trots Paulus förtrogenhet med den ryska mentaliteten förblev han främmande för kommunismen som samhällssystem. Detta gällde också under de omstridda sista åren av hans liv, som han tillbringade i det kommunistiska Östtyskland. Som ställföreträdande chef för arméstabens operationsavdelning tog Paulus 1940–41 intryck av argumentet att anfallet mot Sovjetunionen var den sista chansen för Tredje riket att uppnå en någorlunda fördelaktig utgång av kriget. Enligt vad familjemedlemmar och nära vänner berättade hävdade Paulus aldrig, vid de sällsynta tillfällen då han diskuterade anfallet mot Sovjetunionen, att det handlade om att Tyskland måste förekomma ett sovjetiskt anfall.

Paulus var emellertid inte den som riskerade att förlora sina karriärmöjligheter genom att öppet opponera sig mot Hitlers beslut. Han var uppfostrad som soldat, och hans uppfattning om soldatyrket innebar att militären skulle hålla sig utanför de politiska besluten. För honom var det nära förestående fälttåget mot Sovjetunionen ett politiskt avgörande. Adolf Hitlers Tredje rike stod efter det segerrika fälttåget i Frankrike på höjden av sin makt. Landets militära ledning ansåg sig inte ha någon anledning att ha en åsikt om de utrikespolitiska sammanhangen eller om de inrikespolitiska problemen.

"Den som inte har mod..." Paulus och Hitler vid kartbordet, maj 1942.

På vissa låter det som om det bara var jag och Hitler och ingen annan i Stalingrad, ingen arméledning och ingen armé.

Friedrich Paulus

Det är lätt att kritisera den senare fältmarskalken Paulus hållning under dessa avgörande dagar. Det går dock inte att avfärda hans inställning med orden "blind lydnad". Paulus befann sig säkerligen i en svår samvetskonflikt och frågade sig om han skulle inleda en operation som oundvikligen – mot Hitlers klart uttalade vilja – skulle leda till att Stalingrad måste överges.

Erich von Manstein

I mars 1941, under förberedelserna för offensiven i öster, misslyckades den jugoslaviska arméns kuppförsök mot prinsregenten Paul och hans tyskvänliga regering. Därmed måste alla tidsplaner omarbetas. Paulus sändes till Budapest för att diskutera gemensamma operationer mot Jugoslavien med den ungerske krigsministern och generalstaben. Hitler och den tyska generalstabens ledning ansåg Paulus vara väl lämpad att genomföra ett lika känsligt militärdiplomatiskt uppdrag även i grannlandet Rumänien. Paulus visste hur man förde sig i sällskapslivet och tack vare hustrun hade han nyttiga kontakter i landet, som numera befann sig i allians med Tyskland. Till exempel var en kusin till hans hustru hovmarskalk hos drottningmodern Helena, som å andra sidan inte kunde räknas som tyskvänlig.

Det med kort frist kungjorda fälttåget mot Jugoslavien och Grekland, som genomfördes med Ungerns och Rumäniens stöd i april 1941, var inte den enda orsaken till den ödesdigra förseningen som följde för Operation Barbarossa. Vid sidan av säkrandet av den sydösteuropeiska flanken inför anfallet mot Sovjetunionen bands *Wehrmacht* upp vid ännu en krigsskådeplats. Efter att alliansbrodern Italiens armé hade lidit flera nederlag i Nordafrika hade en tysk hjälpkår på Mussolinis begäran skickats till Libyen. Chef för de tyska stridskrafterna i Nordafrika blev den karismatiske Erwin Rommel, en kamrat till Paulus från tiden vid 13. infanteriregementet i Stuttgart. Rommel, den framgångsrike pansargeneralen från "blixtkriget" mot Frankrike, tänkte inte ens tanken att den uppgift som han hade tilldelats skulle kunna lösas defensivt. Redan innan huvuddelen av Rommels styrkor ens hade landsatts i Tripoli hade hans förtrupper återerövrat nästan hela den västra delen av Libyen – och därmed riskerade han sina försörjningslinjer. Trots alla framgångar som propagandaminister Goebbels ministerium förde fram i journalfilmerna från ökenkriget, växte oron hos officerarna i arméledningen. Var det med hänsyn till de egna personella och materiella förutsättningarna möjligt att föra två offensiver – en mot de engelska styrkorna i Nordafrika och en mot det jättelika landet i öster? Franz Halder, chefen för arméstaben, ansåg att Nordafrika och Medelhavsområdet som helhet enbart kunde komma i andra hand som krigsskådeplats om man på allvar skulle ta sig an Sovjetunionen. Men varje krigsskådeplats utvecklades efter sina egna förutsättningar. Scenariot i Nordafrika ändrades så gott som dagligen, tack vare den våghalsige Ökenräven Rommels anfallsoperationer.

Den 23 april 1941 noterade generalöverste Halder i sin dagbok: "Nödvändigt att snarast möjligt klarlägga förhållandena i Nordafrika.

Efter moget övervägande avböjer jag att själv flyga dit. Jag kan inte agera underrättelseagent därnere. Om jag skall åka dit, vill jag ha befogenhet till ordergivning. Chefen för armén är emellertid tveksam och anger att det beror på svårigheter på grund av den italienska militärledningen. Det har förstås andra orsaker, och kanske vore det bättre att sända dit generallöjtnant Paulus, som sedan deras gemensamma tjänstetid känner Rommel väl. Kanske är han den ende som via sitt personliga inflytande är kapabel att få denne soldat som blivit galen att ta reson."

På kvällen den 25 april 1941 flög Paulus med ett antal generalstabsofficerare via Rom till Nordafrika. Han fick veta att pansartrupperna i Nordafrika befann sig i ett utsatt läge, särskilt med hänsyn till de utsträckta försörjningslederna. Med egna ögon såg han hur Rommels anfall mot den av britterna starkt befästa libyska hamnstaden Tobruk körde fast.

Paulus stannade i två och en halv vecka i Nordafrika. Den 11 maj sände han sin rapport till Halder: "Läget i Nordafrika problematiskt. Rommel har genom att överskrida sina befogenheter förorsakat ett läge, där möjligheterna till leveranser av underhåll för närvarande är otillräckliga. Rommel är inte vuxen sin uppgift."

I familjekretsen yttrade sig Paulus mer rakt på sak om sin gamle regementskamrat Rommel: "Den där schwabiske tjockskallen ... uppför sig som om han vet bäst och som om ingen annan har något vettigt att säga."

Paulus, som sedan lång tid tillbaka önskat leda trupp, övervägde att föreslå arméledningen att Rommel byttes ut som chef för Afrikakåren och föreslå sig själv som ersättare för pansartrupperna i Nordafrika. Hustruns kommentar till förslaget har bevarats: "Håll fingrarna borta från det! Vad tjänar det till att de knäpper dig i Afrika..."

Tidigt på morgonen den 22 juni 1941 inleddes Operation Barbarossa. Den tyska armén hade framgångsrikt prövat "blixtkriget" under offensiven i väster. Nu skulle samma stridstaktik utnyttjas på de ändlösa ryska vidderna. Men efter de inledande stora framgångarna stod operationsplanens svaga punkt snart klar. Man hade grovt underskattat såväl möjligheterna till leveranser av underhåll som de stora avstånden och motståndarnas resurser. När den ryska vintern slog till i november brast slutligen illusionen om en snabb seger över den sovjetiska "kolossen på lerfötter". Detta var den dittills framgångsrika tyska arméns akilleshäl, som ledde till att armén slets sönder. Sovjetunionen, som kunde förlita sig på en hel kontinents industriella potential, transporterade sina soldater över de ryska vidderna på närmare ett hundratal olika lastbilstyper. Belgiska reservdelar kunde inte användas för franska transportfordon. Tysk am-

"En utdragen strid..." Tyska soldater på Stalingrads gator, oktober 1942.

Det går mycket långsamt, men ändå framåt ett stycke dagligen. Det hela är en fråga om mänskliga resurser och tid. Men vi har snart besegrat ryssarna.

Friedrich Paulus i ett brev till general Rudolf Schmundt, 7 oktober 1942

Som den välskolade generalstabsofficer han var, bedömde Paulus läget nyktert. Han var alltigenom medveten om de dödliga farorna. Men att handla mot en given order stod i strid med hans militära uppfostran. Hos Paulus – liksom hos många äldre officerare – fanns det redan från början en svår motsättning mellan ansvaret för manskapet och den militära lydnaden. Efter svåra inre strider segrade den militära lydnaden.

Wilhelm Adam, adjutant under Paulus

munition kunde inte användas i tjeckisktillverkade gevär. Den tyska grundligheten fick till följd att man förbättrade prototypen till ett pansarfordon under så lång tid att produktionen inte hade kommit igång ens till hösten 1942. Dessutom var trupperna enbart utrustade för ett sommarfälttåg. Vinteruniformer betraktades som onödig ballast under "blixtkriget". Även om Operation Taifun gick till historien som historiens största kittelsslag, blev stormningen av Moskva ett stort misslyckande. *Wehrmachts* utstrålning av obetvinglighet hade en gång för alla upplösts. Dessutom blandade sig Hitler alltmer i generalstabens strategiska beslut. Infanterikorpralen från första världskriget kände sig kallad att fälla avgöranden om hur förbanden skulle operera drygt 2 000 kilometer från Berlin. Generalstaben, som en gång hade skapats av Scharnhorst och Moltke, lät sig utan nämnvärt motstånd degraderas till en grupp medaljprydda tjänsteandar.

Under krigets andra år ville Hitler försöka nå ett avgörande på den södra delen av östfronten. Tyskarnas mål var de kaukasiska oljefälten vid Baku, Groznyj och Majkop. Hitler var övertygad om att om inte Tyskland fick tillgång till oljekällorna skulle *Wehrmachts* rörlighet minska. Det handlade inte längre om att vinna kriget, utan om att överhuvudtaget kunna föra det vidare. Det var inte på något sätt en ovidkommande tanke. Faktum är att av de omkring 30 miljoner ton olja som år 1938 utvanns i Sovjetunionen kom nästan tre fjärdedelar från oljefälten vid Baku. Ytterligare 16 procent härrörde från de nordkaukasiska oljefälten kring Majkop, Groznyj och Dagestan; enbart omkring 1/10 producerades i andra delar av Sovjetunionen. Hitler riktade uppenbarligen in sig på ett långvarigt krig. Kriget skulle också kunna föras mot Storbritannien och USA, som hade närmast outtömliga resurser. Efter att USA inträtt i kriget i december 1941 blev råvaruförsörjningen den kritiska faktorn i Hitlers strategi.

Vid årsskiftet 1941–42 körde armégrupp Syds offensiv vid Rostov fast. Samtidigt övertog den dittillsvarande chefen för 6. armén, generalfältmarskalk Reichenau, befälet för armégrupp Syd. Dessa händelser kom att utgöra en vändpunkt i Friedrich Paulus liv. Troligen var det Reichenau själv som föreslog Paulus som sin efterträdare. Paulus, som så sent som den 1 januari 1942 hade befordrats till general för pansartrupperna, gavs nu uppdraget att leda det största förbandet i *Wehrmacht*: den 6. armén, som intagit ett flertal huvudstäder.

Vad som slutligen fick Hitler att genomföra denna personalförändring förblir oklart. Antagligen ville han bland annat försäkra sig om Reichenaus lojalitet. Den tidigare närmast heliga principen att det var antalet tjänsteår som avgjorde om man kunde förvänta sig en befordran eller inte åsidosattes. Paulus hade aldrig tidigare fört befäl över ett regemente, en division eller en arméкår; hans senaste erfarenhet av befälskap vid fronten låg ett och ett halvt år tillbaka i tiden. Paulus tidigare utbildningsofficer, general Ferdinand Heim, ansåg fortfarande flera år efter kriget att det var ett oförlåtligt personalpolitiskt misstag av Hitler att anförtro Paulus en armé på östfronten. Paulus hade ju alltid varit en stabsofficer, inte en handlingens man.

Några dagar efter att Paulus utsetts till chef för 6. armén avled fältmarskalk Reichenau oväntat i ett slaganfall den 15 januari 1942. Armégrupp Syd ställdes tills vidare under fältmarskalk Fedor von Bocks befäl, "den otursdrabbade soldaten", som en levnadstecknare karakteriserade Paulus nye chef. Kort därefter lät Hitler utfärda order nummer 41. Enligt denna skulle den tyska offensivens centrala mål bestå i att "slutgiltigt utplåna de kvarvarande sovjetiska stridskrafterna och så snabbt som möjligt förhindra tillgången till krigsekonomiskt viktiga områden ... I varje fall måste ett försök göras att nå själva Stalingrad eller åtminstone att lägga staden under våra vapens tunga eld så att staden upphör att vara en trafikknutpunkt och ett centrum för rustningsproduktion."

Först efter att denna operationsfas lyckligt avslutats skulle den egentliga framstöten mot Kaukasus sättas in. Men till att börja med tvingades 6. armén under sin nye chef till häftiga försvarsstrider på den södra delen av östfronten. Dessa strider i trakterna kring Charkov genomförde den 6. armén med skicklighet, tur och jämförelsevis små förluster. Framgången ledde till att Paulus tilldelades Riddarkorset. De som hade kritiserat utnämningen av Paulus och sagt att han var en stabsofficer som inte skulle klara av att föra befäl vid fronten tystnade. Den nye arméchefens bild syntes i alla tidningar och hans namn var på allas läppar. Under en kortare tid såg han ut att, vid sidan av bland andra Rommel, bli en av den nazistiska propagandaapparatens mest lysande stjärnor. Fältmarskalk Reichenau hade gjort 6. armén berömd och nu verkade dess rykte tack vare Paulus nå närmast mytiska dimensioner. Från denna tid stammar Hitlers entusiastiska ord om att han med 6. armén skulle kunna "storma himlen".

Den 28 juni 1942 inleddes den tyska sommaroffensiven i sydöstlig riktning. *Wehrmacht* lyckades säkra mindre segrar, men fick inte till stånd någon avgörande drabbning med de sovjetiska motståndarna. Efter de inledande framgångarna – under enbart en dag, den 3 juli, tog 6. armén

40 000 fångar – utfärdade Hitler sin ökända order nummer 45. I denna order upphävdes slutligen allt militärt förnuft. Enligt Hitlers uppfattning var motståndaren redan så gott som slagen. Han befallde att de båda följande operationsmålen skulle inledas samtidigt, och delade upp stridsstyrkan på den södra delen av östfronten. Den 17. armén, den rumänska 3. armén liksom de tyska 1. och 4. pansararméerna skulle tillsammans med armégrupp A under ledning av generalfältmarskalk List erövra Kaukasus via Rostov. Det föll på den 6. arméns lott att svänga av i nordostlig riktning och inta Stalingrad. Enligt denna plan fanns det inte tillgång till några reservförband. Hitlers generaler – däribland Paulus – insåg riskerna med planen men teg.

Senare skulle man förebrå Paulus att han bättre än någon annan arméchef borde ha insett hur oansvarig och vansinnig Hitlers krigföring var. I själva verket var motsatsen fallet. Paulus hade skapat sig en klar bild av grunderna i operationsplanen för fälttåget i öster. Med sin kännedom om läget som helhet visste han också hur man hade planerat att leda förbanden. Paulus förklarade att en arméchef med tanke på de rörliga miljonarméerna omöjligen kunde överblicka hela bilden. Därför kunde han inte fatta egna beslut som gick utöver lösningen av de uppgifter som hade tilldelats honom. Detta var en katastrofal felbedömning som skulle bli ödesdiger för tiotusentals soldater.

Med en stridsstyrka som omfattade mer än 300 000 soldater inledde 6. armén den 21 augusti 1942 under ledning av Paulus stormningen av staden som bar Stalins namn. Arméns utgångspunkt var Donkröken.

Sedan dess har otaliga böcker skrivits om drabbningen vid staden vid Volga. Vid vissa militära högskolor är studiet av slaget vid Stalingrad obligatoriskt. Det tyska nederlaget vid Stalingrad var följden av en krigföring som när det gällde övermod sökte sin like.

De sovjetiska trupperna uppbådade ett uthålligt motstånd och retirerade till stadens förorter. När striderna ägde rum i själva staden kom den tyska generalstabens samtliga strategier att stå sig slätt. Långt borta i öster körde den 6. armén fast i nedbrytande gatustrider och utan tillräckligt flankskydd. Blixtkrigets klassiska strategi, som gick ut på att fienden skulle omfattas och därefter tillintetgöras, fungerade inte längre. Det gick knappast att sätta in generalöverste Wolfram von Richthofens störtbombare från 4. luftflottan, eftersom man från luften inte kunde bilda sig en klar uppfattning om var frontlinjen gick under gatustriderna. De tyska pansarförbanden utgjorde ett lätt byte för fiendens infanteri i stadsmiljön. I mitten av oktober 1942 hade 9/10 av staden erövrats av tyskarna. Men den sovjetiska 62. armén försvarade envist en smal strandremsa längs med floden Volga.

Den 62. arméns chef, general Tjujkov, ledde sin armé från en ledningsbunker vid Volgas strand, som vid flera tillfällen befann sig endast några hundra meter från stridslinjen. Istället för att kunna meddela att Stalingrad hade erövrats, tvingades Paulus konstatera att av en förplägnadsstyrka på 260 000 man återstod bara 25 000 infanterister. Några förstärkningar att tala om fick han inte, trots att han flera gånger krävde det. Han tilldelades enbart fem stormpionjärbataljoner om vardera 600 man för att kunna inta de sista delarna av industriområdet. Efter två dagars strid var dessa förband utplånade och industriområdet låg fortfarande i sovjetiska händer. I månadsskiftet oktober–november såg Paulus och hans stabschef, generalmajor Arthur Schmidt, hur tecknen på en omedelbart förestående sovjetisk motoffensiv hopade sig. En sådan skulle kunna försätta 6. armén i en allvarlig situation. På frontens båda flanker, både hos de italienska och hos de rumänska arméerna, syntes tydliga tecken på en omfattande sovjetisk kraftsamling, som när som helst skulle kunna bryta igenom de tyska linjerna och innesluta de tyska angriparna i Stalingrad. Som en följd av detta läge i andra hälften av oktober föreslog 6. arméns ledning att de resultatlösa anfallen i Stalingrads centrum skulle upphöra och att armén skulle dra sig tillbaka till en ställning vid floden Don. Man föreslog att den 14. pansarkåren skulle göras beredd att sättas in som reserv, vilket Hitler kategoriskt vägrade. Den 7 november rapporterade den tyska radiospaningen ännu en gång en dramatisk förändring i fiendelägret. Alla tecken tydde på att en sovjetisk offensiv på 6. arméns högra och vänstra flank var nära förestående.

I samband med ett föredrag inför officersaspiranter inom den östtyska poliskåren i maj 1954 skildrade Paulus situationen med följande ord:

”Dessa anfallsförberedelser hade uppenbarligen en inneslutning av 6. armén som mål. I samråd med arméledningen överlämnade armékåren fortlöpande rapporter och yrkanden till den överordnade Armégrupp B...

Armégrupp B delade uppfattningen hos 6. arméns ledning, men förmådde trots det inte opponera sig mot OKH. Armégruppen upprepade i stort sett följande beslut från arméstaben:

I enlighet med den samlade bedömningen av de sovjetiska stridskrafterna anser arméstaben inte att det föreligger någon allvarlig fara för fronten vid Don.

För den del av Donfronten som hålls av våra allierade förband är de re-

"Hållas under alla omständigheter..." En tysk soldat hissar hakkorsfanan över den erövrade norra delen av Stalingrad, november 1942.

På årsdagen av ert maktövertagande hälsar den 6. armén sin *Führer*. Ännu vajar hakkorsfanan över Stalingrad. Må vår kamp bli ett exempel för nuvarande och kommande generationer om att aldrig kapitulera ens i de mest hopplösa lägen.

Friedrich Paulus i sitt lyckönskningstelegram till Hitler, 29 januari 1943

Om general Paulus inte grep sin sista chans, om han tvekade och till slut inte vågade sig på en utbrytning, så gjorde han säkert detta med en känsla av att ansvaret skulle vila tungt på honom.

Erich von Manstein

server som finns bakom fronten tillräckliga (däribland den XLVIII. pansarkåren bakom den rumänska 3. armén).

I detta läge är det berättigat att slutföra det anfall som syftar till att inta de delar av Stalingrad som hålls av fienden och avlägsna denna brännpunkt.

Flygvapnet kommer att sättas in mot det sovjetiska uppmarschområdet så snart det bekräftats att sovjetiska trupper befinner sig i området."

När den väntade sovjetiska storoffensiven slutligen inleddes den 19 november rådde det en så häftig snöstorm att den tyska 4. luftflottan inte kunde sättas in under hela dagen. Den utlovade reserven, XLVIII. pansarkåren, som sagts vara i topptrim befann sig i själva verket i ett bedrövligt tillstånd. Kårens 22. pansardivision bestod enbart av 42 pansarfordon. Den 14. pansardivisionen skulle tvingas till strid utan sina infanteriregementen, och den rumänska 1. pansardivisionen var inte ens stridsduglig.

Bara några dagar tidigare hade Hitler hållit ett tal inför nazistpartiets "gamla kämpar" i *Bürgerbräukeller* i München. I sitt tal hade han förkunnat: "Av en tillfällighet bär staden Stalins namn. Men tro inte att jag marscherat dit enbart av den anledningen ... Ingen makt i världen kan tvinga bort den tyske soldaten från den plats som han en gång har intagit."

I litteraturen om Stalingrad läggs en del av skulden för att Röda armén lyckades innesluta den 6. armén den 20 november 1942 på de illa utrustade och dåligt motiverade rumänska, ungerska och italienska trupperna. Det är orättvist, eftersom dessa förband delvis uppbådade ett mycket envetet motstånd. Men inte ens utvilade och välutrustade elitförband ur *Wehrmacht* hade haft mycket att sätta emot när Röda armén vällde in över de tyska alliansbrödernas ställningar den 19 november. Det var en sovjetisk kraftsamling av dittills inte skådat slag som uppbådats. Man gick till anfall med 900 fabriksnya stridsvagnar av den överlägsna modellen T-34, 13 500 artilleripjäser och granatkastare, 1 250 raketartilleripjäser av typen "Stalinorgel" och 1 100 luftvärnpjäser. Detta var första gången under andra världskriget som Röda armén satte upp en anfallsarmé. De sovjetiska luftflottorna vid fronten omfattade över 1 000 stridsflygplan. Nya järnvägslinjer med en längd av sammanlagt 1 100 kilometer anlades och ett omfattande reparationsarbete utfördes på det järnvägsnät som skadats under striderna; detta för att man snabbt skulle kunna få fram reservförband till fronten. Sammanlagt 142 000 järnvägsvagnar med trupper och materiel transporterades i riktning mot Stalingrad.

I de tyska journalfilmerna från november 1942 kommenteras bilderna från Stalingrad med följande ord: "Den tidigare metropolen vid Volga har med undantag av ett fåtal kvarter erövrats från fienden. Den tyska armén står vid Volga."

Men innan filmkopiorna hade nått landets biografer var läget i staden vid Volga helt annorlunda. Den 20 november rapporterade Paulus: "Starka ryska stridskrafter har vid anfall mot grannarmén i väster lyckats uppnå en djup inbrytning. Området kring Baskovskij hålls däremot ännu av våra trupper ... Man måste räkna med att ryssarna försöker utvidga sina inbrytningar, troligen med hjälp av pansarstyrkor. Det är osäkert om de rumänska styrkorna är kapabla att uppbåda tillräckligt motstånd." Arméstabens svar kom omgående: "Den 6. armén måste hålla Stalingrad och sin nuvarande ställning. Motåtgärder mot fiendens inbrytning har redan vidtagits."

Den 20 november utfärdades följande arméorder till de underställda kårerna: "Armén inställer sina anfall i Stalingrad och håller sina ställningar. Armén för fram styrkor bakom sin vänstra flygel för att omedelbart upprätta försvarsställningar. Ett anfall via denna front i västlig riktning planeras." I klartext innebar denna order om upprättandet av ett runtomkringförsvar att Paulus och hans stabschef Schmidt redan måste ha insett att 6. arméns öde var beseglat. Två dagar senare slöt de sovjetiska förbanden ringen kring Stalingrad vid Kalatj.

Den 22 november erövrade en förtrupp ur den sovjetiska 26. pansarkåren bron över floden Don vid Kalatj. Därmed avbröt ryssarna inte bara 6. arméns försörjningsled utan påverkade även dess taktiska rörelsefrihet. De fåtaliga tyska förbanden i eftertruppen räckte inte till för att förhindra att ryssarna etablerade ett brohuvud. Ett avlastningsanfall som skulle ha genomförts av den XIV. pansarkåren kunde inte utföras på grund av bränslebrist (!). Redan nu var försörjningsläget för den inneslutna armén så svårt att soldaterna inte förmådde göra något motstånd. Medan inneslutningen pågick befann sig Paulus stridsledningsplats utanför den gryta som bildades. Enligt instruktioner från armégruppen flyttades stridsledningsplatsen den 22 november med flyg till Gumrak. Paulus och hans stab flög in i Stalingradgrytan. Hitler utfärdade en personlig order om att 6. armén skulle hålla sina ställningar: "Den 6. armén ska veta att jag gör allt för att hjälpa och undsätta den."

"*Der Führer* kommer att ta oss ut härifrån!" löd de förhoppningsfulla orden som i fortsättningen spreds bland soldaterna. Detta var inget annat än löst prat. Natten till den 24 november vände sig general Paulus för första gången direkt till Hitler via ett radiomeddelande och bad om handlingsfrihet: "*Mein Führer*, sedan ert radiomeddelande ankom på

"Att uppnå en tillräcklig grad av försörjning är uteslutet..." En bomb med underhåll förbereds för att fällas över Stalingrad, december 1942.

Sedan undsättningsförsöket hade misslyckats och den utlovade hjälpen uteblev handlade det bara om att vinna tid för att kunna återupprätta försvaret av den södra delen av östfronten och rädda de stora tyska styrkor som fanns i Kaukasus. Lyckades man inte med detta var kriget som helhet förlorat.

Friedrich Paulus

Det kan emellertid med säkerhet antas att Paulus satte tilltro till Hitlers och Görings löften om försörjning. Dessutom var Paulus antagligen påverkad av att inte bara Tyskland utan hela den krigförande världen följde den 6. arméns kamp. Denna strid verkade plötsligt vara ett personligt uthållighetsprov som Paulus måste genomgå.

Otto E. Moll, författare

kvällen den 22 november har händelserna följt slag i slag ... Ytterligare fientliga genombrott är att vänta. Ammunition och drivmedel är på upphällningen. Det finns inte längre någon ammunition till många batterier och pansarvärnsvapen. Att snabbt förse dem med ett tillräckligt stort underhåll är omöjligt. Om inte en samlad kraftinsats äger rum för att besegra den anfallande fienden kommer den 6. armén inom kort att utplånas. Därför krävs det att samtliga divisioner från Stalingrad och från den norra fronten omedelbart dras tillbaka... Visserligen går då mycket materiel förlorat, men merparten av de värdefulla förbanden och åtminstone en del av materialet räddas... På grund av situationen ber jag än en gång om handlingsfrihet. Samtliga tjänstgörande generaler i 6. armén ansluter sig till denna uppfattning."

Morgonen därpå anlände Hitlers beslut till den 6. arméns stab. Det avslutades med följande ord: "Volgafronten och den norra fronten skall under alla omständigheter hållas. Försörjning kommer att ske från luften." Sedan innehållet i denna order blivit känt sände chefen för 51. armékåren, artillerigeneralen Walther von Seydlitz-Kurzbach, en promemoria till Paulus där han förespråkade att 6. armén skulle bryta sig ut på egen hand. Promemorian mynnade ut i följande krav: "Om armén ska ha en möjlighet att bevaras intakt måste den snarast ges en annan order eller själv fatta ett annat beslut."

Det förtvivlade läget avspeglades i promemorians avslutande ord: "Om inte arméledningen genast upphäver ordern om att hålla stånd genom ett runtomkringförsvar, så är det med hänsyn till det egna samvetet inför armén och det tyska folket en ofrånkomlig plikt för 6. armén att själv ta sig rätten att agera. Det totala utplånandet av 200 000 soldater och deras materiella utrustning står på spel. Det finns inget annat val."

Sedan dess tvistas ifall det om det var arméledningens och därmed Paulus fel att 6. armén stannade kvar i Stalingradgrytan efter att inneslutningen fullbordats. Att inte lyda order hade då varit liktydigt med förräderi, medan vi idag hade betraktat det som en patriotisk plikt. För att göra det skulle Paulus ha tvingats gå emot sin egen natur.

Långt efter kriget yttrade sig Paulus i ett samtal med sin son om det dramatiska läget och om general Seydlitz promemoria: "Generalens roll verkar vara övervärderad. Men efter att katastrofen i Stalingrad var ett faktum var detta inget att förvåna sig över. Man har gjort en myt av det! Vi stödde ju alla en utbrytning, även mina kårchefer. Jag hade formulerat mina krav till högre militära myndigheter på ett sätt som inte kunde missförstås. Men att helt enkelt låta en hel armé lämna den beordrade positionen utan att känna till helhetsläget kom överhuvudtaget inte på fråga." Vad ett överilat återtåg av försvagade förband från de utbyggda och därmed relativt säkra ställningarna vid Stalingrad skulle ha inneburit, hade visat sig redan när ringen kring Stalingrad slöts. Den 24 november drog general Seydlitz egenmäktigt tillbaka en del av sina trupper för att förkorta frontlinjen. De flesta av dessa förband – framför allt den 94. infanteridivisionen – hanns upp av de efterföljande ryssarna och blev näst intill tillintetgjorda. Paulus mindes också att han hade haft en överläggning med Seydlitz och hans stabschef Clausius när man skulle fatta beslut om att antingen stanna kvar och försvara sig eller bryta sig ut. "Jag sade till Seydlitz: 'Om jag avsäger mig ledningen av 6. armén, kommer Führern utan tvivel att utse er till min efterträdare. Nu frågar jag er: Skulle ni bryta er ut även mot Hitlers uttryckliga order?'

Efter viss betänketid svarade Seydlitz: 'Nej, jag skulle beordra att armén gick i försvarsställning."

Hitler hade helt säkert fått kännedom om kontroverserna i 6. arméns ledning eftersom de beslut han fattade i frågan präglades av noggranna överväganden. Han befordrade Paulus till generalöverste och försäkrade sig på så sätt om hans lojalitet. Samtidigt överlämnade han ansvaret för den norra fronten vid Stalingradgrytan till general Seydlitz och fick på så vis tyst på honom. Hitler kunde vara övertygad om att general Seydlitz hädanefter inte skulle fatta några beslut som gick emot Hitlers order.

Dessutom beordrade Hitler generalfältmarskalk Erich von Manstein att överta befälet över den nybildade armégrupp Don. Manstein hade rykte om sig att vara den kanske främste strategen inom *Wehrmacht*. Hans uppdrag gick kort och gott ut på att återställa det tidigare läget och därmed befria 6. armén ur inneslutningen. En anfallsgrupp ur generalöverste Hermann Hoths 4. pansararmé marscherade i riktning mot Stalingrad från området kring Kotelnikov. Deras uppgift var att upprätta en korridor in till 6. armén. De storslagna leveranserna av underhåll via en luftbro, som utlovats av Göring och Richthofen, kom aldrig till stånd. Leveranserna av ammunition och förplägnad uppgick som mest till 40 ton per dag, vilket motsvarade cirka 15 procent av dagsbehovet. På grund av brist på tillgängliga styrkor kunde Hoth inleda sitt anfall först den 12 december. För att avhjälpa bristerna förflyttades den 6. pansardivisionen med 136 pansarfordon i ilmarsch från Frankrike till Stalingrad, och den 23. pansardivisionen anlände i försvagat tillstånd från Kaukasus med 96 pansarfordon. Den 23 december hade dessa styrkor kämpat sig fram till ett avstånd av 48 kilometer från inneslutningens gräns. Sedan gick luften ur dem. Samtidigt inledde Röda armén ett stort anfall mot den italienska 8. armén på armégrupp Dons norra flank. Hela armégruppens

"Jag för inte längre befäl över armén..." Generalfältmarskalk Paulus i general Tjumilovs högkvarter den 31 januari 1943.

Det är väl antagligen en uppmaning till mig att begå självmord, men den tjänsten tänker jag inte göra Hitler.

Paulus efter sin utnämning till generalfältmarskalk

Mig gör det personligen mest ont att jag befordrade honom till fältmarskalk. Hur lätt har han inte gjort det för sig! ... Mannen bör skjuta sig ett skott för pannan, på samma sätt som fältherrar förr i tiden störtade sig på sina svärd när de såg att slaget var förlorat.

Adolf Hitler, 1 februari 1943

Man måste ta hänsyn till att befälhavaren i Stalingrad stod inför valet att leva 15 eller 20 år till eller att få ett flera tusen år evigt liv och en obefläckad ära. Enligt min åsikt kan det inte vara något svårt val.

Joseph Goebbels i sin dagbok, 2 februari 1943

ställning var hotad. Såväl Manstein som Paulus var medvetna om att risken för en ännu större inneslutning var stor om Röda armén lyckades föra sin offensiv ända fram till Rostov vid Don. I så fall skulle de förband ur 17. armén som befann sig i Kaukasus och 1. pansararmén bli inneslutna. Manstein beslöt att undsättningsanfallet skulle avbrytas. Han koncentrerade sig istället på att säkra armégrupp Kaukasus återtåg. Detta var dödsdomen för generalöverste Paulus 6. armé. Vid denna tid band 6. armén upp åtta sovjetiska arméer och skyddade därmed utmarschen ur Kaukasus.

Den fortsatta striden i Stalingradgrytan kan sammanfattas i några korta meningar. Något nytt tyskt undsättningsförsök gjordes inte. *Luftwaffe* lyckades inte utföra de leveranser av underhåll som Göring så lättvindigt utlovat. Ryssarna lade fram flera kapitulationsförslag som förkastades av 6. arméns ledning. Genom oupphörliga anfall trängdes tyskarna allt längre in mot Stalingrads centrum. Ordonnansofficeren vid 6. armén, kapten Winrich Behr, lämnade Stalingradgrytan med ett av de sista flygplanen den 13 januari 1943. Han hade av Paulus och Schmidt fått i uppdrag att bege sig till Hitlers högkvarter i Ostpreussen för att inför *der Führer* personligen skildra 6. arméns hopplösa läge. Kapten Behr hade dessutom i uppdrag att föra ut arméns krigsdagbok samt generalöverste Paulus vigselring och ett avskedsbrev från honom till hustrun. Där skrev han bland annat: ”Min älskade Coca, när du får detta brev är mitt öde antingen slutgiltigt avgjort eller förblir ovisst för lång tid framöver. Jag står där jag står, som soldat och enligt order. Jag måste finna mig i mitt öde så som Gud har bestämt.”

Den 22 januari 1943 inleddes det avgörande sovjetiska framstöten för att utplåna resterna av 6. armén. Nu verkade slutet vara ofrånkomligt, och Paulus bad Hitler om tillstånd för 6. armén att kapitulera (för övrigt mot stabschefen Schmidts vilja). När Hitler vägrade ge Paulus sitt tillstånd tog Manstein kontakt med Hitler och framförde samma begäran. Hitler vägrade än en gång ge sitt tillstånd: den militära äran gjorde att en kapitulation överhuvudtaget inte kom i fråga. På kvällen sände Hitler ett signalmeddelande till 6. armén, där han bland annat konstaterade att armén med sin kamp hade ”givit ett historiskt bidrag till den största drabbningen i den tyska historien!”. Därmed hade den 6. armén slutgiltigt avskrivits, och det sista försöket att förhindra att ytterligare tusentals liv spilldes i onödan hade misslyckats. Även inom 6. arméns stab började upplösningstendenserna bli tydliga.

Den 30 januari 1943, på tioårsdagen av det nazistiska maktövertagandet, hade Paulus och Hitler än en gång radiokontakt: ”Generalöverste

Jag är medveten om att krigshistorien redan har fällt sin dom över mig.

Friedrich Paulus i slutet av januari 1943

Fortfarande ställs frågan om generalfältmarskalk Paulus är i livet eller om han frivilligt har tagit sitt liv. Bolsjevikerna framhåller att han befinner sig i deras händer. Detta faktum skulle innebära ett svårt moraliskt avbräck för armén.

Joseph Goebbels i sin dagbok, 4 februari 1943

När Paulus steg in i salen hälsade han med orden *Heil Hitler*.

Militärtolken Lev Bezyminskij

"Mannen bör skjuta sig en kula för pannan..." Generalfältmarskalk Paulus tas till fånga i Beketovka den 1 februari 1943.

Paulus till Führern: Den 6. armén hälsar sin Führer på årsdagen av ert maktövertagande. Hakkorsfanan vajar fortfarande över Stalingrad. Må vår kamp utgöra ett exempel för nuvarande och framtida generationer att aldrig kapitulera ens i hopplösa situationer. Då kommer Tyskland att segra. *Heil mein Führer!* Paulus, generalöverste."

Hitlers svar löd: "Generalöverste Paulus! Idag betraktar det tyska folket med djup rörelse sina hjältar i denna stad. Likt tidigare offer i världshistorien kommer inte heller detta offer att vara förgäves... Den tyska nationen inser först nu stridens fulla allvar och att den kommer att kräva stora offer. Jag är i tankarna ständigt hos er och era män. Er Adolf Hitler."

Under följande natt befordrade Adolf Hitler den 52-årige generalöversten Friedrich Paulus till generalfältmarskalk. Hitlers cyniska uträkning gick ut på att en tysk fältmarskalk inte kapitulerar, utan går under tillsammans med sina män. Ur propagandasynpunkt skulle offrandet av 6. armén vara värdefullt först när det inte fanns någon överlevande kvar från armén.

På morgonen den 31 januari förhandlade stabschefen för den sovjetiska 64. armén och chefen för den tyska 71. infanteridivisionen fram villkoren för den 6. arméns stabs överlämnande till fienden. Förhandlingarna ägde rum i källaren till ruinen av det stora varuhuset i Stalingrads centrum. Paulus deltog inte i överläggningarna. Apatisk inväntade han slutet. Kort före tillfångatagandet sade han till en stabsofficer: "Ja, jag vet att krigshistorien redan har fällt sin dom över mig."

I rapporten om de sovjetiska truppernas tillfångatagande av Paulus hette det: "På generalmajor Laskins uppmaning att Paulus skulle beordra de tyska styrkorna i norra delen av Stalingradgrytan att upphöra med sitt motstånd, förklarade Paulus att han inte hade någon kontakt med denna grupp och inte var deras chef. Föregående kväll, efter riksmarskalk Görings radiotal med anledning av årsdagen av maktövertagandet, klargjorde Paulus att han inte längre ledde trupperna, att han betraktade sig som 'privatperson' och hade utsett ansvariga chefer för de båda delarna av Stalingradgrytan. Det enda han krävde av sina underordnade, ifall han skulle tvingas ge upp, var att alla officerare och soldater skulle vara beväpnade så länge som Paulus inte hade lämnat grupperingsplatsen. Efter att Paulus hade kapitulerat skulle cheferna för syd- och nordgrupperna överta befälet."

Detta innebar att Hitler med sitt radiomeddelande, som var tänkt som en uppmaning till en arméchef att begå självmord, istället befordrade en privatperson till fältmarskalk. Paulus ville visserligen att hans soldater skulle fortsätta kampen, men han tänkte inte ta livet av sig. Hitler blev alldeles ifrån sig när han fick veta det: "Hur kan en man se på medan hans mannar dör ... Hur kan han kapitulera för bolsjevikerna? Det gör mig så ont eftersom en enda karaktärslös vekling utplånar så många soldaters hjältemod. I detta krig kommer ingen mer att utnämnas till fältmarskalk."

Den nyblivne fången Paulus lade redan i det första förhöret med den sovjetiske generalen Tjumilov vikt vid sin befordran till fältmarskalk:

Tjumilov: Var vänlig lägg fram era personliga dokument.
Paulus: Jag har min inskrivningsbok med mig.
Tjumilov: En bekräftelse på att ni, herr fältmarskalk, har befordrats till fältmarskalk.
Paulus: Någon sådan bekräftelse finns inte.
Tjumilov: Har ni fått något telegram med detta innehåll?
Paulus: Jag har erhållit Hitlers order via radio.
Tjumilov: Kan jag meddela detta till min högsta ledning?
Paulus: Ja, herr Schmidt, stabschefen, kan bekräfta utnämningen.
Tjumilov: Vilka togs till fånga samtidigt med er?
Paulus: Stabschefen, generallöjtnant Schmidt, samt en överste från 6. arméns stab.
Tjumilov: Vem mer?
Paulus: Namnen på de övriga har jag skriftligen meddelat sändebuden...
Tjumilov: Av vilka orsaker har ni bestämt er för att sträcka vapen?
Paulus: Vi sträckte inte vapen, vi var utmattade och orkade inte kämpa vidare. Efter att era trupper brutit igenom och närmat sig våra förband, fanns det inte längre någon ammunition att försvara sig med och därför upphörde striden.
Tjumilov: Har ni beordrat den södra gruppen att lägga ned vapnen?
Paulus: Någon sådan order har jag inte utfärdat.
Laskin: Denna order har generalmajor Roske, chef för den 71. infanteridivisionen, utfärdat i vår närvaro. Ordern vidarebefordrades till trupperna.
Tjumilov: Och ni har bekräftat denna order om kapitulation?
Paulus: Nej, ordern har han utfärdat självständigt. Jag förde inte befäl över nord- och sydgruppen; förbandens delar är inte underställda mig. Herr Roske har fattat beslutet om att kapitulera.
Tjumilov: Har ni beordrat nordgruppen att kapitulera?
Paulus: Nej.

Gör utsikten om den egna döden eller att soldaterna går under eller hamnar i fångenskap att den ansvarige befrias från den militära lydnadsplikten? Dessa frågor bör var och en för sig själv och inför sitt eget samvete söka svaret på.

Friedrich Paulus

"Ett lidande som överträffar allt man hittills kunnat föreställa sig..." Tyska och rumänska soldater på väg till sovjetisk fångenskap.

Tyskland är fortfarande starkt och kommer att kämpa framgångsrikt.

Friedrich Paulus under den ryska fångenskapen 1943

Tjumilov: Då ber jag er att göra det nu.
Paulus: Jag har ingen befogenhet att utfärda en sådan order.
Tjumilov: Men ni är ju arméns högste chef.
Paulus: Jag kan inte beordra trupper som inte är underställda mig att kapitulera. Jag hoppas att ni förstår min situation och mina förpliktelser.
Tjumilov: Varje soldat ska kämpa in i det sista, men hans överordnade kan ge dem som är underställda honom order om att inställa striden när han ser att människorna dör förgäves.
Paulus: Det kan den avgöra som stannar i truppernas närhet. Så skedde även med sydgruppen, där jag av en tillfällighet hamnade.
Tjumilov (till tolken): Säg till fältmarskalken att jag nu bjuder honom till bords och att han därefter kommer att föras till frontstaben.

I denna dialog är det två saker som är anmärkningsvärda. För det första den sovjetiske generalens artighet – de tyska trupperna hade ju trots allt dragit krig och elände över hans fosterland. För det andra den tyske fångens märkvärdiga likgiltighet. Var denna enbart en följd av fysisk utmattning eller en flykt från ansvaret?

Paulus väg in i fångenskapen förde honom i början av februari 1943 per järnväg till lägret Krasnogorsk utanför Moskva. I april samma år fördes han till klostret Suzdal och i juli till Woikovo, ett läger som främst var avsett för högre officerare. Kopior av hans brevväxling från lägren finns till stora delar bevarad. Hans främsta bekymmer gällde hur han skulle kunna tillägna sig ett ståndsmässigt yttre. När han hamnade i fångenskap hade han en generalöverstes gradbeteckningar, även om han utsetts till fältmarskalk. Ett av de första brev han skrev i fångenskap sände han till militärattachén vid den tyska ambassaden i Ankara:

Min käre Rhode, jag har hamnat i fångenskap med de saker jag hade med mig. Därför vill jag be er om tjänsten att köpa några saker åt mig... 3) Sex par axelklaffar till en fältmarskalk, 4) en fältmössa med skärm för en general, storlek 58,5) en fältuniform (var snäll och fråga min hustru efter uniformen som jag lät sy upp i Paris) ... Jag tackar er på förhand för er omtanke och förblir med de bästa hälsningar er Paulus.
Min adress: Krigsfångeläger 27, Sovjetunionen, Paulus 25.02.43.

För den sovjetiska propagandan var det utan tvivel viktigt att Paulus så snabbt som möjligt tilldelades sina gradbeteckningar. På foton som tagits senare under fångenskapen syns han alltid med en fältmarskalks gradbeteckningar. Det enda som saknades var hans marskalksstav, eftersom dessa alltid överlämnades av *der Führer* personligen.

Fram till sommaren 1944 försökte Paulus hålla sig utanför politiken. Krigets förlopp följde han på en karta i matsalen och han kom snart till insikten att Tyskland skulle förlora. Trots det gav han till en början inte efter för sovjetiska officerares och tyska kommunisters påtryckningar om att gå med i den sovjetstödda organisationen BDO, *Bund Deutscher Offiziere* ("Tyska officerares förbund"). Om Paulus hade bestämt sig för att gå med i organisationen, hade det varit en kraftfull uppmaning till ett snabbt slut på kriget. Paulus inställning till de kommunistiska organisationerna i lägren präglades 1943 ännu av misstänksamhet och reservation. Samtidigt ändrade han snabbt sin åsikt. I efterhand karakteriserade Paulus sin inställning med följande ord: "Jag höll konsekvent fast vid den inställning jag hade haft som arméchef. Jag ansåg det inte berättigat att utifrån fångenskapen i Ryssland – vilket kunde ge sken av att jag samarbetade med en av Tysklands fiender – ingripa i mitt fäderneslands öde." Han fruktade att bli anklagad för att ha satt en dolkstöt i det tyska folkets rygg. Medan Paulus så småningom under svåra inre motsättningar insåg att han var medskyldig till 6. arméns elände, förblev han orubbad i sin uppfattning om att han enbart bar ett militärt och inget politiskt ansvar.

Den 24 juli 1944 fick fångarna i officerslägret Woikovo höra talas om det misslyckade attentatet mot Hitler. Flera av de sammansvurna kände och uppskattade Paulus, däribland generalerna Beck, Fellgiebel, Olbricht och överste Stauffenberg. När Paulus vän, fältmarskalk Erwin von Witzleben, den 8 augusti 1944 ströps i Plötzensee i Berlin, ändrade Paulus åsikt. Han undertecknade en uppmaning med titeln "Till de tillfångatagna tyska officerarna och soldaterna och till det tyska folket" och höll tal i radiosändaren *Freies Deutschland*: "Tyskland måste ta avstånd från Adolf Hitler och ge sig själv en ny statsledning som avslutar kriget och skapar sådana förhållanden att vårt folk får möjligheten att leva vidare med sina nuvarande fiender i fredliga och vänskapliga relationer", löd hans budskap. För att komma från den man som planlagt det tyska anfallet mot Sovjetunionen var det en märklig insikt.

Därmed hade Sovjetunionen vunnit en viktig galjonsfigur bland de tyska fångarna för sina ändamål. Paulus höll sig inte längre neutral. Hitler var utom sig av raseri. När nu Paulus öppet trädde fram kunde nazisterna inte längre hålla liv i propagandalögnen om fältmarskalken som hade kämpat sida vid sida med sina mannar i Stalingrad och gått under tillsammans med dem. "Hjälten från Stalingrad" levde ju faktiskt och

"Tyskland måste frigöra sig från Adolf Hitler…" Paulus undertecknar ett upprop till generaler och officerare vid armégrupp Nord i augusti 1944. Till höger general Walther von Seydlitz-Kurzbach.

Han är alltför vek och obeslutsam. På sistone har han verkat nervös och han har blivit så stressad och gnällig att många generaler undviker honom.

Tyska generalers omdöme om Paulus under den ryska krigsfångenskapen

Den 24 juli 1944 fick fångarna i generalslägret reda på att ett misslyckat attentat hade utförts mot Hitler. Många av de sammansvurna kände och uppskattade Paulus, bland andra generalerna Beck, Fellgiebel, Olbricht och överste Stauffenberg. Nu bröt generalfältmarskalken med sina principer.

Thorsten Diedrich, författare

I fångenskapen fullbordades hans stora förvandling. Han bekände att det tyska anfallet mot Sovjetunionen hade varit emot lagarna om folkrätt. Han bekände att han hade lytt en man, som föraktade alla former av lojalitet och därför inte själv förtjänade någon.

Otto E. Moll, författare

var Stalins fånge. Paulus hustru, Elena Constance, vägrade – trots nazistiska påtryckningar – att ta avstånd från sin make. Tillsammans med sin son Ernst och dottern Olga ställdes hon till ansvar för sin makes handlingar enligt den lagstiftning som gick under namnet "Sippenhaftung" i Tredje riket och som innebar att även oskyldiga anhöriga till politiska motståndare kunde ställas till svars inför domstol. Familjen sändes till koncentrationslägret Dachau och befriades i april 1945.

Paulus blev medlem av *Bund Deutscher Offiziere* då hans egna mål hade förvandlats till luftslott. Röda armén stod redan vid det tyska rikets östra gräns och Stalin hade inte en tanke på att stanna där. Inte heller de olika kapitulationsförslag som Paulus utarbetade och undertecknade hade någon verkan på den tyska sidan. Kriget slutade med en villkorslös kapitulation.

I början av 1946 återvände Paulus med pukor och trumpeter till offentlighetens ljus. Den 11 februari förkunnade den sovjetiske chefsåklagaren vid militärtribunalen i Nürnberg, Rudenkov, att fältmarskalk Paulus redan samma dag skulle framträda som åklagarens vittne. Vid tvåtiden samma eftermiddag stod Paulus ansikte mot ansikte med sina tidigare överordnade Wilhelm Keitel och Alfred Jodl. Paulus framträdande hade planerats noggrant av ryssarna. Det hade placerats vid ett väl avvägt tillfälle under processens förlopp och dessutom hållits hemligt in i det sista. Inte ens när Paulus redan befann sig i Tyskland, i en villa nära Plauen i Sachsen, och förberedde sig för sitt framträdande, anade någon vad han hade att berätta.

Den tidigare generalen vid infanteriet, Erich Buschenhagen, har i ett brev till Paulus son Ernst Alexander från år 1959 rekonstruerat Paulus resa till Nürnberg:

"*20.01.46:* Förflyttande av fältmarskalk Paulus och general Buschenhagen från fånglägret i Lunowo till privathus i Moskva.
01.02.46: Vid middagstid flyg från Moskva (militärflygplatsen) i ett extra insatt flygplan i sällskap med generalmajor Pavlov, överstelöjtnant Georgadse och tre löjtnanter via Allenstein, Küstrin till Berlin (flygplats Staaken). Därefter färd i personbil via Potsdam till Babelsberg. Logi i en villa på Kaiserstrasse (tidigare kallad Strasse der SA och senare Leninstrasse).
03.02.46: Söndag. Första försöket att åka till Plauen misslyckades vid Ravensbergen vid Potsdam på grund av ett fordon som var i dåligt skick.
04.02.46: Färd i en ny bil, som hämtats från Dresden, via Treuenbritzen,

Leipzig, Altenburg, Zwickau, Reichenbach till Plauen. Logi i en villa vid Mommsenstrasse.
11.02.46: Tidig färd på motorvägen via Hof till Nürnberg. Ankomst omkring klockan 10:00 till den internationella militärtribunalen i justitiepalatset på Fürther Strasse. På eftermiddagen vittnesförhör av generalfältmarskalk Paulus. Övernattning i ett hus som står till de ryska vaktstyrkornas förfogande i utkanten av Nürnberg.
12.02.46: På förmiddagen korsförhör av generalfältmarskalk Paulus. På eftermiddagen vittnesförhör av general Buschenhagen. På kvällen bilfärd tillbaka till Plauen.
Från och med den 13.02.46: Plauen. Nervpåfrestande väntan på det utlovade "sammanträffandet med anhöriga".
28.03.46: Överraskande färd nattetid till Dresden.
29 och 30.03.46: I Dresden-Neustadt.
31.03.46: Flyg från Dresden till Moskva. Inkvartering i hus vid Gorkijgatan. Ungefär åtta dagar senare inkvartering i en datja i förstaden Tomillino sydost om Moskva."

Dagen före Paulus framträdande hade den ryske fotoreportern Jevgenij Chaldej med hjälp av fotografier förklarat för Paulus var de närvarande skulle placeras i rättssalen. Framför allt de höga Wehrmachtofficerarna var chockade över att Paulus skulle vittna emot dem. Hermann Göring uppmanade sin försvarare att "fråga det där svinet om han är medveten om att han är en förrädare". När Paulus trädde in i salen, avlade vittnesеden och besvarade general Rudenkovs frågor, kunde några av de anklagade knappt bärga sig. Amerikanska militärpoliser uppmanade dem att hålla sig lugna. Vittnets utsagor avslöjade inga sensationella nya detaljer om Hitlers krigsplaner, men Paulus personliga framträdande var mer värt än alla dokument. Paulus lade framför allt skulden på Göring, Keitel och Jodl. Även om några av de anklagade visade ett visst medlidande med Paulus fördömdes han dock av de flesta – som om de hade bestämt sig för att de i nästa krig inte skulle ha användning för en man som Paulus.

Emellertid lyckades arméstabens försvarare, doktor Hans Laternser, uppnå en delseger. När han i korsförhör frågade Paulus vad som hade hänt med hans soldater i den sovjetiska fångenskapen drog de sovjetiska åklagarna öronen åt sig. De lade in sitt veto och förhindrade att frågan ställdes inför rätten. Den österrikiske journalisten Joe Heydecker såg sitt tillfälle att utanför rättssalen ställa samma fråga till Paulus. Paulus undvek till en början frågan med hänvisning till den sovjetiska interventio-

"Jag är varken öst eller väst..." Den sedermera östtyske presidenten Wilhelm Pieck (till vänster) och Friedrich Paulus vid en promenad i Moskva, augusti 1944.

Paulus var inte kommunist och ville inte ha ett kommunistiskt Tyskland. Däremot önskade han sig en "framtid i fred i ett enat, demokratiskt Tyskland". Detta mål hade man i hans nya hemland – Östtyskland.

Thorsten Diedrich, författare

Paulus var besatt av tanken på att det en dag skulle finnas ett Tyskland, inte ett land delat i två delar.

Friherrinnan Olga von Kutzschenbach, dotter till Paulus

nen i rättssalen, men svarade därefter trots allt: "Hälsa mödrarna och hustrurna att fångarna har det bra!" Dagen därpå stod Paulus uttalande att läsa i alla tidningar. Joe Heydecker hotades med att fråntas sitt tillstånd att närvara som reporter i rättegångssalen. Detta förhindrades av den amerikanska sidan.

Efter sitt uppehåll i Tyskland återvände Paulus inte till officerslägret. Till sitt förfogande fick han en villa i Tomillino, en by cirka 50 kilometer från Moskva. Det var en typisk rysk datja med trädgård. Hans önskan att under det korta uppehållet i Tyskland få träffa sin hustru uppfylldes inte. Elena Constance Paulus dog i november 1949 utan att ha fått återse sin man. För Stalin var Paulus juvelen i segerherrens krona. Stalin ställde en villa med adjutant, läkare och kock till sin personlige fånges förfogande. Personalen tillhörde säkerhetstjänsten, och höll inte bara Paulus utan även varandra under uppsikt.

Friedrich Paulus skrev ned sina åsikter om kriget och höll föredrag för sovjetiska generaler. Även om han var den i rang högste tyske krigsfången i Sovjetunionen, ställdes han inte som så många andra tyska generaler inför sovjetisk domstol och dömdes till 25 års arbetsläger. Detta öde drabbade bland andra general Walther von Seydlitz-Kurzbach, ordföranden för *Bund Deutscher Offiziere*. Stalin gav personligen order om att Paulus skulle lämnas ifred. Stalin såg till och med till att Paulus fick en kurbehandling i Jalta vid Svarta havet. Men Paulus ville helst av allt återvända till sin familj och förklarade att han ville delta i Tysklands återuppbyggande. Han författade petitioner till Stalin och Berija. I dem var det inte krigsfången som vände sig till statsöverhuvudet utan marskalk Paulus som skrev till marskalk Stalin. I dokumenten finns det inget som antyder att Stalin skulle ha uppfattat detta som en oförskämdhet. Förmodligen uppfattade han det snarare som ett skämt.

Till och med den ökände chefsåklagaren vid skådeprocesserna i Moskva, Andreij Vysjinskij, använde sitt inflytande till förmån för den prominente fången. Stalin besvarade alla frågor om Paulus frisläppande med att han själv och ingen annan bestämde när fältmarskalken skulle släppas fri.

En morgon år 1951 påträffades Sovjetunionens mest prominente fånge avsvimmad i sin villa. Under de följande dagarna vägrade den sextioårige fältmarskalken både att lämna sin säng och att äta. Han talade inte med någon och led av svåra depressioner. Under flera års tid hade han kämpat för att få återvända till Tyskland och oupphörligen skrivit brev till Stalin. För Stalin var Paulus en mänsklig trofé av oskattbart värde, det levande minnet av hans största seger: Stalingrad. Men nu började Stalin frukta att den ompysslade fågeln i den gyllene buren skulle dö. Han beslutade att släppa Friedrich Paulus fri. Men det gällde att välja den rätta tidpunkten för att politiskt kunna slå mynt av fältmarskalk Paulus hemsändande. Innan det tillfället infann sig hann Stalin avlida. I Kreml inleddes maktkampen mellan hans närmaste män.

Den 27 september 1953 befann sig den östtyske kommunistledaren Walter Ulbricht på genomresa i Moskva på väg till en semestervistelse vid Svarta havet. På sovjetiskt initiativ anordnades med kort varsel ett möte mellan Paulus och Ulbricht. Samtalet mellan fyra ögon pågick i mer än en och en halv timme. Dagen därpå hade Ulbricht ett samtal med en företrädare för det sovjetiska kommunistpartiets centralkommitté före sin avresa till Svarta havet. Enligt Ulbricht hade Paulus vid deras samtal sagt sig vilja bosätta sig i Östtyskland och arbeta vid någon statlig organisation. Paulus hade också sagt sig vara beredd att offentligt göra ett politiskt uttalande. Denna kungörelse skulle enligt Ulbricht inskränka sig till att Paulus drog slutsatser av det svåra kriget, som hade fört Tyskland till katastrofen.

Kort därefter skrev Paulus: "Som chef för tyska trupper, som deltagit i det för mitt fädernesland så ödesdigra slaget om Stalingrad, har jag lärt känna erövringskrigets alla fasaväckande sidor. Inte enbart de fasor som drabbade det folk som vi överföll, utan även mina egna soldater. Mina egna erfarenheter samt andra världskrigets förlopp som helhet har fört mig till insikten att det tyska folkets öde inte främjas av strävan efter makt, utan enbart av en varaktig vänskap med Sovjetunionen och med alla andra fredsälskande folk... Jag vill inte lämna Sovjetunionen utan att ha sagt till de sovjetiska medborgarna att jag en gång i blind lydnad kom till ert land som en fiende. Nu lämnar jag emellertid ert land som en vän."

Detta uttalande publicerades i *Pravda* den 24 oktober 1953.

Den 26 oktober 1953 anlände Friedrich Paulus till Östberlin. Han hade bestämt sig för att slå sig ner permanent i Östtyskland. Det fanns flera anledningar till att han valde att stanna i det kommunistiska DDR. Möjligtvis fattade han sitt beslut som en följd av hustruns död 1949. Han fruktade också att hans person skulle utsättas för en offentlig diskussion i Västtyskland, inte minst på grund av hans uppenbara förbehåll mot den västtyska militära integrationen i västalliansen NATO. Men Paulus var inte kommunist. Han ville inte ha ett kommunistiskt Tyskland, men däremot "en framtid i fred för ett förenat Tyskland". Att han valde DDR före Västtyskland berodde sist och slutligen på att Östtyskland gav honom ett bättre erbjudande än Västtyskland. Han blev chef för ett krigshistoriskt forskningsinstitut, som ännu var under uppbyggnad. I augusti 1954 började han undervisa i krigsteori vid folkpolisens högskola i Dresden. Han deltog aktivt i forskningsinstitutets uppbyggnad och höll föredrag om slaget vid Stalingrad och om Schlieffenplanen från första världskriget. DDR tackade honom med en villa i det fashionabla kvarteret Weisser Hirsch i Dresden och med uppmuntranden i form av vapenlicens, jakträttigheter och en Opel av modell Kapitän. Den framväxande östtyska armén, *Nationale Volksarmée*, ställde en ung officer, kapten Heinz Beutel, till hans förfogande som adjutant. En vaktbataljon ur folkpolisen skötte bevakningen av Paulus. Sin korrespondens med ledarna för "arbetar- och bondestaten" DDR undertecknade han alltid med följande titel: "Friedrich Paulus – generalfältmarskalk i den tidigare tyska armén."

Östtyskland lyckades vinna Paulus för sina politiska syften. Kommunistledaren Walter Ulbricht och den politiska ledningen för folkpolisen utnyttjade hans "patriotiska inställning" och hans avvisande av den västtyske förbundskanslern Konrad Adenauers politik, som syftade till västintegration. Paulus kallade Adenauers politik för "farlig". Hans avvisande hållning berodde på att han under tio års tid hade vistats utanför Tyskland och enbart fått ensidig information om utvecklingen i väst. Paulus, vars artiklar och föredrag i frågan man tog hänsyn till, framträdde under 1954 vid presskonferenser och i en radiointervju som motståndare till Parisfördraget, som reglerade Västtysklands roll inom det europeiska försvarssamarbetet. Som huvudtalare vid sammankomster med tidigare officerare ur *Wehrmacht* och *Waffen*-SS i Östberlin 1955 ansåg Paulus att de som hade deltagit i kriget bar ett stort ansvar för att Tyskland utvecklades demokratiskt.

Av Paulus hade det blivit en Saulus, ansåg hans forna kolleger med en biblisk anspelning. Själv ansåg han dock att han hade förblivit sina ideal trogen. Vi vet inte hur Friedrich Paulus ställde sig till upprustningen i DDR, till sovjetiseringen av landet och till de kommunistiska makthavarnas diktatur. Vi vet inte heller hur han ställde sig till ett återförenat Tyskland – om allt detta sade Paulus inte ett ord ens till sina förtrogna. När han förberedde officersträffar med tidigare kolleger plågades han av de brev där man avslog hans inbjudan. Generalöverste Franz Halder var en av dem som tackade nej. Han anklagade honom dessutom för att ha förrått Tyskland genom att ha gjort gemensam sak med kommunisterna. Paulus blev djupt rörd av alla brev från anhöriga till soldater som kämpat i Stalingrad och som undrade om han visste något om var deras söner, bröder och äkta män fanns. Han besvarade breven samvetsgrant och skrev ned allt han visste. Allt detta tärde på hans hälsa och förstorade det ansvar som redan tyngde honom. I ett inledningsanförande vid en officerssammankomst klädde han sina politiska ideal i följande ord: ”Ur de bittra erfarenheter, som vi gjort som en följd av en så kallad styrkepolitik, och ur vår nationella ansvarskänsla för den tyska nationens fortsatta existens, ger vi uttryck för övertygelsen om att vi inte behöver några nya militära fördrag som befäster den olyckliga tyska delningen. Istället behöver vi förståelse mellan tyskar från öst och väst och med andra folk. Vi vill ha ett starkt, respekterat, suveränt och oavhängigt Tyskland utan ockupationstrupper. Ett Tyskland, vars territorium garanteras genom ett allmänt säkerhetsavtal mellan samtliga europeiska länder och stormakterna. Tysklands gränser ska skyddas av inhemska styrkor, som enbart är underställda det tyska folket.”

Kort därefter antecknade den östtyska säkerhetspolisen i en rapport om en avlyssning av Paulus följande citat: ”Jag är varken öst eller väst, jag är tysk.”

Att Paulus skulle ha tagit personlig del i uppbyggnaden av den östtyska armén – vilket upprepades om och om igen av de kommunistiska ledarna – kan inte på något sätt beläggas. Tvärtom förblev den berömde fältmarskalken en främling i ”arbetar- och bondestaten” livet ut. Säkerhetstjänsten hade ett nät av spioner kring honom och hans närmaste umgänge. För de kommunistiska makthavarna var Paulus synonymt med övervakningsoperation Terrass. I en sammanfattande redogörelse från augusti 1956 sägs det bland annat: ”det är påtagligt att han inte har tagit del i vare sig uppbyggnaden eller utbildningen av folkpolisen och av armén. Han står inte i förbindelse med några militära chefer eller förband; han förses enbart med ett underhållsbidrag från försvarsministeriet via en fingerad anställning.” Paulus försvann från den offentliga scenen mot slutet av 1955, alltmer plågad av sjukdom. Han led av en obotlig hjärnsjukdom, som ledde till att alla muskler förlamades men inte påverkade den drabbades psykiska hälsa. På sätt och vis var sjukdomen en sinnebild för Friedrich Paulus liv.

Djupt deprimerad dog generalfältmarskalk Friedrich Paulus i Dresden den 1 februari 1957, på den fjortonde årsdagen av nederlaget i Stalingrad. Efter en enkel sorgehögtid, där såväl anhöriga som ledande företrädare för den östtyska staten och en liten delegation från försvarsministeriet deltog, kremerades Paulus. Enligt familjens önskemål fördes urnan med askan till Baden-Baden i Västtyskland. Här vigdes Friedrich Paulus vid sin hustru Elena Constances sida till den sista vilan. Han hade träffat sin hustru för sista gången våren 1942.

Vad Paulus verkligen tänkte och kände går inte att utläsa ur officiella ställningstaganden. Han var en sluten människa och han var efter Stalingrad mycket medveten om sin historiska roll. Det går idag inte att förstå fältmarskalk Paulus som person, varken genom att betrakta honom som den föraktade Hitlertrogne generalen eller som den kommunistiske överlöparen Saulus. Den långe, inåtvände mannen förkroppsligar snarare en man som prövats hårt av ödet, och som själv såg sig som en tragisk gestalt i den tyska militärhistorien. Klämd mellan tyngden av ansvaret för katastrofen i Stalingrad och det politiska trycket från de nya samhällena i öst och väst som han inte förstod fullt ut, förblev Paulus en främling. Hans hemkomst till Tyskland innebar egentligen att han kom till ett främmande land. Hans patriotiska förhoppningar om ett enat och fredligt Tyskland och hans försök att använda sina personliga erfarenheter i dessa strävanden utnyttjades enbart i propagandasyfte. Paulus, som hade spelat en stor roll i den tragiska tyska historien, slutade sina dagar i ensamhet.

Den 6 februari 1957 avslutade en medarbetare vid den östtyska säkerhetstjänsten Paulus akt med följande ord: ”Objektet ’Terrass’ var en före detta generalfältmarskalk i den fascistiska tyska armén. I och med hans död den 1 februari har bearbetandet av objektet upphört.” Friedrich Paulus fann aldrig sin plats i det Tyskland som växte fram efter kriget.

Flygaren:

Ernst Udet

Att flyga blir till en passion. Den som behärskar det kan aldrig sluta helt...

Man får inte tänka på att en mor gråter över varje motståndare man skjuter ner.

Rapporterna om vad som händer i Tyskland är överdrivna... Det har förekommit några fall där judar har behandlats illa, men det har överdrivits.

Hitler kommer inte att leda Tyskland i krig.

Vi var soldater utan fana. Vi har åter vecklat ut vår fana. *Der Führer* gav oss den tillbaka. De gamla soldaterna har åter fått något att leva för.

För att få flyga måste man ibland till och med gå i förbund med djävulen. Men det gäller bara att se till att han inte äter upp en.

Nu är jag bara ett spöke i uniform.

Men jag måste vidare. Snart sänker sig den långa natten, och då försjunker allt liv.

Ernst Udet

Jag iakttog omkring klockan 05:15 hur löjtnant Udets röda maskin först plockade ner en DH 9 och strax därefter sände en DH 2 brinnande till marken. Undertecknat: Göring, chef för jakteskadern Freiherr von Richthofen

Hermann Göring

Udet är en luftens mästare och känner sig lika hemma där som en motorcykelförare på landsvägen…Vi gläds över att den tyska tekniken obehindrat utvecklas och över att vi har sådana banbrytare som Udet inom flygväsendet. Den tyska luftfartens utveckling har man satt munkavle på, men den kan inte förhindras.

Tidningen Würzburger Volksblatt

Hitler ansåg med full rätt Udet vara en av de största tyska flygarna. Tyvärr ansåg Hitler honom också vara en av Tysklands främsta experter på luftfartsteknikens område, vilket var fullständigt fel.

Erhard Milch, statssekreterare i luftfartsministeriet

Om jag bara hade vetat vad Udet hade för planer. Han förvandlade *Luftwaffes* hela planering till ett kaos. Om han hade levat idag hade jag sett mig tvungen att säga till honom: ”Ni är ansvarig för det tyska flygvapnets förstörelse.”

Hermann Göring

En gudabenådad artist på sitt område, en man vars kunskaper om flyg är oöverträffade. Vår tyska ungdom beundrar Ernst Udet som en av sina stora förebilder.

Tidskriften Die Luftwelt

Udet bodde i en större våning. Den hade han fyllt med flyg- och jakttroféer som man under ett aktivt liv och under många resor samlar på sig och får som gåva. På en vägg hängde flera fotografier av vackra kvinnor. Jag sköt fem gånger, Udet sedan fem gånger, Udet vann…

Flyglegenden Charles Lindbergh

Han utstrålade så mycket charm, sympati och flygaranda. Han kunde dricka otroliga mängder och i nästa ögonblick vara helt nykter.

Jaktpiloten Adolf Galland

Vi tyckte om varandra redan efter att ha växlat några ord och delade sedan vår första flaska konjak.

Författaren Carl Zuckmayer

Bekymra er inte om ert ämbete. Era utmärkta medarbetare kommer att klara av det nödvändigaste. Dessutom har jag bett Milch att också ta sig an saken.

Hermann Göring

När han kom till Göring pratade de om gamla tider. De undvek noggrant att diskutera arbetet.

Domaren Christian von Hammerstein

Han tvingades bekämpa Milchs intriger, han tvingades motsätta sig Görings överspända krav, han tvingades försöka få sina många medarbetare att gå i samma riktning. Det var för mycket för honom.

General von Seidel

Han var ingen uppriktig människa, mycket fåfäng och lättstött.

Erhard Milch, statssekreterare i luftfartsministeriet

BARA ETT FÅTAL AV DE närvarande visste vad som i verkligheten hade hänt. I luftfartsministeriets högtidssal rådde en nervös stillhet som enbart bröts av filmkamerornas monotona surrande. På filmrutorna fastnade bilden av en perfekt iscensatt begravningshögtid.

Vid kistan stod orörliga officerare med dragna värjor. I deras ansikten återspeglades fyra eldsflammor på de svarta kolonner som omgav kistan. De sörjande bestod av idel prominenta namn som hade kallats dit av de skickliga regissörerna av statsbegravningen. Där fanns bland andra Adolf Hitler och flygarässen från *Luftwaffe* samt riksmarskalk Hermann Görings hustru Emmy Göring, "Tredje rikets första dam". Dessutom hade den diplomatiska kåren och nazistpartiets toppar mött upp. Allra sist anlände Hermann Göring, riksmarskalken och chefen för *Luftwaffe*, putsad som en påfågel i ljus uniform, rödbruna stövlar och livrem med förgyllt spänne. Till tonerna av Beethovens *Eroica* steg han med klingande sporrar uppför trappstegen till tribunen. Riksmarskalken harklade sig och började tala:

"Nu måste vi ta farväl. Det är en ofattbar tanke att du, min käre Udet, inte längre finns ibland oss. Vi kan inte fatta det eftersom just din natur var så kraftfull, upplivande och gladlynt. Du var en så levande människa att vi nästan känner det som om du fortfarande finns ibland oss. Och förblir hos oss. Den allsmäktige har kallat dig till sig, och nu kan du förena dig med dem som stupat före dig. Och nu ... kan jag faktiskt inte säga mer ... min bäste kamrat, lev väl!"

Görings sista ord hördes knappast. Hans röst bröt samman. När den mycket överviktige riksmarskalken stapplande tog sig nerför trappan intonerade blåsorkestern stillsamt soldatvisan *Ich hatt' einen Kameraden*. Göring sjöng med i texten med tårar i ögonen. Adolf Hitler steg fram och skakade hand med en äldre beslöjad dam. Paula Udet lyckades med svårighet bevara fattningen. Detta var den förljugna höjdpunkten i ett skådespel, där till och med den sörjande modern tvingades spela sin roll.

Officerarna fattade tag i kistan och bar den genom folkmängden ut på gatan. Begravningsföljet formerade sig. Längst fram gick fanbärarna, orkestern och adjutanterna, som bar kransarna. Därefter följde kistan och slutligen – i ensamt majestät – riksmarskalk Hermann Göring.

Fem dagar tidigare hade den tyska nyhetsbyrån meddelat: "*Generalluftzeugmeister*, generalöverste Ernst Udet, drabbades den 17 november 1941 under utprovandet av ett nytt vapen av ett så svårt olycksfall att han senare avled av sina skador. Der Führer har beordrat att en statsbegravning skall anordnas för den under uppfyllandet av sin plikt så tragiskt bortgångne officeren."

Tyskland hade mist en flygare och landet sörjde. Fram till 1945 trodde de flesta tyskar på sagan om att Ernst Udet hade dött hjältedöden för folk och fosterland. Udet var en av Tredje rikets mest kända personer. Han var berömd tack vare sina otaliga flyguppvisningar, där han med sitt flygplan utförde akrobatiska konster som slog publiken med häpnad. Barnen älskade piloten som "vaggade med flygplanet" och som, när han var på det humöret, kunde plocka upp en näsduk från marken med planets vingspets. På film var Udet den som med sitt flygplan räddade unga kärlekspar som råkat i nöd under farliga bergsbestigningar. Många berlinare mindes honom från ändlösa nätter på stadens barer, där han alltid var en av de sista som gick hem. Man såg honom ofta flimra förbi i biografernas journalfilmer, där han fanns vid sidan av Göring och Hitler.

I Amerika fick Udets vän, den landsflyktige tyske författaren Carl Zuckmayer, via tidningarna kännedom om tragedin och skrev de första raderna på sitt drama *Des Teufels General* ("Djävulens general"). Det var en beteckning som senare kom att följa Udet. Zuckmayer gjorde ingen hemlighet av att hans litteräre hjälte Harras var inspirerad av vännen Ernst Udet.

Pjäsen kom att bli en av de mest spelade på de tyska scenerna under efterkrigstiden. Ernst Udet blev ett med sitt litterära alter ego, pjäsens flygare Harras. "General eller cirkusclown. Jag är flygare och inget annat", säger Harras om sig själv. En flygare som flög för Hitler. Harras dras allt längre in i regimens kriminella manipulationer, ända tills han resignerad inser att han har förvandlats till "djävulens general". Hjältemodigt drar han konsekvenserna av detta och störtar sig medvetet mot marken och döden med sitt plan. Därmed reste Zuckmayer ett monument över Udet, ett monument som han ifrågasatte först 20 år efter att han hade skrivit ner de första raderna som i en gudomlig ingivelse. 1966 omarbetade han sitt drama och förbjöd slutligen att det uppfördes på teaterscenen. Alltför ofta hade hans verk missförståtts som ett ursäktande "av ett visst slags medlöpare".

Vem var Ernst Udet? Var han djävulens general? Eller visste han hur han skulle hantera djävulen?

Udet hade haft sin stora tid under första världskriget 1914–18. Han bar på strålglansen av att ha varit "den mest framgångsrike jaktpiloten vid sidan av 'Röde baronen', Manfred von Richthofen". Under mellankrigstiden öppnade hans berömmelse dörrarna för honom till samhällets mäktiga och inflytelserika kretsar. Han var charmerande och artig. Han var vänlig och öppenhjärtig inför de flesta han mötte. Men han var i lika

Jag är slav under flygandet. Jag kan inte leva utan att flyga. Men djävulen hämtar oss alla en dag.

Ernst Udet

Ernst Udet var en raring.

Skådespelerskan Ilse Werner

"Visa mig bara var man ger gas..." Ernst Udet efter att ha slagit ett hastighetsrekord 1936.

hög grad lättsinnig och obetänksam. Under Weimarrepublikens år gjorde han sig ett namn som uppvisningsflygare och filmstjärna. Han var ingen militär och han visste inte vad det innebar att marschera i takt – ända till år 1935, då han blev överste i det nyuppsatta flygvapnet *Luftwaffe*. På Hitlers uppdrag samordnade han under Hermann Görings ledning *Luftwaffes* upprustning inför andra världskriget, vars slut han inte skulle få uppleva. Ernst Udet var 45 år gammal när han dog. Vid sin död efterlämnade han ett berg av obetalda räkningar på lyxrestaurangen *Horcher* i Berlin, flera utomäktenskapliga barn och ett luftfartsministerium som hans efterträdare förskräckt kallade ett "Augiasstall".

1896 störtade och dog den tyske flygpionjären Otto Lilienthal vid ett flygförsök. Samma år såg Ernst Udet världens ljus i Frankfurt am Main. Hans födelsedag, den 26 april, var en söndag. Föräldrarna Paula och Adolf Udet var stolta över sin förstfödde son, som modern kärleksfullt kallade "Erni". Kort efter Ernsts födelse flyttade familjen till München, där han växte upp till ett bayerskt busfrö. Erni var inget ljus i skolan. Hans lärare vid Theresiengymnasiet ansåg att han ägnade sig alltför mycket åt rackartyg. "Han fattar snabbt, men glömmer lika snabbt. Han intresserar sig för allt, om än ytligt, och kan diskutera det mesta på ett lättsamt och trevligt sätt. Han saknar emellertid ett djupare allvar och noggrann exakthet i alla uppgifter han utför", löd hans betyg från första ring i gymnasiet. Ernis intressen fanns utanför skolans mörka murar. Han var en begåvad tecknare och var passionerat intresserad av fotografering och flygplan. Till sin barndoms hjältar räknade han bröderna Wright, som 1903 hade konstruerat det första motordrivna flygplanet.

Inspirerad av entusiasmen inför den första internationella luftfartsutställningen på hösten 1904 grundade han tillsammans med några vänner *Aero-Club München*. Udets far hade gått med på att husets vindsvåning användes som klubblokal. Här träffades pojkarna varje onsdag efter skolan, byggde flygplansmodeller och pratade flyg. En flygplansfabrik i det närbelägna Milbertshofen hade en magisk dragningskraft på dem. Utanför fabriken stod flygklubbens medlemmar pressade mot det stängsel som omgav området. De beundrade storögt de första biplanen och de våghalsiga piloterna. Ibland fick de hjälpa till att dra igång en propeller för hand. 1909 hade fransmannen Louis Blériot för första gången korsat Engelska kanalen med ett flygplan. Flygklubbens medlemmar hade sin egen "kanal" i form av floden Isar i München, som de försökte ta sig över med sina modellflygplan. Den 9 januari 1909 fick Ernst Udet sin första utmärkelse som "flygare": "Det officiella flygintyget från '*Aero-Club*

München' tilldelas herr Ernst Udet, flygare. Hans 'Dornierplan' tillryggalade den föreskrivna sträckan på 3 meter i närvaro av förste ordföranden och protokollföraren."

Under sommarferierna i byn Aschau 1910 byggde Ernst Udet sitt första glidflygplan av bambustammar och linnetyg. Under vilda språng hoppade han nerför en sluttning ända tills flygplanet bröts sönder. De hånfulla byborna, som hade begett sig dit för att bevittna händelsen, hade en passande förklaring i beredskap. Just i denna trakt sades jordmagnetismen vara så stark att det inte var möjligt att flyga.

Den unge Ernsts fanatiska flygintresse var en nagel i ögat på hans lärare. "Trots att han är intelligent och ganska begåvad har han endast presterat måttliga resultat. Detta är till största delen en följd av hans tankspriddhet och ouppmärksamhet. Han har huvudet fullt av andra tankar och har framför allt flyg på hjärnan. Han ska till och med själv ha byggt sig ett flygplan och siktar på att bli pilot." Att han inte flyttades upp i nästa årskurs bekymrade knappast den unge Ernst. Inte heller hans föräldrar verkade bry sig om detta, eftersom skolan noterade att någon kontakt inte tagits från föräldrarnas sida. Man lät honom göra som han ville. Fadern, som vid denna tid ägde en framgångsrik fabrik som tillverkade varmvattenberedare, försökte i alla fall förbereda pojken på en framtid i familjeföretaget. Men han lyckades inte övertyga sonen om att hans framtid bestod av vattenrör och badkar.

Med nöd och näppe tog Ernst sin realexamen 1913. Den välbeställde fadern belönade honom med en motorcykel – antagligen för att underlätta inträdet i faderns firma. Men den unge Ernst var tills vidare helt nöjd med att drömma om en framtid vid den närbelägna flygplansfabriken. Ända tills en dag en av piloterna vid fabriken slutligen förbarmade sig över pojken och tog honom med på hans första flygtur. Det var hans jungfruresa och den skulle komma att följas av otaliga flygturer.

År 1914 var tiden för barndomens lekar förbi. Det skott som avlossades i Sarajevo den 28 juni 1914 och som dödade den österrikiske tronföljaren Franz Ferdinand hade rubbat den bräckliga balans som dittills hade hindrat Europa från att kastas ut i krig. I München, Berlin, Wien, Paris och på andra platser jublade människomassorna när kriget hade brutit ut och det gavs också tillfälle att ge utlopp åt en ilska som dämts upp under lång tid. Ernst Udet, som även han hade gripits av den utbredda krigshysterin, anmälde sig genast som frivillig. "För kort", löd det korthuggna omdömet om honom vid inskrivningsbyrån för frivilliga. Han var visserligen kort i rocken, men också envis. Dagligen besökte han den

"Vår stund skall komma..." Bärarna av orden "Pour le mérite" 1918. Ernst Udet sjätte man från vänster.

Vår tillvaro var i alla avseenden bättre än de andra soldaternas. Vi fick tillräckligt med mat, vi var bättre utrustade och hade mer fritid. Framför allt var vi stridsglada och kände oss som en elit ... Att flyga på det oändliga himlavalvet, ofta helt ensamma, gav oss en känsla av överlägsenhet gentemot de små människorna nere på jorden och de småaktigheter de ägnade sig åt. Vi kände en särskild stolthet.

Kapten Hermann Steiner om stridspiloterna under första världskriget

Den generation jag tillhör har formats av kriget. Kriget påverkade oss under våra avgörande år. De svaga bröt samman. Hos dem finns inget annat kvar än en passiv förskräckelse. Hos oss, däremot – och nu talar jag för så gott som alla frontsoldater – har livsviljan blivit hårdare och starkare. En ny livsvilja, som är medveten om att det inte är den enskilde som räknas, utan att tillvaron och framtiden för folket betyder allt...

Ernst Udet

tyska automobilklubbens avdelningskontor i München. Via automobilklubben förmedlades nämligen ordonnansförare till fronten. Eftersom han tillhörde det fåtal privatpersoner som ägde en motorcykel antogs han slutligen till fronttjänst. Till att börja med blev han chaufför vid 26. infanteridivisionen i Strassburg (idag Strasbourg) men flyttades strax därefter till fordonsdepån i Namur. Soldaterna förlöjligade ordonnansförarna och kallade dem "bensinhusarer". Men deras tjänst var inte riskfri. Under en strid störtade Udet ner i en krevadgrop med sin motorcykel och skadades svårt.

I oktober sade armén upp avtalen med de frivilliga ordonnansförarna. Än en gång satt soldaten Udet overksam i München. Fadern insåg att något nu måste göras. Med hjälp av ett generöst finansiellt bidrag och en badrumsinredning till flygplansfabrikören Gustav Otto i Milbertshofen lyckades fadern få sonen Ernst antagen vid flygskolan i Oberwiesenfeld. I april 1915 tog Ernst Udet sitt flygcertifikat för civilflyg. Den 4 september 1915 tillträdde han en tjänst som flygförare vid artilleriavdelning 206. Tjänsten var inte särskilt riskfylld eftersom piloterna mestadels utnyttjades som obeväpnade spanare. Udets förflyttning till fältflygaravdelning 68 i Habsheim innebar en förändring på det området. Holländaren Anthony Fokker hade utvecklat ett maskingevär som gjorde det möjligt för piloten att ge eld genom propelleromkretsen, och därmed kunde själva himlen tas i bruk som slagfält. I december utkämpade Udet sin första luftstrid mot ett franskt Caudron-plan. Även om han hade haft tillfälle så förmådde han inte skjuta ner motståndaren. I sin självbiografi *Mein Fliegerleben* ("Mitt flygarliv"), som utkom 1935, beskrev han denna luftduell som en avgörande händelse: "Det var som om skräcken fryste blodet i mina ådror till is, förlamade mina händer och som om allt mitt förstånd på ett ögonblick lämnade hjärnan. Men den man som fortsatt vill vara man måste i det avgörande ögonblicket ha kraft att bekämpa den djuriska skräcken inom sig. För djuret inom oss vill överleva till varje pris. Och den som ger efter är förlorad för den manliga gemenskapen, där ära, plikt och tro på fäderneslandet är det som räknas."

Den ömsinthet som Ernst Udet senare så gärna koketterade med, uppvisade han inte vid denna tid. Med sammanbiten äregirighet försökte han utplåna sina svaga sidor. Han lät ställa upp en flygplansmodell i flygplatsens utkant och besköt den ifrån sitt plan uppe i luften. På så sätt förbättrade han märkbart sin träffsäkerhet. Därefter lyckades han för första gången segra i en luftstrid. "Jag kan inte beskriva känslan jag upplevde då, jag hade kunnat jubla högt av glädje och stolthet."

Från och med nu följde triumferna slag i slag. I sin självbiografi beskriver Udet den ena nerskjutningen av fiendeplan efter den andra. Höjdpunkten var den dag då han sköt ner tre plan. Flygarna undvek att ta permission eller att sjukskriva sig för att inte förlora tätplaceringen på listan över antalet nerskjutna plan. Kriget påminde om en äventyrsroman.

Flygförbanden utgjorde den nya eliten i kejsarens armé. Flygarna uppträdde som "luftens riddare". De undkom skyttegravarnas elände, som kostade hundratusentals av deras årskamrater livet.

Tack vare den personliga symbolen på flygplanen visste piloterna ofta exakt vilken motståndare de hade framför sig. Utan blygsamhet smyckade de sina maskiner med pretentiösa ordspråk. "Du klarar det inte", målade Udet på sitt plan. "Här är förgöraren" stod det som varning på en av hans franska motståndares plan.

Livet ut vårdade piloterna myten om flygets kamratliga ridderlighet. År 1916 mötte Udet det franska flygarässet Georges Guynemer i en tvekamp i luften. Under åtta minuter kämpade de emot varandra tills Udets maskingevär plötsligt slutade att fungera. Hjälplös försökte han få igång sitt vapen. Guynemer flög närmare. Han insåg sin motståndares dilemma – och avvek från platsen. Åtminstone var detta Udets ständigt upprepade version av händelseförloppet, även om andra hävdade att också Guynemers vapen hade strejkat.

Drömmen om "det äkta kamratskapet" hade piloterna gemensamt med sina motståndare även efter kriget. 1928 träffade Udet den berömde franske piloten René Fonck. Han dedicerade sitt porträtt till Udet med följande ord: "Ju mer man kämpar emot varandra, desto mer är man kapabel att förstå luftens sanna kamratskap."

I själva verket hade kriget i luften sedan länge förvandlats till en enveten strid på liv och död. Även Udet fick uppleva hur hela hans division på kort tid tillintetgjordes. Förlusten av vänner och kamrater ledde till att Ernst Udet under resten av sitt liv undvek alltför nära vänskapsförhållanden. Men även det faktum att han hörde till de privilegierade, att han hade lyckats, präglade honom. Han hörde till hjältarnas skara, och hjältarna möttes med smicker.

Vid noggrant iscensatta flyguppvisningar i Berlin tävlade flygplansproducenterna om flygarnas gunst. Hela våningar i de förnämsta hotellen i Berlin hyrdes åt piloterna. Pfalzfabriken hade hyrt in sig på hotell *Adlon*, medan Fokker befann sig på hotell *Bristol*. När någon av piloterna öppnade garderoben på sitt rum hängde där "som av en tillfällighet" en pälskappa.

Till och med vid fronten utnyttjade flygarna den utstrålning som omgav dem. Rovbyte i form av champagne tog sällan slut och i erövrade slott gavs det många tillfällen till uppsluppna tillställningar. Det var en tillvaro som var helt i den unge Udets smak. Kamraterna kallade honom ”den lille”. De tyckte om den livlige lille mannen med den starka utstrålningen, som inte tvekade inför något upptåg. Författaren Carl Zuckmayer minns sitt första möte med Ernst Udet: ”Vi tyckte om varandra efter att ha växlat några ord och delade sedan vår första flaska konjak.”

För Udets del följde nu den ena nerskjutningen efter den andra. På ranglistan över de främsta piloterna placerade han sig allt högre upp. Hos en nerskjuten fiendepilot påträffade man en bild av Ernst Udet med orden ”Ässens äss”.

En regnig novemberdag 1917 i Le Cateau i Frankrike tilldelades Udet riddarvärdigheten av ”Röde baronen”, Manfred von Richthofen, chefen för den 1. jakteskadern och den främste jaktpiloten under första världskriget. ”Hur många nerskjutningar har ni nu, Udet?” frågade Richthofen. ”Nitton bekräftade, en obekräftad.” – ”Då kan ni faktiskt få en plats hos oss. Vill ni det?”

Vid Richthofens eskader fick Udet stifta bekantskap med en ny sida av luftstrider. Om ”Röde baronen” sade hans kamrater att han jagade engelsmän som andra jagade vildsvin i skogen. Till sin mor hade Richthofen skrivit: ”Kära mor, hjärtat slår snabbare när fienden, vars ansikte man sett, störtar i ett eldhav.” Han levde för att flyga, och att flyga innebar nerskjutningar. Bara några få kilometer bakom fronten var piloterna inhysta i baracker och de lyfte upp till tre gånger om dagen för att delta i luftstrider. Udet klarade denna enorma kroppsliga och själsliga ansträngning. En smärtsam öroninflammation tvingade honom till sjukpermission. Hörselproblemen skulle sedan följa honom under resten av hans liv. Hemma hos sina närmaste i München kunde han fira att han hade tilldelats utmärkelsen *Pour le mérite* för sina 20 nerskjutna plan. Det var inträdesbiljetten till den militära överklassen. Med bröstet svällande av stolthet flanerade Udet tillsammans med sin flickvän på Münchens gator och gladde sig åt att vaktposterna vid det kungliga residensslottet var skyldiga att göra honnör för honom. Den lille flygaren hade plötsligt blivit riktigt stor. Den 21 april 1918 nådde honom nyheten att Manfred von Richthofen var död. Efter att även Richthofens efterträdare Reinhard hade dödats, övertog Ernst Udet tillfälligt befälet över den berömda jakteskadern. Men vem skulle bli dess nye chef? Gissningslekarna föreföll överflödiga. Udet hade 40 nerskjutna plan på sitt konto. Eventuellt skulle Lothar von Richthofen komma i fråga, eftersom flygarna var säkra på att den nye chefen skulle hämtas ur deras egna led. Ett telegram med ett överraskande innehöll förlöste spänningen: "Enligt order av den 8 juli 1918 av tjänstgörande generalen för luftstridskrafterna utnämns löjtnant Hermann Göring till chef för jakteskadern Richthofen." Hermann Göring hade med sina 21 nerskjutna plan liksom Udet tilldelats utmärkelsen *Pour le mérite*. Men Görings uppgifter om hur många plan han hade skjutit ner var inte helt riktiga. Han hade bättrat på sina uppgifter om antalet nerskjutna plan, ryktades det bland några av hans kamrater. Den nyutnämnde chefen nöjde sig till att börja med att göra ett kort besök vid sin nya eskader och begav sig därefter på tjänstledighet. Udet skulle få känna av Görings svekfulla natur mer än tillräckligt i framtiden.

Nyheten om undertecknandet av vapenstilleståndet i franska Compiègne den 11 november 1918 kom för piloterna som en blixt från klar himmel. Hade alla uppoffringar varit förgäves? Tillsammans med sin eskader flög Hermann Göring till Aschaffenburg och försökte förgäves hindra fienden från att lägga beslag på flygplanen genom att gömma dem i en pappersfabrik. Än en gång gjorde stridskamraterna en krogrunda och Göring utropade patetiskt: "Vår tid kommer åter!"

Dagen därpå entledigades Ernst Udet från armén. Med sina 62 nerskjutningar var han den mest framgångsrike tyske jaktpilot som hade överlevt kriget.

Vad skulle hända nu? Tillbaka i München delade Udet samma öde som alla andra soldater som hade återvänt från kriget. Piloterna störtade från den heroiska låtsasvärlden till den hårda verkligheten, vilket för de flesta av dem innebar arbetslöshet. Några lyckades få anställning inom civilflyget, andra flög för frikårerna. Ernst Udet fick till att börja med arbete som mekaniker vid flygplansfabriken i Milbertshofen. Det enda han till fullo behärskade var att flyga. Men i och med att fredsfördraget i Versailles undertecknades hade piloterna inte längre några möjligheter att förverkliga sina drömmar. Tyskland tilläts inte ha något flygvapen och drabbades av starka inskränkningar på den civila luftfartens område. Under ett halvt års tid fick reservdelar och flygplan varken tillverkas i Tyskland eller importeras till landet. I ett slag hade den tyska luftfarten förpassats flera år tillbaka i tiden.

Udets positiva natur hade däremot inte tagit skada av krigsslutet. Tillsammans med vännen Robert von Greim begav han sig ut för att söka efter flygplan för att förverkliga en idé som under de kommande åren skulle omvandlas till klingande mynt. Deras idé var att arrangera flyguppvisningar i stor stil. Den 10 augusti 1919 trängdes tusentals männi-

"... som kunde fladdra med vingarna." Ernst Udet genomför "näsdukstricket" under inspelningen av filmen Wunder des Fliegens 1935.

Vad innebär det att vara modig? Jag sätter mig i maskinen, kniper ihop ögonen och sedan rör jag om med spaken. På något sätt går det...

Ernst Udet

Udet flög. Man söker förtvivlat efter superlativer för att ge en rättvis skildring av den upplevelse som Udet bjöd på igår eftermiddag genom sitt flygande över Breitenau. Men man kan inte jämföra det med något annat, och det finns bara ett sätt att uttrycka det på: Udet flög.

Tidningen Bamberger Tageblatt

skor på Oberwiesenfeld. Programmet var uppseendeväckande: störtflyg, looping, roll och ryggflygning. Udet trivdes som fisken i vattnet. Uppvisningens höjdpunkt var en simulerad tvekamp mellan ”luftens riddare”, där Udet och von Greim jagade varandra med halsbrytande akrobatik på himlavalvet.

År 1920 fördes de båda luftakrobaterna snabbt tillbaka till den bistra verkligheten. Den 10 januari trädde bestämmelserna i Versaillesfördraget i kraft. Närmare 15 000 flygplan och 28 000 motorer konfiskerades och förstördes. Motsvarande en miljon kvadratmeter flyghangarer jämnades med marken. Udets drömmar om en karriär som uppvisningsflygare hade för tillfället havererat.

Ernst Udet måste nu se sig om efter någon annan sysselsättning. Han tävlade som motorcykelförare vid tävlingar och flög trafikflyg. Det gav inga större inkomster men han lyckades trots det bevara sin sprudlande livsglädje. I München levde han livets glada dagar. På krogarna i stadens nöjeskvarter stod Ernst Udet ofta i centrum. ”Luftstrid på marken” kallade han sina upptåg, som bland annat innebar att han körde in på krogen med sin motorcykel och fick de förskräckta gästerna att hoppa upp på borden. På vissa barer hörde Udet närmast till inredningen. Framåt småtimmarna tecknade han lustiga karikatyrer av sina bekantskaper. Till dem han avbildade hörde poeten Joachim Ringelnatz, som var en festprisse av stora mått.

Snabbare än väntat dök det upp en ny öppning för Ernst Udet. 1921 träffade han bröderna Heinz och Wilhelm Pohl. Wilhelm hade skapat sig en förmögenhet i Amerika och var beredd att finansiera en flygplansfabrik som bar Ernst Udets namn.

Visserligen var all flygplansproduktion i Tyskland förbjuden, men det brydde sig inte den obekymrade Udet om. I en liten verkstad i Milbertshofen mörklade han och hans vänner fönstren. Precis som i Vilda Västern lade han ut rävsaxar mot objudna gäster.

Ernst Udet och hans vänner var inte de enda som flagrant åsidosatte Versaillesavtalet. Heinrich Focke och George Wulf arbetade till exempel på sina maskiner i en källare i Bremen. Detta var helt i linje med general von Seeckts uttalande vid den officiella upplösningen av flygvapnet år 1920: ”Vapengrenen är inte död utan dess anda lever.”

När den första maskinen från Udetfabriken, U-1, stod färdig 1922, hade bestämmelserna i Versaillesfördraget luckrats upp så mycket att flygplanet kunde visas upp offentligt. Udets flygplanstillverkning blev ingen affärsmässig framgång. Visserligen utarbetade Udets tekniker ett flertal flygplanstyper, men det visade sig svårare att sälja planen med de välklingande namnen. Bara 27 maskiner hade sålts till och med 1925. Vid firmans konkurs efterlämnade man skulder som uppgick till 800 000 riksmark. Vem som gick i borgen för skulden framgår inte av bankpapperen. Man kan dock inte släppa misstanken att projektet diskret understöddes finansiellt av den tyska regeringen. Den tyska ledningen hade upptäckt att det gick att kringgå restriktionerna i Versaillesavtalet för att kunna framställa förbjudna vapen utanför landets gränser. Sedan 1924 hade regeringen tillgång till ett hemligt flygfält i Sovjetunionen, där man utan att besväras av de allierades kontroller kunde utbilda jaktpiloter.

År 1924 hade Udets tillverkning fått sin första försäljningsframgång: ett flygplan kallat *Flamingo*. Men vid denna tid hade den rastlöse Udet redan tröttnat på att tillverka flygplan. Han ville tillbaka till sin gamla, fria tillvaro, där han inte stördes av arbetstider, bokföring eller planering. Han ville åter till uppvisningsflygets glada dagar. Tillsammans med sin vän Walter Angermund beslöt han sig för att åter ge sig in i underhållningsbranschen.

Under andra hälften av 1920-talet avlöste den ena flyguppvisningen den andra. På bara tre månader flög Udet vid uppvisningar i Krefeld, Würzburg, Karlsruhe, Mannheim, Chemnitz, Villingen, Fürth, Berlin, Traunstein, Stuttgart och Hof. "Udet flyger" – denna rubrik räckte för att locka stora folkmassor. Walter Angermund övertog all administration bakom uppvisningarna, och Udet gjorde det han tyckte bäst om: att flyga. Och när han tyckte att uppvisningarna blev alltför förutsägbara flög han privat. Han flög under bron över Rhen i Düsseldorf, under Isarbron eller mellan Frauenkirches torn i München. Flyguppvisningarna gjorde honom berömd, om än inte rik, trots att hans upptåg var kassasuccéer. Angermund, som kände till Udets lättsinnighet, föreslog att han skulle sätta in behållningen på ett bankkonto. Udet svarade: "Jag har hellre pengar på fickan. Men ge mig dem i tusenmarksedlar, då räcker de längre". Men inte ens stora sedlar gjorde att pengarna räckte längre. Udet delade frikostigt ut pengar. Enbart under år 1925 tjänade han omkring 140 000 mark på sina uppvisningsturnéer. Det var en enorm summa på den tiden, men den räckte ändå inte till. Ernst Udet tyckte om att ta på sig spenderbyxorna. Utan att tveka bjöd han laget runt ute på krogarna. Fordringsägarna var oftast så snabba att inte ens Udet hann flyga ifrån dem. Till exempel skrev Udet i december 1926 till överborgmästaren i Villingen: "Jag ber er om ursäkt för att jag ännu inte har yttrat mig om betalningen för leveransen av väte i samband med flyguppvisningen. Mina finanser är nu så ansträngda att jag har svårt att reglera skuldsum-

"Kvinnorna springer ju efter mig!" Ernst Udet (till vänster) 1933 tillsammans med skådespelerskan Ehmi Bessel och vännen Carl Zuckmayer.

Titta på idioterna, alla har redan hunnit ta fram sina medaljer ur malkistan. För bara ett år sedan var det inte modernt att bära ordnar.

Ernst Udet till Carl Zuckmayer, 28 januari 1933

Han var en riktig kämpe som kunde supa rejält utan att göra bort sig. Istället var han full av glada infall och kunde berätta vitsar som ingen annan.

Skådespelerskan Ilse Werner om Ernst Udet

Det är svårt att beskriva denne man. Kort, kraftigt byggd, frisk och sund, med smala händer och fötter, ljust hår som med åren blivit allt tunnare, ett uttrycksfullt ansikte och strålande blåa ögon, som skvallrade om både beslutsamhet och humor. Men i det ögonblick man tror att man vet vem han är ändrar han sig och man måste börja om på nytt.

Al Williams, amerikanskt flygaräss, om Ernst Udet

man på 73:50 mark. Om det inte är möjligt för er att avskriva skulden måste jag be er om litet tålamod."

Inkomster från reklamkampanjer förbättrade endast situationen tillfälligt. En leksaksfirma hade uppkallat en av sina flygplansmodeller efter Ernst Udet och delade med sig av inkomsterna till honom. För rakbladstillverkaren *Rotbarts* räkning bombarderade han stränderna vid Nordsjön och Östersjön från luften med små badbollar med påskriften: "Skönt rakad – skön stämning. Hälsning från Udet." Udet grundade en firma och flög tygbanderoller med reklamslogan.

"För den sakens skull får vi inte låta oss nedslås", kommenterade Udet med en axelryckning de många obetalda räkningarna, till vilka hans många kvinnliga bekanta också bidrog.

Genom sitt giftermål med ungdomskärleken Lo Zink, dotter till en välbeställd företagare i Nürnberg, ville Udet börja leva ett mer regelbundet liv. Bröllopet gick helt i Udets stil och firades rejält. Men äktenskapet var snarare en plikt som uppfylldes. I ett nostalgiskt ögonblick under kriget hade Udet låtit måla dit bokstäverna "LO" på sitt flygplan. Under sina permissioner hade Udet vid flera tillfällen besökt Lo. Den burduse Udet var en nagel i ögat på Los far. Han vägrade hårdnackat att ens bli bekant med Udet. Trots det var det antagligen han som finansierade det unga parets utsvävande liv, när de flyttade in i en storstilad femrumslägenhet på Wiedenmayerstrasse i München. Redan 1923 tog den äktenskapliga lyckan slut. Udet ville ha tillbaka sin frihet. Udet försäkrade att det var Lo som hade velat bryta förbindelsen. Skilsmässan fullbordades utan att väcka något större uppseende. Udet hyrde ett rum på hotell *Vier Jahreszeiten*, som han lät inreda helt i sin egen stil. Väggarna var täckta av diplom och propellrar från fiendeplan och av foton av flygare och kvinnor. Där fanns också en skottavla, som man under stigande alkoholkonsumtion sköt mer eller mindre prick på med ett luftgevär.

Vid hans sida syntes snart en ny ledsagerska: grevinnan Einsiedel, en mondän femme fatale som gärna lät fotografera sig iförd leopardpäls i Udets plan. Sedan hon hade lämnat sin make åt sitt öde, flyttade hon in på Udets hotellrum med sitt pick och pack, inklusive sina barn och barnflickan. Lika plötsligt som hon hade dykt upp på fotografierna vid sidan av Udet, lika plötsligt försvann hon. I februari 1927 packade hon sina väskor och försvann med sin nye kavaljer, en racerförare. Hon efterlämnade skulder som uppgick till astronomiska belopp. Udet hade inte bekymrat sig över grevinnans växande hög av räkningar på hotellet. Hon hade ju faktiskt skrivit skuldsedlar till honom, små handskrivna papperslappar som naturligtvis var fullständigt värdelösa. Sorgen efter hennes hastiga uppbrott dränkte Udet vid en fuktig herrmiddag i Garmisch-Partenkirchen.

Under det vilda tjugotalet var grevinnan långt ifrån den enda kvinna den charmante flygaren hade vid sin sida. Men alla hans affärer slutade inte lika smidigt. Ett livligt veckoslut i Garmisch-Partenkirchen höll på att få ett ödesdigert slut för kvinnojägaren Udet. När damen han besökte, vars namn Udet aldrig avslöjade, upptäckte ett foto av en annan kvinna, högg hon i ett hysteriskt anfall ett spetsigt föremål i bröstet på honom. Kraftigt blödande lyckades han ta sig till närmaste läkare. "Det är inte jag som springer efter kvinnorna. Men kan jag hjälpa att de springer efter mig?" anförtrodde han med en glimt i ögat sin vän och mekaniker Erich Baier. Den ena affären följde efter den andra, och inget av förhållandena höll.

Udets sällsamma livsstil gjorde honom till en välkänd figur. Ibland spelade han såg ute på krogarna. Därefter syntes han med en spik som stuckits genom överläppen, som på en fakir. I Sankt Moritz skrämde han bort hotellgästerna från deras balkonger genom att flyga lågt över samhället med sitt Flamingoplan. Frukost i Berlin, foreller till lunch vid Eibsee och cocktail på eftermiddagen i Sankt Moritz – så såg en dag i Ernst Udets smak ut.

Men trots all glättighet blev upptågsmakaren mer och mer rastlös. Denna rastlöshet försökte han dämpa med allt större mängder sprit. Man såg honom nästan aldrig utan en flaska i närheten, men aldrig berusad. Han tålde otroligt stora mängder alkohol. Senare lät han till och med bygga in en liten bar i sin cockpit, och ur denna kunde han förse sig medan han flög. Han ansåg obekymrat att han flög som allra bäst när han var berusad. Hans luftakrobatik blev allt mer riskfylld: störtflyg med stillastående propeller, loopings på låg höjd, start med segelflygplan från Tysklands högsta bergstopp, Zugspitze (2 962 meter över havet) – ingen insats verkade vara för hög. Han hade uppenbarligen änglavakt. Andra flygare, som försökte utföra samma konster som Udet, gick det sämre för. Flera av hans kolleger förlorade livet när de utförde luftakrobatiska konster. År 1926 startade Udet tillsammans med fallskärmshopparen Otto Fusshöler, en blott 20-årig student, vid en flyguppvisning i Karlsruhe. Fusshöler hoppade från 380 meters höjd, men hans fallskärm vecklades inte ut. Han föll död till marken. Udet själv kommenterade aldrig detta eller andra olycksfall, även om han på så sätt förlorade många personliga vänner.

Udet verkade hela tiden vilja överträffa sig själv och spelade alltid med samma insats: sitt eget liv. Och han vann alltid. Precis som under första världskriget tog han sig oskadd ur alla uppvisningar.

Åren som uppvisningsflygare verkar ha varit de lyckligaste i Ernst Udets liv. 1928 publicerades en samling av hans karikatyrer i bokform. Boken innehöll lustiga teckningar av hans vänner vid denna tid: flygplanskonstruktören Hugo Junkers, den amerikanske flyghjälten Charles Lindbergh och många andra. Han hade ritat av sig själv vid spakarna till sin Flamingomaskin, med en konjaksflaska runt halsen. Under teckningen hade han skrivit följande rader: "Vem flyger där så glatt med morgonbrisen? Jo, Udet, den glade kisen."

I Berlin lärde han känna regissören och skådespelerskan Leni Riefenstahl. Hon frågade honom spontant om han inte var intresserad av att spela med i en film. Det var Udet. I filmen *Die weisse Hölle vom Piz Palü* spelade han flygaren som räddar ett kärlekspar som överraskas av en snöstorm i bergen. Filmens handling var inte mycket att skryta med, men den grep publikens hjärtan. Dagstidningen *Berliner Zeitung* prisade regissören Arnold Fancks alster som en "den ädla mänsklighetens och hjälpsamma osjälviskhetens höga visa". På bara fyra veckor sågs filmen av mer än 100 000 åskådare på biografen *Ufa-Palast* i Berlin. Bara i Tyskland spelade den in en miljon riksmark.

Filmframträdandena gav Udet mersmak. Efter sin första film spelade han med i *Stürme über dem Mont Blanc*, som var ännu ett alpint kärleksdrama i bergsmiljö. I filmen spelade Leni Riefenstahl dottern till en astronom som på nätterna träffar en väderobservatör på Mont Blanc. När han råkar i fara dyker den flygande räddaren upp: Ernst Udet.

1930 följde en expedition till Afrika, som resulterade i filmen *Fremde Vögel über Afrika*. Vid det tillfället besökte Udet och hans vän Hans Schneeberger Tanzania. De lyckades fånga uppseendeväckande bilder av djur på film. När Udet vid ett tillfälle flög så lågt att han nästan nuddade vid marken, hoppade en lejoninna upp och rev med sin tass bort en del av planets vinge. Det afrikanska äventyret utökade Udets repertoar av spännande anekdoter, som fängslade åhörarna på Berlins barer. Besökarna i hans våning i Berlin beundrade de afrikanska souvenirer som täckte väggarna: djurtroféer, sköldar, spjut och masker.

Det Tyskland som Udet 1931 återvände till från Afrika var ett annat land än det han hade lämnat. Helt obekymrad hade han ägnat sig åt sitt flygande under de år, då den bruna sådd som nu skördades hade såtts. Den 9 november 1923 hade han i München kunnat betrakta hur Hitler och hans anhängare iscensatte den så kallade ölkällarkuppen. I spetsen för det bruna gardet hade Hermann Göring marscherat, Udets gamle flygarkamrat från världskrigets dagar. Vid tiden för kuppen hade Udet bara bekymrat sig om sina flygplan. Kuppmakarna hade haft Udet och hans plan i åtanke. När Göring efter det misslyckade kuppförsöket hade flytt till Sverige hade även Udet, i enlighet med Richthofeneskaderns tradition, krävt att han skulle uteslutas ur flygarnas gemenskap. Det var en skymf som den fåfänge Göring aldrig skulle glömma.

Udet var ointresserad av och oförstående inför den nazistiska rörelsen. Så sent som den 30 mars 1936, när SA skänkte *Luftwaffe* flygplan för uppsättandet av en eskader som skulle döpas efter den nazistiske martyren Horst Wessel, skrev han i sin almanacka: "Bör man betacka sig för namnet H. Wessel?" Udet kände sig hemma i "Röde baronens" tradition och i minnet av de hjältemodiga striderna på himlen ovan Flandern. Men tre av de soldater som sommaren 1917 hade varit stationerade i närheten av Udet på västfronten marscherade nu sida vid sida. Adolf Hitler och Hermann Göring hade efter riksdagsvalet den 14 september 1930 firat nazisternas jordskredsseger. Och bland Hitlers medhjälpare syntes Erhard Milch, det civila flygbolaget *Lufthansas* grundare, som gärna ville bli upptagen som partimedlem. Det förvägrades honom tills vidare, eftersom Hitler ansåg att Milch bättre tjänade hans syften utan partibok. Men man hade i alla fall redan reserverat ett lågt medlemsnummer åt Milch.

Udet brydde sig inte om de förändringar som ägde rum utan flög bokstavligt talat bort från dem. Uppvisningsflygningarna i utlandet betalade sig något bättre än flygningarna i det ekonomiskt hårt drabbade Tyskland.

Han sökte efter nya flygplan och åkte tillsammans med sitt Flamingoplan båt till USA. Till de flygplansmodeller som visades honom hörde en *Curtiss Hawk* som var lämplig för störtdykningar. Udet var hänförd. Han hade hittat det ideala flygplanet för spektakulära akrobatiknummer. 18 500 dollar skulle den eftertraktade maskinen kosta – en oerhörd summa pengar som Udet omöjligen kunde få tag i. Han var beroende av att någon hjälpte honom finansiellt.

Åter i Tyskland förberedde han sig för sig nästa äventyr. *SOS Eisberg* var titeln på ännu en film som regisserades av Arnold Fanck. Udet och ett brokigt sällskap, bestående av piloter, kameramän, skådespelare (däribland Udets nya väninna Elloys Illing) samt tre isbjörnar och två sälar från ett zoo, tog sig med båt till Grönland.

De filmsekvenser som togs av Udet på Grönland var antagligen de mest uppseendeväckande som någonsin tagits av honom. Han lyfte med sitt plan från isberg, samtidigt som isen bröts sönder under planets skidor och hotade att sjunka tillsammans med planet i det iskalla vattnet. Bekantskapen med de inhemska eskimåerna gjorde ett bestående intryck

Det beror på hur mycket de betalar.

Ernst Udets svar 1933 på frågan om han var beredd att flyga för NSDAP (det nazistiska partiet).

"Vi behöver framför allt ditt namn..." Ernst Udet (till höger) och Hermann Göring vid en flyguppvisning 1938.

Göring har uppmanat mig att arbeta för honom i luftfartsministeriet. Han bygger upp ett flygvapen. Antagligen kommer jag att ställa upp.

Ernst Udet

Det tyska folket måste bli ett folk av flygare.

Hermann Göring

på Udet. Han uppfyllde en gammal eskimås sista önskan: att en gång i sitt liv få flyga som en fågel. Mannens lyckliga sång uppe i flygplanet gjorde ett oförglömligt intryck på Udet. Åldringen dog följande natt. Med denna händelse avslutade Udet sin bok *Mein Fliegerleben*. Boken sista mening lät profetisk: "Men jag måste vidare. Snart börjar den långa natten, och då försjunker allt liv."

Strax därefter bröt verkligen den långa natten in över Tyskland. Kvällen före det nazistiska maktövertagandet den 30 januari 1933 träffades Berlins societet på pressens bal. I förlaget Ullsteins loge flödade champagnen. Udets vän Carl Zuckmayer mindes senare kvällen: "Stämningen i de överfulla salarna var mycket märklig. Alla anade vad som låg i luften, men ingen ville inse faktum. Samma eftermiddag hade regeringen Schleicher avgått. Människor kände en blandning av ängsligt allvar och hektisk glädje, det var spöklikt och makabert. Udet och jag, som emellanåt lät oss serveras konjak, befann oss snart i ett sådant tillstånd att vi talade fritt med varandra. 'Titta på idioterna', sade Udet till mig och pekade ut i salen, 'alla har redan hunnit ta fram sina medaljer ur malkistan. För bara ett år sedan var det inte modernt att bära ordnar.' Faktiskt syntes i många knapphål och på flera frackar krigsutmärkelsernas band, som ingen människa tidigare hade burit på pressbalen. Udet tog av sig sin *Pour le mérite*, som han alltid bar runt halsen när han var klädd i frack, och stoppade den i fickan. 'Vet du vad', frågade han mig, 'nu tar vi av oss byxorna och visar våra bakdelar från logen för publiken ...' I själva verket tyckte vi inte alls att tillställningen var något att glädjas åt."

Strax därefter spreds i salen nyheten om att Adolf Hitler hade utnämnts till rikskansler. Paret Zuckmayer och Udet och hans mor lämnade festen och gick till en bar. "Inte ett ord till om Hitler", viskade Udet till Zuckmayer, "vi ska inte förstöra damernas balkväll." Vid bardisken dränktes bekymren i konjak.

Följande dag, måndagen den 30 januari, satt Ernst Udets *Pour le mérite* åter på sin vanliga plats. Från hotell Adlons fönster betraktade han SA:s fackeltåg, som var de nya makthavarnas sätt att fira sin seger. Udets ordnar skulle hädanefter komma väl till pass.

Och det var han inte ensam om. På flygplatsen Tempelhof i Berlin mötte en delegation av tolv flyghjältar från första världskriget upp för att hälsa Hermann Göring välkommen. Man förväntade sig att Göring skulle utses till luftfartsminister. Vid sin ankomst nonchalerade Göring en grupp civilister som mött upp och hälsade först på en hedersformation ur SA. Gesten visade tydligt till vilka den nya regimen satte sin tilltro. Men

Göring behövde även de kända hjältarna från världskriget. Därför förträngde han till och med skammen över att ha blivit utesluten ur piloternas gemenskap. En tillställning med anledning av *Deutsche Aero Clubs* 25-årsjubileum gav honom ännu ett tillfälle att vårda kontakterna med flygarkamraterna. Alla de främsta flygarässen infann sig och lyssnade beredvilligt på lockropen från den nyutnämnde "riksministern för luftfarten". Även Udets intresse för Göring ökade: "Han värvar folk. Mig har han lovat tillräckligt med pengar för att kunna köpa två stycken flygplan av märket Curtiss Hawk."

Men Udet verkade ännu inte beredd att ansluta sig till de bruna leden. Den 21 april 1933 deltog Udet vid en minneshögtid med anledning av 15-årsdagen av Manfred von Richthofens död. Vid Richthofens grav lade en delegation från *Deutsche Luftsportverband* ner en krans. I täten gick tre bärare av orden *Pour le mérite*. Två av dem hade tagit på sig sina nya uniformer. I mitten stoltserade Ernst Udet i en dandykostym, bestående av frack och cylinderhatt och med en sidenscarf elegant slängd om halsen.

Den 1 maj 1933 blev flygaren Ernst Udet medlem nummer 2010976 i NSDAP, det nationalsocialistiska tyska arbetarpartiet. Några veckor tidigare hade han fått frågan om han var beredd att flyga för partiets räkning. "Det beror på vad de betalar", svarade han. Udet sägs ha firat sitt partimedlemskap med stora mängder konjak och med att öva "tysk hälsning" med utsträckt arm.

Den nye partimedlemmen kom väl till pass för partiet. Han var känd och populär, berest och belevad. När *Deutsche Aero Club* höll en mottagning för 25 medlemmar ur det brittiska parlamentet var Udet tillställningens medelpunkt. Han var en charmig livsnjutare som tecknade karikatyrer av gästerna i sitt notisblock och underhöll dem med sina äventyrshistorier. Han var också ett utmärkt språkrör när det handlade om att övertyga den misstänksamma omvärlden om att maktväxlingen i Tyskland inte innebar någon fara. Ännu en gång åkte han till Amerika, där han bland annat uppvisningsflög i Los Angeles och vid världsutställningen i Chicago. Denna gång skulle Udet inte komma tillbaka tomhänt. Det räckte med att slå en signal till Curtiss. Det tyska luftfartsministeriet hade redan sänt betalningen för två *Curtiss Hawk*-plan. Göring hade hållit sitt ord.

Nu gällde det i sin tur för Udet att uppfylla det han hade lovat. Kritiska journalisters frågor besvarade han beslutsamt: "Hitlers ställning i Tyskland förstås inte i utlandet, eller bedöms felaktigt. Hitler gör inte det han vill, utan vad de 40 miljoner tyskar som står bakom honom önskar.

"Hitler kommer inte att föra Tyskland i krig..." Ernst Udet (trea från vänster) år 1938 vid ett besök av den franske generalen Joseph Vuillemin.

Udet är en jovialisk och vänlig människa. Förtegen blev han bara när jag frågade honom om det tyska militära flygets framtid. Ryktena om att tyska bombplan skulle kunna förstöra Paris på en natt karakteriserade han som rent nonsens. När man betraktar honom och lyssnar till honom blir man övertygad om hans goda vilja.

Den franska flygtidskriften Les Ailes

Nu handlar det om Tysklands likaberättigande i luften. Jag kommer att föra denna strid vidare med den lidelsefullhet och envishet som man tillskriver oss gamla nationalsocialister tills jag vet att den tyska nationens bestånd är säkrat.

Hermann Göring

Rapporterna om vad som händer i Tyskland är överdrivna. En sak är klar: kejsaren kommer inte att återvända till tronen, den tiden är förbi. Det har förekommit några fall där judar har behandlats illa, men det har överdrivits. Den tyske juden, som bekymrar sig om sina egna angelägenheter och är en god medborgare, kommer inte att drabbas. Och alla övriga, som inte varit medlemmar i det kommunistiska partiet, lever ett vanligt liv och lämnas ifred. Utvecklingen hade nått en punkt där något måste göras mot kommunismens framväxt och utbredning." Vid nästa tillfälle tog han tydligare ställning: "Hitler kommer inte att föra Tyskland i krig. Han bemödar sig om att avlägsna några oönskade element i befolkningen och att rensa landet från revolutionära idéer, men det har varje nation rätt att göra."

Var dessa fraser en läxa han lärt utantill eller ett tecken på äkta övertygelse? Det är inte alldeles enkelt att sätta en etikett på Udets uttalanden i Amerika. Han hade aldrig tidigare på allvar ägnat sig åt politik eller politiska ideologier. Trots det upprepade han som en papegoja de nya makthavarnas floskler, de makthavare som han hade sålt sig till. I privata samtal slog han an en annan ton. Till exempel ställde han följande fråga till Clifford Henderson, chefen för amerikanska *National Air Races*: "Tror ni att jag skulle kunna hitta ett intressant jobb här? Och kanske också en amerikansk flicka som jag skulle kunna gifta mig med? De förbannade nazisterna. Ja, hemma måste jag ju också vara en präktig nazist, men ..." Under hemresan till Tyskland anförtrodde han sin mekaniker Baier att Göring hade uppmanat honom att ta tjänst i luftfartsministeriet och arbeta för honom. Antagligen skulle han följa uppmaningen. De presenter han fick som tack för sitt inträde i partiet, *Curtiss Hawk*-planen, uppvisningsflög han för första gången den 25 oktober.

Den nazistiska propagandan skulle senare utmåla Udet som Stukaplanets fader. I sitt begravningstal över Udet hängav sig Hermann Göring åt melankoliska minnen: "På den tiden talade du för första gången om störtflygplan. Jag måste säga att jag plötsligt övertygades av tanken och såg oändliga möjligheter..."

I själva verket hade emellertid Ernst Heinkel redan 1930 byggt ett plan som var lämpligt för störtdykningar, i form av modellen *Heinkel 50*. Planet hade sedan en lång tid tillbaka provflugits vid en av tyskarnas hemliga flygplatser i Sovjetunionen. Redan i oktober 1933 hade Göring gett order om att de första Stukaförbanden skulle sättas upp i Schwerin. Med hänsyn till Tysklands begränsade råvaru- och bränsletillgångar, verkade Stukaplanens höga träffsäkerhet vara modellen för framtiden. För att göra flygplanet populärt behövde man Udet. Tack vare sina flygartalanger var han rätt person att ge denna flygplanstyp ett genombrott. Han skulle också kunna bryta motståndet i de egna leden. Udet hade inget emot att göra reklam för Stukaplanet. Det träffsäkra flygplanet var helt och hållet i hans smak.

Den 1 april 1934 flög han sin *Curtiss Hawk* inför 120 000 människor i Hamburg. En reporter från tidningen *Hamburger Fremdenblatt* var utom sig av entusiasm:

"Nu startar motorn med en kraft som överröstar allt annat. Udets maskin med sina 750 hästkrafter dånar igång. Den tyske mästerpiloten bjuder på ett oerhört skådespel. Som en jättelik forntida insekt flyger flygplanet genom luften, rusar med otrolig hastighet vågrätt in i himlen, borrar sig genom molnen och försvinner in i dem. Och sedan händer något spöklikt. Likt en dödligt sårad örn dyker maskinen ner från molnen och lägger sig åter vågrätt, rusar i en hastighet av 600 kilometer i timmen mot flygplatsen. Andan fastnar i halsen, en fantastisk spänning gör att publiken är dödsstilla. Har det hänt något? – Är det något fel på flygplanet? – Nu är örnen av metall på väg att borra ner sig i marken i en vansinnig fart! Från ungefär 3 000 meters höjd störtar Udet neråt. Då brakar motorn igång i ett ylande fortissimo, tar fram sina sista kraftreserver, och maskinen flyger på låg höjd över flygplatsen. Publiken andas ut. Men Udet jagar redan våghalsigt vidare mot himlen."

Udet flög nu i en ny uniform. Den 10 september 1935 presenterades "det nya tyska flygvapnet" på nazistpartiets rikspartidag. I mars samma år hade Hitler officiellt tillkännagivit att Tyskland hade ett flygvapen, vilket tidigare hade hållits hemligt bara för syns skull. Vid rikspartidagen visade flygvapnet stolt upp sig. En stor modell av ett elverk angreps av flygförband. Uppvisningens höjdpunkt var när ett plan störtade ut ur ett grått regnmoln och lade kraftverket i ruiner: Ernst Udet.

Flygakrobaten, filmstjärnan och spelevinken Ernst Udet hade nu förvandlats till ett propagandainstrument för regimen. I juni 1935 hade levnadskonstnären Udet bytt ut sina medfarna flygarkläder mot en uniform. Han hade fått överstes grad i flygvapnet. Flygplanskonstruktören Ernst Heinkel mindes senare hur förvånad han blev när han för första gången såg Udet i uniform. Heinkel mindes också Udets korthuggna kommentar: "För flygandets skull måste man ibland gå i förbund med djävulen. Det gäller bara att se till att han inte äter upp en."

Omgivningen reagerade med förvåning på Udets uniform. Hans förvandling till en präktig officer stod i alltför stark kontrast till hans tidigare tillvaro som barlejon. Skulle Udet, som under en enda natt kunde göra av med tusentals mark, nöja sig med en flygvapenöverstes lön? Skulle han, som sedan första världskriget hade lyckats undvika allt schemalagt arbete, ställa in sig i ledet?

Han hade flugit för fosterlandet, för jublande åskådare och för pengar. Nu flög han för det nazistiska partiet. Vad det innebar att komma på kant med de nya herrarna skulle han snart märka av i sin omedelbara närhet.

Hans vän Walter Kleffel, journalist vid Ullsteins förlag och munvig kommentator vid många av Udets uppvisningar, hamnade mellan hammaren och städet vid en av de nazistiska utrensningarna. I en artikel hade han använt ordet "störtbombare". Kort därefter stod Gestapo utanför hans dörr och anklagade honom för att ha förrått en "statshemlighet". Bakgrunden till den absurda anklagelsen var en hetskampanj som propagandaminister Joseph Goebbels drev, där det slutliga syftet var att "överta" förlaget. Utan framgång värjde sig Kleffel mot anklagelsen. I oktober 1933 sändes han till koncentrationslägret Dachau utanför München. Förtvivlad försökte han komma i kontakt med Udet. Han berömde vän hade säkert kunna hjälpa honom. Men alla ansträngningar var förgäves – Udet rörde inte ett finger. När Kleffel 1939 släpptes ur koncentrationslägret träffade han åter Udet. Än en gång bönföll han Udet om hjälp, än en gång utan resultat. Hans följeslagare från luftfartsministeriet hade inte velat ses i sällskap med den besvärlige gästen, sade Udet undvikande till sitt försvar.

Gamla vänner ställdes mot nya vänner. De sistnämnda visste hur man skickligt skulle utnyttja Udets popularitet. 1935 syntes han för sista gången på bioduken. Hans sista film *Wunder des Fliegens* var redan präglad av de nya makthavarna.

Enligt en förordning från utbildningsministern Bernhard Rust skulle ungdomens flygintresse i skolan och på fritiden understödjas. Handlingen i Udets sista film sammanföll med ungdomens nya flygarideal: En pojke, vars högsta önskan är att bli flygare precis som hans döde far var, träffar Ernst Udet. Udet tar honom under sina vingars beskydd och utbildar honom till pilot. Filmens höjdpunkt utspelas naturligtvis än en gång i Alperna, där den flygande hjälten räddar sin nödställde unge vän.

Udets uppvisningsflygningar under 1934 och 1935 kom att bli hans sista. Nu lämnade han underhållningsbranschen bakom sig. Han utsågs till inspektör för jakt- och bombflyget. Sedan följde en kometliknande karriär i skuggan av Hermann Göring. Sommaren 1936 utnämnde Göring honom till chef för den tekniska avdelningen vid luftfartsministeriet. Udet sägs ha motsatt sig utnämningen: "Jag vet ingenting om hur man tillverkar flygplan. Jag förstår mig heller inte på stora flygplan. Det är inget för mig, det passar inte mig." Göring viftade bort hans tvivel: "Det handlar om uppfinningsrikedom. För det löpande arbetet får du så många medarbetare du vill. Det vi framför allt annat i världen behöver är ditt namn. Det är för närvarande mera värt än mycket annat."

Göring gjorde ingen hemlighet av åt vilket håll den tekniska utvecklingen skulle leda. Den 20 maj 1936 förklarade han i Berlin: "Jag hoppas kunna ha ett flygvapen som, om det skulle behövas, har kapacitet att hämnas på fienden."

1936 var avskedets år för vännerna Carl Zuckmayer och Ernst Udet. Sedan många år tillbaka hade de stått varandra nära. "Skudda stoftet av det här landet från dina fötter, ge dig ut i världen och kom inte tillbaka. Här finns inget människovärde", uppmanade Udet sin vän. "Och du själv då?" frågade Zuckmayer. "Jag är ett offer för flyget – jag kommer inte undan det. Men en vacker dag kommer djävulen själv och hämtar oss allesammans." De båda männen återsågs aldrig.

Udet försökte en sista gång att undgå sitt öde, som han hade valt frivilligt, och ta sig ur nazisternas fasta grepp. Hans vän Eddie Rickenbacker, den amerikanske piloten från första världskriget, fick ett brev från Udet där han bad honom meddela de tyska myndigheterna att man från det amerikanska flygvapnets sida gärna såg att den populäre flygaren utsågs till tysk flygattaché i Amerika. Men det halvhjärtade försöket rann ut i sanden. Udet stannade kvar i Hitlers Tyskland.

I april 1937 utnämndes han till generalmajor, i november 1938 till generallöjtnant. Han gladdes som ett barn åt utnämningen, och vid en uppsluppen festlighet dansade han cancan på bordet.

Som chef för luftfartsministeriets tekniska avdelning fick Udet en tung börda i form av samordnandet av den samlade flygplansutvecklingen och produktionen. De enskilda flygplanstillverkarna slogs som korpar för att lägga beslag på de främsta uppfinningarna från den expanderande flygplansindustrin. Trion Heinkel, Messerschmitt och Junkers höll vaksamt uppsyn över varje nytt uppdrag och varje ny flygplanstyp. Särskilt Messerschmitt och Heinkel, som var för sig var utmärkta konstruktörer, var praktiskt taget ointresserade av långsiktiga planer. I Ernst Udet hade de en godtrogen uppdragsgivare, som alltför lätt blev entusiastisk inför nya idéer. Hans uppgift bestod i att få flygplanskonstruktörerna att verka i samma riktning och inordna den kaosartade utvecklingen i räta led.

Själv såg Udet helt annorlunda på sin uppgift. Han ville vara flygvapnets främste testflygare och provflyga den ena modellen efter den andra. Luftfartsministeriet var för honom en leksaksaffär till brädden fylld av flygplan, och Göring hade nyckeln till butiken.

”Var någonstans fanns det en chef för den tekniska avdelningen som själv provflög varje ny flygmaskin? Vid två tillfällen tvingades du hoppa fallskärm när du provflög en av de första modellerna av ett nytt plan och därmed räddade du ditt värdefulla liv åt oss”, hycklade Göring i sitt tal vid begravningen av Udet. I själva verket utnyttjade Udet varje ledig stund – och även en del stunder då han inte var ledig – åt att prova nya flygplansmodeller. Han rusade från fabrik till fabrik, från flygfält till flygfält, delade ut ett uppdrag här och föreslog en teknisk förbättring där, men följde aldrig upp något eller kontrollerade om hans instruktioner verkligen utfördes.

Ernst Udet gav sig hellre ut på jakt efter nya äventyr. 1937 dockade han med ett flygplan zeppelinaren *Hindenburg* – en riskfylld och brandfarlig operation. Bara två dagar senare exploderade *Hindenburg* i Lakehurst i USA och 35 människor omkom.

Tack vare sin flygartalang var Udet sedan lång tid tillbaka van vid att sätta sig bakom spakarna i varje flygplan och genast starta. Så länge som det hade handlat om enkla konstruktioner hade han alltid lyckats. Men den tid då flygplanens cockpit enbart var utrustade med spakar och gasreglage var förbi. Vid utprovningen av en *Heinkel 118* hade konstruktören Ernst Heinkel uttryckligen uppmanat Udet att vara uppmärksam på propellerinställningen. Som vanligt lyssnade inte Udet. Propellern slutade fungera. I sista stund lyckades han ta sig ur flygplanet. Men han blev hängande med en fot i kabinen. Udet lyckades komma loss enbart tack vare att han som vanligt inte hade tagit på sig sina flygarstövlar utan flög i bekväma lågskor. När han landade med sin fallskärm förlorade han medvetandet och fördes till sjukhus. Men redan samma kväll var han tillräckligt frisk för att ringa upp Ernst Heinkel och uppmana: ”Kom genast hit. Jag törstar ihjäl!” Strax därefter fylldes Udets sjukrum av champagneflaskor.

Olyckan påverkade inte Udet i någon högre grad. Han krävde ständigt högre hastighet, större rörlighet och ännu högre insatser.

Vid pingst 1938 besökte han Ernst Heinkel i Warnemünde vid Östersjökusten. Han var nyfiken på prototypen till jaktplanet *Heinkel 110*. Heinkel hade lovat att planet skulle kunna nå en hastighet av 700 kilometer i timmen. Klockan 19:27 lyfte Udet och dundrade i nio och en halv minut längs mätsträckan mellan Müritz och Wustrow: 634, 320 kilometer i timmen – världsrekord! När han steg ur planet konstaterade han korthugget: ”Jag gjorde ju inget särskilt. Vad är det förresten för mening med de där idiotiska röda lamporna framme till vänster? De lyste ju hela tiden.” Det var varningslamporna som visade att kylsystemet var överhettat.

Detta och andra liknande "hjältedåd" i luften lade grunden till de många Udet-historier som roade folk i hela landet. Men för varje gång Udet steg in i ett plan, höjde han insatserna. Ofta var det ett rent mirakel att han klev levande till och med ur flygplansvrak, utan att han någonsin fick några allvarliga skador. Han var en spelare med turen på sin sida. Inte sällan var han berusad när han satte sig i cockpit. General Mahnke, chef för flygskolorna, ville att Udets bok *Mein Fliegerleben* skulle avlägsnas från flygvapnets förbandsbibliotek. Kanske ansåg han att den våghalsige författaren och hans vanvettiga luftäventyr inte var någon god förebild för dem som utbildade sig till piloter.

Efter hastighetsrekordet ingrep Hitler. Den vansinnige flygaren fick flygförbud. Bara med nöd och näppe lyckades Udet se till att flygförbudet enbart gällde avancerad flygning. Men inte heller det förbudet respekterade han.

Udet sökte äventyret och en flyktväg från det inrutade och malande arbetet i luftfartsministeriet. Nu var inte längre cockpit hans arbetsplats utan ett kontor i Hermann Görings monumentala luftfartsministerium. Byggnaden på Leipziger Strasse i Berlin var ett storhetsvansinne som omsatts i sten. Görings rike bestod av över 3 000 kontorsrum, men själv besökte han sällan ministeriet. Sedan Göring hade utsetts till "riksbefullmäktigad för fyraårsplanen" hade hans redan mycket måttliga intresse för uppbyggandet av *Luftwaffe* minskat till ett minimum. Det mödosamma och enformiga arbetet överlät han med varm hand åt sina medarbetare.

När Göring gav Udet ansvaret för det tekniska utvecklingsarbetet inom flygvapnet satte han bocken till trädgårdsmästare. Udet hade i likhet med Göring inte heller kapacitet att arbeta koncentrerat under någon längre period. Han hade ju egentligen bara velat flyga och nu saknade han sina flygplan. Nu satt han hopsjunken vid ett överdimensionerat skrivbord, där pappershögarna tornade upp sig framför honom. Han längtade efter att få göra rundor med sitt flygplan på den flik av blå himmel han såg från sitt kontorsfönster.

Den som tog ansvaret för det dagliga arbetet i luftfartsministeriet var den flitige Erhard Milch. Milch var från Wilhelmshaven och son till en apotekare. Han gjorde sig ett namn som pilot under första världskriget. Under 1920-talet gjorde han karriär i det nygrundade civila flygbolaget *Deutsche Lufthansa*. Efter nazisternas maktövertagande 1933 hade Göring erbjudit honom posten som statssekreterare i det planerade luftfartsministeriet. Den glödande Hitlerbeundraren Milch behövde ingen längre betänketid. Han skötte sitt arbete med sammanbiten disciplin, något som han också krävde av sig själv. När rykten kom i svang om att Milch hade judiskt blod i ådrorna, fick han sina föräldrar att skriftligen intyga att han i själva verket var ett utomäktenskapligt barn. Hans riktige far var hans mors farbror, en "fläckfri" arier. Hermann Göring viftade bort ryktena. "Vem som är jude bestämmer jag", förkunnade han.

Göring behövde män som Milch. Likt de flesta av sina medarbetare i ministeriet hade Göring inga djupare kunskaper om luftfartsteknik och än mindre intresse för organisationsfrågor. Erhard Milch var däremot av annat virke. Han var insatt i upprustningen av flygvapnet och var dessutom arbetsam och resultatinriktad. Men han präglades också av en envis äregirighet som irriterade Göring. Han behövde Milchs obestridliga tekniska kunskaper, men såg till att Milch inte fick spela någon framträdande roll.

Herrarna i luftfartsministeriet spelade ut varandra enligt devisen "söndra och härska". Göring gjorde Udet till sitt trumfkort, som han vid behov kunde spela ut mot Milch. Här inleddes ett spel, som den ostadige Udet slutligen skulle förlora.

I juni 1936 utnyttjade Hermann Göring general Wevers, *Luftwaffes* stabschef, död för att placera om figurerna på sitt schackbräde i luftfartsministeriet. Albert Kesselring, som 1940 utsågs till fältmarskalk, ersatte general Wever. Ernst Udet ersatte general Wimmer, som länge hade varit en nagel i ögat på Göring. Plötsligt hade statssekreteraren Milch kopplats bort från beslutsfattandet i tekniska och strategiska frågor.

Året därpå omstrukturerade Göring sitt ministerium än en gång. Åter fann sig Milch åsidosatt. Göring såg till att flygvapenchefen blev direkt underställd generalstaben och därmed hade Milchs position som Görings ställföreträdare i praktiken upphävts. Enbart vid "oförutsedda händelser" hade Milch rätt att uppträda i egenskap av Görings ställföreträdare. Det var en oerhörd tillrättavisning för en man som Hitler litade på. Hitler hade tilldelat Milch partiets utmärkelse i guld, och i juni 1936 dessutom anförtrott honom ansvaret för "säkerställandet av en enhetlig ideologisk skolning av förbanden".

Den 1 februari 1939 befordrades Ernst Udet till *Generalluftzeugmeister*, en fantasititel helt i Görings stil. Udet hade graden generallöjtnant och som avdelningschef vid luftfartsministeriet fanns det teoretiskt sett inga möjligheter till vidare avancemang. Såvida man inte uppfann en ny grad på karriärstegen speciellt för honom. Titeln var en anspelning på första världskrigets titel *Generalfeldzeugmeister*. Udets levnadstecknare hävdar också att Udets plötsligt påkomna fåfänga berodde på hans ständiga brist på pengar. Men hans nya tjänst påverkade knappast hans in-

När något går snett säger Milch: "Det har jag förutsett sedan lång tid tillbaka." Han väntar hela tiden på ett tillfälle att sätta krokben för mig.

Ernst Udet

"Han lämnade mig ensam med Milch..." Ernst Udet (till höger) och Erhard Milch 1937.

I Udets händer fuskas det mesta bort.

Erhard Milch, statssekreterare i luftfartsministeriet

komster. Snarare hade också Udet smittats av jakten på titlar och ordnar i strid med sina medtävlare. Framför allt mätte han sig med Milch, som alltid låg steget före i karriären. Att Udet tilldelades titeln *Generalluftzeugmeister* var ett slag i ansiktet på Milch. Lättviktaren Udet fick ansvaret för alla rustningsfrågorna istället för Milch, den strävsamme organisatören. Många historiker ser i denna utnämning den vändpunkt, då Milch beslöt att lämna konkurrenten Udet åt sitt öde. En gång i tiden hade de båda varit nära vänner. Udet hade gett Milch pilotutbildning. Vid en av deras första gemensamma flyglektioner hade Udet ropat till Milch att han hade fullt förtroende för den nye piloten. Efter att ha sagt detta kastade han styrspaken överbord. Milch låtsades bli orolig, men han visste att den galne flygaren vid sådana tillfällen alltid hade en reservspak med sig. Udet hade glatts åt sitt lyckade skämt; han älskade den typen av practical jokes. Då hade Erhard Milch fortfarande skrattat med honom.

Baksidan av medaljen var för Udets del att hans ansvarsområde ökade omåttligt. Han hade redan tidigare varit oförmögen att fullt ut ta ansvar för de uppgifter som låg på hans bord. Förutom att han hade ansvar för utvecklandet och utprovningen av nya flygplanstyper, var han även ansvarig för anskaffande och leveranser av reservdelar. Till slut var 26 avdelningar underställda honom, uppdelade på en ogenomtränglig labyrint bestående av 4 000 officerare, tjänstemän och ingenjörer, där ingen visste vem som hade ansvar för vad. Inte ens Milch, som inte hade något emot skrivbordsarbete, hade någonsin försökt att leda mer än fyra avdelningar samtidigt. ”I händerna på Udet fuskas det mesta bort”, beklagade sig Milch. Udet, som hade fått sin lön i sedlar i stora valörer för att han inte skulle göra av med alltsammans på en natt, förvaltade nu en försvarsbudget på flera miljoner riksmark. Udet, som var galen i nya flygplansmodeller, skulle nu få flygplanstillverkarna att koncentrera sig på att öka tillverkningen av de existerande modellerna. Den man som var känd för sina kraschlandningar, eftersom han alltid nonchalerade alla säkerhetsregler, hade det högsta tekniska ansvaret för *Luftwaffe*. Udet var, kort sagt, fel man på fel plats.

Sedan lång tid tillbaka tydde alla tecken på att en storm höll på att blåsa upp. Medan Görings män slipade knivarna bakom varandras ryggar blev situationen efterhand alltmer akut. Utåt sett höll rivalerna god min. Udet och Milch besökte London och Paris för att skapa sig en bild av fiendens flygvapen. I de utländska huvudstäderna var Milch och Udet en perfekt duo, där Milch var experten och Udet den charmige sällskapsmänniskan, som överallt träffade gamla flygarkamrater. Efter varje resa infann de sig troget hos Hitler på Berghof och avlade rapport om vad de sett, även om den omfattande brittiska upprustningen. "Det blir inget krig mot England", sade Hitler. Hans lydiga åhörare ville gärna tro honom.

Svarsbesöken lät inte vänta på sig. I augusti 1938 inbjöd Göring generöst chefen för de franska flygstridskrafterna, general Joseph Vuillemin, att inspektera den tyska flygplansproduktionen. På flygfältet i Döberitz stod rad efter rad av *Messerschmitt 109*:or och glänste i solskenet. Som av en händelse landade en *Focke-Wulf Condor*, som sades komma från New York, just under general Vuillemins besök. Hos Heinkel i Oranienburg utanför Berlin kunde den franske generalen beundra bombplanet *Heinkel 111*. Udet, som njöt av att spela folk ett spratt, inbjöd Vuillemin till en flygtur över området. När de landade dundrade ett jaktplan av typen *Heinkel 100* i en häpnadsväckande hastighet över deras huvuden. Udet och Milch struntade i sin utantill lärda dialog. I förbigående frågade Milch hur det gick med produktionsplanerna. "Den andra produktionslinjen har nyss tagits i bruk, och den tredje skall börja användas om tre veckor", försäkrade Udet karskt. Planen gick i lås. General Vuillemin rapporterade till Paris om "det tyska flygvapnets förintande styrka". Det var en seger i en skuggboxningsmatch.

Men ett flygvapen som var slagkraftigt på längre sikt existerade inte, även om den tyska flygplansindustrin fram till och med 1939 nådde en i jämförelse med övriga världen unik nivå. Vid krigsutbrottet förfogade *Luftwaffe* över mer än 4 000 frontflygplan och mer än 8 000 utbildnings- och övningsplan. Trots det var *Luftwaffe* en koloss på lerfötter. Flygvapnet led brist på råvaror och underhåll. Dessutom hade flera flygplansmodeller, som konstruktörerna hade lovat skulle vara färdiga, visat sig vara långt ifrån produktionsfärdiga. Framför allt bombplan med större räckvidd existerade enbart på konstruktörernas ritbord. Redan 1936 hade man lagt tillverkningen av bombplan på is. "*Der Führer* frågar mig inte hur stora mina bombplan är, utan hur många jag har", hade Göring trotsigt försvarat sitt beslut. Med det övermod som utmärkte en fältherre som ansåg sig själv oövervinnelig, rustade han *Luftwaffe* för snabba överfallskrig. Han och hans rådgivare saknade den vidsynthet som hade krävts för att utveckla en mer långtgående luftkrigsstrategi.

Lösningen på dilemmat var, som *Luftwaffes* ledning långsamt började bli varse, tillverkningen av modellen *Junkers 88*.

Uppdraget och övervakandet av dess genomförande anförtroddes åt Heinrich Koppenberg, Junkersfabrikens verkställande direktör. "Nu kan ni låta startskottet gå och så snabbt som möjligt ordna fram en stor flotta av bombplanet *Junkers 88*", skrev Göring till Koppenberg. Flygplanet skulle dessutom kunna användas som störtbombare, liksom dess föregångare, *Junkers 87*. "Stuka-principen", vilket innebar att störtbombplan användes som flygande artilleri, hade visat sig fungera under det spanska inbördeskriget. Nu upphöjdes den till ett mirakelvapen, trots det faktum att planens kapacitet för störtbombning gjorde dem mycket tyngre och mer svårnavigerade. Under flygplansmodellens långa produktionsperiod höjdes vikten på planen successivt från ursprungliga 6 ton till 13 ton. Samtidigt minskade deras hastighet från 500 till 350 kilometer i timmen. Milch kallade senare planet föraktfullt för "en flygande ladugårdsdörr". Ett liknande öde skulle bombplanet *Heinkel 177* drabbas av. På grund av man i ett sent skede ändrade de ursprungliga planerna och gjorde planet möjligt att användas vid störtdykningar började det tillverkas mycket senare än ursprungligen avsett. Dessutom led det av flera tekniska barnsjukdomar. Först hösten 1942 insåg Göring att det var "idiotiskt" att ett sådant bombplan försågs med möjligheten att störtdyka. Likt många andra höga företrädare för *Luftwaffe* ställde sig även Udet bakom Stuka-principen. Det var Udet själv som kom på att flygplanen skulle förses med en siren som gav ifrån sig ett öronbedövande ljud när planet störtdök. Sirenen, som med en biblisk anspelning kallades Jerikos trumpet, fyllde fienden med rädsla och skräck, framför allt de första gångerna den användes. De snabba framgångarna under andra världskrigets första år gav dem som förespråkade Stuka-principen rätt.

Den 26 september 1938 förordnade Hitler att antalet plan inom *Luftwaffe* skulle femfaldigas. 31 300 flygplan, däribland 3 500 jaktplan och 7 700 bombplan, skulle produceras på kort tid. Av bombplanen existerade ännu inte en enda fungerande prototyp. Alla visste hur orealistisk denna plan var, och även att de som ställt sig bakom planen skulle tvingas ta ansvar för dess genomförande. Till dem hörde även Ernst Udet. Ju tydligare kriget avtecknade sig under de kommande månaderna, desto klarare insåg de ansvariga inom *Luftwaffe* sitt dilemma. De var inte tillräckligt förberedda för ett krig, och framför allt inte för en konflikt med Storbritannien. En uppvisning av *Luftwaffes* styrka skulle öppna ögonen på *der Führer* för svårigheterna, dock utan "att efterlämna ett negativt intryck". Därefter räknade man med att Hitler skulle tilldela flygvapnet större leveranser av råvaror. Den 3 juli 1939 visade *Luftwaffes* piloter vid en uppvisning inför Hitler vad de hade åstadkommit. Hitler var imponerad – och ansåg att *Luftwaffe* inte hade behov av några ytterligare resurser.

Udet verkade inte vara medveten om de mörka moln som tornade upp sig framför honom. Han gav snarare intryck av att vara mer lättsinnig än vanligt. Vid nyår brukade han varje år skänka bort en årskalender som innehöll en samling lustiga karikatyrer. Nyåret 1938 skvallrade kalendern om hans goda humör. Här fanns bland annat en teckning av Göring som stod och betraktade gigantiska flygplansflottor. Junkersdirektören Heinrich Koppenberg framställdes som trollkarlen "Koppenbergini", som trollade fram en armada av Junkers 88:or ur sin cylinderhatt. En mycket talande bild hade han tecknat av sig själv: Udet stod på en stege och grep efter en av himlens stjärnor.

Samtidigt som de tyska trupperna marscherade in i Polen i gryningstimman den första september 1939, höll Ernst Udet en vild tillställning tillsammans med sin väninna Inge Bleyle och paret Heinkel. Försedd med indianfjädrar på huvudet sköt Udet prick på sin måltavla för allt vad han var värd. Ernst Heinkel mindes senare hur uppsluppen stämningen hade varit. Av en tillfällighet hade någon satt på radion: "...sedan klockan 05.45 besvaras elden." Udet tog av sig sin fjäderskrud och sade med entonig röst: "De gjorde det i alla fall."

Som en ångvält drog de tyska trupperna fram över motståndaren. Göring var segerviss: "Det löfte som *Luftwaffe* har uppfyllt i Polen kommer det att hålla också i England och Frankrike", dundrade han i segerrus.

Den 10 maj 1940 tågade de tyska arméerna västerut. Fälttåget i Frankrike var över på några veckor. På Görings inbjudan deltog Udet den 22 juni i salongsvagnen i Compiègne, där fransmännen tvingades underteckna vapenstilleståndet. Nu var deras tid här, som Göring hade siat om 1918.

Arm i arm släntrade Udet och Milch, som hade sin röda flygarscarf slängd runt halsen, nerför Champs-Elysées och skålade för segern. Än en gång lät Hitler utmärkelser regna över Udet. För sina "enastående förtjänster under uppbyggandet av flygvapnet" befordrades Udet till generalöverste. Udets mentor Hermann Göring kunde stoltsera med den högsta fantasigraden av alla: *Reichsmarschall*, riksmarskalk.

Nu handlade det "bara" om att få Storbritannien på fall. Anfallet mot Storbritannien skulle avslöja bristerna i *Luftwaffe*. Det tyska flygvapnet var förberett för ett blixtkrig, men däremot inte för en strid mot RAF, *Royal Air Force*. Den 4 juni 1940 fick *Luftwaffe* uppleva sitt första stora nederlag vid Dunkerque. Den brittiska expeditionsarmén lyckades undkomma över Engelska kanalen utan några nämnvärda förluster. Kort dessförinnan hade Göring skadeglatt jublat: "Vi har lyckats. *Luftwaffe* utplånar engelsmännen på stränderna." "Bara fiskebåtar kan ta sig över Engelska kanalen. Hoppas engelsmännen är duktiga på att simma", skrävlade Göring under en kort visit i Hitlers högkvarter. Den 30 maj hade 300 000 britter och fransmän lämnat Dunkerque via havet.

Sex veckor senare förkunnade riksmarskalk Göring från sitt lantgods Karinhall att angreppen mot Storbritannien skulle intensifieras och att målet var att slutgiltigt förinta RAF. Göring förutsade att han behövde fem veckor på sig för att behärska luftrummet över Storbritannien. Därefter skulle man kunna inleda Operation Sjölejon, invasionen av öriket. När en av de närvarande försynt hänvisade till RAF:s avsevärda styrka, avbröt Göring honom barskt: "Även om de engelska flygplanen vore lika många och lika bra som ni påstår, och även om jag vore Churchill, skulle jag låta avrätta chefen för mitt flygvapen på grund av inkompetens." Udet, som stod bredvid och hade fått några öl för mycket innanför västen, var mycket road och underströk allvaret i sin chefs straffpredikan genom att göra en gest mot halsen som betydde halshuggning.

Den 13 maj 1940 inleddes det avgörande elddopet för *Luftwaffe*, som dittills inte ställts inför några svårare prövningar. Men engelsmännen bjöd envist motstånd. Med hänsyn till stridsstyrkan hade RAF under andhämtningspausen byggts upp till en likvärdig motståndare. Drömmen om det oövervinneliga *Luftwaffe* sköts i bitar av det brittiska luftförsvaret.

Inte heller det massiva bombardemanget av London ledde till de önskade framgångarna. Bombanfallen innebar omfattande materiella skador, men tyskarna lyckades inte uppnå sitt viktigaste mål: att knäcka engelsmännens motståndsvilja. Och när de första brittiska bombplanen dök upp på himlen över Berlin i augusti 1940 innebar det en pinsam prestigeförlust för Göring. Folk fick kalla honom "Meier" om så bara ett enda fiendeplan nådde Berlin, sade Göring. (Meier var ett vanligt tyskt familjenamn, *ö.a.*) I folkmun kallades Göring snart "Hermann Meier". Ännu hade de brittiska bombplanen inte orsakat några större skador, men de gav en försmak av de stora bombvågor som skulle följa senare under kriget.

Luftwaffes förlust mot Storbritannien var katastrofal. Till och med oktober 1940 förlorade *Luftwaffe* 1 700 flygplan, nästan dubbelt så många som britterna. Att genomföra Operation Sjölejon var inte längre att tänka på. I maj 1941 inledde Görings bombplan för sista gången ett storanfall mot London. Hitler lade "Sjölejon" på is. Sedan en tid tillbaka var han koncentrerad på sitt nya mål: erövrandet av större "livsrum" i öster. De grymheter som dessa planer skulle föra med sig i Östeuropa och Ryssland slapp Ernst Udet uppleva.

Nederlaget mot Storbritannien var den svåraste förlusten för Göring och hans flygvapen. För den praktlystne riksmarskalken utgjorde förlusten mer än ett nederlag i en strid, eftersom han samtidigt förlorade Hitlers förtroende.

Denna vanära ville Göring göra något åt. Han behövde en syndabock. Udet insåg vad det betydde för hans egen del. Han undvek Görings överläggningar och dolde sig bakom en mask av sarkastiska vitsar. När testpiloten Warsitz bad Ernst Heinkel fortsätta utveckla jetdriftsystemet, som han hade uppfunnit, kontrade Udet ironiskt: "Warsitz, förstår ni inte att kriget har vunnits om ett år och att vi inte har behov av några jaktplan?"

I själva verket var det inte särskilt svårt att hitta ett antal felaktiga beslut som hade fattats av Udet, i synnerhet på det tekniska området. *Junkers 88*:an, som Udet ett år tidigare hade sett som sin räddning, kritiserades nu starkt av piloterna. Kritiken gav Erhard Milch vatten på sin kvarn. "Besättningarna är mer rädda för planet än för fienden", viskade han i Görings öra. Göring var nu alltmer mottaglig för kritik mot sin skyddsling Udet, och försökte hålla honom i strama tyglar. Hösten 1940 fick Udet order av Göring att lämna sin ungkarlslägenhet och skaffa sig en mer representativ bostad i Berlin. Udet flyttade till en villa i den förnäma stadsdelen Grunewald i stadens utkant. Huset låg i närheten av luftfartsministeriets forskningsbyrå, som i själva verket var Tredje rikets centrum för hemlig avlyssning, och Udet var därför noga övervakad. Villan skulle komma att bli Udets sista adress och han fann sig aldrig tillrätta där.

Bara ett par dagar efter sin flytt bröt Udet samman. Efter att han hade förts till sjukhus gav läkarna honom diagnosen akut blodstörtning. Udets hälsotillstånd hade dramatiskt försämrats. Till det yttre gick det knappt att känna igen honom längre. Den en gång så stilige flygaren var blek och avmagrad och håret var ovårdat. Hans blick, som tidigare hade genomborrat motståndarna, var ostadig och dimmig. Udets alkoholkonsumtion – som en normal människa knappast hade kunnat klara – hade ökat kraftigt. Dessutom hade han sedan en tid tillbaka tagit sin tillflykt till ett nytt läkemedel vid namn Pervitin. Det var ett starkt uppiggande medel som efterhand delades ut som ett universalmedel till slutkörda frontsoldater. Pervitin hade den egenskapen att det minskade det naturliga sömnbehovet till ett absolut minimum.

Udet behövde drogen för sin personliga kamp mot såväl sina konkurrenter som sig själv. När han hade berusat sig på Pervitin var han glad,

"Du, min käre Udet..." Adolf Hitler och Hermann Göring vid sorgehögtiden för Ernst Udet den 21 november 1941.

Järnhårde, du har förrått mig.

Ernst Udets anklagelse mot Hermann Göring

Nu måste vi ta avsked. Tanken är ofattbar, att du, min käre Udet, inte längre är ibland oss... Den allsmäktige har kallat hem dig, och nu går du till de andra, som stupat före dig. Och nu kan jag bara en sista gång säga: Min bästa kamrat – lev väl!

Hermann Göring

Hur lätt har han inte gjort det för sig.

Adolf Hitler

pratsam och självmedveten. Vittnen såg hur han ofta tog en handfull av drogen, som normalt skulle tas i en dos på tre milligram. Medicinsk forskning har idag visat att Pervitinmissbruk kan leda till förföljelsemani och manodepressivitet. Det kan också leda till sjukliga begär, till att man hör röster och tror sig se hotfulla och okända gestalter.

Detta drabbade även Ernst Udet. Han hade, berättade han, sett mörka skuggor med svarta hattar. Inkarnationen av allt ont tycktes Erhard Milch vara: "Allt är emot mig. Den järnhårde har helt enkelt åkt på semester. Han lämnar mig ensam med Milch. Milch för hans talan hos *der Führer*. Och han kommer att se till att varje misstag som jag begår rapporteras till Hitler. Jag kan inte längre försvara mig mot allt detta. Jag står inte ut med dessa personliga förföljelser längre", viskade han flämtande till Ernst Heinkel.

Vid ett senare besök kände Udet knappt igen Ernst Heinkel längre. Udet verkade matt och nervös. "Den järnhårde vill kasta ut mig från Bühler Höhe (en höjd i Schwarzwald, 800 meter över havet, *ö.a.*), men jag åker inte dit."

Udet sändes till ett sanatorium i Schwarzwald, uppenbarligen mot sin vilja. I baksätet på sin bil hade han kartonger med cigaretter och sprit. Läkarna lyckades bara hålla honom kvar på sanatoriet ett par dagar. Göring hade skickat ett telegram som i Udets ögon var höjden av cynism: "Bekymra er inte om er avdelning. Era utmärkta medarbetare, framför allt general Ploch, ser till att det nödvändigaste arbetet utförs. Dessutom har jag bett Milch att ägna sig åt era tjänsteuppgifter."

Milch, ständigt denne Milch! Udet förstod vad som hade hänt. "Den järnhårde" hade ställt honom i skuggan och gjorde inte längre någonting för att dölja det.

Än en gång tog Ernst Udet sig samman och återupptog en del av sina uppgifter. Vid nyåret 1940–41 delade han ut sin sista kalender, där karikatyrerna sade mer än ord. En av teckningarna visar Erhard Milch som svävar i ett litet flygplan ovanför en brinnande stad. Han avbildade sig själv med sorgsna drag, i strömmande regn på väg mot Bühler Höhe.

För Ernst Udets del innebar inledningen av år 1941 inte mycket mer än en krönika om hans förfall. Hans vänner var bekymrade. När Udet i mars besökte Bruno Loerzer i Amsterdam mumlade han resignerat: "Bruno, jag är fel man på det här jobbet. Till slut får de tag i mig. De kommer att behöva en syndabock. Men var inte ledsen, jag har ännu inte gett upp, jag är bara av och till så trött på den här leken."

Bombpiloten Werner Baumbach mindes en överläggning hos Göring i mars 1941: ”Mot slutet av diskussionen gav någon mig en lätt klapp på axeln. Det var generalöverste Udet ... Skämtsamt sade han till mig att vad riksmarskalken pratade om inte var viktigt. Skulle jag inte vilja sätta mig med honom och ett par av hans vänner i ett hörn någonstans, och så drog han fram en flaska konjak.”

Udet stod nu knappast längre ut med att vara ensam. Efter ändlösa barrundor bönade och bad han sitt sällskap att följa med honom till hans villa. Medan de uttröttade och onyktra vännerna slumrade till i fåtöljerna, höll Udet osammanhängande monologer om den gamla goda tiden. Då och då vaknade gästerna förskräckta upp eftersom värden sköt som en galning mot husets måltavla. Han pratade sällan om hur han verkligen mådde. Inte ens hans många ”bästa vänner” visste särskilt mycket om hur han egentligen kände sig. Den kvinnliga piloten Elly Beinhorn, som Udet hade flugit mycket tillsammans med, häpnade när Udet, medan hon lekte med sin lille son, plötsligt sade: ”Jag har också en liten dotter. Det är på tiden att jag lär känna henne.”

”Jag är bara ett spöke i uniform” sade han i resignerad ton till sin livsledsagerska Inge Bleyle. Det var hon som förmådde ge honom en viss stabilitet under de sista månaderna av hans liv. Vid många tillfällen sade han att han skulle gifta sig med henne, men han höll aldrig sitt löfte. Hon försökte förhindra hans fortskridande förfall och få honom att sluta dricka: ”Lilla Inge, den som har bekymmer dricker. Och jag har bekymmer.” Vid denna tid talade han för första gången öppet om att ta sitt liv.

De perioder då han förmådde ta sig samman och arbeta blev allt kortare. I april överlämnade han en rapport till Erhard Milch, där han förvirrat pläderade för att kriget måste avslutas i september samma år – på grund av bristen på flygbränsle. Milch förpassade omgående dokumentet till papperskorgen och uppmanade Udet att skärpa sig. Udet hade visserligen flera möten med Göring under våren, bland annat beträffande leveranserna av flygplan, men oftast försökte han så fort som möjligt avleda diskussionerna till andra ämnen. Domaren Christian von Hammerstein mindes efter kriget: ”När Udet dök upp hos Göring talade de om gamla tider ... De undvek nogsamt att diskutera arbetet.”

De tyska journalfilmerna dokumenterade nu ocensurerat den forne publikgunstlingens förfall. Vid Hermann Görings hustru Emmy Görings födelsedagsfest stirrade Udet apatiskt framför sig. Han förmådde inte hålla högerarmen rak när han hälsade. De kringstående skrattade åt honom. Sådan visades hjälten upp för publiken. Han lämnades obarmhärtigt ut. Under en överläggning sommaren 1941 tappade Udet sina dokument inför filmfotografernas kameror utan att ens märka det.

Även flygplanskonstruktörerna, som kritiserades alltmer på grund av leveransförseningarna, lämnade honom nu i sticket. Den 13 mars 1941 skrev Messerschmitt ett uppbragt brev till Udets planeringsavdelning: "Jag har fått intrycket att det största problemet vad gäller leveranser av flygplan och utrustning i tid i första hand hänger samman med den planlöshet som luftfartsministeriet uppvisar. Jag har den enorma mängden av ändringar i produktionsplaneringen i gott minne. Jag skulle välkomna om ni försökte förhindra eller åtminstone nedbringa den planlöshet med vilken luftfartsministeriet arbetar till en förnuftig nivå. Detta för att inte kontrakterade företag skall behöva ta ansvar för förseningar som i själva verket ministeriet är skuld till."

Udet hade emellertid ännu inte gett upp. Var det kanske hans fel att *Messerschmitt 210*:an ur teknisk synpunkt var långt ifrån färdig, att *Junkers 88*:ans räckvidd inte var tillräcklig eller att *Heinkel 177*:ans motorer ständigt fattade eld?

Först nu talade han klarspråk med flygplanskonstruktörerna, något han borde ha gjort långt tidigare: "En sak, min käre Messerchmitt, måste vara fullständigt klar oss emellan. Vid normala landningar får inga fler plan haverera till följd av krånglande landningsställ. Dessa kan inte anses vara en teknisk nyhet vad gäller flygplanskonstruktioner." Men mot vem skulle han rikta sin auktoritet? Sedan länge var det andra som fattade de avgörande besluten.

Efter att fälttåget mot Ryssland hade inletts sommaren 1941 krävde Göring att *Luftwaffes* kapacitet snabbt skulle fyrfaldigas. Den flitige Milch lade fram en plan som han med säker känsla för sin chefs fåfänga kallade "Göringplanen". Planen gav fullmakt åt en person att genomföra den: Erhard Milch. Göring godkände planen. Därmed ärvde Milch Udets befogenheter medan Udet ännu levde.

Ernst Udet var nu en bruten man. Än en gång lyckades Inge Bleyle få honom att lägga in sig på ett sanatorium. Under tiden styrde och ställde Göring och Milch i luftfartsministeriet. Milch avskedade chefen för avdelningen Teknisk planering, Tschersich, och ersatte honom med Carl August von Gablenz. Ernst Udets mångårige vän, generalmajor Ploch, sändes till östfronten.

Av Udet återstod nu inte mycket mer än hans glansfulla tjänstetitel *Generalluftzeugmeister*. Han var en ståthållare, utlämnad åt Milchs nåd. En marionettdocka i Görings händer, där Göring var i färd med att kapa dockans trådar.

I oktober 1941 deltog Udet för sista gången vid ett sammanträde i luftfartsministeriet. Omkring 50 medarbetare vid ministeriet var närvarande vid något som snarast för tankarna till en rättegång. Fritz Seiler, finanschef vid firman Messerschmitt, hade irriterats av en produktionsomläggning som Udet hade beordrat. Seiler lade fram dokument som bevisade att Udet hade fattat sina beslut utifrån förfalskade sifferuppgifter. Udet var förfärad. Ett sådant frontalangrepp hade han inte väntat sig. Han anade hur sammanträdet hade kommit till stånd. Det hade i själva verket gått till så att Messerschmitt hade ringt upp Milch och levererat den ammunition han behövde direkt till honom. På så sätt gav han Udet en knäpp på näsan. Nu hade Messerschmitt, Göring och Milch iscensatt en rättegång. "Det hade varit mer anständigt av er om ni hade pratat med mig först", stammade Udet hjälplöst fram. "Det är ett schackspel, herr Udet. Jag gör bara mitt andra drag", svarade Seiler oberörd. Milch föreslog honom att de två skulle flyga till Paris "för att ta igen sig" under ett par dagar och för att "återupprätta de vänskapliga förbindelserna", som han uttryckte det. Hans trevlige fiende försökte hålla skenet uppe. Men när den överenskomna dagen för deras avresa var inne var Ernst Udet redan död.

Den 16 november 1941 besökte Erich Baier, Udets mekaniker från den gamla goda tiden, Udet i hans villa i Berlin. Baier var på tillfälligt besök i staden och ville träffa Udet för att tala gamla minnen. Udet gladdes åt hans besök och lät en taxi hämta hans gamle vän. "Att ni skulle komma just idag", mumlade Udet eftertänksamt när han öppnade dörren. Vid middagen påminde Udet nästan om sitt gamla jag. Han var lugnare än dagarna dessförinnan och berättade om Afrika, om Grönland, om att flyga. När Baier sagt adjö vände Udet sig till Inge Bleyle: "Han kommer aldrig mer tillbaka. Jag får aldrig träffa honom igen." Därefter bröt han samman i gråtattacker. "Idag är vi tillsammans för sista gången. Imorgon är du änka." Inge Bleyle försökte lugna honom. Kvällsmaten dukades fram: anka, rödkål och apfelstrudel. "Igår levde ankungen fortfarande. Så går det för många. Idag lever de fortfarande. Imorgon är de döda." Nu gick det inte att hejda honom: "Jag orkar inte längre. Jag vill inte provflyga fler bombplan och inte se fler journalfilmer". Väninnan övertalade honom att acceptera en inbjudan till några vänner. "Imorgon får ni inte träffa farbror mer", sjöng han för värdparets barn. Därifrån körde han Inge till hennes våning, och sedan vidare till flygplatsen Tempelhof. Här arbetade Kurt Schnittke, Udets mekaniker, med en flygplansmodell. Han minns än idag hur Udet steg in i sitt gamla älsklingsplan av modell *Fh 104*. Han tog fram en flaska konjak ur baren i cockpit och drack. När han tog avsked av Schnittke tog Udet en bit röd krita ur hans bröstficka och stack ner den i sin byxficka.

Nästa morgon ryckte Inge Bleyle till då hon hörde telefonens gälla signal. Udet var i andra ändan av tråden. ”Jag är hos dig lagom till frukost”, lovade Inge. ”Nej, kom inte”, svarade han. ”Det är för sent. Älskade Inge, jag har inte älskat någon annan mer än dig. Säg till Pilli Körner att mitt testamente finns i skåpet.” Sedan hörde hon skottet.

Det par som skötte tillsynen av villan, herr och fru Peters, blev förskräckta när de vid sitt frukostbord hörde pistolskottet. De rusade snabbt uppför trappan till Udets rum och upptäckte att dörren var låst: ”’Vad nu? – Öppna, öppna!’ Vi bröt upp dörren och då låg han där...”

Ernst Udet låg i sin säng, klädd i sin morgonrock och badande i blod. I handen höll han fortfarande sin mexikanska Coltpistol, som han hade skjutit sig i huvudet med. Runtomkring rådde ett kaos av kringströdda papper och konjaksflaskor.

Snart kom också Inge Bleyle dit. Fru Peters skakade på huvudet: ”Han lever inte längre, han rosslade bara när vi kom.” Nu skedde allt slag i slag. Udets adjutant, överste Pendele, dök upp i sällskap med en läkare. Även statssekreteraren Pilli Körner störtade in. Det var antagligen han som först upptäckte att Udet med röd krita på väggen vid sängens huvudända hade skrivit: ”Järnhårde, du har förrått mig!”

Snabbt torkade männen bort skriften på väggen och samlade ihop alla papper som låg utspridda över hela rummet. De lovade att hålla tyst om vad de hade sett.

Det gick aldrig att få fullständig klarhet i vad Udet hade menat med sina sista ord. De gav istället upphov till spekulationer. Frasen hade syftat på ”judarna” Gablenz och Milch, sades det. Eller så hade orden anklagat hans livsledsagarinna: ”Inge, varför har du övergivit mig?” Man hade snabbt tvingats tvätta bort osammanhängande skällsord från sängen och väggarna. Den förvirrade Udet hade tagit livet av sig och efterlämnade skuldkänslor hos sin närmaste omgivning. Men det var inte omgivningen som drev Udet i döden – han var själv ansvarig för sitt misslyckande.

Ernst Udet var ingen motståndsman som flygaren Harras i Carl Zuckmayers roman *Des Teufels General*. Hans motvilja mot den brottsliga regimen tog sig oftast uttryck i dåliga vitsar på officersmässen. Bakom gycklarmasken dolde han sin avsky inför regimen. Militärhistorikern Horst Boog kallar Udet för ”den största felbedömningen av Hermann Görings tjänsteutnämningar”. Han var fel man på fel plats. Men han hade accepterat tjänsten och försvarat den in i det sista. Han hade blivit

Hitlers vapendragare vid upprustningen av flygvapnet, under blixtkrigen 1939–40 och under slaget om Storbritannien. Sin viktigaste roll spelade han dock på propagandans slagfält. Han var den glättige flygaren, vars idolbild barnen samlade på, mödrarna svärmade för och vars mod fäderna beundrade. Hans popularitet hade varit hans stora tillgång, men den blev också hans olycka. Han hade inte ett lika ädelt och samvetsgrant sinnelag som flygaren Harras i Zuckmayers roman. Om han insåg i vilken riktning Tyskland utvecklades under nazismen så lät han i varje fall aldrig sin omgivning ana det. Han dolde sitt yrkesmässiga och privata fiasko, och kanske också sitt tvivel, bakom den glade festprissens mask, ända tills han kroppsligen och andligen var så nedbruten att han inte såg någon annan utväg än en teatralisk sorti från den scen han själv hade valt.

Efter sin död kunde han inte längre försvara sig mot den ström av anklagelser som riktades mot honom. Hitler och Göring fann i Ernst Udet en lämplig syndabock för att själva kunna svära sig fria från kritiken mot försummelserna under *Luftwaffes* uppbyggnad. Udet utpekades som huvudansvarig för det tyska flygvapnets brister. Inte ens Hitler själv hade några varmare ord till övers när han beklagade att den nazistiska propagandaapparaten hade förlorat en av sina största tillgångar: ”Han gjorde det lätt för sig”, var Hitlers bedömning av Ernst Udet ett år efter hans självmord. Så yttrade sig alltså den man som den 30 april 1945 själv tog sitt liv för att undkomma ansvaret för den katastrof han hade förorsakat.

”Jag var bara en flygare”, sade Harras om sig själv. Ernst Udet gick beredvilligt i makthavarnas ledband, även om han alltid bara hade velat vara flygare.

Till hans efterträdare på posten som *Generalluftzeugmeister* utsågs Erhard Milch.

Konspiratören:

Wilhelm Canaris

Den som är en god soldat, den blir också – antingen han vill inse det själv eller inte – en god nationalsocialist.

Den som behandlar djur illa kan inte vara en god människa.

Om jag avgår ersätts jag av Heydrich och då är allt förlorat.

Jag kan inte längre ställa upp på detta. Vi låter oss inte missbrukas som spridare av skräckhistorier.

Timman är slagen för att genom nya stordåd rikta uppmärksamheten på underrättelsetjänsten.

Ett krig som förs med åsidosättande av all etik kan aldrig vinnas. Det finns en gudomlig rättvisa även på jorden.

Wilhelm Canaris

Canaris bemödade sig alltid om ett särskilt gott förhållande till Himmler och Heydrich, så att de inte skulle bli misstänksamma mot honom.

Alfred Jodl

...under den tid då han var officer i marinen var det inte många som hyste förtroende för honom. Han var en helt annan person än vi andra.

Storamiral Karl Dönitz

När man träffade Canaris för första gången blev man besviken. Han gav intrycket av att vara gammal och trött, var nästan vithårig, knappt mer än 1,60 meter lång. Han gick dessutom framåtböjd och gav ett ovårdat intryck.

Walter Huppenkothen, SS-Standartenführer

Enligt min åsikt har Canaris genom utbyggnaden av sin organisation bevisat att han inte var – vilket mytbildningen om honom delvis hävdar – ett gåtfullt geni inom säkerhetstjänsten. Istället var han en typisk tysk officer, som organiserade allt i militära former, och dessutom en för sin tid typisk tysk med en omisskännlig svaghet för en stor organisation. Den militära underrättelsetjänsten förvandlades under honom till en jättelik tjänstemannaorganisation, som sysselsatte fler tjänstemän än agenter.

Werner Best, SS-Obergruppenführer

Han kunde vara larvig som en pojkspoling och uppträdde ofta på det sättet. Han kunde göra grimaser som fick medaljprydda officerare att sätta skrattet i halsgropen. Han var själv oerhört road av reaktionen på grimaserna. Jag kan ännu se hans sluga blick i de blå ögonen när fan flög i honom. Men hans älskvärda och lekfulla sätt gick förlorat på grund av det förkrossande allvaret i utvecklingen. Istället urladdade han sig i form av lika groteska som lynniga utbrott.

Otto Wagner, vän till Canaris

Canaris var en person med ett rent intellekt. Hans intressanta, mycket egenartade och komplicerade karaktärsdrag gjorde att han hatade våld som sådant och därmed avskydde kriget, Hitler och dennes system och metoder.

Erwin Lahousen, avdelningschef inom Abwehr

Canaris försäkrade vid upprepade tillfällen min man att han befann sig vid det möjligas gräns, men att hans politiska position inte längre var så stark att han kunde slå näven i bordet. In i det sista var min man av en annan uppfattning.

Christine von Dohnanyi

Sällan har jag träffat en man som hade en sådan utvecklad känsla för vart utvecklingen bar hän. Han var ofta så uppfylld av utvecklingen att han inte förmådde reagera på den.

Hans Bernd Gisevius, medarbetare inom Abwehr

Å ena sidan var han en glödande tysk patriot, beredd att göra allt för Tyskland. Å andra sidan var han en egocentriker som gjorde det som gagnade hans egen ställning.

Wilhelm Höttl, SS-Obersturmbannführer

Jag tror att Canaris led svåra kval under alla krigsåren. Därför reste han så mycket. Han var rastlös, kunde egentligen inte slå sig till ro. Plötsligt var han bortrest en hel vecka. Och så var han lika plötsligt tillbaka igen.

Reinhard Spitzy, medarbetare vid Abwehr

Canaris var den som överhuvudtaget gjorde motståndet mot Hitler möjligt genom att engagera hela sin organisation i arbetet.

Professor, dr Eberhard Bethge, medarbetare vid Abwehr

I DEN GRÅ GRYNINGEN VÄCKTES fångarna av skallet från vakthundarna. Gårdsplanen till koncentrationslägret Flossenbürg var upplyst av det kalla ljuset från de elektriska strålkastarna. Skorrande order och hastigt stöveltramp ekade i barackerna. Överste Hans Lunding, tidigare officer i den danska underrättelsetjänsten, hörde hur låset öppnades i cell nummer 22, bredvid hans egen. "Ut!" ropade vakten. Med en metallisk klang föll hand- och fotbojor till marken. Genom en spricka i dörren såg Lunding för sista gången sin cellgranne som hade förts till lägret först två månader tidigare. Den kortväxte mannen med det kritvita håret var likblek. Han visste vad som väntade honom. Föregående kväll hade han med morsesignaler genom cellväggen sänt Lunding ett sista meddelande: "Min tid är ute. Var ingen landsförrädare. Gjorde min plikt som tysk." Kort därefter hörde Lunding ännu en order uttalas: "Tag av allt!" Som den förste av fem dödsdömda fördes fången från cell nummer 22 naken ut på gårdsplanen. Trots de förnedrande omständigheterna var han lugn och samlad. En SS-man, som var en av de nyfikna åskådarna till den grymma scenen, berättade senare att dödskampen hade "pågått under lång tid. Han hängdes upp och togs ner vid ett par tillfällen".

Tusentals andra skulle förlora sina liv denna dag, den 9 april 1945. I öster föll "fästningen" Königsberg (dagens Kaliningrad), i väster pågick slaget om Ruhrområdet. Amerikanska pansarfordon närmade sig Elbe. I Flossenbürg och åtskilliga andra dödsläger dog fortfarande otaliga män och kvinnor i galgen eller framför exekutionsplutoner, genom systematiskt planerad undernäring och i gaskamrarna. Brottslingarna gjorde sig av med vittnena. Det gällde i särskilt hög grad de fem dödsdömda männen i Flossenbürg. I ett av sina vansinniga raseriutbrott hade Adolf Hitler personligen beordrat att de fem skulle avrättas. Därmed tog han med sig en man som han länge hade beundrat i sin egen undergång, en man som med stor uppfinningsrikedom förde krig för tyrannen samtidigt som han försökte befria Tyskland från honom: chefen för *Abwehr*, Tredje rikets militära underrättelsetjänst, amiral Wilhelm Canaris.

Knappast någon annan makthavare i Hitlers diktatur har bedömts på så olika sätt som "den lille amiralen". Ingen annan har i lika hög grad som han både hyllats och avfärdats. Var han verkligen en "förrädare", som "förorsakade många tusen tyska soldaters död", som en av hans första levnadstecknare påstod? Eller var han först och främst en av Hitlers effektiva medhjälpare, för att citera en sentida biografi, "med otaliga band till regimen"? Var han en "genial chef" för underrättelsetjänsten, som CIA-chefen Allen Dulles ansåg, eller var han snarare "en klåpare", som den senare chefen för den västtyska underrättelsetjänsten *Bundesnachrichtendienst*, Reinhard Gehlen, ansåg? Var han den tyska motståndsrörelsens hjärna, som hans före detta medarbetare anser än idag, eller förblev han den som tvekade in i det sista, "en man som aldrig på allvar fann vägen till friheten"? Var han Hitlers medhjälpare eller motståndare? Eller bägge delar samtidigt?

Det är oomtvistat att Wilhelm Canaris och hans medarbetare Hans von Dohnanyi gjorde det möjligt för judar och andra förföljda att med underrättelsetjänstens hjälp fly till neutrala länder. Hundratals räddades undan en säker död. Några av dem föreslog att deras räddare Hans von Dohnanyi borde hedras vid det israeliska minnesmärket över förintelsen, Yad Vashem. Förslaget avslogs. De två männen var alltför kontroversiella för att kunna hedras i Israel. Ingen militärförläggning i Tyskland har uppkallats efter amiral Canaris. Han dög aldrig som hjälte, vare sig på toppen av sin karriär som underrättelsetjänstens chef i Tredje riket eller under åren närmast efter andra världskriget, då motståndsmännen gjordes till ljusgestalter. Även den spelfilm som skildrade Canaris liv slutade snarare tragiskt än hjältemodigt. Förebildens väg var alltför slingrande. Canaris levnadstecknare Heinz Höhne konstaterar att bilden av denne man är mycket kluven.

När Wilhelm Canaris utsågs till chef för underrättelsetjänsten (*Amt Ausland/Abwehr*) den 1 januari 1935, samma dag som han fyllde 48 år, hade han redan varit soldat under trettio år. Han hade svurit tre trohetseder: åt kejsaren, åt republiken och åt *der Führer*. Under sin tid i krigsmakten hade han upplevt både segrar och nederlag och med knapp nöd undgått döden flera gånger. När han hade utnämnts till chef för garnisonen i Swinemünde (idag Świnoujście) vid Östersjön antog han att han hade nått toppen av sin karriär. Han var gift, hade två döttrar i skolåldern och ägnade sig åt sina fritidsintressen ridning och matlagning. Canaris anade antagligen varför just han utsågs till chef för underrättelsetjänsten, vars kontor var inrymt i en flygelbyggnad till försvarsministeriet i Berlin. Efter att Tyskland i enlighet med Versaillesfördraget inte tillåtits ha någon egen underrättelsetjänst, ville man nu återknyta till den militära underrättelsetjänstens traditioner. Canaris var redan välbekant med de mörka korridorerna i försvarsministeriet. Under mellankrigstiden hade han varit adjutant till försvarsminister Gustav Noske och varit ansvarig för kontakterna med frikårerna. Han talade ännu drömmande om "den gamla goda tiden" och om kampen mot "de röda". Som gammal marinofficer visste Canaris också att amiral Alfred von Tirpitz från samma

"En tvetydig patriot..." Amiral Wilhelm Canaris, chef för utlandsavdelningen inom kontraspionaget Abwehr.

Han är en typisk representant för en förfinad, hyperintelligent salongskonspiratör.

Otto Nelte, Wilhelm Keitels försvarare vid Nürnbergrättegången

Vi brukade säga att han hade sju själar i sitt bröst.

Storadmiral Karl Dönitz om Canaris under Nürnbergrättegången byggnad – försvarsministeriet i Berlin som tidigare varit marinledningens byggnad – hade försökt uppfylla kejsarens dröm om en stark flotta. Också den unge Wilhelm Canaris var uppfylld av detta nationella storhetsvansinne, som ledde till att han mot sin familjs vilja sökte sig till marinen.

Allt hade börjat med Tirpitz. Floden av propagandamaterial som lovprisade den flotta som Alfred von Tirpitz var upphovsman till hade även nått gymnasisten Wilhelm Canaris i Duisburg. Snart nog hade han bara en enda önskan: att få tjäna fosterlandet till sjöss. Men fadern, en välbeställd affärsman inom järnindustrin i Ruhrområdet, hade hellre sett att hans son hade sökt sig till kavalleriet. Fadern dog dock av ett slaganfall och Wilhelm kunde själv välja väg. Den 1 april 1905 blev han kadett i den kejserliga marinen. Trots en något bräcklig fysik gjorde han en snabb karriär. 1908 gav hans förste chef honom följande vitsord: "Han har förutsättningar att bli en god officer så snart som han har skaffat sig ett något större självförtroende." Vid första världskrigets utbrott var Canaris löjtnant på kryssaren *Dresden*, som opererade i Sydatlanten. Den 31 augusti 1914 nådde ett signalmeddelande från marinledningen *Dresden*: "Krigföring skall ske i enlighet med mobiliseringsordern." Alla ombord visste att ordern innebar deras undergång. Det skulle bli följden av att man inledde ett handelskrig mot brittiska *Royal Navy*, världens mäktigaste flotta, utan att ha tillgång till några flottbaser. Svagheten med Alfred von Tirpitz kejserliga flotta visade sig nu: den var för stor för att kunna vara vän med Storbritannien, men fortfarande alldeles för liten för att kunna besegra *Royal Navy*. Den 14 mars 1915 tog resan slut för *Dresden* i hamnen till den lilla chilenska ön Más a Tierra i Stilla havet. Efter en kort sjöstrid med det brittiska fartyget *Glasgow* hade *Dresden* gjorts manöveroduglig och satts i brand. Enligt flottans egen hederskodex fanns det nu bara en utväg: att man själva sänkte skeppet. För att vinna tid sände den tyske kaptenen över sin språkbegåvade löjtnant till engelsmännen för skenförhandlingar. Det var Wilhelm Canaris första diplomatiska uppdraget under hans karriär.

När han hade kommit ombord på *Glasgow* avvisades han snabbt. Det fanns inget att förhandla om. Canaris protesterade och hävdade att *Dresden* befann sig i vatten som tillhörde en neutral stat. Därmed utgjorde britternas angrepp ett brott mot folkrätten. Den engelske kaptenen svarade återhållsamt att hans order var att sänka *Dresden*. Övriga frågor kunde "diplomaterna göra upp om efteråt". Canaris tvingades lämna *Glasgow*. Men han hade vunnit avgörande minuter för sprängkommandot ombord på sitt fartyg. Klockan 11:15 slet en våldsam explosion sönder stillheten i bukten vid Más la Tierra. Besättningen på *Dresden*, som hade tagit sig i land, gjorde honnör en sista gång. Därefter internerades besättningen och officerarna av de chilenska myndigheterna. För de flesta besättningsmedlemmar var det en stor lycka att välförsedda med livsmedel och med fast mark under fötterna nu kunna invänta krigsslutet. Men inte för Canaris. Han utnyttjade första bästa tillfälle och flydde i augusti 1915 ur det bristfälligt bevakade lägret. Här märks för första gången den oro som skulle driva honom framåt under hela livet – ett inre uppror mot tvånget i hans situation. Han hade ju faktiskt inte blivit marinofficer för att sitta på torra land när de stora striderna ägde rum i hans hemland. Det svåraste hade han dock ännu framför sig. Mitt i den sydamerikanska vintern måste han ta sig över Anderna för att kunna ta sig från det neutrala Chile till det tyskvänliga Argentina. Det var ett våghalsigt företag. Många andra flyktingar hade försvunnit vid flykten över bergen. Men Canaris lyckades. Den spenslige unge sjöofficeren hade en energi som inte syntes vid den första anblicken.

Marinledningen i Tyskland belönade Canaris dådkraft genom att befordra honom till kapten. Därefter förflyttades han till Spanien. Hans uppdrag var att bygga upp ett försörjningsnät för tyska ubåtar. Marinofficeren gick nu under namnet "herr Kika" och tog kontakt med både seriösa och mindre seriösa spanjorer, som alla hade ett och samma intresse: att få ta del av den tyska marinledningens pengar. Det var visserligen inte en insats som kunde jämföras med den som utfördes på ärans fält, men Canaris trivdes med det riskfyllda spelet. För den 28-årige mannen öppnade sig en ny värld. Redan som barn hade han lekt med osynligt bläck och gett sig själv täcknamn. Nu arbetade han inom underrättelsetjänsten. Under resten av sitt liv skulle han trivas med att utge sig för att vara någon annan än den han var och att spela dubbelspel.

Herr Kika lyckades uppfylla sitt uppdrag: att ordna försörjningen till de tyska ubåtarna längs Spaniens kust. Ubåtarna dök oftast upp i avlägsna vikar i skymningen och lastade ombord ammunition, proviant och bränsle från försörjningsfartyg som hade utrustats för att se ut som fiskefartyg. På grund av dessa insatser – och på grund av Canaris – utvidgades det blodiga kriget mot handels- och passagerarfartyg även till västra delen av Medelhavet. Snart nog visade han dock åter den sida av sin karaktär som också senare, i tider av stor fara, gjorde honom lugn och behärskad. När uppdraget i Spanien hade slutförts började Canaris känna sig rastlös. Vännerna betraktade honom som en laglös, en människa som ständigt var på genomresa.

I början av 1916 fick den tyska marinen en ingivelse. Wilhelm Canaris

Liksom officeren under första världskriget med självklarhet var monarkist, liksom han efter kriget naturligtvis strävade efter att bevara arvet från upplevelserna vid fronten, lika självklart är det idag att vara nationalsocialist, då våra erfarenheter från fronten förverkligas i den nationalsocialistiska staten. Och som soldater är vi lyckliga över att få sympatisera med denna politiska ideologi, som är mycket militärisk.

Wilhelm Canaris i ett föredrag i Wien, 22 april 1938

"... han ser ut att kunna bli en bra officer." Wilhelm Canaris som kaptenlöjtnant inom marinen.

Myten om "turken", som härrörde från hans tid i flottan, bidrog säkert och kommer även i fortsättningen att bidra till att förstärka strålglansen kring den hemlighetsfulle Canaris.

Werner Best, SS-Obergruppenführer

fick order att infinna sig på en torpedbåt i Kiel. Äntligen var han åter på väg till fronten. Men hur skulle han ta sig hem? Att ta den säkra vägen och vänta på en ubåt som skulle ta honom genom Medelhavet till Adriatiska havet, skulle ta för lång tid. Istället tog han på sig en ny förklädnad. Han utgav sig för att vara en lungsjuk chilenare vid namn Reed Rosa som var på väg till ett sanatorium i Schweiz. Han tänkte åka tåg genom Frankrike och Norditalien, rakt genom fiendeland. Men denna gång lyckades han inte med förklädnaden. Några få kilometer före den schweiziska gränsen arresterades Canaris av den italienska polisen. Han fördes till fängelset i Genua.

Vad som sedan hände är höljt i dunkel. Det enda som står klart är att Wilhelm Canaris i mitten av mars 1916 dök upp som en fri man i Madrid. Hur gick det till? Enligt en version av händelserna i fängelset i Genua hade Canaris dömts till döden. Men han hade kallblodigt tagit livet av den präst som kommit för att förbereda honom för avrättningen. Därefter hade han lyckats fly, iförd prästens kappa. Några av Canaris levnadstecknare påstår däremot att Canaris helt enkelt släpptes fri i brist på bevis. Själv kommenterade Canaris senare händelsen för en marinläkare med nyckelorden "dålig behandling" och "flykt", men han kommenterade inte ytterligare denna dimhöljda episod av sitt liv. Han var noga med att odla myten om sina tidiga år.

Efter det misslyckade försöket som Reed Rosa lyckades den unge hetsporren Canaris slutligen att ta sig till Tyskland per ubåt år 1916. Han avancerade på karriärstegen i den kejserliga flottan under de två sista krigsåren och var vid krigsslutet ubåtschef. Hans meritlista var imponerande och innefattade bland annat tre sänkta fientliga fartyg och ett svårt skadat. Till och med hans majestät kejsar Vilhelm II fick höra talas om Wilhelm Canaris.

Det tyska nederlaget och revolutionen i november 1918 förvandlade krigshjälten Canaris till en politiskt intrigerande officer. Han rörde sig både i militära och politiska kretsar och blev efter hand ett ganska välkänt namn. Vänsterinriktade tidningar som till exempel *Die Weltbühne* kom 1928 med "dramatiska avslöjanden" om mordet på socialistledaren Rosa Luxemburg och inledde en regelrätt kampanj mot Canaris. Ur virrvarret av beskyllningar och förnekanden framkom ingen klar bild av händelsen. Men misstankarna om att Canaris hade haft något att göra med mordet kvarstod – och det inte utan visst berättigande. Visserligen befann han sig inte i Berlin natten till den 15 januari 1919, då den kvinnliga socialistledaren mördades av soldater. Men hans roll vid den rättsliga uppgörelsen med fallet avslöjade en rättsuppfattning som sökte sin like.

Under veckorna närmast efter krigsslutet hittade Canaris ett nytt hem i frikårerna. Under slagordet om att gå till kamp mot den förmenta faran från ”bolsjevismen” lämnade dessa förband av besvikna före detta frontsoldater ett spår av blod efter sin framfart. Män ur ”gardeskavalleriskyttedivisionen”, som ansågs vara särskilt kommunistfientlig, hade på order av sin chef, kapten Waldemar Pabst, arresterat och mördat Rosa Luxemburg och Karl Liebknecht. När den tvehågsne försvarsministern Gustav Noske efter påtryckningar från socialdemokratiskt håll inledde ett krigsrättsförfarande mot Luxemburgs mördare, löjtnant Kurt Vogel, lyckades Pabst få Canaris som bisittande domare vid rättegången. Därmed hade han satt bocken som trädgårdsmästare eftersom Canaris, likt de flesta av soldaterna inom frikårerna, snarare betraktade det politiska mordet på ”Röda Rosa” som en legitim krigshandling än som ett brott.

Som domare tvekade Canaris inte att använda några medel för att dölja den verkliga bakgrunden till mordet. Vogel dömdes bara till ett fängelsestraff på två år och fyra månader för ”missbruk av tjänstevåld och bortskaffande av lik”. Hans egentlige uppdragsgivare däremot, kapten Pabst, kunde fortsätta glädja sig åt sin frihet. Han skröt långt senare, i Västtyskland, över att han med sin mordorder hade räddat Tyskland från ”kommunismens seger”, vilket han hävdade skulle ha lett till ”det kristna västerlandets sammanbrott”. Men domare Canaris tyckte till och med att det milda straff som Vogel dömdes till var för strängt. Den 17 maj dök en löjtnant Lindemann upp i det fängelse i stadsdelen Moabit i Berlin, där Vogel var inspärrad. Lindemann lade fram en skriftlig order om att fången Vogel skulle överföras till ett annat fängelse. Några minuter senare var den olycksbådande löjtnant Lindemann försvunnen i sällskap med Rosa Luxemburgs mördare. Nästa dag stod det klart att det var Canaris som hade uppträtt som Lindemann. Hans dokument var förfalskade. En domare befriar den ur fängelset som han dömt! Denna talang som lagvrängare gav tidigt Canaris ryktet att vara en man med särskilda egenskaper.

Canaris fick inget straff. Istället utsåg försvarsminister Noske honom till sin förbindelseman med frikårerna. Det valet skulle straffa sig. Våren 1920 litade Noske på upplysningar från Canaris enligt vilka det inte förelåg någon fara för att armén skulle genomföra en statskupp. Därmed överraskades Noske fullständigt av den misslyckade statskuppen i mars 1920, som har gått till historien som Kapp-kuppen efter kuppledaren, den konservative ämbetsmannen Wolfgang Kapp. Kuppförsöket misslyckades visserligen efter några dagar på grund av en generalstrejk. Men försvarsminister Noske, som inte genomskådade att hans adjutant Canaris stod på de sammansvurnas sida, tvingades avgå. I de flesta andra länder skulle en officer som i så hög grad hade komprometterat sin chef, åtminstone ha avskedats med omedelbar verkan. Canaris blev däremot frikänd av en kommission och bara förflyttad till Kiel. En av hans överordnade, amiral von Gagern, lovordade landets demokratiska författning.

År 1935, sedan den tyska demokratin långsamt hade tynat bort, visade sig Wilhelm Canaris tidigare "förtjänster" i sökandet efter en ny chef för underrättelsetjänsten vara utmärkta meriter. Dessutom hade Canaris redan uttalat sig positivt om de nya nazistiska makthavarna och därmed uppmärksammats. "Jag måste framhäva kapten Canaris oförtröttliga strävanden", lovordade hans överordnade honom ett par månader före hans utnämning. Han fortsatte: "Canaris har genom sina föredrag gjort besättningen förtrogen med den nationella rörelsens tankegångar och grundsatserna i uppbyggandet av det nya riket. På detta område har hans insats varit förebildlig." Även om många av Canaris levnadstecknare försöker rädda hans anseende och inte vill inse detta, så inledde Canaris sin karriär i Tredje riket som nazistisk sympatisör. "Vi var nästan alla nazister", medger Otto Wagner, en av Canaris gamla kamrater från tiden i flottan.

Vid sidan av hans erfarenheter från underrättelsetjänsten under första världskriget och hans passande politiska inställning, fanns det dessutom en tredje grund till att välja Canaris: hans bekantskap med Reinhard Heydrich sedan deras gemensamma tid år 1923 på skolkryssaren *Berlin*. Heydrich var då som kadett underställd Canaris. Nu var han chef för SD (*Sicherheitsdienst*, säkerhetstjänsten) och därmed en av Tredje rikets nya, starka män. I och med sin ambition att bygga upp en allsmäktig övervakningsapparat hade han vid upprepade tillfällen råkat i konflikt med Canaris föregångare, kapten Conrad Patzig. Genom att Patzig envist hade försvarat sin avdelnings ensamrätt till inrikesspionaget och dessutom kallat SS för "ett gäng vildar" blev Heydrich fientligt inställd till honom. Försvarsminister Werner von Blomberg såg det som sin uppgift att så smidigt som möjligt nazifiera armén och hade ingen användning för en chef som Patzig. Han avskedades. Av Canaris förväntade sig Blomberg ett friktionsfritt samarbete med SS, och deras gemensamma förflutna i marinen kunde då vara till nytta. När den nye ämbetschefen Canaris infann sig hos sin föregångare för att tillträda sin tjänst förklarade han att han ville undvika fortsatta konflikter med Heydrich. Patzig svarade med att skildra de faror som han såg i den framväxande Hitlerdiktaturen. Canaris svarade kallt: "Ni kan vara helt lugn, de där pojkarna ska jag strax ta itu med." Patzig tog avsked, fylld av onda aningar.

Inte heller Canaris första tid i tjänsten gav anledning att tro att han senare skulle bli en av de ledande i motståndet mot Hitler. "Ganska gammal och förbrukad" var det intryck den nye chefen för underrättelsetjänsten gjorde på sina medarbetare. Hans sjaskiga uniformsrock, hans lätt böjda gång och hans "oborstade sätt" gjorde folk besvikna. Dessutom rabblade Canaris, till skillnad från sin företrädare Patzig, nazistiska fraser. "Officeren är skyldig att med sitt uppförande representera nationalsocialismen", undervisade han sina gruppchefer och hävdade att "opolitiska handlingar i den nationalsocialistiska staten är ett sabotage och ett brott". I samarbetet med SD och *Gestapo* krävde han ett "kamratskapligt samarbete".

Canaris föregick själv med gott exempel och fick nära kontakt med Reinhard Heydrich. De båda männen återupptog snart sin tidigare privata kontakt. I Heydrichs trädgård kopplade de båda familjerna av med att spela krocket. Canaris hustru Erika, som var en utmärkt violinist, spelade duett med Heydrich, som även han spelade violin. Ibland tog den helt omusikaliske Canaris på sig kockmössan och lagade till kulinariska läckerheter åt de båda musikanterna. Hans specialitet var sillsallad med kaviar och konjak, men han lär också ha varit duktig på fyllda fläskkotletter. Även senare, då förhållandet mellan säkerhetstjänsten och SS blivit alltmer ansträngt, upprätthöll Canaris och Heydrich vänskapen. Efter att familjen Canaris hade flyttat till den gröna Berlinförorten Schlachtensee, flyttade familjen Heydrich till en egendom på samma ställe, och den kunde nås via Canaris trädgård. Heydrich och Canaris tog ofta ridturer tillsammans, vilket gav dem många tillfällen att diskutera känsliga ärenden mellan fyra ögon.

Canaris fick snart klart för sig att den äregirige Heydrich helst hade velat införliva hela kontraspionaget i det snabbt växande SD. Han anade att maktförhållandena i Tyskland i allt högre grad skulle förskjutas till förmån för SS. Ett öppet motstånd, som hans företrädare Patzig hade praktiserat, verkade inte särskilt lovande på längre sikt. Den nye chefen för underrättelsetjänsten sökte istället ett närmande till SS. Han undvek att konkurrera med SS och uppmanade sina medarbetare till ett nära samarbete med "kamraterna". Med hjälp av denna taktik lyckades han successivt skapa utrymme för att ostört kunna bygga upp en organisation för kontraspionaget. Under hans första år som chef för kontraspionaget var hans viktigaste mål att bygga upp en väl fungerande militär underrättelsetjänst. SS-*Obergruppenführer* Werner Best, som under lång tid var Heydrichs högra hand, mindes: "Hans konflikter med Heydrich var en strid om den nationalsocialistiska staten, inte en kamp mot Heydrich."

Det var en märklig relation som band samman dessa båda i grunden olika män – ett slags ömsesidig hatkärlek. Efter den första återföreningen med sin gamle kamrat från tiden i flottan, skrev Canaris i sin dagbok att han antagligen aldrig skulle kunna samarbeta öppet med Heydrich eftersom denne hade förvandlats till en "brutal fanatiker". Heydrich å sin sida varnade eftertryckligen sina medarbetare för att hans granne i Schlachtensee var en "gammal räv som man måste ta sig i akt för". Heydrichs änka, Lina Heydrich, har dock en helt annan minnesbild. Enligt henne sade Canaris ofta att hennes man var "nästan som en son" för honom.

Var all den tid som Canaris tillbringade i sällskap med Heydrich bara ett raffinerat dubbelspel från hans sida för att mellan fyra ögon kunna locka ur Heydrich hans hemligheter, så som försvararna av myten om Canaris påstår? Nej, antagligen hade Canaris en viss svaghet för den storväxte blonde mannen med de mongoliskt sneda ögonen. Kanske kände Canaris igen sig själv i Heydrichs knivskarpa intellekt, som gjorde att människor alltid höll en viss distans till honom. Både Canaris och Heydrich visade ibland en mjuk och medkännande sida av sina personligheter, som kontrasterade skarpt till deras yrkesuppgifter. Båda två visade en passion för skenmanövrer, tricks och finter. Det var ingen tillfällighet att Heydrichs favoritsport var fäktning, en sport som innehöll inslag av reaktion och aktion, av angrepp och parad. När de båda herrarna från underrättelsetjänsten tog sina gemensamma ritter på morgnarna och pratade om arbetet påminde antagligen samtalen emellanåt om en verbal fäktduell.

Walter Schellenberg, som under krigsåren blev den nye starke mannen i Himmlers säkerhetstjänst, berättade dessutom att både Canaris och Heydrich hade haft tillgång till komprometterande material om den andre. Ingen kunde vidta några åtgärder mot den andre utan att själv råka i fara. Canaris sägs ha haft tillgång till dokument som styrkte att hans rival hade en "icke-arisk" farmor, medan Heydrich flitigt samlade material om de motståndsmän som tjänstgjorde inom Canaris organisation. De stunder som Canaris och Heydrich tillbringade i varandras sällskap präglades av en rädslans jämvikt. Inte ens när Canaris sedan lång tid tillbaka hade förvandlats till regimmotståndare och kände till att Heydrich personligen var ansvarig för massmord bröts deras gamla vänskapsband helt. Nyåret 1941 tillbringade familjerna tillsammans på Heydrichs lantgods Stolpshof. Reinhard Heydrich mördades vid ett attentat av tjeckiska motståndsmän i Prag 1942. Canaris tårar vid Heydrichs begravning var förmodligen äkta.

Den militära underrättelsetjänstens byggnad i Berlin kallades Rävgrytet, med en anspelning på dess många vinklar och vrår. Vid sitt tjänstetillträde fann Canaris en ineffektiv och lågpresterande organisation. Avdelning 1, ledd av överste Piekenbrock, var ansvarig för insamlande av fakta i utlandet och därmed själva kärnan i spionageapparaten. Avdelningen bestod bara av en handfull agenter som utgjorde allt annat än nyttiga källor. Canaris rådde bot på problemet och upprustade kontraspionaget. Inom kort tid förfogade kontraspionaget över tillräckligt stora finansiella medel för att kunna värva en hel armé av agenter, som skulle informera Berlin om rustningsprojekt och truppförelser i utlandet. Canaris lade sig personligen i alla ärenden. Han hade ett ord med i laget när man diskuterade övervakningen av tyska rustningsföretag; han gav råd om hur man skulle kunna rekrytera agenter på andra sidan Atlanten och visade ett brinnande intresse för den senaste utvecklingen på områdena radioteknik och mikrofotografi. Snart tvingades officerarna inom *Abwehrs* ledning att revidera sin uppfattning om Canaris och talade uppskattande om honom. Visserligen kunde Canaris underrättelsetjänst ännu inte jämföras med sin brittiska motsvarighet, Secret Service, men organisationen var nu tillräckligt effektiv för att Hitler skulle uppmärksamma dess chef.

Den tyske diktatorn var i stort behov av information som underlag för sin impulsiva politik. Skulle Frankrike mobilisera om Hitler återinförde värnplikten eller marscherade in i det demilitariserade Rhenlandet? Det var Canaris som skulle besvara dessa frågor – och han gjorde det på ett sätt som Hitler var helt nöjd med. Enbart under perioden december 1935 till mars 1936 kallades Canaris till Hitlers rikskansli vid 17 tillfällen. Hitler uppskattade Canaris lugna sätt när han höll sina föredragningar. Dessutom trivdes Hitler när Canaris berättade om agenternas äventyr. Hitler fick ett sådant förtroende för Canaris att han nästan in i det sista vägrade tro att Canaris hade varit inblandad i sammansvärjningen mot honom 1944. Men Canaris misstog sig också på Hitler. På fullt allvar förklarade han för sina närmaste förtrogna: ”Det går att diskutera med honom. Han är insiktsfull om man bara lägger fram sitt ärende för honom på rätt sätt.” Canaris var så entusiastisk över att befinna sig i Hitlers närhet och i maktens centrum att han under vissa perioder arbetade som i ett rus. Canaris dotter Brigitte minns ”hur sällan han kom hem vid den här

Sätt värde på djurens godhet – min strävhåriga tax är stillsam och skulle aldrig svika mig.

Wilhelm Canaris

Han hade inget emot att det skapades en myt kring honom... att spela en aning hemlighetsfull. Jag tror han tyckte om det.

Wilhelm Höttl, SS-Obersturmbannführer

"Min strävhåriga tax skulle aldrig svika mig..." Wilhelm Canaris med sin hund Seppel.

tiden". Han hade redan avskaffat den lediga lördagen som hans medarbetare tidigare hade haft. Avdelningscheferna tvingades till och med att infinna sig till en överläggning på söndagarna. När viktiga utrikespolitiska avgöranden var nära förestående framstod Wilhelm Canaris för en av sina närmaste medarbetare "som ett tänt ljus".

På försommaren 1936 bröt det spanska inbördeskriget ut. De konservativa upprorsmännens hopp, general Francisco Franco, satt fast med sina trupper i spanska Marocko. Han hade varken fartyg eller flyg för att kunna föra sina soldater till fastlandet och striderna där. Franco vände sig då samtidigt till både Mussolini och Hitler och bad om hjälp. Men diktatorerna tvekade. Nu var det Canaris tur att rycka in. Han hade lärt känna och uppskatta Franco vid ett besök i Madrid. Vid ett möte med Hitler lovprisade Canaris den spanske generalen. I dystra färger målade han upp faran av ett kommunistiskt brohuvud i sydvästra Europa. Han lockade Hitler med utsikten om tyskt utrikespolitiskt inflytande i Medelhavsområdet. Hitler fattade sitt beslut natten till den 25 juli 1936 i Bayreuth, där han hade sett en föreställning av Richard Wagners opera *Valkyrian*, med Wilhelm Furtwängler som dirigent. Hitler hade dragit sig tillbaka tillsammans med en mindre krets, bestående av Göring, försvarsminister Blomberg och Canaris. Det är oklart vad som fällde Hitlers avgörande: den euforiska upplevelsen av Wagners musik eller spionagechefen Canaris råd. Hitler beslöt sig för att våga sig in i det spanska äventyret.

Redan två dagar senare lyfte de första transportplanen för att upprätta en luftbro åt Francos trupper. Några få månader senare kämpade dessutom tyska soldater – *Legion Condor* – i Spanien. Canaris spelade en central roll i detta krig mellan de politiska ideologiernas ombud. Hans kontraspionage bedrev ett omfattande spionage bland "de röda" och informerade Franco om de offensiver som fienden planerade. Canaris vistades själv i hemlighet i Spanien under flera veckors tid och lämnade sitt kontor i Berlin vind för våg. Nu befann han sig åter i sitt rätta element, som 1919, då han vid mordet på Rosa Luxemburg hade agerat bakom kulisserna. Radiospecialister från Canaris organisation skötte dessutom signalförbindelserna mellan Francos fristående förband. Den tyske spionagechefen och Franco blev under det spanska inbördeskriget vänner för livet. Närhelst Canaris dök upp i Madrid efter Francos seger 1939 tog sig Franco tid för honom. På sitt skrivbord i Berlin hade Canaris ett porträtt av Franco. Canaris anförtrodde en av sina närmaste medarbetare att han vid sin pensionering funderade på att bosätta sig i Spanien.

För närvarande fanns det dock inte utrymme att tänka på pensionen.

Underrättelsetjänsten växte i omfattning, och trots alla slitningar med Heydrichs SD verkade Canaris ställning inom *Wehrmacht* säker. I början av år 1938 kunde han se fram emot sin utnämning till viceamiral. Egentligen borde Wilhelm Canaris ha varit nöjd vid denna tid, då de flesta tyskar fortfarande gladdes över att tillhöra Hitlers "folkgemenskap". Men just nu började Canaris förvandling. Hans medarbetare märkte det till en början på att deras chef ändrade sina dagliga rutiner. Hans tillgivenhet mot sina båda strävhåriga taxar, Seppel och Sabine, blev närmast tvångsmässig. Under sina resor ringde han långa samtal hem för att höra sig för hur det stod till med hans älsklingar. Den som inte visade hundarna tillräckligt intresse frystes snart ut, minns en av hans nära medarbetare. Till och med i sin omtalade dagbok, som är försvunnen sedan kriget, uppehöll sig Canaris vid hundarna. En officer inom kontraspionaget skildrar hur hundarna beskrevs i dagböckerna och "i eleganta ordvändningar sattes ovan kvinnan".

Canaris utvecklades mer och mer till en enstöring. Han hade sedan lång tid tillbaka en hypokondrisk läggning och satte i sig stora mängder av olika mediciner. Medarbetare som var förkylda sände han genast hem. En underordnad kallade Canaris för "den mest krävande chef jag hade under en trettioårig soldatbana". Det hände att Canaris vid järnvägsresor på fullt allvar sände sin adjutant till lokföraren med order om att denne skulle öka farten.

Däremot var det bara ett fåtal av hans förtrogna som insåg att hans uppträdande var ett uttryck för en inre kris. Hans föregångare på posten, Conrad Patzig, besökte honom våren 1937. Han förvånades över att samme man som två år tidigare karskt hade sagt att han skulle "ta itu" med Heydrich och Himmler, nu deprimerat stönade: "De är förbrytare från den högste till den lägste och de leder Tyskland mot avgrunden." När Patzig rådde honom att i så fall ta avsked, svarade Canaris: "Om jag försvinner tar Heydrich över, och då är allt förlorat." Vad hade hänt under de två år som Canaris hade varit chef för underrättelsetjänsten? Utan tvivel betraktade sig Canaris även fortsättningsvis som en lojal medarbetare till Hitler. När han under sina föredrag inpräntade i sina åhörare att det för en officer "idag är självklart att vara nazist", hade uttalandet ännu en klang av djup övertygelse. Men tvivlet började gro. Den totalitära makten, som upprättades inför hans ögon i form av Himmlers SS-imperium, förföljelsen av judar och oliktänkande, den påtagliga känslan av terror – för en troende kristen som Canaris var allt detta ett tecken på moraliskt förfall. Men han trodde fortfarande att situationen skulle förändras till det bättre. Ännu hade han inte gett upp hoppet om att med sina egna insatser kunna stoppa den lavin som hade satts i rullning. En människa kunde ”inte enbart fälla avgöranden som är ändamålsenliga”, förklarade han vid denna tid för en vän, utan måste också ”bevara en etisk grund”.

I takt med att hans tvivel växte blev han alltmer förtrogen med en man som han kom att dela sitt slutliga bittra öde med: Hans Oster, överste i *Abwehr*. Liksom Canaris tillhörde Oster den generation officerare från första världskriget som bara motvilligt hade accepterat att bära den nya republikens uniform. Vid första anblicken verkade den temperamentsfulle och påstridige prästsonen Oster från Sachsen i sydöstra Tyskland inte ha särskilt mycket gemensamt med den blyge och tillbakadragne Canaris. Medan väggen på Osters kontor pryddes av valspråket ”anfall är bästa försvar”, smyckades Canaris skrivbord av tre små apor i brons, som i tur och ordning täckte över ögon, öron och mun med sina händer: ingenting se, ingenting höra och ingenting yppa. I själva verket blev det omaka paret snart förtrogna med varandra och utbytte ofta tankar. Vid dessa samtal var det alltid Oster som hade de mest radikala åsikterna. Han hade blivit kritiskt inställd till regimen innan Canaris blev det, redan efter mordet på SA-ledaren Ernst Röhm 1934 (”de långa knivarnas natt”). Oster ville agera mera bestämt än sin chef. I motsats till Canaris tog Oster aldrig några fanatiska nazistiska floskler i sin mun. Istället brukade han både i sitt arbete och i hemmet fälla yttranden som – enligt en medarbetare – hade gjort honom ”mogen för koncentrationsläger” om de hade nått fel öron.

1938 skulle bli avgörandets år för Canaris och Oster. Det började med Hitlers angrepp på arméledningen, som historikerna gett den närmast bagatelliserande beteckningen ”Blomberg–Fritsch-krisen”. Inom loppet av några veckor hade försvarsminister Werner von Blomberg och arméchefen Werner von Fritsch tvingats avgå. Blomberg hade sparkats sedan han hade gift sig med en glädjeflicka och Fritsch efter att ha utsatts för en homosexuell komplott som hade iscensatts av *Gestapo*. Hitler utsåg sig själv till arméns överbefälhavare och lät ersätta Fritsch med den foglige Walther von Brauchitsch. Officerskårens upprördhet över de ärekränkande avskedandena innebar att bara ett fåtal till en början insåg vad de strategiska följderna av bytet på chefsposten skulle innebära. Detta var det avslutande kapitlet av Hitlers maktövertagande. Först nu förfogade diktatorn över den totala makten.

Canaris, som tillhörde de mest välinformerade männen i Tredje riket, genomskådade snabbt vad som höll på att ske. Han hade fortfarande i

"*Sätt värde på djurens godhet...*" Wilhelm Canaris *med sin älsklingshäst* Motte.

Den som behandlar djur illa kan inte vara en god människa.

Wilhelm Canaris

"*Beschwichtigungshofrat*", det är ett typiskt österrikiskt uttryck som passar precis på Canaris. Han var ju tvungen att hålla båda sidor lugna.

Wilhelm Höttl, SS-Obersturmbannführer

gott minne ett protokoll som författats av Hitlers adjutant överste Friedrich Hossbach efter ett hemligt tal av Hitler den 5 november 1937. Inför ett fåtal utvalda höga arméofficerare hade Hitler på ett sätt som inte gick att misstolka sagt att han så snabbt som möjligt ville inleda ett krig. "För att lösa den tyska frågan är den enda lösningen att våld brukas", står det i protokollet. Målet var ett snabbt "överfall på Tjeckoslovakien". Hossbach noterade att Blomberg och Fritsch starkt hade motsatt sig planerna och att den följande diskussionen hade förts "i hårda ordalag". För Canaris stod sammanhanget klart: Hitler hade insett att han inte kunde vinna några segrar med dessa obeslutsamma militärer, än mindre utöka Tysklands *Lebensraum*. Sedan Blomberg och Fritsch hade fösts åt sidan tydde nu alla tecken på att Tyskland var inställt på att gå i krig.

Canaris var bestört. Även han ansåg att Hitlers plan innebar rena rama självmordet. "Krigets första skott kommer att innebära Tysklands slut", profeterade han dystert. Dessutom hade det sätt som Fritsch och Blomberg hade avskedats på sårat Canaris ståndsmedvetande djupt. Om Hitler kunde behandla sina högsta generaler så godtyckligt, vilka värden gällde då fortfarande i Tyskland – förutom diktatorns vilja? Richard Protze, som sedan sin tid som kadett i den kejserliga flottan var nära vän till Canaris, antog att denna händelse var vändpunkten i Canaris utveckling: "Om ni letar efter en händelse som fick Canaris tilltro till Hitler att vackla, så är det i så fall denna." Bara ett halvår senare hade den tvivlande spionchefen förvandlats till en aktiv motståndare till Hitler. Detta trots att han vid tiden för Österrikes *Anschluss* till Tyskland på våren 1938 drogs med i den nationella entusiasmen och åter ställde sig bakom Hitlers politik. "Vi står bakom denna händelse som värmer alla tyska hjärtan, efterlängtad, eftersträvad och uppfylld i orden: ett folk, ett rike, en ledare", svärmade Canaris den 22 april 1938 i ett tal inför officerare i Wien. Den 14 september gav samme Canaris sin avdelningschef Groscurth order att dela ut vapen, ammunition och sprängmedel till en stöttrupp vid kontraspionaget under befäl av major Heinz. Truppens enda uppgift var att arrestera *der Führer*.

Detta utgjorde höjdpunkten för "sammansvärjningen för freden", som kom till stånd under den olycksdigra sommaren 1938. Den drivande kraften var Hans Oster. Till de sammansvurna hörde arméns generalstabschef general Franz Halder, liksom hans föregångare Ludwig Beck, statssekreteraren i utrikesdepartementet Ernst von Weizsäcker samt den tidigare överborgmästaren i Leipzig, Carl Goerdeler. De ville förhindra att Hitler, som i de flesta av de sammansvurnas ögon hade återupprättat

Tyskland på ett mycket förtjänstfullt sätt, nu skulle störta Tyskland i fördärvet. Säkerhetstjänstens organisation, med dess kontakter och informationskällor, hade visat sig vara idealisk som kamouflage och för samordning av den vittförgrenade oppositionen. Canaris hade till och med inrättat en ny avdelning för Oster – avdelning Z – där han ostört kunde styra och ställa. Avdelningen hade officiellt inrättats för att sköta den "centrala förvaltningen", men ägnade sig i själva verket enbart åt politiska frågor. Medarbetaren vid kontraspionaget, Reinhard Spitzy, minns: "Avdelning Z var i själva verket 'avdelning statskupp'."

Planerna på en sammansvärjning hade börjat ta form med den förnuftiga insikten att motståndsmännen var en minoritet. Ett misslyckat försök gjordes att få landets högsta militära chefer att gå i ett slags generalstrejk inför anfallet mot Tjeckoslovakien. De flesta delade visserligen den tidigare arméstabschefen Becks åsikt att Tysklands strategiska läge inte tillät landet att gå i krig, men de ledande generalerna var inte beredda att begå myteri mot sin överbefälhavare, Adolf Hitler. För de flesta av dem skulle det förbli så ända fram till 1945 – ett tragiskt mönster och en historisk skuld hos en generation officerare, som inte förmådde sätta rätt och moral före lydnaden.

De sammansvurnas andra stora besvikelse var västmakternas inställning. I sannskyldiga pilgrimståg sändes representanter för det tyska motståndet till Paris och London. Där förespråkade de en hård hållning gentemot Hitlers expansionsplaner och bad om stöd för motståndsrörelsen. Men alla försök var förgäves. I Paris och London insåg man uppenbarligen ännu inte vilken fara Hitler utgjorde. I London betraktade man knappast en oppositionsrörelse som bestod av "adelsmän och generaler" som ett attraktivt alternativ till nazisterna. Oförmågan att inse motståndsmännens svåra situation gick så långt att Lord Vansittart, den brittiska regeringens främste utrikespolitiske rådgivare, förklarade för den förbluffade Carl Goerdeler att det han sysslade med var "landsförräderi".

Detta var två läxor som Canaris inte skulle glömma. Med förlorade illusioner drog han sig tillbaka från motståndsmännens främsta led, dock utan att ändra sina principiella åsikter om Hitler. "Fortsätt ni bara", rådde han den ivrige Hans Oster. Canaris var bara måttligt intresserad av detaljerna kring förberedelserna. Trodde han inte att en statskupp skulle nå framgång eller ville han bara förbereda sig om en kupp skulle misslyckas? Franz Halder, Becks efterträdare som generalstabschef, fann att Canaris vid denna tid var svårare att genomskåda än vanligt: "Det var ofta riktigt svårt att lista ut vad han ville säga till en." Men Hitlers alltmer

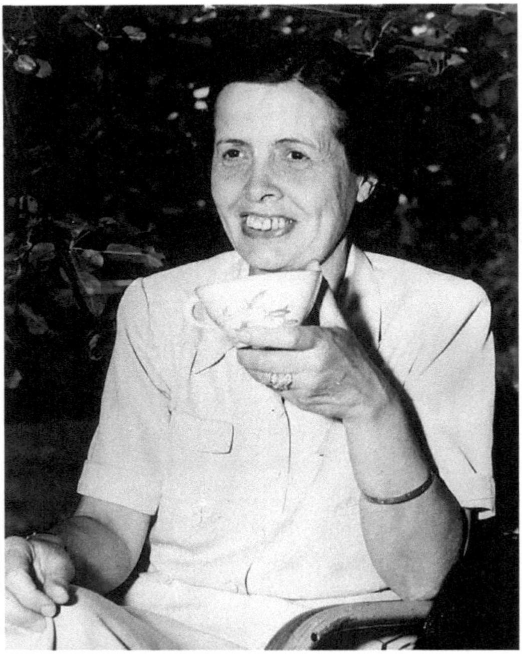

"...hälsa till min hustru." Erika Canaris, Wilhelm Canaris hustru.

Han hade egentligen inget privatliv vid sidan av arbetet, även om han levde ett mycket harmoniskt familjeliv tillsammans med sin hustru och de två döttrarna, som vid den tiden fortfarande var små. Under de år vi samarbetade tog han vad jag vet aldrig semester.

Werner Best, SS-Obergruppenführer

Känslan av att vara beskyddade lämnade aldrig dem som stod honom nära.

Paul Leverkuehn, medarbetare inom Abwehr

aggressiva politik gentemot Prag gjorde att Canaris tvingades handla snabbt. Anfallsmål och datum inför angreppet mot Tjeckoslovakien hade redan meddelats arméstaben. Canaris bönade och bad: "Agera snabbt!" Hans Oster hade nyss lyckats vinna över ännu en ledande militär, general Erwin von Witzleben, till de sammansvurnas sida. Witzleben, militärområdesbefälhavare i Berlin, förde befäl över flera slagkraftiga förband ur den 23. divisionen. En plan för att ockupera byggnader och kaserner som tillhörde SS och *Gestapo* drogs upp. Berlins polischef, SA-veteranen Wolf-Heinrich von Helddorf, och Berlins Gestapochef, Arthur Nebe, var två män från motståndarsidan som tillhörde de sammansvurna. Det innebar att något polisingripande för tillfället inte var att vänta. Planen såg ut att kunna gå i lås.

Ett förband under befäl av major Heinz skulle arrestera Hitler. Vad som därefter skulle ske med "Emil", som de sammansvurna hånfullt kallade Hitler, rådde det delade meningar om. Canaris och Halder ville antingen låta ett läkarlag förklara Hitler mentalt störd eller ställa honom inför rätta. Det fanns en uppsjö av bevismaterial. Justitierådet Hans von Dohnanyi, som Canaris ett år senare skulle värva till kontraspionaget, hade sedan 1933 arbetat med att sammanställa en tjock dossier över Hitlers lagbrott. På grund av "sin religiösa grundinställning" vägrade Canaris acceptera att tyrannen skulle mördas, vilket Heinz i hemlighet planerade, minns Franz Liedig, en av Canaris kamrater sedan tiden i frikårerna.

Men strax därefter rasade planerna samman som ett korthus. Helt överraskande kom den brittiske premiärministern Neville Chamberlain till Tyskland. Chamberlain gjorde långtgående eftergifter åt Hitler i frågan om den tyska minoriteten i det tjeckiska gränsområdet till Tyskland, Sudetlandet. Detta gjorde att planerna på en statskupp fick ett abrupt slut. Det gick inte att störta Hitler i en stund av fredlig triumf. Det som Canaris och de andra motståndsmännen inte hade trott var möjligt hade nu inträffat: västmakterna offrade Tjeckoslovakien, trots sina utfästelser till landets ledning om stöd i händelse av tysk aggression. Chamberlain hoppades att Hitler nu skulle vara nöjd och underbyggde sitt ödesdigra misstag med de beryktade orden: "Peace in our time." Canaris betraktade situationen mera nyktert. Ödet verkade ha tagit parti för Adolf Hitler. Den brittiske premiärministerns historiska besök i Tyskland innebar att två faror som hotade Hitler undanröjdes utan att han var medveten om det. Hitler inledde inte kriget redan 1938. Många militärhistoriker antar att det i så fall skulle ha slutat med ett tyskt nederlag. Dessutom undgick Hitler att utsättas för det attentat mot honom som blåstes av först i sista minuten. ”Det hade inneburit slutet för Hitler”, konstaterade resignerat Carl Goerdeler, en av de ledande männen bakom det inställda attentatet.

Utan att avlossa ett enda skott marscherade tyska trupper in i Sudetlandet. Precis som vid ockupationen av Österrike 1938 svepte en våg av entusiasm över Tyskland och tron på att Hitler var ett geni fick ny näring. Utan större problem sällade sig Canaris åter till raden av gratulanter. Han beordrade Hans Oster att snarast möjligt göra sig av med dokumenten om planerna på en statskupp. De sammansvurnas skara hade redan börjat lösas upp. Erwin von Witzleben var irriterad över Canaris och Weizsäckers felaktiga utrikespolitiska analys. Canaris å sin sida skakade på huvudet åt klantigheten och ”den oansvariga sorglösheten” hos männen runt Oster. Canaris drog sig undan och ville under en tid inte höra talas om några kupplaner.

Nu inordnade Canaris sig åter i rollen som lojal ämbetschef och trogen vasall till *der Führer*. Han uppmanade sina medarbetare att hälsa honom med ”tysk hälsning”, med höjd arm. Ridturerna i sällskap med Heydrich, som inte gav sken av att känna till något om planerna på en statskupp, fortsatte och förekom allt oftare. För Canaris var inget viktigare än att bygga ut säkerhetstjänstens organisation. Det nya spionagenätets första framgångar kom i precis rätt tid för att en rad av falska uppgifter från kontraspionaget under Sudetkrisen skulle falla i glömska. Från USA ”ombesörjde” Canaris spioner ritningar på ett nytt bombsikte för stridsflygplan, som var vida överlägset motsvarande tyska modeller. I Paris lyckades man komma över den franska marinens chifferkod. Snart var Canaris accepterad hos Hitler och syntes allt oftare i diktatorns sällskap vid officiella tillställningar, som till exempel när slagskeppet Tirpitz sjösattes eller när Legion Condor återvände hem från Spanien.

Var allt detta enbart en genial förställning av en motståndsman som inväntade nästa tillfälle – så som de som efter kriget byggt upp myten om Canaris hävdar? Knappast. Sanningen är snarare den att Canaris inte ens behövde förställa sig. Hans största bekymmer – att Hitler hade kunnat leda landet i krig och därmed till en säker undergång – hade ju visat sig ogrundat. Varken den tyska ockupationen av Sudetlandet eller anfallet mot Prag hade krävt någon blodsutgjutelse. Canaris hade misstagit sig och Hitler hade haft rätt. Underrättelsetjänstens chef var inte den ende som inför Hitlers framgångar förföll till en ödesdiger tro på mirakel. Hitlers levnadstecknare Joachim Fest konstaterar att om Hitler vid den tidpunkten hade fallit offer för ett attentat, så hade tyskarna antagligen betraktat honom som en av de största statsmännen i landets historia. Det var få som var lika klarsynta som den sparkade arméchefen Fritsch. Vid denna tid profeterade han om Hitler: ”Denne man är Tysklands öde, på gott och ont, och detta öde kommer att följa honom till slutet. Om ödet leder honom mot avgrunden drar han med sig oss alla – det finns inget att göra åt det.” Canaris tillhörde vid denna tid inte de klarsynta. Hans omvändelse från revoltör till lojal undersåte motsvarade den kortlivade illusionen att kriget kunde undvikas. I efterhand kan man sätta sig in i hans känslor och det inre lugn han antagligen kände över att inte längre smida ränker mot den styrelseform, som han ändå ansåg vara den näst bästa för Tyskland efter monarkin.

Det är också betecknande att Canaris fortsättningsvis betraktade det som möjligt att tjänstevägen stävja den nazistiska terrorn. Efter pogromen mot Tysklands judiska befolkning den 9 november 1938 – ”Kristallnatten” – överlämnade han en detaljerad redogörelse för den bruna pöbelns övergrepp. Canaris hoppades att åtminstone arméledningen skulle protestera. Chefen för överkommandot, Wilhelm Keitel, avvisade irriterat rapporten med kommentaren att inrikespolitiska händelser inte tillhörde hans tjänsteuppgifter. Det hindrade dock inte Canaris från att även i fortsättningen rapportera till sina överordnade om förbrytelser. Chefen för kontraspionaget höll fast vid sin uppfattning om rättssäkerhet, som han under kejsartiden hade vant sig vid att betrakta som ett eftersträvansvärt normaltillstånd. Men vid horisonten avtecknade sig redan den storm som skulle svepa bort Wilhelm Canaris alla förhoppningar.

Exakt klockan 03:55 på morgonen den 26 augusti 1939 öppnade 13 civilklädda män och en i uniform eld mot järnvägsstationen Mosty i det strategiskt viktiga Jablunkapasset i södra Polen. Försvararna väcktes ur sin sömn av eldgivningen. Några minuter senare hade angriparna intagit järnvägsstationen. Truppchefen sände ett signalmeddelande till sin överordnade: ”Järnvägsstationen Mosty intagen. Förluster: en sårad.” Vad de kortfattade raderna i själva verket meddelade var att andra världskrigets första strid hade ägt rum, sex dagar före det datum som i historieböckerna anges som krigets utbrott. Chefen för truppen, löjtnant Herzner, tillhörde avdelning II inom *Abwehr*, som ansvarade för sabotage och kommandouppdrag. De första skotten i det krig, om vilket Wilhelm Canaris hade förutsagt att det skulle innebära *Finis Germaniae*, slutet för Tyskland, hade avlossats av män som stod under hans befäl – utan krigsförklaring och i direkt strid med folkrätten.

Under de föregående veckorna hade amiral Canaris än en gång uppvisat den tydliga kluvenhet som präglade honom. Hitlers aggressionspolitik mot Polen och hans pakt med Stalin – som stred mot samtliga Canaris ideologiska ståndpunkter – hade slitit sönder varje illusion om en lugnare situation på den utrikespolitiska fronten efter att tyska trupper hade ockuperat Prag. Som chef för underrättelsetjänsten hade Canaris pliktroget och infallsrikt skridit till verket med att förbereda sabotageaktioner mot viktiga broar, bergspass och industrianläggningar. Han hade också till uppgift att ta fram information om den polska arméns styrka samt att dölja de egna anfallsförberedelserna. Som motståndare till krigspolitiken hade han dessutom spridit nyheter om det oundvikliga i ett tvåfrontskrig och än en gång förgäves försökt värva likasinnade i arméstaben. Vid detta tillfälle hade man inte dragit upp några planer inför en statskupp. Såren efter misslyckandet ett år tidigare var ännu inte läkta. Under en kort tid tändes än en gång en strimma av hopp. Den 25 augusti anlände ungefär samtidigt två rapporter från Rom och London som nära nog förvandlade Hitlers rikskansli till ett dårhus. Mussolini meddelade att Italien i händelse av krig inte kunde bistå Tyskland. Storbritannien förklarade att man hade slutit en biståndspakt med Polen. Hitler fick kalla fötter. Han avblåste det anfall som hade planerats till följande morgon, trots att de flesta förbanden redan var på marsch. Det var nära nog ett mirakel att samtliga förband – förutom löjtnants Herzners trupp – kunde stoppas.

En tung sten föll från Canaris hjärta. Nu hade diktatorn skämt ut sig rejält, och Canaris kunde inte dölja sin glädje: ”Den här motgången hämtar han sig aldrig ifrån. Nu har vi räddat freden i 20 år.” Bara löjtnant Herzners trupp vid Jablunkapasset vållade honom fortfarande bekymmer. Löjtnant Herzner skulle ju faktiskt kunna utlösa det krig som Hitler nyss hade avblåst. I själva verket besköts löjtnant Herzners trupp redan av polska förband när signalmeddelandet som beordrade tillbakaryckning anlände. Eftersom truppen inte förlorade några soldater vare sig i form av döda eller tillfångatagna, hade polackerna inget material som skulle kunna bevisa vem som hade ockuperat järnvägsstationen. Hela saken verkade få ett snöpligt slut.

I gryningen den första september 1939 överföll Tyskland Polen. När Canaris kvällen före anfallet fick reda på vad som skulle ske gjorde han sig inte längre några illusioner. Canaris var ingen pacifist men däremot realist. Det världspolitiska lägets logik skulle obönhörligen leda till Tysklands nederlag, det var han helt övertygad om. Han insåg också att de nya, effektiva vapensystemen skulle föra med sig mer lidande och död än under första världskriget. En av de förtrogna i kretsen kring Hans Oster, den tidigare Gestapomannen Hans-Bernd Gisevius, träffade Canaris på

Heydrich är en brutal fanatiker som det kommer att bli svårt att samarbeta öppet och förtroendefullt med.

Wilhelm Canaris

Heydrich och Canaris hade för vana att träffas över frukost varannan vecka.

Walter Huppenkothen, SS-Standartenführer

"Motståndaren bakom trädgårdsstängslet..." Wilhelm Canaris villa i Schlachtensee utanför Berlin, som hade Reinhard Heydrichs villa som närmaste granne.

hans kontor i Berlin kvällen före anfallet mot Polen. Enligt Gisevius rörde Canaris sig som om han befann sig i koma. Canaris hade "med tårfylld stämma" och fylld av onda aningar sagt: "Detta är slutet för Tyskland."

Till en början svepte rapporterna om framgångarna bort sådana dystra farhågor. Mycket snabbare än förväntat besegrade *Wehrmacht* sin polske motståndare, delvis tack vare de förberedelser kontraspionagets utlandsavdelning gjort. Canaris kunde under en kortare tid sola sig i framgången för hans kommando- och sabotageuppdrag. När till exempel chefen för VIII. armékåren, general Busch, lovordade 400 kämpar som hade rekryterats av underrättelsetjänstens avdelning i Breslau (nuvarande Wroclaw), stod han dessutom i tacksamhetsskuld till Canaris i Berlin. Men snart nog följde rapporter som försatte Canaris i ett mörkare stämningsläge – rapporter som avslöjade krigets verklighet. Canaris fick reda på att det påstådda "polska anfallet" mot den tyska radiosändaren i Gleiwitz, som hade varit den direkta orsaken till den tyska krigsförklaringen, i själva verket var ett skådespel som hade iscensatts av SD-män i polska uniformer. De dödsoffer som krävdes, och som i pressen sades vara offer för striderna, hade hämtats från bårhus i tyska koncentrationsläger. Det var Canaris kontraspionage som i denna första tyska krigsförbrytelse hade ordnat fram de polska uniformerna. En vecka efter krigets inledning avslöjade Heydrich för honom att rapporterna om systematiska avrättningar, som hade genomförts av så kallade *Einsatzgruppen* ur SS, inte var överdrivna. "Vi vill skona småfolket, men adelsmännen, prästerna och judarna måste likvideras", uttryckte Heydrich det. Besök vid fronten och en färd genom det förstörda Warszawa gjorde Canaris än mer deprimerad. "För detta kommer en gång våra barnbarn att få sona", utropade han förfärat inför anblicken av flyktingkolonner och ruinhögar. "Guds rättvisa kommer att drabba oss."

Det kan verka förvånande att Canaris, som kände till den tyska krigsmaktens alla mål och medel, blev så upprörd över den förstörelse som samma krigsmakt förorsakade. Säkert hade klyftan mellan lojalitet och motstånd ansträngt Canaris nerver. Men den skräck han kände i kroppen inför stridslarmet var något annat än en nervpåfrestning. Det var den hemska insikten att alla värden som han, Wilhelm Canaris, hade trott på under hela sitt liv, släpades i smutsen. Hitlers krig var inte längre ett krig enligt Clausewitz klassiska definition av kriget som "politikens fortsättning med andra medel". I striderna fanns ett inslag av den grymma nazistiska ideologin, vars målsättning inte var seger eller nederlag, utan att överleva eller förintas. Canaris såg den avgrund som den nye krigsherren öppnade. Till sin ställföreträdare Bürkner sade han: "Ett krig som förs med åsidosättande av etiska normer kan aldrig vinnas. Det finns en gudomlig rättvisa även på jorden."

Trots sina dystra föraningar höll Canaris inte tyst. Den 12 september 1939 avlade han en rapport om förbrytelserna bakom fronten i Hitlers privata tåg. Ännu en gång lyssnade Keitel till Canaris muntliga redogörelse. Minnesanteckningarna från diskussionen användes senare som bevismaterial vid Nürnbergrättegången. "Jag gjorde generalöverste Keitel uppmärksam på att jag hade kännedom om att omfattande avrättningar planerades i Polen", löd Canaris anteckning. "Dessa metoder kommer världen slutligen även att göra *Wehrmacht* ansvarigt för, inför vars ögon dessa händelser äger rum." Keitel svarade korthugget att *der Führer* redan hade fattat beslut i "detta ärende" och att "armén inte vill ha något med detta att göra", då måste den också finna sig i att "SS och *Gestapo* dyker upp vid deras sida". Än en gång hade Canaris körts över av arméstabschefen, vars svar avslöjar i vilken utsträckning Keitel var inblandad i förbrytelserna.

På Canaris muntliga befallning började hans organisation nu att motarbeta den nazistiska terrorn. Den välkände överrabbinen i Warszawa, Schneersohn, fördes med hjälp av det tyska utlandsspionaget ut ur landet sedan det amerikanska generalkonsulatet diskret hade bett om hjälp. Canaris såg även till att änkan efter den tidigare polske militärattachén Szymanski, som han hade lärt känna i Berlin, kunde ta sig ut ur Polen. Hon och hennes barn fördes till Schweiz, där de med hjälp av pengar från Canaris organisation fick ett generöst underhåll. Detta är de första av Canaris hjälpinsatser som kan bekräftas med dokument, och åtskilliga fler skulle följa. Motivet bakom åtgärderna var medkänsla med de förföljda. Faran för att Gestapo eller SD skulle få reda på vad Canaris sysslade med var stor. Än så länge hade dock Canaris tillräckligt mycket inflytande för att kunna förhindra efterforskningar eller hävda att räddningsaktionerna utgjorde ett led i säkerhetstjänstens arbete. Varje gång vänner, medarbetare eller hustrun Erika Canaris bad om hjälp åt människor som befann sig i fara, tog Canaris, Dohnanyi och Oster sig an fallen. Ofta kunde de hotade räddas undan förföljelse genom att de helt enkelt sades utföra tjänster åt kontraspionaget. Vad som låg bakom att dessa människor hade hamnat i trångmål spelade ingen roll. Om de förföljda var "socialister, kommunister, frimurare, judar eller bibelforskare" var ovidkommande, mindes Canaris vän Franz Josef Furtwängler. Alla kunde få skydd av kontraspionaget.

Den djärvhet som Canaris och hans medhjälpare uppbådade för att sabotera den nazistiska mordmaskinen var dock inte bara ett uttryck för en uppriktig medmänsklighet. Canaris samvete plågades svårt av de åtgärder som vidtogs av en annan av de avdelningar han ledde. Tillsammans med Einsatzgruppen ur Heydrichs SD deltog även ett förband från kontraspionaget, *Geheime Feldpolizei* (Hemliga fältpolisen), i klappjakten på polska judar, adelsmän och präster. Förbandets chef, överste Wilhelm Kirchbaum från avdelning III vid underrättelsetjänsten, hade före krigsutbrottet tjänstgjort vid SD:s huvudkontor med rang av SS-*Standartenführer*. Hans gamla kontakter gjorde att samarbetet med kamraterna ur Einsatzgruppen flöt friktionsfritt. Snart nog uppfyllde hans förband sitt uppdrag, som bestod i upprensningsaktioner bakom fronten, så effektivt att Heydrich den 15 september 1939 bad fältpolisen att "själva genomföra sina avrättningar". Under fälttåget i Ryssland var den enda skillnaden mellan fältpolisens 6 000 medlemmar och mördarförbanden ur SS att fältpoliserna bar *Wehrmachts* uniform. Fältpolisen övervakade avrättningar, koordinerade "SS-kamraternas" insatser och utmärkte sig genom sin förmåga att spåra upp judar som dittills lyckats hålla sig undan.

Den hemliga fältpolisen förde en jämförelsevis isolerad och oberoende tillvaro inom kontraspionagets ramar. Man kan dock föreställa sig hur Canaris plågades av rapporterna om förbandets framfart och hur obehagligt det var för honom att hans ständigt växande organisation hade förvandlats till effektivt instrument åt en blodtörstig tyrann. Hans närmaste förtrogna har vittnat om samtal där han vägde för- och nackdelar med att avgå. Om Himmler eller Heydrich hade tagit över underrättelsetjänsten hade organisationen med största sannolikhet blivit ett ännu effektivare instrument i skräckväldets tjänst. Det var detta argument Canaris alltid återkom till, och han skulle få rätt i sitt antagande. Är det rätt att själv ta ansvaret för förbrytelser för att förhindra en ännu värre utveckling?

För Canaris del räckte det med att han betraktade sin egen organisation för att inse den förtvivlade situation som han själv, Oster och deras få förtrogna befann sig i. Under kriget hade antalet medlemmar av kontraspionaget ökat till över 10 000. De som var invigda i eller rentav deltog i räddningsoperationer uppgick till högst 50 personer. Den stora majoriteten av de övriga bestod av sympatisörer till Hitler och funktionärer som var mer eller mindre lojala mot systemet. Särskilt avdelning III ansågs vara de nazistiska fanatikernas högborg på grund av avdelningens nära samarbete med SS- och rikspolischefen Heinrich Himmlers centralorgan *Reichssicherheitshauptamt* (RSHA), där såväl SD som Gestapo ingick. Till detta kom ett växande antal underordnade som utnyttjade sina tjänsteuppdrag och den utländska valuta de anförtroddes för rent personlig vinning. Den återkommande kritiken från de konkurrerande organisationerna SS och SD gick ut på att korruption frodades och att ynkryggar tog sin tillflykt till Canaris organisation. "Vid sidan av ytterst kompetenta krafter är det en tummelplats för en mängd inkompetenta män, liksom för ett sammelsurium av oklara existenser", konstaterade SS-mannen Walter Schellenberg.

I ljuset av utvecklingen inom hans egen organisation präglades Canaris känslor mer än någonsin tidigare av ensamhet och ödesbestämdhet. Från detta försökte han fly med hjälp av allt fler tjänsteresor. De som följde med honom på resorna hittade honom ofta ensam i dunkla katolska kyrkor, som protestanten Canaris föredrog som plats för meditation. Han var inte längre förblindad av den snabba segern i Polen. "Kriget är förlorat, oavsett hur många segrar vi vinner framöver", anförtrodde han sin gamle kamrat från tiden i frikårerna, Erhardt. Redan samma dag som Warszawa kapitulerade hade Hitler klargjort för *Wehrmachts* högsta officerare att han snarast möjligt ville inleda fälttåget i väster, om möjligt redan i november. Inte bara Canaris hade skakat på huvudet åt planen. De flesta av generalerna ansåg att ett fälttåg på vintern, med de förband som efter striderna i Polen var mycket försvagade, skulle vara rena självmordet. De män som hade planerat en kupp mot Hitler redan 1938 vädrade nu än en gång morgonluft. Arméstabschefen Franz Halder lyckades tidvis till och med få med sig sin arméchef Brauchitsch på de förnyade planerna på en strejk från generalernas sida. Canaris drev på utvecklingen och spelade rollen av "inpiskare", enligt vad Halder senare berättade. Canaris sökte personligen upp cheferna för armégrupperna i väst. Han hade med sig dokument som styrkte de tyska förbrytelserna i Polen och analyser av utsikterna inför ett fortsatt krig. Snart tvingades han dock besviket konstatera att generalerna hellre utfärdade en självmordsorder än gjorde myteri mitt under brinnande krig. Han fick det ena avslaget efter det andra. Även om många truppchefer instämde i hans värdering av läget så hade ingen av dem tillräckligt med mod för att dra de riktiga slutsatserna. I högkvarteret hos den nazivänlige generalen Reichenau fick Canaris, när han förde tyska förbrytelser i Polen på tal, av Reichenaus stabschef, general Paulus (vars namn senare skulle bli synonymt med nederlaget i Stalingrad) svaret att blodbesudlade åtgärder faktiskt var "krigsnödvändiga". När Canaris till råga på allt därefter fick veta att Brauchitsch istället för att vidta åtgärder hade begärt att få ett samtal

Både Heydrich och Canaris visste vad den ene tänkte om den andre, och de uppträdde mycket hänsynsfullt mot varandra. Men det var en spelad vänskap.

Wilhelm Höttl, SS-Obersturmbannführer

"Om jag går, efterträds jag av Heydrich..." Wilhelm Canaris och Reinhard Heydrich i Berlin 1936.

De musicerade och umgicks tillsammans och båda två försökte avläsa den andres hemligheter.

Reinhard Spitzy, medarbetare inom Abwehr

med Hitler, från vilket han hade återvänt efter en rejält utskällning, förlorade Canaris till slut hoppet om ett samlat motstånd från *Werhrmachts* ledning. "Han vill inte längre veta av de slöa generalerna", noterade hans förtrogne Helmuth Groscurth.

Det nya misslyckandet utlöste samma reaktion hos Canaris som 1938. Till synes oberörd kastade han sig in i förberedelserna för ett krig som han egentligen ville förhindra. Under fälttåget i Skandinavien och vid förberedelserna inför västoffensiven sommaren 1940 kämpade *Abwehr* återigen i den främsta frontlinjen. Höghöjdsspaningsflygplan fotograferade på Canaris uppdrag belgiska och franska befästningar, agenter från avdelning II skaffade fram uniformer från fiendesidan och Canaris deltog regelbundet vid Hitlers "krigsråd". Ett protokoll från en överläggning i rikskansliet pekar ut honom som en expert som briljerade med detaljkunskaper om fiendens bunkerstyrkor och tändställen för brosprängningar. En ny specialenhet ur underrättelsetjänsten, bataljonen (senare divisionen) *Brandenburg*, spelade på fälttågets första dag en nyckelroll, då dess uppdrag var att erövra broarna över floden Maas. Canaris verkade än en gång ha bländats av diktatorns strålglans. Hans vänner hade också svårt att avgöra om han bara hade bytt mask eller verkligen hade bytt sida. Den 1 april 1940 befordrades Canaris till full amiralsgrad.

Canaris distanserade sig nu från revoltörerna i sitt eget hus. Hans Oster och Klaus von Dohnanyi ville nu skrida till handling utan arméns stöd. De ville först och främst avsätta Hitler, därefter skulle man alltid kunna hitta en lösning på problemen. I sin förtvivlan nonchalerade de säkerhetsåtgärder som dittills hade varit grundläggande. Oster reste iväg för att föra samtal med potentiella revoltörer. I sin portfölj hade han en lista, där samtliga män som kunde tänkas ställa upp på kupplanerna fanns förtecknade, som om han vore immun mot *Gestapos* snokande. General Erwin von Witzleben, som i själva verket stödde alla planer på en kupp, kastade utan vidare ut Oster ur sitt högkvarter när han fick syn på portföljens komprometterande innehåll. Halder förbjöd Oster, "den ständige upprorsmannen", att besöka arméns generalstab. Inte heller chefen för underrättelsetjänstens avdelning II, Erwin Lahousen, kunde annat än häpna, när Oster en dag helt opåkallat frågade honom om han inte kunde skaffa fram sprängmedel och tändare som skulle användas för ett attentat mot Hitler. På Lahousens motfråga om Canaris kände till planerna svarade Oster: "Nej, den gamle har nog av arbete som det är."

Det var vid denna tidpunkt som Canaris och Oster för en tid gick skilda vägar. Amiral Canaris hade återupptagit rollen som Hitlers hantlangare, medan Oster blev mer beslutsam i sitt uppsåt till följd av de många misslyckandena. Hans Oster valde en väg där han visste att ensamhet och isolering skulle bli hans följeslagare. Om inte armén själv förmådde frigöra sig från den demon som hade tagit ledningen över den, resonerade han, då måste åtminstone ett förintande nederlag öppna ögonen på generalerna. Oster var till och med beredd att offra tyska soldaters liv för ändamålet. Därmed överskred Oster en gräns som Canaris aldrig hade överträtt: Oster blev landsförrädare. Från och med november 1939 försåg han västmakterna med upplysningar om *Wehrmachts* anfallsplaner genom en bekant, den nederländske militärattachén i Berlin, Gijsbertus Sas. Samtidigt började en annan *Abwehr*-man, Josef Müller, i det civila advokat i det katolska Bayern, på Osters order informera förtrogna i Vatikanen om de tyska planerna på ett fälttåg i väster.

Utan att informera Canaris skred de båda männen till verket, och de ändrade inte det minsta i historiens förlopp. Eftersom det angivna startdatumet både för anfallet mot Norge och för fälttåget i väst hade skjutits upp vid flera tillfällen, hade de båda mullvadarna vid kontraspionaget vid flera tillfällen ändrat sina uppgifter. De många ändringarna gjorde deras samtalspartners misstänksamma och källornas tillförlitlighet ifrågasattes. Följden blev att den tyska invasionsflottan vid de norska fjordarna inte stötte på brittiska *Royal Navy*. Inte heller beordrade Nederländerna att landets armé försattes i alarmberedskap. I slutändan hade Hans Oster förgäves satt sitt liv på spel. Än en gång hade Hitler framgångar med sitt *Blitzkrieg*, och hyllningarna av honom tangerade det absurda. Utan ironi kallade överkommandots chef Keitel honom för *grösster Feldherr aller Zeiten*, historiens störste fältherre. För oppositionen mot Hitler inom armén utgjorde de tyska framgångarna ett svårt bakslag. Bland många förbandschefer som tidigare hade betraktats som positivt inställda till en kupp mot diktatorn spreds nu åter kulten, och tron på *der Führer* ut sig. Höjdpunkten för Hitler som krigsherre var samtidigt den period då motståndet mot honom var som svagast.

Osters förtvivlade dåd fick ironiskt nog verkan först efter kriget. I sökandet efter de skyldiga bakom det tyska nederlaget pekade gamla nazister på överstens ”förräderi” och betraktade felaktigt Canaris som en medbrottsling. Tidningen *Heidebote* hade 1955 rubriken: ”Canaris avslöjad som förrädare.” Under ett foto av marscherande tyska infanterister hade tidningen valt bildtexten: ”Deras ansträngningar var fullständigt förgäves.” Även Canaris dotter, Brigitte Canaris, har liknande personliga erfarenheter. Anklagelserna mot hennes far har lett till allt från svårigheter i kontakterna med tyska myndigheter till personliga förolämpningar. Det är betecknande för historiemedvetandet under 1950-talet att man ägnade mer tid åt att söka efter bakgrunden till den tyska arméns nederlag än att ställa frågor om orsakerna till att *Wehrmacht* kom att gå i en förbrytares ledband.

I juni 1940 fick Canaris kännedom om att information om västoffensiven hade vidarebefordrats till fienden. Som väntat hade Osters telefonsamtal med militärattachén Sas avlyssnats. En utskrift av samtalen låg nu på Canaris skrivbord. Endast namnet på uppringaren var ännu okänt. Canaris var bestört. ”Den som vågar förråda sitt fosterland har dömt sig själv till döden”, löd Canaris order till avdelning III. Det var ingen högstämd floskel utan ett uttryck för djupaste övertygelse. 1937 hade han med svulstiga ordvändningar rättfärdigat dödsdomen mot en tysk kapten som hade spionerat för Tjeckoslovakiens räkning. Förrädaren då hade enligt Canaris ”utlämnat heder och liv och störtat sin egen familj och andra i outsäglig olycka”.

Nu stod han tillsammans med Heydrich inför Hitler, som rasande befallde männen att spåra upp och oskadliggöra förrädaren. Canaris sände ut sina främsta män inom kontraspionaget. Men eftersökningarna ledde till uppgifter som Canaris antagligen helst hade velat vara ovetande om. En morgon sommaren 1941 trädde Hans Oster och en gruppledare inom kontraspionaget, Joachim Rohleder, med allvarliga miner in på Canaris kontor. Rohleder lade en dokumentmapp på bordet, försedd med det talande kodnamnet ”Palmkvist”. Därefter förklarade denne expert på spionjakt oförblommerat att hans undersökningar i Rom hade lett fram till att det var överstelöjtnant Josef Müller och överste Hans Oster som hade avslöjat datumet för det tyska anfallet i väster. Oster hade inte mycket att säga till sitt försvar. Rohleder berättade senare att Canaris vid detta tillfälle hade varit ”påtagligt berörd”. Hans vän Hans Oster, en landsförrädare! Visserligen hade han handlat utifrån motiv som Canaris delade. Men att överskrida Rubicon var trots allt otänkbart för Canaris.

Den gamla vänskapen segrade dock över den avsmak Canaris kände inför Osters planer. Det gick som en stöt genom Rohleder när Canaris förklarade för honom att vidare undersökningar i fallet ”Palmkvist” skulle ställas in eftersom det inte fanns ”fullgoda” skäl för dem. Den streberaktige Rohleder, som aldrig hade tillhört kretsen av de sammansvurna, protesterade energiskt. Han visste att han hade tillräckliga bevis. Men Rohleder fogade sig i ordern, dock inte utan att självbelåtet konstatera att Gestapo hade kunnat leda undersökningen med ”samma resultat och med samma framgång”. I själva verket var det vid denna tidpunkt rivalerna inom SD som beredde Canaris störst bekymmer. Vad visste

Heydrich om Osters felsteg? Canaris kunde andas ut eftersom Heydrich uppenbarligen inte visste vad som hade hänt. Varken under de gemensamma ridturerna på morgnarna eller under informella samtal på Heydrichs kontor visade Heydrich någon misstänksamhet. Inom SD famlade man fortfarande i mörkret, även om kontraspionagets stora intresse av att vara informerat om hur undersökningarna fortskred var "uppseendeväckande", som en av Heydrichs tjänstemän senare uttryckte det.

Oster verkade än en gång ha kommit undan helskinnad, men hans chef ville inte längre höra talas om några kupplaner. Den missmodige Canaris beordrade att alla dokument som rörde sammansvärjningarna skulle förintas. I Osters och Dohnanyis dokumentskåp låg fortfarande utkast till regeringsbildningar, namnlistor och aktionsplaner inför den stora dagen som aldrig hade kommit. Dohnanyi tänkte dock inte lyda denna order. Juristen Dohnanyi hade samlat bevismaterial mot regimen ända sedan sin tid som sakkunnig i justitieministeriet, och han hade sparat skriftliga vittnesbörd om motståndsviljan åt eftervärlden. Han hade inte en tanke på att bränna dokumenten. Senare förklarade han att han "inte hade förstört dokumenten för att en gång kunna bevisa att även vi civilister hade bidragit till motståndsrörelsen". Dohnanyi lät deponera en stor del av dokumenten i ett kassaskåp i arméns högkvarter i Zossen utanför Berlin. Det var ett beslut som skulle kosta åtskilliga människors liv.

Sommaren 1940 kallade Hitler än en gång till sig Canaris. Han hade ännu inte någon som helst aning om Canaris dubbelliv. Efter segern över Frankrike hade Hitler siktet inställt mot Spanien. Hans resonemang gick ut på att Franco av ren tacksamhet över Tysklands insatser under det spanska inbördeskriget skulle träda in i kriget på tysk sida, eller att Spanien åtminstone skulle stödja ett angrepp mot Gibraltar, som Spanien sedan länge gjorde anspråk på. Fästningen Gibraltar ansågs vara det uppstudsiga brittiska kungadömets akilleshäl. Alfred Jodl, en av Hitlers favoritstrateger, hade hoppfullt påstått att om sjövägen till Medelhavet skars av kunde "den engelska motståndsviljan brytas". För att övertala spanjorerna till detta krävdes det en man som inte, likt utrikesminister Ribbentrop, rabblade floskler om Stortyskland, utan någon som kände till både det spanska språket och kynnet. Hitler mindes den roll Canaris hade spelat under spanska inbördeskriget och skickade dit sin underrättelsechef.

Kort därefter, den 23 juli 1940, stod Canaris öga mot öga med sin gamle stridskamrat Franco. *El Caudillo* var uppenbarligen beredd att gå

...listigare än Himmler och Heydrich tillsammans.

Hans Bernd Gisevius, medarbetare inom Abwehr

Nu borde man äntligen låta den gamle mannen vara ifred.

Heinrich Himmler

Canaris stod under lång tid under beskydd från allra högsta ort.

Wilhelm Höttl, SS-Obersturmbannführer

"De där pojkarna skall jag strax ta itu med..." Wilhelm Canaris tillsammans med Heinrich Himmler och Joseph Goebbels 1936.

tyskarna till mötes. Understödda av representanter för den spanska underrättelsetjänsten fick Canaris och några medarbetare från *Abwehr* tillåtelse att undersöka möjligheterna inför ett eventuellt angrepp mot Gibraltar. Man kom strax på ett passande täcknamn: Operation Felix. I kikare studerade Canaris från Algeciras på den spanska sidan Gibraltars skyddsrum och skyddsställningar. Han bar en grå flanellkostym och en bredbrättad sommarhatt och talade spanska med sina ledsagare. När han ombads visa legitimation på ett spanskt hotell lade han fram ett argentinskt pass på disken, utställt i namnet Guillermo. Passet var skickligt förfalskat och hade tillverkats vid underrättelsetjänstens förfalskarverkstäder. Canaris var glad över att vara tillbaka i Spanien och över att ha en uppgift som inte hade något med förräderi eller sammansvärjning att göra. Han smidde snart olika planer inför Operation Felix. En av dem förutsåg att hans mannar civilklädda skulle ta sig till Gibraltar via avlägsna landsvägar. En annan plan gick ut på att minutiöst planerade artilleri- och flyganfall skulle utföras mot staden. Därefter skulle staden och dess brittiska försvarare stormas. På tysk sida var förberedelserna redan i full gång. Men en avgörande förutsättning saknades dock fortfarande, eftersom Franco inte hade gett sitt slutgiltiga samtycke.

Den spanske diktatorn tvekade eftersom han inte ville satsa på fel häst. De skrinlagda planerna på en tysk invasion av Storbritannien och *Luftwaffes* stigande förlustsiffror antydde att Hitlers stjärna kanske redan var i dalande. Att träda in i kriget på tysk sida kom för Spaniens del inte i fråga på grund av den spanska arméns eländiga tillstånd. Men även om Franco enbart gav de tyska trupperna tillåtelse att marschera igenom hans land kunde det innebära att Spanien drogs med i Tredje rikets möjliga undergång. Hitler reagerade med besvikelse på Francos tvekan, men gjorde fler försök att övertala honom. De båda diktatorerna kom överens om att ha en överläggning i oktober vid den spansk-franska gränsen. Inför mötet skulle Canaris kratta manegen, och i mitten av september träffade han än en gång Franco.

Men sändebudet Canaris skulle inte kunna genomföra sitt uppdrag. Han kände redan till inte bara att Franco i det tysta hade ändrat åsikt, utan också att Hitler förberedde ett anfall mot Sovjetunionen. Canaris hade inga planer på att slå på trumman för Hitlers krig. Istället rådde han i förtäckta ordalag Franco att undvika att engagera sig för Hitlertyskland. Entusiasmen inför Operation Felix var som bortblåst. Nu ville Canaris dra sitt strå till stacken för att försöka skona det hörn av Europa som han älskade allra mest från krigets fasor. I en rapport till Berlin beskrev han Spaniens situation i så dystra ordalag att ett nej från Franco till att sluta upp på tysk sida knappast skulle komma som en överraskning. I Canaris starkt överdrivna rapport stod bland annat följande att läsa: "Spaniens inrikespolitiska situation är mycket svår och Francos ställning allt annat än oomstridd." Sändebudet Canaris hade bytt sida. Istället för att i linje med sitt uppdrag försöka locka över Franco till det tyska lägret hade han nu blivit en ivrig förespråkare för Spaniens neutralitet. Franco skulle aldrig glömma Canaris hjälp. När Canaris änka efter kriget slog sig ner i Madrid tillsammans med sina barn stod en storslagen lägenhet och väntade på henne, och Franco såg till att hennes ekonomi var tryggad.

När Canaris återvände till Berlin kunde han förvånat konstatera att Hitler inte hade genomskådat hans dubbelspel. *Der Führer* visade heller ingen irritation över att Canaris hade misslyckats med sitt spanska uppdrag. Himmlers högra hand, Karl Wolff, mindes efter kriget att Hitler till och med hade berömt sin främste spions insatser som "oerhört skickliga". Men det omdömet kunde Canaris inte glädja sig åt någon längre tid. Sedan årsskiftet 1940–41 hade tecknen på ett förestående fälttåg mot Sovjetunionen blivit allt flera och allt tydligare. Operation Barbarossa förbereddes. Än en gång drabbades Canaris av det gnagande tvivel, som han alltid upplevde inför varje nytt överfall Hitler genomförde. Han sökte kontakt med meningsfränder för att få till stånd ett motstånd mot diktatorns planer. Han diskuterade med Halder, Weizsäcker och till och med Keitel. Alla tvekade. I ett slags jasägarnas revolt träffade Keitel och utrikesminister Ribbentrop till och med Hitler för att försöka få denne att ändra sina planer. I slutändan lydde alla Hitlers order och stannade på sina poster, även Canaris. De var alla fångade av lojalitetens bojor. Och kanske skulle deras krigsherres förutsägelse, att den ryska kolossen snabbt skulle krossas av *Wehrmacht,* besannas...

Vid samma tidpunkt, då Canaris ännu konspirerade med motståndarna till fälttåget i Ryssland, gick han med stor energi in för sitt arbete som chef för underrättelsetjänsten. Hans handlingskraft kan bara förklaras med hans rastlösa karaktär. Utlandsspionagets största problem vid denna tid var att organisationen inte hade några agenter i Sovjetunionen. Den som var ansvarig för detta var Hitler personligen. Efter att Molotov-Ribbentrop-pakten mellan Sovjetunionen och Tyskland hade slutits 1939 hade Hitler förbjudit varje form av agentverksamhet hos den nye alliansbrodern. För att komma ur det självförvållade dilemmat plockade man till och med fram gamla dokument om Sovjetunionen som hade beslagtagits från den polska säkerhetstjänsten 1939. Genom att höghöjdsspaningsflygplan flög det ena uppdraget efter det andra kunde man åt-

Canaris bemödade sig alltid om att ha ett särskilt gott förhållande till Himmler och Heydrich, så att de inte skulle bli misstänksamma mot honom.

Alfred Jodl

"Jag kan inte längre ställa upp på detta..." Wilhelm Canaris och Alfred Jodl i Hitlers högkvarter i Ostpreussen, Varglyan, 1942.

Jag är förvånad över att de fortfarande låter vår gamle man behålla sin frihet.

Avdelningschef Piekenbrock till en medarbetare vid Abwehr

minstone skapa sig en bild av Röda arméns förberedelser. Däremot famlade den tyska säkerhetstjänsten i blindo när det gällde de sovjetiska rustningsindustriernas kapacitet. Detta skulle inom kort visa sig vara en ödesdiger brist.

Ett annat stort problem var hur *Wehrmachts* frammarsch skulle döljas. Hur bär man sig åt för att dölja tre miljoner soldater och över 3 000 pansarfordon för världens ögon? Canaris började sprida rykten över hela Europa. I propagandan – som spreds från mun till mun – sades det att trupptransporterna österut var ett raffinerat sätt att dölja den nära förestående invasionen av Storbritannien. Ibland påstods det att Hitler skulle slå till mot Medelhavsområdet. Handlingar med falsk information hopades hos de utländska militärattachéerna i Berlin. Även propagandaminister Joseph Goebbels spred desinformation när han den 13 juni i partiorganet *Völkischer Beobachter* gjorde antydningar om ett anfall mot Storbritannien. Canaris blev antagligen själv överraskad över att hans skuggspel var så framgångsrikt. När de tyska förtrupperna ur *Wehrmacht* i gryningen den 22 juni 1941 gick till anfall var deras motståndare, Röda armén, nästintill helt oförberedd. På många platser togs ryssarna bokstavligt talat på sängen. Ingenstans träffade angriparna på verksamma försvarsställningar. Huvudansvaret för denna blodiga katastrof bar givetvis Josef Stalin själv. Hans envisa vägran att ta de otaliga varningarna om ett tyskt angrepp på allvar kostade hundratusentals sovjetsoldater livet. Men även utlandsspionagets insatser bidrog i hög grad till den ryska missbedömningen. Skenmanövern inför Operation Barbarossa var kanske *Abwehrs* historiskt mest verkningsfulla ”insats”.

Strax efter att fälttåget mot Sovjetunionen hade inletts började Hans von Dohnanyis dossier fyllas med rapporter om nya grymheter som hade begåtts i Tysklands namn. Erwin Lahousen lämnade efter en färd genom frontområdet en rapport som gav en osminkad bild av läget. I rapporten berättar ett ögonvittne om massavrättningar av judar: ”De situationer som har uppstått här är så fasaväckande att de inte går att beskriva. De kommer att få följder för de tyska soldaterna. I allmänhet kan avrättningarna enbart genomföras efter bedövning av alkohol.” Än en gång utmärkte sig enheter ur den hemliga fältpolisen under människojakten. I till exempel den vitryska orten Kodyma krävde en trupp ur hemliga fältpolisen att det arméförband som fanns på platsen tillsammans med dem skulle genomföra en avrättning.

Canaris fick kännedom om folkmordet via rapporter från avdelning

III, där den hemliga fältpolisen ingick. Sedan tidigare var han övertygad om att Tyskland skulle få sona sin enorma skuld under åtskilliga generationer. ”Pessimismen, som var ett grunddrag i hans karaktär”, skrev SS-mannen Werner Best, som också han tog ridturer i sällskap med Canaris, ”kom att bli ett så framträdande drag i hans personlighet att samvaron med Canaris var mycket dyster.” Dohnanyis och Osters fåtaliga räddningsinsatser kunde inte skingra Canaris känsla av hjälplöshet. Men när den andra vågen av massmord inleddes i och med anfallet mot Sovjetunionen trodde han att han kunde uträtta något. De över tre miljoner sovjetiska krigsfångar som hade tillfångatagits under fälttågets första månader behandlades uppenbarligen medvetet på ett sådant sätt att de flesta av dem var dödsdömda. Erwin Lahousen rapporterade efter sin resa om otaliga fall av ”kannibalism”. Med hänsyn till att ”den slutgiltiga lösningen” var en del av nazismens ideologi skulle invändningar tjänstevägen mot behandlingen av fångarna inte ha stora utsikter till framgång. Den 15 september undertecknade Canaris en skrivelse som folkrättsexperten och oppositionsmannen greve Helmuth James von Moltke skulle sända till Keitel. I den hävdades det att fångarnas rättslöshet utgjorde ett hot mot ”upprätthållandet av tukt och ordning hos manskapet samt av de egna förbandens slagkraft”. På omständlig ämbetsmannatyska varnades det för ”med säkerhet inträffande negativa följder i politiskt och militärt avseende”. Men Moltkes och Canaris ord klingade ohörda. Med cyniskt förakt för människovärdet noterade Keitel för hand i marginalen av dokumentet: ”Betänkligheterna motsvarar de militära uppfattningarna om det ridderliga kriget. I detta fall handlar det om tillintetgörandet av en världsåskådning. Därför godkänner och stödjer jag dessa åtgärder.” Senare gjordes flera försök att påverka militärledningen, men alla blev lika resultatlösa. Den enda synliga framgången i denna offensiv via tjänstevägen bestod i att Gestapochefen Heinrich Müller tvingades försäkra att avrättningar av sovjetiska krigsfångar snarast möjligt skulle ske utom synhåll för de stridande förbanden. Ett halvår senare, våren 1942, konstaterade den nazistiske ministern Alfred Rosenberg att bara en miljon av de ursprungligen tre miljoner tillfångatagna soldaterna ur Röda armén fortfarande var i livet.

I och med att taktiken med blixtkrig misslyckades i Ryssland hamnade Canaris av allt att döma i onåd hos Hitler. Redan den 20 juli 1941 fick han i Hitlers högkvarter höra talas om att ”försök gjordes för att lägga skulden på utlandsspionaget”. Lahousen anförtrodde sin dagbok att Hitler ”skulle ha sagt att om han hade vetat om att ryssarna hade tunga sovjetiska stridsvagnar skulle han inte ha inlett kriget". Canaris visste naturligtvis att hans källor i Sovjetunionen var otillräckliga. Men han gjorde sig inte längre några illusioner om att Operation Barbarossa skulle kunna sluta i en seger. Man hade ju inte velat lyssna på hans varningar! Och nu ville Hitler göra just honom till syndabock. Som officer kunde han inte finna sig i det. Han beordrade sina avdelningschefer att "sammanställa allt material för att påvisa att vi sedan lång tid tillbaka uppmärksammat Röda arméns styrka".

Alla försök till rättfärdigande var dock fruktlösa. Canaris inbjöds nu mycket sällan till högkvarteret och hans stjärna var i dalande. Med sitt säkra väderkorn för de möjligheter som den ogenomträngliga nazistiska hierarkin utgjorde tog nu Himmler och Heydrich tillfället i akt och gick till frontalangrepp. Enligt en redogörelse av Hitlers adjutant Engels, uppehöll sig Himmler vid en lägeskonferens så länge vid Canaris "positiva inställning" till judendomen (som underbyggdes av hans många judiska spioner) att Hitler slutligen drabbades av ett av sina beryktade raserianfall. Han lät kalla dit Keitel och beordrade denne att omedelbart suspendera Canaris från hans tjänst. Enligt Engels redogörelse hade Canaris direkt efter detta flugit till Hitlers "varglya" och mellan fyra ögon lyckats förmå diktatorn att återinsätta honom i hans ämbete. Hur stor övertalningsförmåga och vilka lojalitetsförsäkringar som krävdes för att uppnå detta kunde adjutant Engels bara gissa sig till. Men även om gammal vänskap än en gång hade förhindrat hans fall så var händelsen en allvarlig varningsklocka för Canaris. När ett par anmärkningar från Himmler räckte för att Canaris skulle avskedas, då hade maktbalansen drastiskt förskjutits till hans nackdel.

Man kan fråga sig varför amiral Canaris lade ner så mycket kraft på att bli återinsatt i sitt ämbete. De tydliga tecken han visade på att han tröttnat på sin tjänst, men framför allt hans moraliska betänkligheter inför de begångna brotten, skulle ha gjort hans avsked fullt förståeligt. Han skulle ha kunnat börja om på nytt utomlands med sin familj. Pengar fanns på olika bankkonton och skulle enligt Canaris sekreterare användas om en flykt blev nödvändig. Men Canaris bestämde sig för att stanna kvar. Det är en öppen fråga i vilken grad hans fåfänga spelade en roll i det beslutet, eller om han ansåg att han som officer i ett krig måste stanna på sin post. Det är också okänt om han genom sitt beslut ville förhindra en ännu värre utveckling inför hotet att Heinrich Himmler skulle efterträda honom som chef för underrättelsetjänsten. Hur som helst innebar Canaris beslut att han missade det sista tillfället att lösgöra sitt eget öde från Hitlerrikets undergång, som redan avtecknade sig. Kanske bar han på en inre övertygelse om att han måste ta på sig sin del av den "synd" som det tyska folket enligt hans förmenande inte kunde undgå.

Diskussionen om underrättelsetjänstens "tillkortakommanden" leder fram till frågan hur effektiv amiral Canaris spionageorganisation faktiskt var. De åsikter som tidigare anställda vid underrättelsetjänsten har ger lika lite upplysningar som tidigare fienders bedömning. Båda sidor ägnar sig åt att skönmåla sin egen insats. Det enda som är oomstritt är att kriget på den osynliga fronten krävde många offer på båda sidor. Endast ett fåtal operationer fick ett avgörande inflytande på krigets utveckling. Bland dessa märks Operation Nordpol, då Canaris organisation lyckades spränga ett brittiskt spionnät i Västeuropa och driva det vidare i egen regi under ett års tid, och hela tiden förse det med avsiktligt falsk information. På så sätt utförde de allierade hundratals bombanfall som inte hade minsta verkan. Den legendariske spionen och affärsmannen Klatt fick via källor på Balkan kännedom om den sovjetiska generalstabens beslut. Han sände informationen vidare till *Abwehr*. Klatt arbetade givetvis samtidigt för motståndarsidan.

Det som framför allt är överraskande är de stora operationer som krigsmotståndarna inte lyckades få fram uppgifter om. Så blev till exempel de allierade lika överraskade av Ardenneroffensiven under vintern 1944–45 som av storleken på de anläggningar där "mirakelvapnet" V 2 tillverkades. De kände inte till något om Mansteins "kniptångsoperation" under fälttåget i väster våren 1940 eller något konkret om Stauffenbergs attentat i juli 1944. Men även de tyska underrättelsetjänsterna, SD och *Abwehr*, famlade alltför ofta i mörkret. Canaris och Himmler kände varken till att britterna hade lyckats dechiffrera den tyska radiotrafiken, där koderna skyddades av den så kallade *Enigma*-maskinen som betraktades som absolut säker, eller att invasionen skulle komma att äga rum i Normandie. Det amerikanska atombombsprogrammet förblev lika top secret för tyskarna som de sibiriska elitförbandens ankomst till Moskva vintern 1941, där de lyckades hindra *Wehrmacht* från att inta den ryska huvudstaden. Andra världskrigets utgång bestämdes inte av spioner utan av den industriella kapaciteten och antalet soldater. Den riskfyllda agentverksamheten på bägge sidor var mot denna bakgrund krigsoperationer med höga insatser och ringa framgångar. Som exempel på detta kan nämnas den ungerske greven Almassys ökenexpedition (för övrigt den historiska förebilden till spelfilmen "Den engelske patienten"), som för *Abwehrs* räkning skulle söka sig en väg bakom de brittiska ställningarna i Egypten.

I bokslutet över underrättelsetjänsten är de många politiska operatio-

"... slå mig till ro i Spanien." Wilhelm Canaris (vid pilen) inkognito i Spanien.

Han ägnade sig ivrigt åt upprustningen och åt arméns expansion. I många specialuppdrag som han fick av Hitler deltog han ivrigt, till exempel i Hitlers inblandning i det spanska inbördeskriget.

Werner Best, SS-Obergruppenführer

Hitler hade känslan att Canaris var en oöverträffad spionagechef och att ingen kunde slå honom på fingrarna.

Reinhard Spitzy, medarbetare vid Abwehr

ner som genomfördes av Erwin Lahousens avdelning II anmärkningsvärda. Sprängmedel och pengar till IRA-sabotörer, vapen till frihetskämpar från Palestina till Afghanistan och propaganda bland de ickeryska folken i Sovjetunionen – allt tjänade syftet att försvaga motståndaren i de områden som han behärskade. På så sätt genomfördes sprängattentat från Belfast till Kabul med tyska bomber. Men ingenstans gjorde femtekolonnarna någon avgörande insats. Efter att Hitler hade förklarat krig mot USA i december 1941 blev även denna nation ett mål för de tyska sabotageexportörerna. Canaris ställdes nu inför samma problem som inför inledningen till Operation Barbarossa: bristen på agenter i USA. Men Hitler ville inte lyssna på det örat. Efter en vresig kommentar från diktatorn om att det fanns mängder av tyskamerikaner, som bara väntade på "att få kasta bomberna som vi skickar till dem", inleddes Operation Pastorius. Planerna gick ut på att ubåtar skulle landsätta tyska spioner, som tidigare varit bosatta i USA, vid den amerikanska kusten. Därefter skulle agenterna enligt Hitlers order bygga upp ett spionnät och framför allt bekämpa den amerikanska flygplansindustrin med hjälp av attentat. Man hittade snabbt åtta frivilliga, samtliga ivriga nazister, som var beredda att offra sina liv. Erwin Lahousen, som liksom Canaris var skeptiskt inställd till projektet, mindes att en av männen till och med hade burit nazistpartiets utmärkelse i guld.

Den 12 och 17 juni 1942 landsteg två grupper, som vardera bestod av fyra män, på stränderna vid Long Island och Florida. Redan en vecka senare hade alla åtta tillfångatagits. Operation Pastorius hade förråtts vid två tillfällen. Först av en amerikansk spion som rört sig i kretsarna kring ubåtsbesättningarna, och därefter av ledaren för operationen, en viss Georg Dasch. Efter att ha stigit i land fick han kalla fötter inför risken att dömas till dödsstraff och ringde FBI. En våg av indignation svepte över USA. Mängder av män anmälde sig som frivilliga till exekutionsplutoner för att få avrätta "Hitleragenterna". Sex av männen avrättades i elektriska stolen, medan de två övriga, däribland förrädaren Dasch, dömdes till livstidsstraff.

Även i Tyskland ledde nyheten om tillfångatagandet av agenterna till ilska och upprördhet, om än bara i en mindre krets. Den 30 juni kallades Canaris och Lahousen till en straffpredikan i "varglyan". "Jag kräver en förklaring från er", vrålade Hitler som välkomsthälsning. "Vad skall jag egentligen med en underrättelsetjänst till när den låter sådana katastrofer ske?" Hitler var utom sig av ilska. Skulle han nu än en gång avskeda Canaris? Enligt Lahousen sänkte Canaris huvudet. "Ni är ansvarig", hotade Hitler, "framför allt skulle ni ha gjort ett noggrannare urval av män." Först efter att ordsvallet hade klingat av svarade Canaris: "*Mein Führer*", sa han tyst och nästan ödmjukt, "samtliga deltagare är partimedlemmar. Partiets utlandsorganisation gav mig deras namn och intygade att de är övertygade nationalsocialister. Operationens ledare har tilldelats en hög partiutmärkelse." Antagligen var det ett svar som syftade till att minska skadeverkningarna. Hitler reagerade och lade fram ett oväntat förslag: "Om ert arbete ser ut på det sättet", stötte han fram med darrande stämma, "då bör ni välja förbrytare eller judar till uppdragen." Med dessa ord avbröt han överläggningen och lämnade rummet. Canaris stod kvar och var allt annat än nedslagen. Enligt Lahousens minnesbild upprepade den uppenbart roade Canaris om och om igen Hitlers sista ord: "Då bör ni välja förbrytare eller judar."

Med dessa ord från Hitler i bagaget kunde ett och annat uträttas. Hans von Dohnanyi organiserade ännu en brett upplagd aktion för att rädda judar. Helt officiellt försågs framför allt judiska familjer från Berlin med pass och sändes därefter till påstådda agentuppgifter till neutrala länder i Europa. Det var ett humanistiskt uppror, som utfördes med Hitlers ord som täckmantel. Under kodnamnet Uppdrag Sju reste tolv judiska "agenter" med nattåg till Basel i slutet av september 1942, då deportationstågen till Auschwitz redan rullade sedan en tid tillbaka. I gruppen ingick även kvinnor och barn. Den judiske advokaten Fliess och hans familj försågs också med regelrätta passdokument. Dottern Dorothee Fliess minns än idag det ögonblick då familjen anlände till Basel och en passpolis uppmanade dem att ta bort den gula Davidsstjärnan på klädesplaggen: "Han hade faktiskt en sax i handen. Min mor klippte bort min fars och sin egen stjärna. För mig gick det snabbare, min stjärna var dessutom inte fastsydd utan bara fäst med tryckknappar."

Agenterna i Uppdrag Sju kom att höra till de sista människor som räddades med hjälp av Canaris beskydd. I takt med att Canaris maktinflytande snabbt minskade gick också möjligheterna förlorade att under en täckmantel av "normala" *Abwehr*-aktioner kunna ge humanitär hjälp. Adolf Eichmann hade personligen dykt upp hos Canaris för att få stopp på flyktinghjälpen via *Abwehr*. Även Keitel hade ingripit. När publicisten Franz Josef Furtwängler i början av 1943 vände sig till Canaris med ännu en vädjan om hjälp för en vän som hotades av deportation upplevde han "något nedslående. Canaris tillstod öppet för oss att han var tämligen 'inringad'. Himmler var på väg att slutgiltigt ta hem segern, och han, amiral Canaris, hade inte längre någon möjlighet att skydda människor eller ta dem i sin tjänst". Det lät som en bankruttförklaring. Till

"Även våra barn kommer att få lida för det..." Wilhelm Canaris vid ett besök på östfronten 1941.

... de uttryckligen godkända åtgärderna leder till godtyckliga fall av misshandel och avrättningar... Inrättandet av en lägerpolis som utrustas med påkar, piskor och liknande vapen står i strid med en militär hållning...

En av Canaris undertecknad promemoria till chefen för OKW, Wilhelm Keitel, rörande behandlingen av ryska krigsfångar, daterad den 15 september 1941.

detta kom även yttre tecken på förfall. Canaris uniform var ovårdad och hans ögon insjunkna. På en motståndare inom SS gav han ett "intryck av att vara gammal, trött och slutkörd". Även Canaris levnadstecknare Heinz Höhne kommer till slutsatsen att Canaris resignerade under sina sista tjänsteår och att han förlorade kontrollen över sitt ämbete och försökte fly undan problemen genom alltfler tjänsteresor.

Men i själva verket växte ur resignationen än en gång ny kraft för en sista förtvivlad strid mot Hitler – en strid som hade fått ny styrka tack vare krigets slutliga vändpunkt vid Stalingrad. I första hand var det än en gång Oster och Dohnanyi som agerade. Canaris var inte informerad om alla delar av aktionen, och ville antagligen inte ens vara det. Det mesta godkände han dock under tyst samförstånd. Krigsläget hade lett till att Hitlers motståndare hade tvingats tidigarelägga sina planer. Visserligen ansåg motståndsmännen fortfarande att det viktigaste var att röja Hitler ur vägen, men planerna på att sluta en separatfred med västmakterna tog allt tydligare form. Därefter skulle man gemensamt bekämpa Röda armén. Sådana visioner gav antikommunisten Canaris ny kraft. Han sände ut flera trevare för att undersöka vilken beredskap västmakterna hade för att byta allianspartner, alltsammans givetvis under täckmanteln av "normala" spionageaktioner. Greve Moltke sonderade möjligheterna i Istanbul och de gamla kontakterna med Vatikanen återupplivades. Canaris mellanhänder dök upp också i Sverige. Canaris själv hade redan bokat in möten i spanska Santander med sina kolleger från de amerikanska och brittiska underrättelsetjänsterna, Donovan och Menzies.

Men alla fredstrevare fick samma resultat. De västallierade stod fast vid sitt krav på en villkorslös tysk kapitulation och var inte beredda att bryta sitt förbund med Stalin. Donovan och Menzies, som båda hade varit inställda på en allians riktad mot Sovjetunionen, fick bakläxa av sina regeringar. Vid sidan om den tyska motståndsrörelsens kraftlöshet – den hade ju redan 1938 haft som mål att avsätta Hitler – var orsaken till detta även de allierade underrättelsetjänsternas förvirrade förutsägelser om att Hitlers rike skulle kollapsa redan 1943.

Hitlermotståndarna inom underrättelseorganisationen tvingades alltmer på defensiven på grund av de västallierades nej till att bryta alliansen med Stalin. Om man inte kunde erbjuda armén en separatfred skulle ingen fältmarskalk vara beredd att begå myteri mot Hitler. Den enda kvarvarande utvägen bestod i ett attentat mot Hitler följt av en statskupp där utsikterna till framgång var osäkra. Oster och Dohnanyi ville dock ta även detta steg, tillsammans med en grupp yngre arméofficerare kring greve Claus Stauffenberg. För dem gällde det motto som motståndsmannen och officeren Henning von Tresckow hade formulerat: Den tyska motståndsrörelsen måste åtminstone med ett attentat bevisa för världen att den har existerat. Vad som därefter följde var en hel kedja av attentatsförsök, som först den 20 juli 1944 ledde till ett resultat. Hur Hitler under lång tid undkom flera attentat oskadd har länge varit en gåta. Berodde det bara på tillfälligheter, tekniska brister eller det faktum att diktatorns program ändrades med kort varsel? Eller var de sammansvurna trots allt inte tillräckligt beslutsamma? "Karln hade helt enkelt en väldig tur", konstaterar Ewald von Kleist, en av Stauffenbergs nära förtrogna.

Wilhelm Canaris var personligen delaktig i åtminstone ett av de misslyckade attentatsförsöken. Två tidsinställda bomber som hade placerats i Hitlers flygplan den 13 mars 1943 utlöstes inte, på grund av den starka kylan. Sprängladdningen hade tidigare förvarats i Canaris bagage i armégrupp Mitts högkvarter. Chefen för avdelning II inom *Abwehr*, Erwin Lahousen, skildrade senare förhistorien till detta attentat. Enligt honom tillfrågades han i februari 1943 av Oster och Dohnanyi om ifall armégrupp Mitt hade tillräckliga förråd av tändare med lång bränntid. "Jag svarade ja", berättade Lahousen, "men trots det föreslog Dohnanyi att kommandogruppen ur underrättelsetjänsten skulle förses med den nyaste typen av spräng- och tändmedel." För Lahousen stod det klart att detta bara var en förevändning. Den 7 mars flög Lahousen, Canaris och Dohnanyi till Smolensk och "tog vid detta tillfälle med sig en låda med det nya sprängmedlet". Canaris agerade alltså själv kurir för en bomb som var avsedd för Hitler! Canaris levnadstecknare har ofta förtigit denna episod eftersom den inte överensstämmer med bilden av en man som agerade utifrån kristna motiv och som ständigt vägrade medverka till ett tyrannmord. I själva verket är det mycket osannolikt att Lahousen skulle ha känt till vad sprängmedlet skulle användas till om inte hans chef Canaris samtidigt visste det. Det var dessutom ytterst ovanligt att sprängmedel transporterades med flygplan. Även Lahousen själv hade "intrycket att Canaris egentligen kände till vad sprängmedlet skulle användas till".

Snart hade dock tiden runnit ut för att förbereda ett nytt attentat. Spionorganisationen svävade i stor fara. Allt hade börjat med en bagatellartad valutaaffär, som den bayerske bryggeriägaren och portugisiske honorärkonsuln Wilhelm Schmidhuber var inblandad i. Schmidhuber var officer inom underrättelsetjänsten och vän till Dohnanyi. Via illegala dollartransaktioner hade han försäkrat sig om en avsevärd sidoinkomst. När tullmyndigheterna hade kommit Schmidhubers manipulationer på spåren, hade den företagsamme konsuln berättat en äventyrlig historia, enligt vilken valutasmugglingen var en spionageaktion av yttersta vikt. Schmidhuber snärjde mer och mer in sig i motsägelser och *Gestapo* uppmärksammade historien. Canaris och Oster ingrep, men deras planer misslyckades. Under förevändningen att det handlade om en tjänsteresa sändes Schmidhuber till Italien. Den italienska polisen arresterade Schmidhuber och utlämnade honom till Tyskland.

Den förtvivlade Schmidhuber var rädd för att underrättelsetjänsten skulle lämna honom i sticket. Till slut talade han ut. Bryggeriägaren avslöjade Müllers samtal i Vatikanen 1940 och en "högförrädisk sammanslutning, där de ledande gestalterna utgjordes av generalöverste Beck, Goerdeler, Dohnanyi". Han avslöjade dessutom underrättelsetjänstens räddningsaktioner för tyska judar och det bankkonto på 100 000 dollar som hade öppnats i Schweiz för att försörja räddningsaktionerna. Sonderegger, *Gestapos* undersökningsledare, trodde inte sina öron. Nu hade *Gestapo* fått det bevismaterial mot *Abwehr* som man så länge hade varit på jakt efter. Äntligen hade *Gestapo* fått veta vem som hade sänt de uppsnappade telegrammen till Rom, där datumet för det tyska fälttåget i väster hade avslöjats.

Nu rådde det inte längre något tvivel, ansåg Sonderegger – Canaris måste bort från sin post. Men undersökningsledaren skulle få en överraskning som fick hans tilltro till Tredje rikets "inre front" att helt bryta samman. Han hade sänt sin rapport till Himmler och fick tillbaka den med Himmlers handskrivna anmärkning i marginalen: "Låt mig äntligen få slippa Canaris!" Sonderegger mindes tydligt att fallet på Himmlers order överlämnades till den militära rättvisan. *Gestapo* fick endast en underordnad roll eftersom det annars förelåg en risk för "att Canaris i ett sådant fall avgick från sin tjänst".

Himmler som Canaris beskyddare? Det var faktiskt inte första gången som Hitlers bödlar höll sin skyddande hand över Canaris. Enligt vad Sonderegger berättade efter kriget, hade SS-chefen Himmler vid åtminstone tre tillfällen sett till att undersökningar om underrättelsetjänstens verksamhet avbröts. Om bakgrunden till detta kan man bara spekulera. Himmler hade själv närmat sig motståndsrörelsens utkanter och hade försökt kontakta Oster och Dohnanyi. Skälet till detta var förmodligen att Himmler gjorde ett taktiskt övervägande om att Hitlers dagar var räknade och att SS måste vara öppet för olika alternativ efter Hitlers fall. Josef Müller, en av Dohnanyis förtrogna och efter kriget minister i delstatsregeringen i Bayern, berättade hur diskussionerna bland de sammansvurna handlade om hur man skulle kunna få med Himmler och därmed hans inflytande på planerna på en statskupp. En annan orsak kan ha varit insikten om att RSHA, SS:s underrättelseorgan, helt enkelt inte rådde på underrättelsetjänsten. Ett *Abwehr* som hade berövats sina högsta chefer och styckats sönder skulle antagligen ha lett till att Canaris organisation hade förlorat sin betydelse. Till allt detta kom dessutom att Heinrich Himmler i hemlighet troligen beundrade spionproffset Canaris. Under Canaris sammanträffanden med Himmler hade Canaris lyckats väcka SS-chefens beundran och välvilja. Så sent som vid Nürnbergrättegången efter kriget kom för övrigt den åtalade Alfred Jodl med gliringar om ”det goda samförståndet” mellan Himmler och Canaris.

Men inte ens SS-chefen Heinrich Himmlers beskydd var till någon hjälp i slutändan. När utredningen övertogs av arméns jurisdiktion trädde en man in på scenen som utförde sitt uppdrag med stort nit: *Oberkriegsgerichtsrat* (i Sverige närmast motsvarande auditör, *ö.a.*), Manfred Roeder. Han hade rykte om sig att vara en av de strängaste militärjuristerna i Tredje riket. Roeder var ingen inbiten nazist, men en jurist som var beredd att gå över lik för att omsätta lagens bokstav i praktiken – oavsett om lagen i sig var kriminell. I mars och april fick många av underrättelsetjänstens anställda varningar om vad som förestod. På kvällen den 4 april smög sig den tidigare Abwehrmedarbetaren Reinhard Spitzy in i organisationens tjänstelokaler via en sidoingång. Han ville varna för ett förestående angrepp på Canaris, som han hade fått höra talas om via vänner inom SD. I *Abwehrs* lokaler träffade han bara på Karl Ludwig von Guttenberg, Hans Osters personlige sakkunnige. Spitzy uppmanade honom enträget att informera Canaris och hans förtrogna och ”för Guds skull omedelbart låta den olycksaliga dokumentsamlingen försvinna”. Spitzy, som själv en gång hade arbetat tillsammans med Oster, visste att Dohnanyis dokumentmapp, trots Canaris order, fortfarande existerade.

Klockan tio dagen därpå stod två män vid Canaris skrivbord: Roeder, en muskulös och kortvuxen man i Luftwaffeuniform, och Sonderegger, en färglös man i civilkläder. Manfred Roeder meddelade Canaris att han hade befogenhet att arrestera Hans von Dohnanyi och genomsöka hans tjänsterum. Canaris var alltför bestört för att reagera. Istället för att försöka vinna tid och först och främst utnyttja sin auktoritet som *Abwehrs* chef för att kasta ut männen, reste han sig upp och ledde Roeder och Sonderegger till Osters rum. När han förklarade för sin gamle vän Oster vad de båda männen ville, svarade Oster spontant: ”Ni kan lika gärna arrestera mig meddetsamma, eftersom jag har kännedom om allt som herr von Dohnanyi har uträttat." Kort därefter gick alla fyra till Dohnanyis tjänsterum. Roeder förklarade för Dohnanyi att han var arresterad och började därefter att genomsöka hans kassaskåp. Oster och Dohnanyi bleknade. De hade inte varit förberedda på ett överraskande drag som detta. Hade inte Canaris bara några dagar tidigare sagt att det för närvarande inte rådde någon större fara? Den panikslagne Oster försökte nu förgäves rädda vad som räddas kunde. "Under loppet av undersökningen", erinrade sig Sonderegger senare, "hade general Oster sökt sig till skrivbordet, där det tidigare nämnda dokumentet förvarades. Med vänster hand bakom ryggen försökte han få tag i dokumentet, vilket doktor Roeder och jag samtidigt upptäckte."

Skadan var redan skedd. I ett slag hade *Gestapo* lagt beslag på förstklassigt bevismaterial om *Abwehrs* omstörtande verksamhet i form av Dohnanyis dokumentsamling. Dohnanyi, hans hustru, Josef Müller samt teologen Dietrich Bonhoeffer, som hade verkat för oppositionen mot Hitler i utlandet, arresterades. Oster suspenderades från sin tjänst. Canaris kunde inte längre hjälpa sina förtrogna. Dessutom var hans egen position en gång för alla undergrävd och det skulle antagligen inte dröja länge innan spanarna kom också hans delaktighet i planerna på en statskupp på spåren. Även om Keitel och Himmler för tillfället lät Canaris stanna på sin post var det enbart för att låta underrättelsetjänstens verksamhet fortsätta. För den tyska motståndsrörelsen var detta "det mest ödesdigra slag som överhuvudtaget kunde drabba den", som motståndsmannen Hans-Bernd Gisevius formulerade det. Men bland motståndsmännen fanns också kritik mot Osters och Dohnanyis oförsiktighet. "Om 'de goda' inte är lika listiga som ormen och sveklösa som duvan, kan ingenting uppnås", skrev diplomaten och motståndsmannen Ulrich von Hassell.

Från och med detta tillfälle tvingades Wilhelm Canaris bevittna hur hans inflytande minskade alltmer. Ett stort antal ledande poster inom underrättelsetjänsten tillsattes med nya tjänstemän. SS förberedde sig av allt att döma för det slutliga övertagandet av den militära underrättelsetjänsten. Under sin sista tjänsteresa gav Canaris intryck av att vilja ta ett slutgiltigt farväl. I Rom överraskade han sin italienske kollega, underrättelsetjänstens chef Amé, med en ovanlig önskan: han ville besöka Peterskyrkan ännu en gång. "I kyrkans sidoskepp", mindes Amé, talade Canaris klartext. "Han talade om blodet och tårarna som den obarmhärtiga Hitlerregimen hade förorsakat och om de följder det skulle få för hans fosterland." Canaris talade också öppenhjärtigt med armégeneralen

Köstring, som han träffade under en rundresa i Ukraina. Den förskräckte generalen berättade senare hur häpen han hade blivit över "det avgrundsdjupa hat och den avsky" som Canaris gav uttryck för när han talade om Hitler.

Snart insåg Canaris att Roeder inte höll honom informerad om hur undersökningen fortskred. Uppenbarligen tillhörde han nu själv de misstänkta. Med sin instinktiva känsla för hotande fara höll han distans till sina forna kolleger när han förhördes som vittne. Samtidigt lät han vid upprepade tillfällen på diskreta vägar skicka uppmuntrande meddelanden till sina fängslade kamrater. Men den tid då en order från Canaris räckte för att släppa ut folk ur Gestapos fängelser var förbi.

Den 11 februari 1944 ledde jämförelsevis små missöden i underrättelsetjänstens arbete till att Hitler fick ännu ett raserianfall. Han dundrade att han hade "fått nog av herr Canaris och hela hans *Abwehr*". Med ett pennstreck överförde han hela ansvaret för underrättelsetjänsten på SS-chefen Heinrich Himmler. Äntligen hade Tredje riket fått den samlade underrättelsetjänst som Himmler hade strävat efter. Himmler stod nu närmare den absoluta makten än någonsin tidigare. "Nå, har ni nu fått allt vad ni ville?" frågade Hitler sarkastiskt Ernst Kaltenbrunner, andre man i SS-hierarkin. Keitel och Jodl, de högsta officerarna inom inom krigsmaktens ledning, anmälde sig hos Canaris. De överlämnade en utmärkelse i silver för "utomordentliga förtjänster i den militära krigföringen" samt ett par hjärtliga avskedsord från Hitler. Därefter tvingades Canaris packa sina väskor. Hitler hade beordrat honom att bege sig till borgen Lauenstein, där han skulle placeras i ett slags "hedersfängelse". Med några få väskor och sina två strävhåriga taxar körde hans chaufför honom i hans tjänstebil till Lauenstein i Oberfranken. Redan tidigare hade Canaris inkvarterat sin familj vid Ammersee för att de skulle befinna sig i säkerhet vid de allierades bombanfall.

Vistelsen på den avlägset belägna borgen måste Canaris ha uppfattat som en förvisning. Visserligen hade Hitler inte låtit arrestera honom och det var ett gott tecken, men nu var han avskuren från det som hände i Berlin och kunde bara ana att Gestapos spårhundar var honom i spåren. Det återuppväckta motståndet, lett av greve Stauffenberg, fick Canaris kännedom om enbart i form av några svårtolkade meddelanden. Attentatet mot Hitler den 20 juli 1944 kom därför som en överraskning för Canaris. När han fick veta att Hitler hade överlevt attentatet skyndade han sig att sända ett lyckönskningstelegram till "varglyan". Men dubbelspelets tid var förbi. Redan den 23 juli arresterades även Canaris av dik-

"Min tid är förbi..." Koncentrationslägret Flossenbürg, där Wilhelm Canaris avrättades.

... var ingen landsförrädare. Gjorde min plikt som tysk. Om ni överlever, hälsa till min hustru.

Wilhelm Canaris sista meddelande till sin medfånge i Flossenbürg, överste Hans Lunding

Det var uppseendeväckande att dessa avrättningar plötsligt drog ut så på tiden. Så vitt jag tidsmässigt kan fastställa så var det bara Canaris och Oster som avrättades på detta fruktansvärda, utdragna sätt – alltså genom att strypas. De följande offren hängdes upp på sedvanligt vis. Det innebär att det kan ha pågått i åtta till tio minuter.

Jörgen Mogensen, fånge i Flossenbürg

Det tog mycket lång tid att avrätta den lille amiralen – han hängdes upp och plockades ner ett par gånger.

Uttalande av ett ögonvittne till avrättningen av Wilhelm Canaris tatorns utsände hämnare. SD-chefen Walter Schellenberg, som vid några tillfällen hade tagit ridturer i sällskap med Canaris, anlände personligen för att hämta honom. Schellenberg berättade senare att han hade erbjudit sin gamle rival att vänta en timme med arresteringen. "Under den tiden", sade Schellenberg, "kan ni göra precis vad ni vill." Men Canaris avböjde: "Nej, Schellenberg, att fly kommer inte i fråga för mig. Jag kommer inte heller att begå självmord. Jag är övertygad om det rättfärdiga i min sak." Sedan gick Canaris för att byta om och återvände med en liten resväska och med tårar i ögonen.

Nu inleddes det sista avsnittet i Wilhelm Canaris liv. Trots den exempellösa brutalitet som undersökningsledaren Walter Huppenkothen använde sig av, lyckades han bara mycket långsamt kasta ljus över sammansvärjningen. Framför allt Canaris själv visade sig vara en svår nöt att knäcka. Än en gång visade han sin talang för dubbelspel. Oavsett hur hans fångvaktare försökte sätta åt honom – om de lät en stark lampa brinna i hans cell hela natten eller tvingade honom att skrubba fängelsets korridorer – så behöll Canaris sina hemligheter. Beträffande Osters planer sade han vid förhöret, att han "aldrig hade antagit att det handlade om allvarliga överväganden. Jag tvivlade inte på att alla förändringar av regeringen under kriget skulle uppfattas som en dolkstöt i ryggen och försvaga den inre fronten". Dohnanyis dokument, som hade upptäckts i hans kassaskåp, var för Canaris ingenting annat än säkerhetstjänstens "spelmaterial". Med sådana uttalanden gick det inte att inleda en rättegång mot Canaris. Av brist på bevis ställdes han inte inför rätta inför *Volksgerichtshof* (Folkdomstolen).

Den 3 februari 1945 träffades SS-fängelset vid Prinz-Albrecht-Strasse i Berlin av ett amerikanskt bombanfall. Även delar av cellerna förstördes vid anfallet. Gestapos chef Heinrich Müller befallde därför att de mest prominenta fångarna skulle flyttas till ett bombsäkert område. Hos Canaris väcktes ett hopp. Om SS flyttade honom i säkerhet undan bomberna betydde det av allt att döma att man ville hålla honom vid liv, kanske som gisslan vid förhandlingar med segrarmakterna. Fångarna fördes i buss till koncentrationslägret Flossenbürg i Bayern. Där tilläts Canaris bära en ljus kostym istället för de vanliga fångkläderna. Han cellgranne, en dansk underrättelseofficer vid namn Hans Lunding, kom att bli krönikör över amiral Canaris sista dagar. Genom morseknackningar i cellväggen utbytte han nyheter med Canaris. Till att börja med lät signalerna från cell 22 optimistiska eftersom även fångarna i Flossenbürg visste att fronten närmade sig.

Men då hände det. I ett skyddsrum under arméhögkvarteret i Zossen, söder om Berlin, upptäckte officerare i början av april 1945 ett kassaskåp som innehöll märkliga dokument. Det var flera band av Canaris omtalade dagböcker. Kort därefter stod andremannen inom SS, Ernst Kaltenbrunner, inför Hitler och visade honom understrukna stycken ur Canaris anteckningar. Hitler antog omedelbart att citaten handlade om honom. I sin förvrängda värld i bunkern under rikskansliet i Berlin målade han upp en gigantisk komplott riktad mot honom och den tyska slutsegern. Utom sig av ilska gav Hitler order om "de sammansvurnas utplånande".

Den 8 april 1945 sammanträdde en ståndrätt i kommandanturens byggnad i koncentrationslägret Flossenbürg. Deras uppgift var att förse Hitlers mordinstruktioner med en juridisk täckmantel. SS-mannen Otto Thorbeck tjänstgjorde som domare och Walter Huppenkothen som undersökningsledare. Klockan åtta på kvällen ställdes Canaris inför denna "domstol", som till och med struntade i den kriminella nazistiska regimens rättsordning. Men trots att han stod inför sin slutliga dom ville Canaris inte ge upp. Huppenkothen skildrade senare hur Canaris hade "krossat varje åtalspunkt för att rädda sitt huvud. Vi hade stora svårigheter med honom". Därefter lät Thorbeck kalla fram Hans Oster, som redan hade dömts till döden. Med inlevelse motsade Canaris gamle vän hans vittnesmål och påstod att Canaris naturligtvis hade varit delaktig i planerna på en statskupp. Man hade handlat gemensamt. Men Canaris lät sig inte nedslås: "Jag har ju förklarat för dig att det rörde sig om en skenmanöver." Oster: "Nej, det stämmer faktiskt inte. Jag kan inte vittna om något annat än om det som jag känner till. Jag är ingen lögnare." När domaren än en gång frågade Canaris om åtalet mot honom hade väckts orättmätigt, besvarade han det med ett tystlåtet "nej".

Det var Canaris slutgiltiga medgivande om att han hade varit delaktig i motståndsrörelsen. Sedan han utnämnts till chef för underrättelsetjänsten hade han undvikit att ta klar ställning i någon fråga. Nu gjorde han det och frälste slutligen sig själv. Han hade försökt att spela på alla instrument samtidigt och hade därmed fångats mellan lydnad och moral, mellan patriotism och humanism. Canaris hade brutits ner genom att samtidigt försöka tjäna både det goda och det onda. Utan hans insatser hade många människor inte kunnat räddas; under hans befäl hade alltför många dött. Vilka alternativ hade han haft? Om han hade han haft mer hjältemod, som vännen Oster, hade det inneburit ett snabbare slut. De olycksdrabbade motståndsmännen och de modiga män som hjälpte förföljda människor hade då haft ännu mindre tid till sitt förfogande. Canaris hade härdat ut på sin post också till priset av att han närmade sig anständighetens och moralens gränser. Han och andra konservativa som hade präglats av kejsartidens ideal såg detta som en plikt mot fosterlandet, inte som ett stöd åt Hitler. In i det sista förblev detta deras misstag.

Domen löd: döden genom hängning. Hans Lunding, den danske cellgrannen, hörde under natten ännu en gång knackningar från Canaris: ”Under det sista förhöret bröts näsan. Om ni överlever, hälsa min hustru.” I gryningen dagen därpå avrättades Canaris, Oster, pastor Dietrich Bonhoeffer och ytterligare två dödsdömda. Hans von Dohnanyi hade redan mördats i koncentrationslägret Sachsenhausen. Bara ett par dagar senare nådde amerikanska trupper lägret.

Vid en rättegång 1956 förklarade den västtyska Högsta domstolen att domstolsutslaget i Flossenbürg ur formell synpunkt varit korrekt. Otto Thorbeck frikändes, medan Walter Huppenkothen bara dömdes till sex års straffanstalt eftersom han inte lät domstolen fastställa domens verkställande. Först 1996 återupprättade en domstol i Berlin offren från den 9 april 1945 och förklarade officiellt SS-domaren Thorbecks domar för upphävda.

Litteratur

Allmän litteratur om andra världskriget:

Bartov, Omer: *The Eastern Front, 1941–1945. German Troops and the Barbarisation of Warfare*, London 1985

Bradley, Dermot / Karl-Friedrich Hildebrand / Markus Rövekamp: *Die Generale des Heeres 1941–1945* (3 band), Osnabrück 1993

Brett-Smith, Richard: *Hitlers Generals*, San Rafael 1977

Cooper, Matthew: *The German Army 1933 – 1945. Its Political and Military Failure*, New York 1978/Chelsea 1991

Erfurth, Waldemar: *Die Geschichte des Generalstabes von 1918 bis 1945*, Göttingen 1957

Görlitz, Walter: *Kleine Geschichte des Generalstabes*, Berlin 1977

Greiner, Helmuth: *Die oberste Wehrmachtführung 33–43*, Wiesbaden 1951

Heuer, Gerd F.: *Die deutschen Generalfeldmarschälle und Grossadmirale*, Rastatt 1978, 1988

Hildebrand, Karl-Friedrich: *Die Generale der Deutschen Luftwaffe 1939–1945* (tre band), Osnabrück 1988–96

Hitlers Generals. Correlli Barnett (red.), London 1989

Kriegstagebuch des Oberkommandos der Wehrmacht (Wehrmachtsführungsstab) 1940–1945. Utg. Percy E. Schramm (fyra band), Frankfurt am Main 1961–65

Liddell-Hart, Basil H.: *Deutsche Generale des 2. Weltkrieges*, utan uppgift om tryckort eller år. (Svensk översättning: Nu törs de tala. Tysklands generaler, deras uppstigande och fall, med deras egna redogörelser för militära händelser 1939–1945, Stockholm 1948)

Mellenthin, Friedrich W. von: *Deutschlands Generale des Zweiten Weltkrieges*, Bergisch Gladbach 1980

Die Militärelite des Dritten Reiches. 27 biographische Skizzen. Utg. Roland Smelser & Enrico Syring, Berlin/Frankfurt am Main, 1995

Mitcham Jr, Samuel W. : *Hitler's Field Marshals and their Battles*, London 1989

Mitcham Jr, Samuel W. / Gene Mueller: *Hitler's Commanders*, Lanham (Maryland), 1992

Moll, Otto Ernst Eugen Guido: *Die deutschen Generalfeldmarschälle*, Rastatt/Baden-Baden 1962

Müller, Klaus-Jürgen: *Das Heer und Hitler. Armee und das nationalsozialistische Regime 1933–1940*, Stuttgart, 1969, 1989

Shirer, William L.: *The Rise and Fall of the Third Reich*, New York 1960

Streit, Christian: *Keine Kameraden. Die Wehrmacht und die sowjetischen Kriegsgefangenen 1941–1945*, Stuttgart 1997

Stumpf, Reinhard: *Die Wehrmacht-Elite. Rang und Herkunftsstruktur der deutschen Generale und Admirale 1933–1945*, Boppard 1982

Taylor, Telford: *Sword and Swastika. Generals and Nazis in the Third Reich*, New York 1952/Chicago 1969

Teske, Hermann: *Die silbernen Spiegel. Generalstabsdienst unter der Lupe*, Heidelberg 1952

"Unternehmen Barbarossa". Der deutsche Überfall auf die Sowjetunion 1941. Berichte, Analysen, Dokumente. Utg. Gerd R. Überschär & Wolfram Wette, Paderborn 1984

Vernichtungskrieg. Verbrechen der Wehrmacht 1941–1944. Utställningskatalog. Utg. Hamburger Institut für Sozialforschung. Hannes Heer (red.) , Hamburg 1996, 1997

Warlimont, Walter: *Im Hauptquartier der deutschen Wehrmacht 1939–1945. Grundlagen, Formen, Gestalten*, Frankfurt am Main 1962

Wheeler-Bennet, John W.:*The Nemesis of Power. The German Army in Politics 1918–1945*, London 1964

Weinberg, Gerhard L.: *Germany, Hitler and World War II*, Cambridge 1995

Wistrich, Robert: *Wer war wer im Dritten Reich? Ein biographisches Lexikon.* Bearbetad av Hermann Weiss, München 1983/Frankfurt am Main 1987, 1993

Zoepf, Arne W. G.: *Wehrmacht zwischen Tradition und Ideologie. Der NS-Führungsoffizier im Zweiten Weltkrieg*, Frankfurt am Main 1988

Litteratur om Erwin Rommel:

Carell, Paul: *Die Wüstenfüchse. Mit Rommel in Afrika*, Berlin/Frankfurt am Main 1958

Fraser, David: *Rommel. Die Biographie*, Berlin 1995

Fry, Michael: *Der Wüstenfuchs: Erwin Rommel und das deutsche Afrikakorps*, Rastatt 1985

Irving, David: *Rommel*, Hamburg 1978

Koch, Lutz: *Erwin Rommel. Die Wandlung eines grossen Soldaten*, Stuttgart 1950

Kurowski, Franz: *Erwin Rommel: der Mensch, der Soldat, der Generalfeldmarschall*, Bochum 1978

Lewin, Ronald: *Rommel*, Stuttgart/Berlin 1969

Macksey, Kenneth: *Rommel. Schlachten und Feldzüge*, Stuttgart 1982

Piekalkiewicz, Janusz: *Rommel und die Geheimdienste in Nordafrika 1941 – 1943*, München/Berlin 1984

Reuth, Ralf Georg: *Erwin Rommel. Des Führers General*, München 1987

Rommel, Erwin: *Krieg ohne Hass*. Utg. Lucie-Maria Rommel och Fritz Bayerlein, Heidenheim/Brenz 1950

Speidel, Hans: *Invasion 1944. Ein Beitrag zu Rommels und des Reiches Schicksal*, Tübingen 1949

Young, Desmond: *Rommel*. Med förord av von Claude Auchinleck, Wiesbaden 1958

Litteratur om Wilhelm Keitel:

Görlitz, Walter: *Generalfeldmarschall Keitel – Verbrecher oder Offizier?* Göttingen/Berlin/Frankfurt 1961

Mitcham Jr, Samuel W.: Generalfeldmarschall Wilhelm Keitel. I: *Hitlers militärische Elite*. Utg. Gerd R. Überschär, Darmstadt 1998

Mueller, Gene: Wilhelm Keitel, der gehorsame Soldat. I: *Die Militärelite des Dritten Reiches*. Utg. Ronald Smelser & Enrico Syring, Berlin /Frankfurt am Main 1995

Scheller, Helmut: *Hitler and Keitel. An Investigation of the Influence of Party Ideology on the Command of the Armed Forces in Germany*, Fort Hays 1970

Warlimont, Walter: *Im Hauptquartier der deutschen Wehrmacht 1939 – 1945. Grundlagen, Formen, Gestalten*, Frankfurt am Main 1962

Weissbecker, Manfred: Wilhelm Keitel – ”...man ist solch ein Lump geworden. I: *Stufen zum Galgen. Lebenswege vor den Nürnberger Urteilen.* Utg. Kurt Pätzold och Manfred Weissbecker, Leipzig 1996

Litteraur om Erich von Manstein:

Engelmann, Joachim: *Stratege und Truppenführer. Ein Lebesbericht in Bildern*, Friedberg 1981

Hammerstein, Kunrat von: Manstein. I: *Frankfurter Hefte* 11 (1956)

Hillgruber, Andreas: In der Sicht des kritischen Historikers. I: *Nie ausser Dienst. Zum achtzigsten Geburtstag von Generalfeldmarschall Erich von Manstein*, Köln 1967

Manstein, Erich von: *Aus einem Soldatenleben 1887–1939*, Bonn 1958

Manstein, Erich von: *Verlorene Siege. Erinnerungen 1939–1944*, Bonn 1991. (Även på engelska: *Lost Victories*, Chicago 1958)

Manstein, Rüdiger von/Fuchs, Theodor: *Manstein. Soldat im 20. Jahrhundert. Militärisch-politische Nachlese*, München 1981

Paget, Reginald T.: *Manstein. Seine Feldzüge und sein Prozess*, Wiesbaden 1952

Schneider, Christian: Denkmal Manstein. Psychogramm eines Befehlshabers. I: Heer, Hannes/Naumann, Klaus (red.): *Vernichtungskrieg. Verbrechen der Wehrmacht 1941–1944*, Hamburg 1997

Syring, Enrico: Erich von Manstein – Das operative Genie. I: Smelser, Roland/Syring, Enrico (red.): *Die Militärelite des Dritten Reiches*, Berlin/Frankfurt am Main 1995

Stahlberg, Alexander: *Die verdammte Pflicht. Erinnerungen 1932 bis 1945*, Berlin/Frankfurt am Main 1994

Litteratur om Friedrich Paulus:

Adam, Wilhelm: *Der schwere Entschluss*, Berlin (Ost) 1965

Diedrich, Torsten: Friedrich Paulus. Patriot in zwei Diktaturen. I: Smelser/Syring: *Die Militärelite des Dritten Reiches*, Berlin/Frankfurt am Main 1995

Görlitz, Walter (red.): *Paulus und Stalingrad. Lebensweg des Generalfeldmarschalls Friedrich Paulus. Mit den Aufzeichnungen aus dem Nachlass, Briefen und Dokumenten*, Frankfurt am Main/Bonn 1964

Kehrig, Manfred: *Stalingrad. Analyse und Dokumentation einer Schlacht*, Stuttgart 1979

Manstein, Erich von: *Verlorene Siege. Erinnerungen 1939 – 1944*, Bonn 1991
Masson, Philippe: *Die deutsche Armee 1935 – 1945*, München 1996
Moll, Otto E.: *Die deutschen Generalfeldmarschälle 1939–1945*, Rastatt/Baden 1962
Piekalkiewicz, Janusz: *Stalingrad – Anatomie einer Schlacht*, München 1977
Reschin, Leonid: *General zwischen den Fronten. Walter von Seydlitz in sowjetischer Gefangenschaft und Haft 1943–1955*, Berlin 1955
Stahlberg, Alexander: *Die Verdammte Pflicht. Erinnerungen 1932 bis 1945*, Frankfurt am Main 1987
Wieder, Joachim: *Stalingrad und die Verantwortung des Soldaten*, München 1962

Litteratur om Ernst Udet:

Beinhorn, Elly: *So waren diese Flieger*, Herford 1966
Heinkel, Ernst: *Stürmisches Leben*, Stuttgart 1953
Herlin, Hans: *Udet. Eines Mannes Leben*, Hamburg 1958
Homze, Edward L.: *Arming the Luftwaffe. The Reich Air Ministry and the German Aircraft Industry 1919 – 39*, Lincoln (Nebraska) 1976
Ishoven, Armand van: *Messerchmitt*, Wien/Berlin 1975
Ishoven, Armand van: *Ernst Udet. Biographie eines Grossen Fliegers*, Wien 1997
Mason, Herbert Molloy: *Die Luftwaffe. Aufbau, Aufstieg und Scheitern im Sieg*, Wien/Berlin 1973
Militärgeschichtliches Forschungsamt (utg.): *Die Generalstäbe in Deutschland 1871–1945. Die Entwicklung der militärischen Luftfahrt in Deutschland 1920 – 1933*, Stuttgart 1962
Riefenstahl, Leni: *Memoiren*, München/Hamburg 1987
Thorwald, Jürgen: *Ernst Udet, ein Fliegerleben*, Berlin 1954
Udet, Ernst: *Aus der Luft gegriffen*, München 1997
Udet, Ernst: *Mein Fliegerleben*, Berlin 1935
USAF Historical Division (utg.): *Command and Leadership in the German Air Force*. Richard Suchenwirth (red.), H. Fletcher, New York 1969
USAF Historical Division (utg.): *The Development of the German Air Force, 1919–1939*. By Richard Suchenwirth (red.), H. Fletcher, New York 1968

Völker, Karl Heinz: *Dokumente und Dokumentarfotos zur Geschichte der deutschen Luftwaffe. Aus den Geheimakten des Reichswehrministeriums 1919–1933 und des Reichsluftfahrtsministeriums 1933–1939*, Stuttgart 1968
Zuckmayer, Carl: *Als wär's ein Stück von mir*, Frankfurt am Main 1966

Litteratur om Wilhelm Canaris:

Abshagen, Karl Heinz: *Canaris*, Stuttgart 1949
Benzing, Klaus: *Der Admiral*, Nördlingen 1973
Brissand, André: *Canaris,* Frankfurt am Main 1976
Buchheit, Gert: *Der deutsche Geheimdienst*, München 1966
Gisevius, Hans Bernd: *Bis zum bitteren Ende*, Hamburg 1947
Höhne, Heinz: *Canaris – Patriot im Zwielicht*, München 1976
Ian, Colvin: *Chief of Intelligence*, London 1951
Leverkuehn, Paul: *Der geheime Nachrichtendienst der deutschen Wehrmacht im Kriege*, Frankfurt am Main 1960
Krausnick, Helmut: Aus den Personalakten von Wilhelm Canaris. Dokumentation: *Vierteljahrshefte für Zeitgeschichte*, 1962
Meyer, Winfried: *Unternehmen 7. Eine Rettungsaktion*, Frankfurt am Main 1993

Personregister

Bildkällor

Archiv Rüdiger von Manstein 144, 147, 150, 155, 158, 163, 166, 183, 188
Bildarchiv Preussicher Kulturbesitz 23, 44, 52, 95, 105, 110, 115, 117, 141, 202, 207, 210, 215, 218, 221, 223, 229, 232, 259, 277, 324
Bundesarchiv 30, 100, 120, 129
Christian Deick 311
dpa 133
Muster-Schmidt Verlag 87, 90
National Archives 49, 107, 125, 339
Pressens bild 306
Janusz Piekalkiewicz 171
Privat 292, 303
Manfred Rommel 24, 67
Scanpix/Corbis 176
Spiegel Bilddokumentation 329
Süddeutscher Bilderdienst 59, 62, 70, 74, 79, 243, 246, 251, 254, 262, 270, 316, 321, 332
Ullstein Bilderdienst 199, 226, 289
R. Wagner 299